THE FUTURE OF MEDIA SERIES

未　来　媒　体　丛　书

高　等　院　校　新　媒　体　系　列　教　材

社交网络服务

SOCIAL NETWORK SERVICE

梁晓涛　汪文斌　主编

WUHAN UNIVERSITY PRESS
武汉大学出版社

THE
FUTURE
OF
MEDIA
SERIES

未　来　媒　体　丛　书

高　等　院　校　新　媒　体　系　列　教　材

丛书编委会

序言

网络新媒体的蓬勃发展和日新月异无疑是全球传媒界最引人瞩目的变革。广大受众以高度的热情欢迎技术创新所带来的各种全新体验。作为专业媒体从业者，透过现象探求其发展规律，科学地应对这场变革，把握传媒业的未来，是当前亟待破解的一个新课题。

这套《未来媒体》丛书试图对互联网上衍生的新业态进行一次全景式的扫描，选取其中具有代表性的移动互联网、社交网络服务、微博、搜索和网络视频等五个形态进行深度剖析和研究。

《移动互联网》对 iOS、安卓、Windows 等三大国际智能终端操作系统，在技术对比的基础上，通过典型案例对各操作系统上的应用商城、特别是移动应用进行了研究。

《社交网络服务》选取著名社交网站为对象，从业务、技术、应用、界面、安全、运营等方面进行了全面对比和分析。

《搜索》解剖了各具特色的搜索引擎服务商，提出专业化、个性化、智能化是搜索引擎未来的三个发展方向。

《网络视频》选取了国际主流视频网站和 CNTV、Youku 等国内视频网站为样本，从技术架构、业务特征、运营模式等角度进行了深入分析。

《微博》以国内、外主流微博平台为对象，从信息管理、技术特征、设计风格等方面进行了比较研究。

这套丛书基本涵盖了新兴媒体领域内具有典型性的运营机构及其应用和服务。其中既包括大型互联网公司，也包括仅有 10 名员工的微小企业；既有依靠技术创新，借助资本市场的力量迅速崛起新媒体服务机构，也有历史悠久、依托资金、人才和资源优势的传统媒体巨头。事实上，在由高科技推动的大众媒介日益走向融合的今天，传统媒体与新媒体的边界已难以区分，因此丛书有意回避了

“新媒体”这一概念，统一称之为“未来媒体”。

系统性地针对新兴媒体进行全面分析和研究是一件很有意义的工作。它有助于我们把握媒体的未来脉搏。近年来，中国网络电视台在网络视频、IP电视、互联网电视、移动电视等方面进行了诸多探索，也积累了一些经验，我我希望和广大媒体从业者以及关注新媒体发展的读者共同分享这些体会与认识。

鉴于网络媒体是一个日新月异、飞速发展的领域，过去的经验不断受到挑战，既有的规律也不断地被打破，这方面的研究工作还待继续，中央电视台也将与大家一起继续探索和思考。

2012.12

目　录
CONTENTS

THE FUTURE OF MEDIA SERIES

1 / 社交网络服务概述

本章对社交网络的基本概念、组成元素、发展背景、典型特征等进行了简单的介绍与说明，力求向读者提供社交网络领域简明扼要的基础知识。

1.1 社交网络的发展背景

社交网络，顾名思义，它就是社交关系的网络化。互联网的产生与发展在很大程度上改变了人们之间的交流方式。社会性网络服务（Social Networking Services，SNS）是基于Web 2.0背景产生和发展出的一种高级的社会性软件，它以社会学理论为基础，以社会观念和物质条件为前提，以传播技术为动力。作为一种高级的社会性软件，社交网络服务通过互联网构建社交网络平台，实现个人社会关系管理，信息交流和知识共享，即以一种聚合效应，将人、社会、信息存在的无数排列组合在网络上进行优化聚合，实现一定的社会意义。Web 2.0的传播核心理念在于个性化的自我组织和媒介融合：以个体为横向维度的信息生产、发布、接收；以媒介为纵向维度的媒介融合。SNS正是基于此理念产生和发展的。本章从SNS的基础、前提和动力出发，梳理SNS形态演变与学理特征。

1.1.1 六度分隔理论

1967年，哈佛大学的心理学教授Stanley Milgram（1934—1984）创立了“小世界”理论，也称为“六度分隔”理论（Six Degrees of Separation）、六度分隔理论。该理论指出：用户（图1-1中A）和任何一个陌生人（图1-1中B）之间所间隔的人不会超过六个，也就是说，最多通过六个人的中介，用户就能够认识任何一个陌生人。

六度分隔的现象，并不是说任何人与人之间的联系都必须通过六个层次才能产生联系，而是表达了这样一种重要的概念：在现代全球化的社会中，任何两位素不相识的人之间，通过一定的联系方式，总能够产生必然联系或关系。绝对没有任何联系的人是不存在的。按照六度分隔理论，每个个体的社交圈都在不断放大，最后就构成一个大型的社交网络。这是社会性网络（Social Networking）的早期理解。在社会生活中，每个人都有各自的人际关系网，这些关系网共同构成了现实生活中的社交网络（Social Network）。其中，

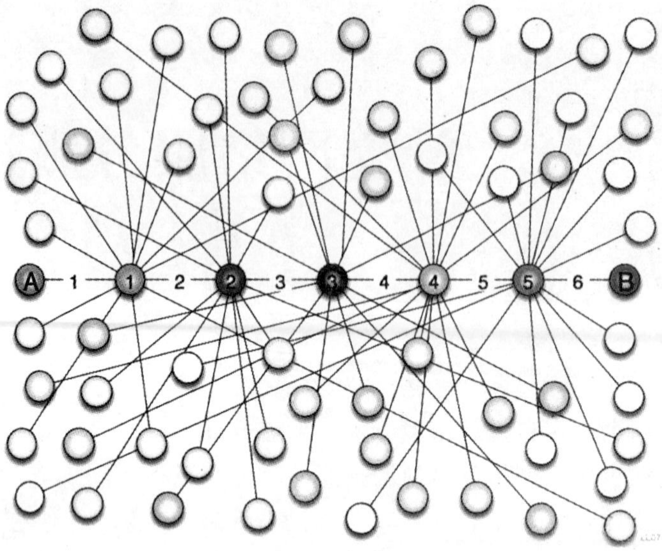

图 1-1 六度分隔理论示意图

人是网络中的节点，人际关系是网络中的边。

社会网络服务所建立的网站就是以使用者运用真实信息，将人际关系网络化，按聚合效应机制形成独特的虚拟社区，人际关系网络及信息流动在其中呈现出扁平化、去中心化以及自组织的特点。六度分隔理论实际上描述了任意两个人之间建立联系的复杂度，建立任意两个人之间的联系，可能只需要六次，或者说只需要惊动六个人。如此看来，我们所有人都可以在"六度分隔"里联系起来。"六度分隔理论"说明了社会中普遍存在的"弱纽带"，但是却发挥着非常强大的作用。显然，随着联系方式和联系能力的不同，实现个人期望的机遇将产生明显的区别。

"六度分隔"和互联网的亲密结合，已经开始显露出商业价值。"六度分隔理论"的发展，使得构建于信息技术与互联网络之上的应用软件越来越人性化、社会化。软件的社会化，即在功能上能够反映和促进真实的社会关系的发展和交往活动的形成，使得人的活动与软件的功能融为一体。"六度分隔理论"的发现和社会性软件的发展向人们表明：社会性软件所构建的"弱链接"，正在人们的生活中扮演越来越重要的角色。

1.1.2 150 法则

六度分隔理论也给研究者带来一个问题，在 SNS 网站中，用户 A 是不是需要与所有好朋友的好朋友都建立关系，成为自己的"一度"好朋友呢？这就涉及六度分隔的宽度问题。我们假设深度为 6（六度分隔），那么每一度关系的宽度（联系人数）设定为多少呢？由此引发 SNS 网站第二个原理：150 法则（Rule of 150）。

发源于欧洲的"赫特兄弟会"（一个自给自足的农民自发组织）有一个不成文的严格规定：每当聚居人数超过 150 人的规模，他们就把它变成两个群体，再各自发展。由此，罗宾·邓巴（Rohin Dunbar）提出了 150 法则："把人群控制在 150 人以下似乎是管理人群的一个最佳和最有效的方式。”

150 法则是指公认的我们可以与之保持社交关系的人数的最大值是 150。无论用户曾经认识多少人，或者通过一种社会性网络服务与多少人建立了弱链接，但是那些强链接仍然符合 150 法则，即 80% 的社会活动可能被 150 个强链接所占有。

1.1.3 技术基础

随着网络的飞速发展，互联网也日新月异，Web 2.0 的提出更是掀起了互联网的又一场革命。Web 2.0 是相对 Web 1.0 的新的一类互联网应用的统称，其注重用户的交互作用，用户既是网站内容的浏览者，也是网站内容的制造者。Web 2.0 正在让互联网逐渐找回 Internet 的真正含义：平等、交互。

Web 2.0 将互联网的主导权交还个人，充分发掘个人的积极性，并使其参与到网络体系中来，广大个人所贡献的智慧和个人联系形成的社群的影响，替代了原来少数人所控制和制造的影响，从而极大地解放了个人的创作和贡献的潜能，使得互联网的创造力上升到了新的量级。Web 2.0 超越了大众传播，并结合了人际传播，是无处不包含人际传播的大众传播方式，从而为 SNS 的建立提供了网络平台支持。在六度分割理论的支持下，在互联网飞速发展的 Web 2.0 时代背景下，网络用户开始追求更加实用、真实的应用体验，他们渴望将虚拟网络和现实社会有机结合，于是基于 Web 2.0 的社会网络服务应运而生，从而满足了人们的交友、娱乐等各项现实需求。

Web 2.0 的精髓就在于以人为本，以提升用户使用互联网的体验。用户不单是互联网的读者，也应该是互联网的作者。具体而言，Web 2.0 在模式上是从读向写到信息共同创造的一个改变；在基本结构上，是由网页向发表/展示工具演变；在工具上，是由互联网浏览器向各类浏览器、RSS 阅读器等内容发展；在运行机制上，则是自“ClientServer”向“WebServices”的转变。由此，如图 1-2 所示，互联网内容的缔造者也由网站内容提供商向普通用户拓展。

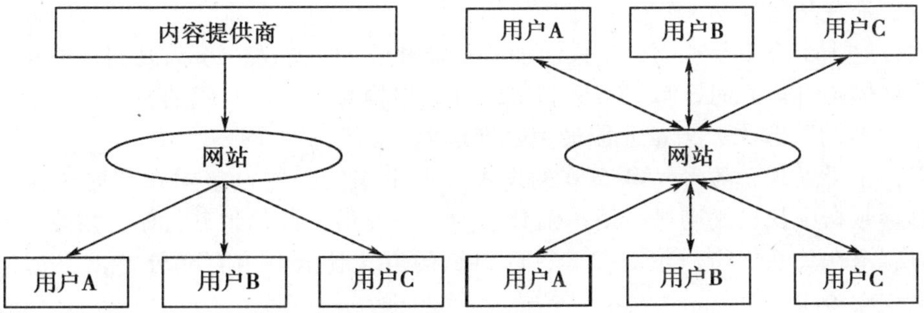

图 1-2 从 Web 1.0 到 Web 2.0 的转变

在 Web 2.0 的背景下，每个用户都拥有自己的博客（Blog）、维客（Wiki）、社会化书签或者播客（Podcast）。用户通过标签（Tag）、简易信息书签（RSS）或者即时通信（IM）、邮件等方式连接到一起，按照六度分隔理论，每个个体的社交圈都不断放大，最后成为一个大型网络，这其实就是一个大型的 SNS 网络。

社交网络，顾名思义，它就是社交关系的网络化。互联网的产生与发展在很大程度上改变了人们之间的交流方式。根据六度分隔理论，产生了面向社会性网络的互联网服务，即通过“熟人的熟人”来进行网络社交拓展，比如 ArtComb、Friendster、Wallop、Adoreme（国外的一些交友网站）等，这些都是目前 SNS 网站的前身。六度分隔理论的发现和发展向人们表明：社会性软件所构建的“链接”，正在人们的生活中扮演越来越重要的角色，使得构建于 SNS 网站上的应用越来越人性化、社会化。

在线社交网络成为现实社交网络在互联网上的扩展，将我们现实中的社会圈子搬到网络上，根据不同的条件建立属于自己的社交圈子。网站的社会化，即在功能上能够反映和促进真实的社会关系的发展和交往活动的形成，使得人的活动与软件网络的功能融为一体。因此说，六度分隔系统是 SNS 网站上的一个应用架构，帮助用户在 SNS 网站上寻找六度关系，建立六度关系，更新六度关系，并在六度关系上进行初步的社会和商业应用。

SNS 网站还处于起步阶段，对于它未来的发展方向，现在也没有一个统一的认识。因此，迫切需要一些系统化的工具，来解决用户的需求，实现 SNS 的人性化、社会化功能。

目前，Web 2.0 还没有一个统一的定义。业内普遍的一种说法是 BloggerDon 对 Web 2.0 的解释：Web 2.0 是以 Flickr、Craigslist、LinkedIn、Tribes、RyZe、Friendster、Del. icio. US、43Things. eom 等网站为代表，以 Blog、Tag、SNS、RSS、Wiki 等社会软件的应用为核心，依据六度分隔、XML、AJAX 等新理论和技术实现的互联网新一代模式。

中国互联网协会对 Web 2.0 的定义是：“Web 2.0 是互联网的一次理念和思想体系的升级换代，由原来的自上而下的由少数资源控制者集中控制主导的互联网体系，转变为自下而上的、由广大用户集体智慧和力量主导的互联网体系。”①

直观地说，Web 2.0 是以个人为中心，强调用户“参与性”为核心的网络体系。正是因为用户的参与，才引发了进一步的互动，原创内容增强了互动性，而互动性反过来又推动了原创，从而为信息的积累和传播奠定了最根本的基础。Web 2.0 彻底改变了互联网上人与人的关系，使得互联网成为一个有机的社会性网络，单个的用户就像大脑的神经，彼此的联系通过复制和强化变得越来越强，而作为所有网络用户所有活动的直接结果，互联网也将有机地成长。

当然，这个个人不是孤立的个人，而是彼此相连的。个人与个人之间，以及个人与群体之间、群体与群体之间，都以不同的组织方式架构起来。以组织的方式让人、内容和应用等充分“活动”起来，力量才能最大限度地爆发。

所以，不难发现，随着 Web 2.0 的发展，所带来的问题也集中在如何建立自动化的工具从海量数据中找出规则进行用户细分、为用户提供个性化服务；如何划分不同群体的用户，将有潜在关系的用户组织起来，以组织的方式让人、内容充分“活”起来，加剧交互和原创动力。

在 Web 2.0 的热潮中，SNS 网站是最受关注的。SNS 网站于 2003 年 3 月在美国出现，被众多互联网企业和投资家视为未来两年内增长最快的业务。很多用户从 SNS 的网站认

---

① 中国记协网：《中国传媒科技：解读网络时代背景下 Web 2.0》，http：news. xinhuanet. com/zgjx/2008-12/21/content_10524031. html，2012-11-8。

识兴趣接近的好友，以及利用 SNS 进行营销。利用 SNS 网站的参与者的身份（Identity）、电子档案（Portfolio）、交流模式（Communication）以及社会关系网络（Social Network），使社区营销的操作更加方便和精确，包括预测用户的行为、目标市场的确定、产品或服务的定位都将更为准确。

1.1.4 社交网络的架构模型

社交网络是典型的 Web 2.0 应用，也是当前集成度最高的互联网应用，图 1-3 展示了当前的社交网络的基本架构模型。

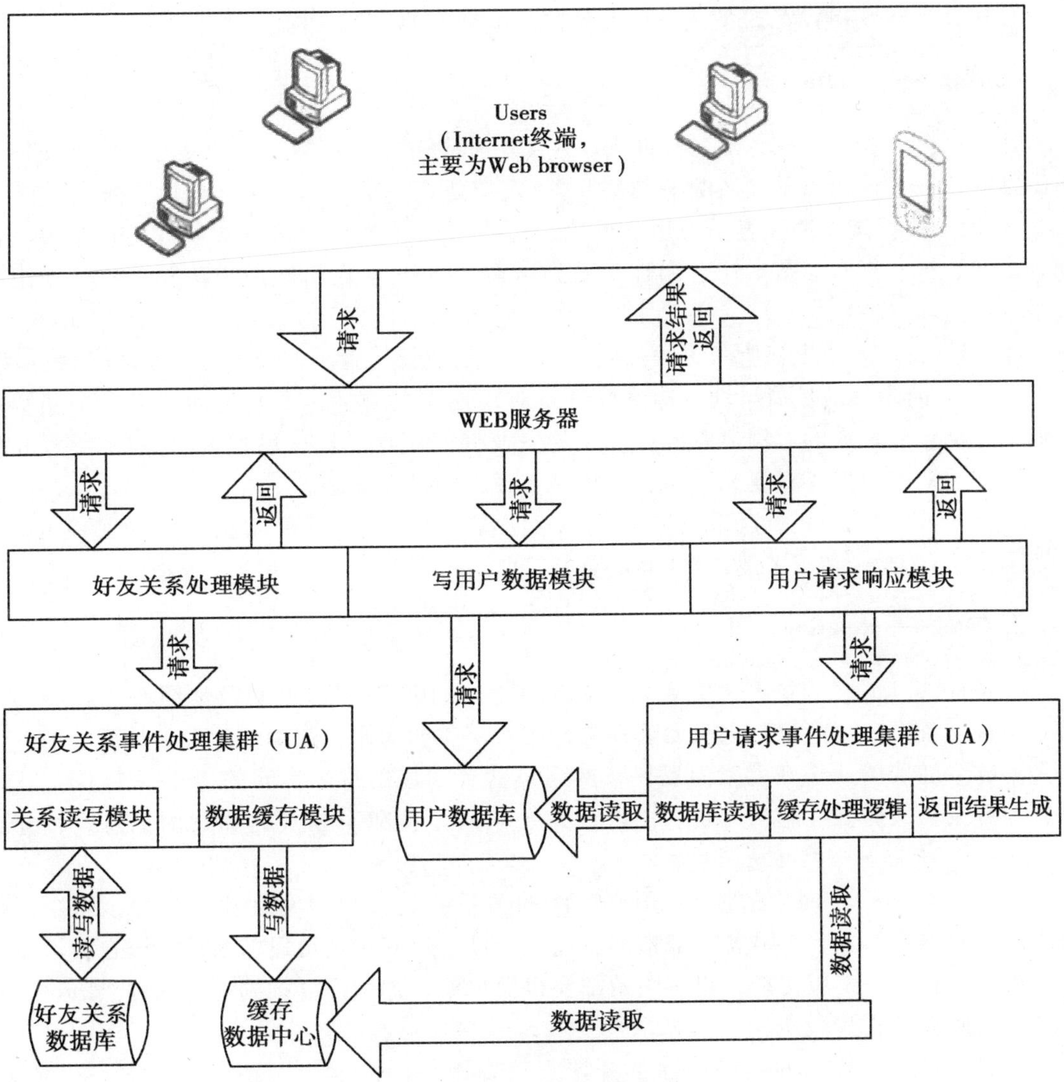

图 1-3 当前 SNS 架构模型

如上所示，可以对其进行如下的模块划分：

（1）用户终端。主要是浏览器，同时包括一些运行在个人电脑和智能手机上的终端。但是在目前，终端的应用还不够普遍，业界也没有统一的标准，这会限制 SNS 在移动互联网领域的发展。

（2）Web 服务器。用户的请求会被统一发送到 Web 服务器，再由 Web 服务器根据不同的请求类型转发到相应的后台服务器之上，并将请求的结果返回给用户。

（3）后端服务器。后端服务器是社交网络架构里面非常复杂的部分，也是互联网领域里最复杂的架构之一。将其大致划分为好友关系处理模块、写用户数据模块、用户请求相应模块三个部分（在这一点上，并没有检索到业界的定论，不同公司的实现都有所不同，划分的粒度相对比较大）。

显然，当前 SNS 产品模型是一个典型的从下到上的三层架构。

1. 底层——Profile

比如用户的社会属性、姓名、性别、年龄、职业等，还包括用户的爱好、服务使用倾向等推导属性。这相当于社区的“地基”，一定要建立的很稳固，这里有几种细分：

- 用户的直接属性。表现为用户可以通过直接引导填写的信息。如姓名、年龄、性别、职业、毕业年份等基本社会属性。看到所有的 SNS 都在引导用户填写，甚至采用一些激励措施。
- 用户在社区中生存所获得的社区属性。比如成长等级、称号、虚拟职务、角色等。
- 用户的隐藏的扩展属性。即系统通过对用户在各类社区长久活动留下痕迹的智能挖掘与分析，所形成的对用户有统计意义的商业偏好属性。比如用户××，是一个 30 岁左右、怀孕期的妈妈，对婴儿用品、化妆品有独特的潜在偏好。

一个不同完善程度的社区系统，对于一个用户信息的收集也是不同层次的；而所有的商业网站通过持久竞争，留下来最宝贵的核心竞争信息，就是对用户个人信息的掌握能力。

2. 中间——Relation

在 Web 1.0 时代，每天浏览 S 取 A 的人可能有 100 万，但他们虽然同在访问一个网站，同看一条新闻，但相互之间无法察觉，无法交流和沟通，这 100 万人中是孤立的，没有关系链。随着 Web 2.0 元素的发展，网站经营者知道给每个访问的用户一个 ID，让他们相互可见，并提供他们相互联系，认识并熟知的工具和手段（比如站内消息，相互访问首页）。

（1）用户群的“网络效应”：用户群中的关系链是具有“网络效应”的，当用户群规模到一定的临界点，不需要外部推动，通过低成本口碑传播可以像雪球一样自我滚动壮大。所以，在网站发展初期，很多网站都要拼命烧钱，把用户群推到这个临界点。这个效应还可以叫做“群聚效应”。

很多 Web 2.0 概念的网络产品都开始意识到用户群内部“网络效应”而得以壮大，比如 QQ 的 IM 关系链是最稳定的一种；淘宝网中买家和卖家之间的网络效应也十分强大。

（2）关系链：包括人与人的关系、人与群体的关系、群与群的关系。具体表现为：

好友关系（强关系链）、关注追随关系（弱关系链）、同好关系、（同爱好、粉丝圈）、同地域关系（同城）等。在一个SNS社区产品中，关系链是非常核心的，是“聚气”的。在产品构建之初就需要优先考虑。

3. 上层——内容（Content）和应用（Application）

（1）内容（Content）。内容包括两类：

- 网站经营者官方提供的资讯、图片、音乐等浏览类的资源。
- UGC（UseGeneratedContent），用户自创造自组织的内容，可表现为个人日志（Blog）、相片、即时博客（如短文本Qzone心情、Twitter）。

一方面，内容从表现形式及载体上，从简单到丰富，即从简单文本、短文本，到图片、音频、个人视频。随着网络硬件条件的发展，内容的主流载体将更加丰富化。另一方面，内容从本质上，满足了用户基本而广泛的需求：即信息获取的需求；个性化表达与倾诉的需求（UGC，通过个人日志、心情、图片等表达自己的存在感，符合人对自我存在感的心理诉求）。

（2）应用（Application）。相对于平台而言，应用具有一定的业务逻辑独立性，可以插件化的与平台轻度耦合。

APP可以表现为一个互动游戏或应用软件，例如在Facebook的平台上表现为Web方式；在IPhone的平台上为独立可运行的软件方式。SNS中的APP要调用到下层的用户属性信息（Profile），中间的关系链信息（Relation），以及电子支付系统等。

APP和内容一样，分为主流和长尾。主流APP用户接受度高，比如朋友买卖、抢车位，在用户群中可获得很高覆盖率。长尾APP只针对某一个细分的用户群某一特定偏好，但规模化的APP可以覆盖一个广阔用户。

Profile与APP之间的关系主要表现为以下三个方面：

第一，经过用户在SNS社区中的生活，Profile将自我演化，逐步丰富和清晰。

SNS社区是一个平台，生活着千百万的网络用户，一开始除了用户填写的一些基本资料，我们对他的了解是模糊的，就像是一个个戴着面纱的用户。随着用户在此平台上，浏览自己个性化的新闻内容，加入自己喜爱的投票或粉丝圈，玩自己喜爱的游戏，购买自己喜爱的商品，用户在使用APP和Content的所有过程中会留下痕迹和脚印。这些碎片化的信息被沉淀下来，通过数据挖掘是可以构成对此用户进一步清晰的画像，从而达到对此用户的精准认知。

比如Facebook这类的用户行为挖掘系统，像一个黑盒子，输入一个用户的ID，系统会告诉用户这个人的商业价值倾向，直接对应到不同行业的商业广告价值中。

第二，用户通过在APP之间的互动，强化关系链黏性，并扩展关系链。

对于关系链而言，用户之间在共同参与APP互动中，好友之间增强沟通了解，关系链黏度提升。用户在对“同好”、“同城”的参与过程中，会拓展新的关系链；同时通过六度概念“朋友的朋友”来不断地延伸自己的关系圈。

第三，APP和内容等“题材”是聚集人气的核心要素；下两层是基础设施，是黏住人气的核心要素。

在SNS中，“题材”是吸引人气的核心要素；某一个内容或某一款APP或许可以引爆流行，快速吸引来大量用户。同时，“题材”都是有生命周期的，需要持续地更新。如果这个更新是网站经营者做，那维护成本就很高；如果是用户通过UGC可以自我更新，那成本可降至最低。

比如一个投票的APP，看上去简单，却具有很持续的生命力，用户可以自发地创建投票，在关系链中传播，不断保持活力。而“抢车位”这个APP看上去很火，但用户的生命周期很短，很快就会厌倦，需要不断地更新游戏规则，或者用新的游戏如“开心农场”替代。

当时开心网或许就有此类问题，“抢车位”带来了大量人气，但没有很及时做下两层的建设工作，而导致人气也很快散去。相信如果不重视基础设施工作，光靠频繁的引入APP刺激人气，是疲于奔命的。而QQ空间和QQ校友是一个比较好的典范，先建设好基础的UGC这些长远价值的东西，至于APP建设上，在跟随中创新。

在平台为王的时代，下两层是平台的基础设置。APP是插件，可拆卸。SNS的核心竞争力并不是APP，而是Profile和关系链这些平台基础设施。

1.1.5 社交网络的主要特性

除了上述三层产品架构之外，还有其他重要的特性，用以识别一个社交网络是否完备，或是否符合Web 2.0精神实质。

1. 关系链的开放性

简单地说，SNS产品形成了一个契约，加入这个平台中，系统默认大家都将自己的关系链开放出来，便于通过“朋友的朋友”来扩展关系链。这个更符合“六度关系理论”的精髓。

在早期的互联网产品形态中，EMAIL、IM产品，也包含有关系链，但是个人封闭的，无法拓展；所以，他们不属于真正意义上的SNS范畴，只不过是SNS之间用户之间的具体沟通工具而已。EMAIL是异步通信，IM是同步通信。现在校内网也有IM工具校内通，这些都是SNS社区中用户的沟通工具。

2. 信息源（NewsFeeds）的创新

这是一个很重要的概念，对于Facebook的推动是历史性的，对SNS的发展也是至关重要的。NewsFeeds本身不是Facebook的发明，但它却创新性地应用到人际网络中，用于信息沟通与传递，获得了巨大成功，而被国内SNS跟随。

RSS的出现预示着Web 2.0时代的萌芽。Web 2.0是什么？有很多概念解释，简单地说，就是“以人为本”。而在Web 1.0时代，互联网是“以信息为本”，网站经营者雇佣一群编辑收集、创造、整理内容来让网民进行主动浏览（信息的GET时代）。然而，随着互联网的发展，用户本质上的个性化诉求与信息海量化之间的矛盾日益突出。

信息的获取方式必然要创新，于是RSS产生了。RSS约定了一种信息共享方式和数据格式规范。用户可以事先设定好过滤条件，信息有更新时，主动从NewsFeeds信息源，推送到用户的面前。这个方案本身是很美妙的。然而并没有十分火爆起来，这与网站追求PageView的商业利益之间冲突有关。而随着用户之间关系的密切发展，动态的信息在关系链之间的传播非常重要。用NewsFeeds来解决是再好不过。于是一种新的人际网络中的信息沟通方式产生了。

在这个SNS平台上，大家形成了一个契约，用户可以默认将用户的动态通过NewsFeeds传播到关系链中去，传播到群关系中，也可以坐等着朋友的最新动态发过来。

这是一种创新的沟通方式，想象这么一个场景：我每天早上起来，打开手机或PC进入我的QQ空间，看到同事×××在丽江手机拍的照片；看到同学××写了心情说工作压力大啊，心情很郁闷；看到朋友×××说，深圳下大雨，不小心感冒了。

若要构建一个SNS社区，NewsFeeds是必不可缺的，至于关系链开放，可以根据具体情况分层次而定。以QQ空间为例，因为QQ原关系链是私密的，当前往SNS去转的时候，必然会采用一些过渡策略。

1.1.6 社交网络的技术难题

Web 2.0应用的一大特点就是高并发的读写访问。因此说，数据流的处理是当前社交网络实现中的技术核心。在常用的社交网络架构中，通常具有一个专门的数据读写模块，其后台连接数据库。对于大型的SNS网站来说必须是分布式数据库，数据读写模块用于对该数据库的封装访问。在一般情况下，SNS应用是高读低写型或者高读高写型的（根据数据库读写请求的不同比例，数据库请求一般分为高读低写、低读高写和高读高写三种类型），该数据库的实现应遵照以下几个原则：

第一，保证可扩展性，因为互联网上数据膨胀的速度往往会出人意料；

第二，必要时牺牲一定的一致性等特性，以换取高读取速度；

第三，避免Join操作；

第四，优化图片、长文本的存储，尽量与数据库分离；

第五，核心数据库中只能存储静态数据，以保证高读取速度。

社交属性是SNS最大的属性，所以这个模型中包含一个独立的好友关系处理模块。该模块负责用户关系相关的所有请求的处理，包括消息通知、好友验证等。

用户请求响应模块用户响应用户的Web访问请求，是必不可少的模块。它的特点是调用后台各种服务器（包括好友消息数据、图片数据库、日志、各种应用等，这些并未在架构图中反映出来），给用户一个综合的响应。

从图1-4中可以看到，整个的数据流程非常简单，只有一种模式：终端发起请求；Web服务器接受请求；交由后台服务器处理，获取结果；返回给终端。

对于SNS来说，这种模式存在着很大的弊端。SNS集成了多种多样的服务，是一种交互很多的应用，包括日志、照片、短消息、状态更改、群组、分享、留言等。当前主流的SNS有一个很大特点：当用户有任何更新行为的时候，他/她的在线好友能够及时得到通知，以保证所有用户能够接近实时地看到自己所关心的信息。而基于Web的模型只能由用户主动发起请求，服务器端才能够返回结果。由于当前的SNS网络主要采用基于

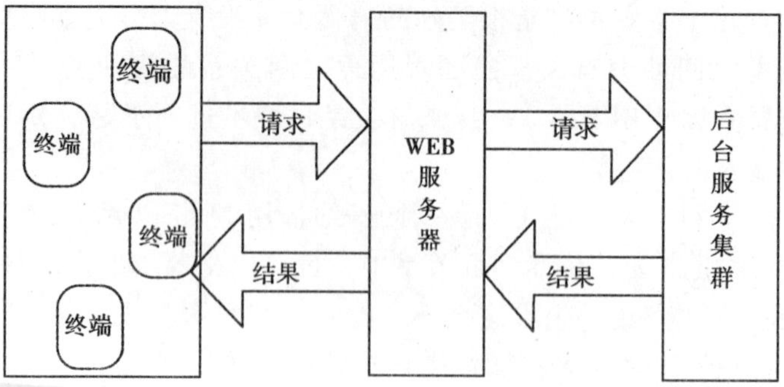

图 1-4　当前 SNS 架构中的数据流

Web 的方式实现，所以为了实现及时获取好友更新信息的功能，当前主要有两种解决方案：其一是使用 AJAX 技术向服务器定时发送请求，以获得服务器端新产生的数据。虽然当前的 AJAX 技术允许 Web 页面的异步/局部刷新，使请求变得很轻量级，但是这无法消除大量的无用请求，以及这些请求给服务器带来的负载。其二是采用一定的手段保持一个长连接。通过分析可以看到，无论采用哪种方式，都会带来服务器负载的严重增加和网络资源的浪费。

1. 采用 AJAX 进行定期局部刷新的方式

为实现实时地获取好友的动态信息，实现方式之一是定时地向服务器发送请求。但当前的 AJAX 技术结合服务器端缓存技术使每次请求带来的开销都很小，使得每秒所产生的并发仍然是一个非常大的压力。

2. 采用长连接的方式

采用一定的手段保持浏览器跟服务器之间的连接为长连接，使得每次服务器端接收到新的数据都可以及时地发送给浏览器。与第一种实现方式相比，该方式可以有效地避免更新的延迟和无效请求过多。但是长连接的保持本身是一种开销很大的操作，在互联网领域，尤其对需要承受每秒钟数万次甚至几十万次并发请求的大型网站来说是不现实的。因此，这种方式在一些特殊的场合有所应用，但是无法大面积应用于 SNS 网络之中。

通过上面的分析可以看到，虽然当前 SNS 网站的发展势头很好，但却面临着某些功能上实现方式的困扰。

1.2 社交网络的基本概念

1.2.1 社交网络

社交网络起源于网络社交，但不同于传统的万维网（Web）。无论是技术上的社交网络，还是社会学意义上的社交网络，至今还没有统一的定义。在互联网领域，社交网络即社交网络服务（Social Networking Services，以下简称 SNS），包括硬件、软件、服务及网站应用，具有以下三层含义：

（1）社交网络服务（Social Networking Service）；

（2）社交软件（Social Networking Software）；

（3）社交网站（Social Networking Site）；

对 SNS 的理解，可以从不同的角度来看。从技术角度来看，SNS 是一个采用 P2P 技术构建的、基于个人的网络基础服务；从社交行为看，SNS 服务将人们的线下关系链搬移到网上，再与其他人的关系链交互而形成更大的关系链。为数众多的 SNS 网站也给了它不同的定义，有商业的、概念的、务实的、务虚的等。但 SNS 概念的真正意义来自于各种关系，只有在关系系统之中，概念才能获得它们的真正意涵。因此，任何一种基于人与人、人与机器的交互，都可称为 SNS。它可以是一种互联网应用、一个平台、一种媒介、一种工具、一种服务甚至是一种理念。

在 SNS 模式下，通过朋友认识朋友的形式，迅速建立起一个自己的基于信任的朋友圈子，在这个圈子里，结交的都是相对可靠的朋友，由于用户可以搜索的对象都是朋友的朋友，相互之间具有较高的诚信度。因而从诚信和安全的角度来看，它给了用户更大的信心和保障。此外，在 SNS 中，不经朋友介绍和用户确认，用户的个人资料是不能被陌生人看到的。因此，对使用者个人的隐私的保障性增强了，为其交友需求提供了纯净、高信任度的网络平台。

社会性网络软件 SNS 属于显性的社会性软件，即比较关注直接的社会朋友关系的建立，具有社群性质，朋友之间可进行人力资源分享，有直接的应用目的指向性，在建立社会关系的过程中完成或解决了具体的应用问题。通过使用 SNS，人们可以实现个人数据处理、个人社会关系管理、可信的商业信息共享，可以安全地对信任的人群分享自己的信息和知识，利用信任关系拓展自己的社会性网络，达成更加有价值的沟通和协作。人们的社会性资本（Social Capital）可以累积，这样的体系未来可以服务于各种社会活动，并带来巨大的商业和社会价值。

1.2.2 相关概念

在社交网络之中，人是网络中的节点，人际关系是网络中的边。因此，社交网络包括节点，关系，用户群，社区等基本概念。

1. 节点

节点，即网络中的个体，也称参与者（Actor），指的是社交网络的参与者，即在一个网络中与他人（行动者）相联结的具体的个人、组织、事件或其他集体性质的社会实体。

2. 关系

关系指的是指节点和节点之间的连接。在个体层次上，人和人之间如果相互认识，或者有共同的兴趣和属性，他们之间就具有某种关系。在社交网络上，关系指的是基于朋友关系而建立起来的网络连接，体现的是两个网络用户之间的相互信赖。一般而言，他们之间拥有比其他人更多的权利，例如，可以查看到对方一些其他用户不可获得的个人信息等。

节点之间的好友关系也是各不相同的，有些人相互之间比较熟悉和了解，那么他们的关系自然也更近些，所以应该给关系引入不同的权重值来区分这类情况，但是为简单计算，我们仅仅采用了二元关系，即两个人之间要么是朋友，要么不是朋友。所有朋友关系都是同等对待的，不用不同的权重来衡量。

3. 用户群

群指的是仅由一部分节点为了某些共同的目的组成的小团体，是关系的一种部分聚合体。一个群里面的成员聚集在一起，可能是因为来自同一个城市，或者毕业于同一所大学高中，也有可能是因为彼此之间有着某些共同的兴趣，例如音乐、体育、书籍等。

群的作用在于能让用户找到更多有共同兴趣爱好的朋友，有利于彼此之间对于共同感兴趣的主题的交流。

4. 社区

社区也是某一部分节点的集合，社区和群的不同之处在于群的成员之间是出于某种目的而组建起来的，是“后天”形成的，而社区是社交网络的自然存在，反映了网络成员的分布情况、来源信息以及其他一些网络的固有属性。

例如在网络中，所有来自于南开大学的成员，构成了一个南开大学社区，这个社区不是社区成员自己建立的，而是在显示的人际网络中就固有存在的，用户是否属于该社区是由网络中用户所在的学校情况决定的。由于该社区内的成员都来自于南开大学，成员之间的联系、交往更密切，所以朋友关系也会更密集，反映到网络图上就是该子网络内部边的密度比较大，与网络外的其余节点之间形成一个比较明显的划分。

5. 自我中心网络

自我中心网络（Egocentric Network），指环绕在自我节点周围的社会网络，既包括节点本身与他人的直接连接，也包括这些与节点有连接的其他节点之间的连接。比如，A 的自我中心友谊网络就包括 A 与她的朋友之间的连接，以及 A 的朋友们相互之间的连接。

1.2.3 构成要素

借鉴互联网行业知名信息架构专家 Pete Morville 的“用户体验蜂巢模型”的思路，SNS 的构成也可以通过构建一个蜂巢模型来理解，如图 1-5 所示：

现有的 SNS 网站，基本综合了上述 7 个元素：身份、状态、关系、分享、会话、群组、声誉。其中，身份是核心元素。具体分析如下：

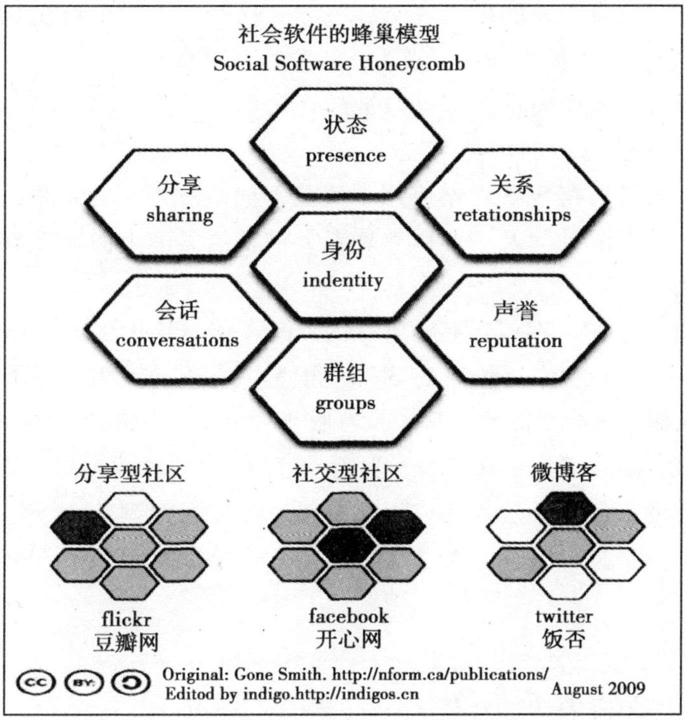

图 1-5 社会软件的蜂巢模型

身份：SNS 是以用户为中心的应用，因此，在 SNS 中首先要给用户一个身份，发挥平台的优势，有效聚合信息。“身份”的元素通过用户个人主页所反映的基本信息来呈现，包括上传的头像、所处的位置、性别、出生日期、所属地、教育背景、工作背景、兴趣甚至政治观点、宗教信仰，还有邮箱账号，QQ、MSN 账号信息等。信息愈详细，所构建的“身份”会愈分明。

关系：“关系”所对应的并不仅仅是好友列表中的全部好友，并非静态的一度或者几度的关系，在 SNS 中“关系”更多的是指好友间信息的交互流动及在此基础上所产生的全部意义。

状态：也即“动态”，因为在 SNS 中会以时间序列记录用户好友在 SNS 中留下的任何痕迹（当然隐私设置不可见的除外），当然用户也可通过修改个人信息、记录心情、发表日志、上传图片、分享照片、发表评论、参与投票、发起讨论等方式更新个人的“动态”，同样，这一系列动作会出现在该用户好友的“好友动态”中。

分享：可以分享新闻、电影、图片、音乐、照片等。“分享”的设计使得人们从主动搜寻信息变为 SNS 推送信息。因为 SNS 好友的年龄、地域还有职业的差异，彼此分享的信息也会千差万别，因此可以极大地丰富信息量并拓展信息面。

会话：即“交流”，在 SNS 中可分为显性和隐性两种方式，显性交流可通过即时聊天工具或者发送站内信、短消息等方式，不少 SNS 网站设计的“动他一下”还有“送虚拟礼物”等设计是语言交流之外的另类“交流”方式；而隐性的交流在SNS中体现为“到此一游”，告知哪些朋友曾经到访也可视为一种隐性“交流”。

群组：“群组”是各种关系在选择与被选择之后，对共同感兴趣的话题和人进行讨论，形成不同的“圈子”。

名誉：这一元素目前在SNS网站应用不明显，但绝对是不容忽视的一个重要构成部分，因为把握了“意见领袖”及“品牌热衷者”的话语影响力的SNS将在未来的电子商务战中赢得更多的主动权。

当然，并不是每个SNS都包含上述所有的元素，但是绝大多数SNS都有三个或者更多的元素。同时，受欢迎程度比较高的SNS一般都具备多个元素，并突出一个或两个主要元素。如Fliekr侧重于分享图片，Twitter着眼于“状态”，而Facebook和开心网基本上七个元素都有体现，但主要集中在“身份”和“关系”。这个模型对于我们理解SNS的构成提供了一个可感的方向。通过各构成元素分析，可以了解到整个SNS的信息架构、网站定位、目标人群等信息。同时，透过这个模型，也可以看到SNS与其他互联网应用的区别和联系。

1.3 社交网络的发展历程

1.3.1 SNS网站在全球的发展历程

密歇根州立大学教授Elhson和Boyd在*Social NetworkSites：Definition，History and Scholarship*一文中将全球SNS网站的发展历程概括为三个阶段：

1. 萌芽阶段

20世纪末，SixDegrees. com等网站的出现标志着SNS网站的萌芽。

创建于1997年的SixDegrees. com是第一个被世人公认的SNS网站。它率先允许用户创建个人主页、罗列好友。在SixDegrees. com出现之前，用户通过其他工具也能实现这些功能，而SixDegreeS. com创造性地综合了这些功能。从1997年到2001年，SNS网站开始支持各种组件，并允许公开交友。很多网站允许用户建立个人主页，并能通过主页链接成为好友。1998年，中国第一个垂直关系社区中国同学录（5460. net）诞生，网民真实的同学关系得以沉淀。1999年，韩国的Cyworld社交网站服务功能设立；2000年，瑞典成立了Lunarstorm社交网络并提供服务。

2. 发展阶段

在全球范围内，SNS网站真正引人关注源于Friendster网站的迅速走红。2002年，在线约会站点Friendster短时间内迅猛发展了400多万注册用户，一年后便增长到800多万。

据报道，当时在硅谷几乎 1/3 的人在享用该网站的服务。当时的 Friendster 只允许“四度”关系访问他人主页，即最多只能访问“好友的好友的好友的好友”的主页。为了访问更多的主页，用户大规模地积累好友。于是，令人震惊的访问量超过了服务器的负荷。由于“限制用户的行为，不改善网络速度，不关心竞争对手”等诸多原因最终造成大量用户对 Friendster 的不满，导致用户大幅流失。2004 年，Friendster 被迫转卖他人，“SNS 网站老大”的地位被 Myspace 和 Facebook 相继取代。

3. 强势阶段

在 Friendster 萎靡不振的时候，以 Myspace 和 Facebook 为代表的新一代 SNS 网站悄然崛起。

2003 年年底，Myspace 上线。当 Myspace 坐拥 4000 万注册用户的时候，美国新闻集团以 5.8 亿美元将其收购。2007 年 4 月，Myspace 中国站上线。

2004 年，哈佛大学生创建了 Facebook。到 2008 年 3 月，它便神话般地拥有了 6.7 亿活跃用户。目前，Facebook 已成为全世界最大的 SNS 网站，年收入 3 亿美元。

Facebook. com 疯狂抢占全球市场；Myspace. com 在太平洋地区声势浩大；Mixi. jp 垄断日本；Orkut. com 风靡巴西；LunarStorm. com 攻下瑞典；Hyves. com 占领荷兰；Hi5. com 在欧美大受欢迎；Bebo. com 成为英联邦、新西兰、澳大利亚最受欢迎的 SNS 网站；韩国的 Cywork. com 也大步前进。如今，SNS 网站已经成为 Web 2.0 时代的互联网主流。

1.3.2 SNS 网站在我国的发展历程

受美国 SNS 网站发展情况的影响，我国 SNS 网站的发展也历经了三个阶段。

第一阶段：洋网站全军覆没，本土社区大受欢迎。

2003 年，Friendster 在美国大行其道。中国留学生大受影响，回国创建了仿 Friendster 的 SNS 网站。2004 年 1 月，第一个致力于数亿华人的社交娱乐服务网站“亿友娱乐”（Yeeyoo. com）正式上线。在不到一年的时间里，国内涌现出了十几家类似的 SNS 网站，但都昙花一现。

与此同时，国内也出现了本土的 SNS 网站。中国同学录（5460. net）创建于 1998 年 5 月，这是我国创办最早的以真实人际关系（同学关系）为基础的社会化网络网站。其域名 5460 取中文“我思念您”的谐音。“中国同学录”一经推出，其怀旧的栏目特色和浓厚的校园氛围深受欢迎，到 2000 年，中国同学录发展用户 1000 万。几年间，国内又出现了多个“中国同学录”的模仿网站，如 Chinaren、网易校友录、友联校友录等。

第二阶段：洋网站再次碰壁，本土社区模仿涅槃。

在 Friendster 引领的第一批 SNS 网站影响渐微之时，Myspace 引领的第二批中国 SNS 网站逐渐壮大。Myspace 掀起的中国 SNS 风暴比 Friendster 更加猛烈。一时间 Myspace 式的中国网站遍布全国，总数不下百家。如碰碰网(pengpeng. com)、UU 地带(uuzone. com)、51. com、网友天下(wangyou. com)、粉丝网(ifensi. com)、魔时网(mosh. en)等。但一年之后，第二批“中国式的 Myspace”也几乎全线瓦解。

腾讯是目前国内互联网的龙头老大，同时也拥有当下发展势头最强劲的SNS网站。从即时通信工具QQ到QQ空间，再到QQ校友，网民一直精心维护的正是自己真实的人脉关系。

51.com在模仿Myspace失败之后，转而学习腾讯。51.com几乎涉猎腾讯所有的功能和应用：从“51秀”、“51商城”、“51群组”和“51问问”，甚至包括51的即时通信工具“51挂挂”都无一不是迅速复制腾讯模式的产物。最关键的是虚拟物品销售和广告的商业模式，腾讯也是51.com无可厚非的摹本。在全面复制之外，51.com也在细节上注意改进，成功开发一些创新性的功能。到2008年年底，51.com注册用户数突破1亿。正是学习腾讯，51.com才成功涅槃。

第三阶段：洋网站进入主流，本土社区销声匿迹。

2007年，国人大范围地模仿Facebook模式。随着海内、一起、占座网、底片网、花名册、亿聚校内网等新兴SNS站点的涌现，从个人主页到好友动态，从迷用户博客到APP，国内的SNS站点无处不透露着Facebook的气息。甚至风靡一时的“争车位”、“买卖奴隶”等社会性网络游戏都是Facebook上“Parking War”和“Friendsforsale”的中文版。

国内互联网界对SNS顶礼膜拜，本土网站纷纷改版，抄袭之风盛行。中国同学录等老牌社会性服务网站几乎不约而同地戴上了Facebook的面具，本土原创SNS网站销声匿迹，校内网、海内网把Facebook模式的SNS推上了神坛；开心网更是将Facebook模式的SNS演绎到了极致，全民“偷菜”行为标志着SNS进入国内主流人群。

1.3.3 SNS网站的特征

目前，国内SNS市场呈现出三大特点：

1. 三类SNS网站发展迅速

从这两年SNS市场的发展格局来看，三类SNS网站表现突出。

首先，以开心网、51.com为代表的休闲娱乐类的SNS网站发展迅速，且在盈利模式上有所突破；其次，以校内网、占座网为代表的校园SNS网站，其核心竞争优势是占据最具活力的大学生群体；最后，以联络家、XING网为代表的商务沟通和交友类的SNS网站起步较早，发展较为稳定。

2. 校园SNS网站成为市场焦点

2008年，大受追捧的Facebook为中国校园SNS网站树立了榜样，融资成功的校内网、51.com、同学网也为市场发展注入了活力。校园SNS网站成为国内SNS市场无可争辩的焦点。从覆盖率来看，90%的学生使用过校园SNS网站，其中40%左右的学生对校园SNS网站具有较高的依赖性。

从用户价值上看，高校用户具有接受程度高、口碑宣传密度高等特性，潜在商业价值和未来消费能力也非常巨大。人人网等校园SNS网站已逐步从校园用户群向白领用户群过渡，以拓展更广阔的市场。

3. 开放 API 和游戏组件引领创新

在全球 SNS 市场 OpenAPI 和 Open Social 浪潮的带动下，中国 SNS 网站也逐步推行 OpenAPI 的模式。51. com、校内网先后开放 API 接口。开放 API 接口不仅可以借助第三方的资源来丰富自己的内容和产品，还可以借助平台力量整合更多资源，从而构建服务标准，树立自身的行业领袖地位。

同时，开心网的游戏组件模式也获得了业界的广泛称赞。通过不断引入游戏组件，既可以增强网站的娱乐性，还可以让用户通过游戏进行互动，提高用户黏性，与此同时，还寻找到了新的商业模式。

1.4 社交网络的基本功能

社交网络与传统的万维网最大不同之处在于：传统的万维网的主体是内容信息，依靠内容信息组织在一起，呈现给用户；而社交网络的主体是人，依靠人与人之间的朋友关系组织在一起。因此说，社交网络是一个系统，必须具备以下三项基本功能：

(1) 系统中的主体是用户 (User)，用户可以公开或半公开个人信息；

(2) 用户能创建和维护与其他用户之间的连接（或朋友）关系及个人预分享的内容信息（如日志或照片等）；

(3) 用户通过连接（或朋友）关系能浏览和评价朋友分享的信息。

这三项功能在不同的社交网站上的体现形式可能存在较大差异，如 Facebook 只允许用户遍历三层朋友关系，而国内的人人网则没有这个限制。

从 SNS 构成元素来看，SNS 综合了博客、微博客、视频、图片、游戏、群组等 Web 2. 0 组件，几乎集中了互联网已有的全部应用，但又不同于单纯的应用的组合和叠加。因此，不同于以往的任何一种互联网应用，SNS 具有自身独特的功能。

首先，突出人的“主体性”地位。SNS 最大的特点便是信息流是以“人”为节点传递，这是一种完全不同于 BBS、Blog 的信息传播方式。在 BBS 中，强调的是帖子，人的重要性并不突出。Blog 虽然关注到人的个性表达，但仍然是少数人的自媒体。而在 SNS 中，基于熟人的真实传播情境，人的“主体性”会越来越突出，进而产生认同和归宿感。同时因为实名的关系，能够对信息进行有效过滤，减少不必要的冗余，并对每个人的行为产生天然的约束力，有利于纯净信息交流环境，提高人际交往的效率。

其次，叠加“嵌套式”互动模式。区别于 BBS 的帖内互动和站内互动，也不同于 Blog 的留言评论互动，以“人”为中心的 SNS 所引发的互动是一种“嵌套式”的互动元素的叠加效应。一般的 SNS 社区都包括迷博、相册、日志、群组、分享、投票、活动等。而开心、51. com 等则以游戏等娱乐组件为主。在 SNS 中，几乎每一个动作都可视为一网互动元素：可以讨论其他人的迷博，可以评论每一张照片（隐私设置除外），发起日志进行讨论，根据兴趣创建不同的群组，分享感兴趣的任何东西，等等。所做的大部分动作都能够得到反馈，于是又进行再反馈。每一个动作又与其他动作形成不同的嵌套，最终形成了互动元素的叠加效应。正是这样一种嵌套式互动，使得人们在SNS中乐此不疲。

最后，口碑传播式的信息传播。SNS不仅仅是一个深度交互的平台，更是一个分享情感、沟通生活信息的平台。SNS上传递的是人与人之间的信任关系。因此在SNS中，有效的口碑传播将发挥信任的最大价值，因为来自朋友的信息更有可信度，能产生有效的心理驱动甚至促成某种共同行为的产生，而“意见领袖”的口碑影响力将体现得更加明显。口碑的价值取决于好友的质量和数量，因为好友间互为媒介，可以实现低成本、高效率的多级传播。如果有相当数量的好友，信息流会如病毒般随着好友关系链条迅速传播，进而产生爆发性效应。

SNS突出了“人”的主体性，更强调互动，强调口碑的影响力这一系列特点使得其作为一种全新的互联网应用而受到无数的追捧与关注。但SNS有其自身的局限性，首先它不是一个自足的信息系统，仍然需要博客、论坛、群组等其他互联网应用贡献内容。另外，目前SNS用户主动贡献内容的积极性并不高，因此，SNS真正的社交效应和价值还远未能充分发挥出来。目前比较有效的手段是增加了“分享”功能和“转帖”组件，转帖组件实际上把媒体的概念引入SNS中来，虽然这只是一个P2P的传播工具，但它的意义在于引入了外部信息的传播方式，并能产生信息爆发效应。

1.5 社交网络的特征

1.5.1 社交网络的新媒介特征

传播媒介是负载、传播信息符号的中介性物质实体。目前，人们可以通过电话、广播、电视、报纸、书籍、网络等形式进行时空的传播，这些都是我们熟悉的传播媒介。

新媒介指是基于技术进步引起的媒体型态的变革，尤其是基于无线通信技术和网络技术革命基础上出现的媒体型态，如数字电视、IPTV、手机、Blog、电子杂志，以及网络媒体。SNS网站正是基于技术进步引起的媒体形态的变革。作为新媒体，SNS网站具备以下特征：

1. 传者受者的真实性与双重性

互联网的匿名性曾给网民带来了极大的言论自由。当虚假信息充斥互联网时，网民们逐渐对虚拟网络产生了极大的不信任。SNS网站恰好把握了这一时机。Facebook提倡实名制，接下来几乎所有的SNS网站都沿用了这一制度，SNS网站是在真实信息的基础上延伸更广、更深的社会网络。SNS网站可以识别同办公室、同楼、同小区、同IP的用户，挖掘真实人际关系，并加以推荐。所以，SNS网站组建的大多是熟人之间的真人网络。虽然部分网民还存在抵制情绪，大多数互联网用户已经能够接受实名注册。最终，SNS形成了新的网络环境：大多数人用真实身份在互联网上构建了自己真实的人际关系。

另外，与传统媒体不同的是，SNS网站的使用者还可以同时拥有“传者”、“受者”的双重身份。用户不但是信息的接受者，也是新闻的采集者和传播者。用户可以通过电脑、手机提供鲜活的细节描述，这可能是媒体报道的最好素材，此时传统意义上的“受众”就成为了实实在在的“新闻源”。

2. 传播内容的丰富性

SNS网站几乎涵盖了Web 2.0时代最具人气的网络应用。几乎每个SNS网站都可以写日志、传相册、群组话题、获取信息。SNS网站还创造性地发明了140字的微博。人们利用吃饭前、坐车时等时间碎片，写文字、发图片，分享网址、音乐、视频，140个字包罗万象，无所不谈。

大部分SNS网站提供了格式化的网页，用户可以输入个人信息，包括性别、生日、籍贯、政治、宗教信仰、毕业学校、邮箱、地址、活动、喜欢的电影和音乐、状态。网站可以根据用户信息，向不同的用户推送不同的内容和好友。

SNS网站内容的丰富性还表现在平台的开放性上。SNS网站开放平台接口，无数的第三方应用可以自由接入，SNS网站则可以接入丰富的应用模块，这些模块大多数以游戏应用为主，如偷菜、买卖好友、停车等。

3. 传播途径的多样性

电视、电台、报纸、杂志的信息传播载体具有难以替代的独特性。SNS网站的信息传播渠道则非常多样。网民可以通过网站访问SNS网站，也可以通过特定的客户端了解SNS网站中的好友动态，还可以通过手机访问Wap网站或手机客户端访问。

以2009年6月伊朗大选为例。政治斗争引起了民众抗议活动，最终引发了流血镇压事件。伊朗政府中断了手机通信，屏蔽了众多境外网站，拒绝外国媒体采访。在传统媒体无法获取信息的时候，伊朗的年轻人通过SNS网站第一时间将消息传递到世界各地。

传者可以通过手机、电脑即时发布文字、图片、视频、音频信息，受者也可以通过电脑、手机等多种手段即时接收多媒体信息，这也是传统媒体所无法比拟的。

4. 传播速度的即时性

按照传统传播方式，从发出信息到收到反馈，需要经历一定的时间，不可避免地产生了信息传播的滞后性。网络传播的一大优势是能将这种滞后性减少到最小。传播渠道的多样性基本保证了传播速度的即时性。

以2009年2月9日发生的“央视配楼失火”事件为例。大火发生半小时后，一位叫“加盐的手磨咖啡”的网民，在事发时用手机拍下火场照片，并于2月9日21时04分将照片上传到SNS网站。之后的12小时，照片的访问量超过37万次，跟帖1700多条。而另一位叫“msun”的网民于2月9日22时左右将一段现场视频上传到SNS网站。约6分钟后，新华社才代表主流媒体第一个发出了有关火灾的快讯。这类突发性事件的信息素材和传播速度是传统媒体所无法企及的。

5. 传播模式的创新性

SNS 网站多采用好友之间的人际传播的传播模式。传者发布信息，好友可以收到信息，好友对该信息进行分享。分享信息便能以类似病毒的速度迅速传播开来。

2009 年 10 月 4 日，顾甜睿小朋友走失，其家长在 SNS 网站上发布寻人启事，其特征、照片等受到广泛转发，达到了 1 传 10、10 传 100、百传万的效果。到了 10 月 12 日，其父母以顾甜睿小朋友名字注册的微博账号发布消息，宣布已经找到并顺利回家，对网友表示感谢。这样的公益互助事件正在不断地发生。

通过以上事例，可归纳出 SNS 网站的信息传播模式，如图 1-6 所示：

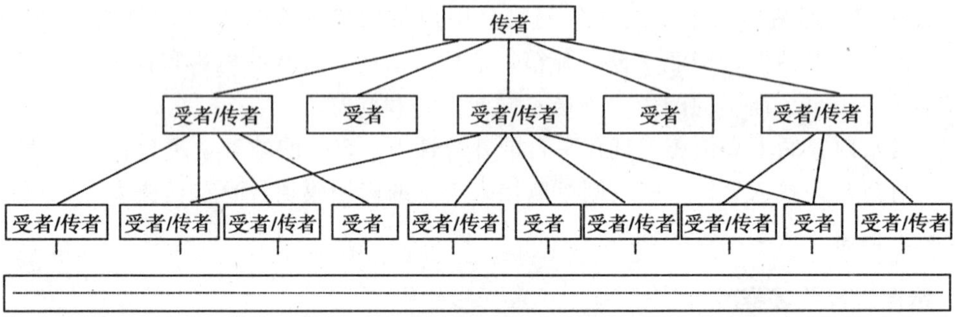

图 1-6　SNS 网站的信息传播模式

6. 传播效果的超越性

在 SNS 网站中，普通大众作为“自媒体”发布的信息，也可以收到意想不到的传播效果。以微博女王姚晨为例，作为当红女明星，出演过《武林外传》、《潜伏》等电视剧，但在网上并没有太多追随者。新浪微博开放之初，她被邀请注册，之后很快受到 70 多万用户的关注，人气一发不可收拾，甚至超过了李开复和李宇春，直至成为新浪微博女王。姚晨说：“我突然觉得我得对这 70 多万脖子（博友）负责。曾经和朋友聊天时我一下悟到，这个数字几乎超过了一份成熟的都市报的日发行量。就是说，我每每发布的消息竟然可以达到一份报纸的传阅范围，而且速度还要快 N 倍。”

相比传统媒体，SNS 网站的用户还可以通过隐私设置控制信息的传播范围。有效的隐私控制可以确保用户的信息不被泄露和滥用。SNS 网站每个应用都有对应的保密设置，不同的保密级别决定内容对谁可见。用户的日志、相册可以只给某几个人看或者某个分组看，或者让某几个人不能看到。很多 SNS 网站还不提供搜索引擎检索，大多数内容只有站内用户才能访问。

以上特征无不有力地证明了 SNS 网站是真正的新媒体。

1.5.2 社交网络的传播学特征

1. 基于“六度关系”的人际传播媒介

传播媒介划分为人际传播媒介与大众传播媒介两大类。大众传播媒介是我们被包围其中的报刊、电影、广播、电视等机械化、电子化传媒；而人际传播媒介是包容较广、更难以琢磨的传媒形态，我们可以把它规定为以亲身媒介为主，有时辅以一定传播技术的媒介总称。

六度分隔理论是SNS网站的理论基础，后人根据该理论，创立了面向社会性网络的互联网服务——SNS网站。通过“熟人的熟人”来进行网络社交拓展的SNS网站实质上正在构建一个密切联系的世界。而SNS网站则是绝佳的人际传播媒介。基于六度分隔理论建立的SNS网站的核心特点是好友资源的共享，将现实社会关系得以再现、加强。SNS以现实社会关系为基础，模拟或重建现实社会的人际关系网络，力求回归现实中的人际传播。当前，全球用户量最大的社交网站Facebook，允许成员发布不超过140个字符的微博客Twitter，专注娱乐和音乐的Myspace，在中国同时在线用户突破1亿用户的QQ空间和在印度和巴西得到普遍使用的Google公司服务，都是全球最受欢迎的社交网站。只需要轻轻点击一下鼠标，用户就能发送视频、图片以及其他许多内容。只需要更新个人页面或发一条微博，用户就能让自己的朋友圈甚至全世界收到信息。

这类网站的伟大成就是，它们把自己变成了绝佳的人际传播工具。

2. 无“议程设置”的自媒体

传播学家麦库姆斯和肖认为，大众传播具有一种为公众设置“议事日程”的功能，这一理论认为：大众传播往往不能决定人们对某一事件或意见的具体看法，但是可以通过提供给信息和安排相关议题来有效地左右人们关注某些事实和意见以及他们议论的先后顺序，即媒介可以为公众安排议论的话题，决定人们谈什么和想什么。传媒决定受众“思考什么”是通过如下方式进行的：传媒的新闻报道和信息传达活动通过赋予各种议题不同程度的显著性的方式，影响着人们对周围世界的“大事”及其重要性的判断。

然而在Web 2.0时代及SNS网站的世界里，草根大众不需要议程设置，也可以影响社会舆论。2009年12月，中国社科院正式对外发布《社会蓝皮书》，同时发表了人民网舆情监测室三位分析师撰写的《2009年中国互联网舆情分析报告》。报告分析了2009年影响力较大的77件社会热点事件，其中由网络爆料而引发公众关注的有23件，约占全部事件的30%，实在不是一个小的比例。

特别是在传统媒体因为种种顾虑而缺席或反应迟钝的情况下，互联网孤军深入，成为网民自发爆料和集结舆论的平台。如2009年5月7日晚，杭州闹市区发生飙车撞人案，当地多数报纸第二天未作报道。但当晚杭州著名网站发帖《富家子弟把马路当F1赛道，无辜路人被撞起5米高》，回帖达到14万条，网民对蔑视生命的“富二代”给予强烈谴责。加上杭州警方未能及时公布事件的进展而激起众怒，网民“人肉搜索”肇事者背景，受害者谭卓的校友浙江大学学子致杭州市市长的公开信也从浙江大学内部论坛流传到公网，飙车案迅速成为全国关注的公共事件。

SNS 网站与传统媒体、传统网站的最大区别在于，信息依赖网络人际关系传播，淡化议程设置的作用。Web 2.0 带来了“去中心化”运动，SNS 网站则把“去中心化”推向了高潮。“去中心化”的基本指向，就是破除基于权力的信息与信息源的垄断。在网络时代，受众拥有前所未有的权力：他们不仅仅是信息的被动接收者，同时也可以发出他们的声音。每个人都可以轻松地搭建出一个属于他/她自己的小中心，这个小中心也被称作“自媒体”。只要传播者足够活跃，就可以传播信息，引起舆论，成为无需“议程设置”的自媒体。而 SNS 网站无疑是由千千万万的“自媒体”组成的媒体平台。

3. 无“把关人”的布里德潜网

“把关人”理论源于库尔特·卢因（Kurt Lewin）关于家庭实物购买决策的研究，后经怀特（White）对美国一家非都市报纸的电讯稿编辑人员的个案研究证实。该理论认为：新闻媒体在处理新闻的过程中，每个阶段和环节都有把关人，从可能传播的新闻中进行选择、决定取舍，在新闻制作中判断哪些事实需要被简化、哪些事实应该详述，这些行为直接影响着受传者对信息的理解，“把关人”决定着信息的质量存在，掌握着信息的流量、流向及解释信息的权力。

新闻媒体是大众媒介，是政府的喉舌，所以新闻媒体均采用的是“先审后发”的把关机制。把关人对新闻质量、传播效果负责。相比于传统媒体，SNS 网站不存在把关人。SNS 网站是群众自媒体的汇聚平台，代表民众的声音，主办方只需要对信息的安全性负责。因此 SNS 网站大多采用较为宽松的“关键词+先发后审”的审核机制。

美国研究控制问题的传播学家布里德在《编辑部的社会控制》一文中指出，在报社内部存在着一张无形的网，这张网的作用使得报社能按照既定的编辑方针不断地运转下去，不至于做出太出格的事情。同时它可以约束报社内部之间的关系，防止不懂传统规矩的新来者对报社行为规范的袭扰。我们可以理解这种潜网不仅存在于报社，同样存在于 SNS 网站。

一方面这张看不见的潜网对用户作为传者发布的信息具有引导意义。网站将限制用户发布包含非法关键词和可疑关键词的信息，用户习惯之后会主动避开这类信息。另一方面，潜网有利于促使 SNS 网站氛围的形成。SNS 网站氛围由多数人的海量信息汇聚而成，具有某些相似性的 SNS 网站受众聚集到一起，拥有某些相似的喜好。因此以开心网为代表的 SNS 网站倾向传播娱乐信息，而以 SG 为代表的 SNS 网站倾向传播互联网业界资讯信息。

4. 针对用户需求的“使用与满足”

“使用与满足”理论把受众成员看做是有着特定“需求”的个人，把他们的媒介接触活动看做是基于特定需求动机来“使用”媒介，从而使这些需求得到“满足”的过程。作为社会网络服务平台，“以用户为中心”是 SNS 网站发展的动因和机遇。因此 SNS 网站普遍费尽心力研究用户心理、行为，挖掘受众需求，致力改善用户体验，开发各种功能以满足用户需求。

（1）SNS网站能满足用户认识的需要（获得信息、知识和理解）。受众可以通过SNS网站获得新信息、学到新知识、理解新内容。SNS网站中的日志、相册、群组等功能，为用户了解好友动态、获取群组信息提供了莫大的帮助；用户还可以通过与好友分享文章、音乐、视频等信息实现认识的满足。

（2）SNS网站能满足用户情感的需要（情绪的、愉悦的，或美感的体验）。在SNS的帮助下，用户可以轻松认识"朋友的朋友"，通过认识的人找到需要的人，扩展自己的人脉，还可以更科学地管理人际网络资源，为自己赢得更多的机会。正如校内网的口号"加入她用户可以找到老同学结识新朋友"一样，SNS网站通过整合朋友圈，令用户拉近距离，增进感情，获得沟通交流，从而实现了关爱理解的情感表达体验。另外，SNS网站新鲜、清新的用户体验也是使用者乐此不疲的心理动机之一。

（3）SNS网站能满足用户自我实现的需要（加强可信度、信心、稳固性和地位）。自我实现的需要就是人对于自我发挥和完成的欲望，也是一种使自身的潜力得以实现的倾向。这类需求在现实生活中难以满足，但是在虚拟世界更容易获得。用户通过SNS网站展示自我，提升自尊心和自信心，获得自我价值的实现。同时，SNS网站群组功能让地域相近、有共同话题、喜欢同类事物的人得到一种情感的归属感。在交流过程中，体验到人际交往的愉悦，获得自我实现的满足感。

（4）SNS网站能满足用户社会整合的需要（加强与家人、朋友等的接触）。SNS网站通常为实名制，根据《SNS网站用户行为研究报告》指出，用户姓名真实率为53.8%，头像真实率达到了91.3%，家乡/居住地的填写率最高（94.2%），年龄的填写率为87.5%。SNS网站严格的信息真实性审查与以往的网络交友网站相区别，因此这种在虚拟网络中的真实感，让SNS网站用户在安全隐秘的网络氛围下，利用朋友圈的概念在用户群之间拉网沟通，建立紧密的朋友关系。人与人之间的各种关系，如亲戚、朋友、同学、师生、同事等，通过SNS网站得到便捷的人际资源整合，加强彼此之间的沟通交流。

（5）SNS网站满足用户舒解压力的需要（逃避和转移注意力）。面对各类社会竞争压力，用户可以在SNS网站获得休闲娱乐的满足感。通过在线游戏及虚拟社区的聊天，释放压抑和郁闷情绪，带来愉悦感。在SNS网站，没有地位和身份的差别，大家都是平等的。用户可以说自己想说的，做自己想做的，暂时逃避生活工作中的烦恼和挫折，实现舒解压力的需要。

1.5.3 未来社会化网络的六大特征

无论是最初的Friendster的创始人，或者是Facebook的创始人马克·扎克伯格，或许都没有预料到社交网络带给我们生活的巨大的变革。我们通过社会化网络联系朋友、维持关系、分享资讯、召集活动、促成消费，几乎无一不能。但是另一方面，社会化网络的发展也早已经偏离了他们最初的预想轨道，那么在未来的几年中，我们可以预见的社会化网络将是具有怎样的特点呢？

1. 稳定的关系网络

互联网是一个和现实社会一样的“网民”为基础的社会，因此社会化网络的形成以及维持都是以网民的忠诚度为基础的。那么尽管诸如腾讯 QQ、Facebook、Twitter、开心网、人人网等都有数以亿计的用户不断地加入这个社会化网络，但是毫无疑问，随着互联网的普及完善，这种社会化网络基础用户的增速必将逐步放缓，最终达到一个比较稳定的全球网民的比例。这是从用户数的角度来看社会化网络的未来状态。

而另一个稳定对于社会化网络具有重要意义的是社会关系的稳定网络。无论是社交网站的社交圈，还是微博、分享网站的兴趣圈，它们最终都会经过不断地自我调整最后达到一种相对稳定完善的状态。以微博为例，一个并非意见领袖的新人很难有足够的影响力来吸引众多的粉丝，那么此时他最容易做的就是主动关注别人，以获取别人的回馈。长此以往的结果就是自己的关注数很多，但是粉丝数则相对较少。另一方面，按照 150 度原则，一个人不会无限制地去关注太多的自己无法吸纳的信息。也因此，目前的微博中已经限制了关注的上限，比如新浪微博的 2000 人。那么当他继续想要增加粉丝，并且发现更想关注的人的时候，他唯一的做法就是删掉一些人，然后替换关注。谁最容易被删掉？毫无疑问，就是那些他关注了，但是却没有关注他，并且与他的利益并没有太直接关联的非重要人物。

显然，这是一种良性的循环。即便用户是一个万人迷的明星，如果我在社会化网络中的目的是日常交际或者网络营销，那么用户未必能为我带来任何利益。因此，我可能在短期内可以保持对用户的关注，但是在利益的抉择面前，答案是非常明显的。所以，经过类似的层层的筛选，最终的社会化网络所留存的社交圈以及兴趣圈都将是相当牢固以及忠实的，而且是积极互动的。

2. LBS（Location Based Service，基于位置的服务）的广泛应用

社会化网络如果想要真正的体现现实社会的特性，就必然与现实接轨，落地生根。而目前单纯的依靠虚拟的游戏、娱乐，简单地把用户沉溺其中的做法是不健康也不长久的。不少业内人士指出，国内目前的社会化网络在模糊、淡薄的社会关系之外，就只剩下 Web 游戏的特性了。当每个人都沉迷于开心农场、好友买卖的时候，其实这种社会化网络与一个在线的游戏网站几乎没有丝毫的区别，这显然并非我们的初衷。

因此，LBS 是社会化网络生根发芽的最佳途径。国外 Foursquare 的火热在一定程度上预示了这一方向的发展，而国内的“切客”① 网站也让我们看到了社会化网络现实化的曙光。其实在很多方面，社会化网络依然大有可为，比如类似 Everlater 的旅游分享，类似大众点评网的餐饮点评、类似携程旅游网之类的酒店、宾馆的体验评价，等等。细分行业的利基市场（指那些被市场中的统治者/有绝对优势的企业忽略的某些细分市场），永远都有可以开发的余地，只要我们能寻找到最容易引起用户参与兴趣的切入点。

---

① 源自英文 check in，指热衷于即时记录生活轨迹的都市潮人，他们利用移动互联网终端记录地理位置、身边新闻，借此与他人分享。

但必须注意的是，单纯的 LBS 应用在网络上的技术实现是空洞无力的。尤其对于一些小的创新企业来说，很难有什么值得依赖的壁垒让自己稳坐某一行业的霸主。国内诸如嘀咕、Follow5、饭否、贫嘴、做啥等众多出现较早的微博网站，目前在新浪、腾讯的强大压力下已经基本是消亡或者苟延残除了，偶有一两个稍微有些创新技术的，也终究难与巨头们正面抗衡。而社交网站更是只剩下人人网、开心网两大网站，其余的要么过于垂直细分，要么只是地域性的、兴趣圈的小规模网站，前途暗淡。

所以，LBS 的发展要想与现实社会接轨并非一件容易的事情。以携程旅行网来说，它所做的酒店、宾馆的入住体验分享网站就具有先天的行业瓶颈，在它的整个线下的产业链中，不仅有全国各地的各种类别的宾馆、酒店资源，同时它们还可以将线上分享与线下消费有机地结合起来。比如在分享中积分获取入住酒店的折扣券，这对于其他没有线下资源的企业来说简直堪比蜀道之难，但是对于携程则是水到渠成的。也因此，类似的大众点评网做这种美食的分享也是顺理成章的，而尽管百度在搜索领域如此强大，在这一方面，短期内并不能给大众点评造成多大的影响。

3. 游戏的社会化

尽管诸如开心农场之类的简单游戏已经为很多社会学专家所诟病，但是无可置疑的是，对于企业来说，用户的关注以及忠诚度才是他们最为关心的。作为一个具有发展潜力的企业来说，其社交网络依然应该具备促进社交、提升智力等健康方向导向。另外，值得考虑的是，游戏毕竟不是我们生活的全部，而休闲娱乐、学习交流等因素综合起来才是我们生活的全部。如何使游戏具有更强的社交性，或者说将社交活动本身变成一种轻松的游戏，是社交网络发展中所必然面对的一个挑战。

或许在未来的某一天，开心农场依然可以火爆，但是我们也会真的在这种种菜、偷菜之外的其他方式里获取交际的快乐、学历的乐趣、充实的生活等更多的价值。又如将某个巨大的品牌融入游戏营销领域，通过礼品奖励模式为自己赢取令人难以想象的巨大市场。到那时，我们每天都会沉迷于完成挑战任务和赢取最后的胜利，这个大奖也许是一扎啤酒或者其他类似的东西，但是我们依然会每天乐此不疲。这样的成功激励模式，毋庸置疑，会渐渐蔓延遍整个互联网社会化新媒体平台上。因为在那里，人们不仅会沉迷在这种赢奖杯的过程中，还会与自己的网友分享自己的胜利。在此过程中，品牌则能够收集到越来越多的用户资料；并且，假设一个用户参与游戏并胜利地完成游戏，把胜利结果分享给自己的社会化人际圈子中，影响到所有友邻，就是这样，品牌也在同时获得了这位用户整个社会化圈子里的所有网民的信息。

4. 用户创造内容

社会化网络的重要特点之一就是人人都可以变成广播台。表现欲作为人类精神追求中重要的基本需求之一，从理论上为社会化网络繁荣的必然性提供佐证，也正如我们今天所见，在社会化网络中能发出响亮声音并影响重大的已经不仅仅是传统社会的意见领袖了。更多的平民、普通网民在互联网上发出了自己的声音，并得到了网民的认同，很多时候这是一种现实需求以及精神追求的双重满足。

在一般的社会化网络应用中这一点的反应还不太明显，比如新浪博客、微博、社交网站中关注最多，影响最大的依旧是一些明星、政府官员、著名企业、社会名人等，因此意见领袖的优势当然不会消失。但是至少普通网民已经开始能发出声音，并且影响力也相对于传统社会中有了大幅度的提升，尤其在一些互动分享平台上更为明显。比如在百度知道、互动百科、豆丁文档、雅虎知识堂、新浪爱问、优酷、土豆中，我们看到千万数量级的文档、词条、图片、视频被分享，同样引起海量的用户的关注和追捧，但是这其中的分享以及发布者却很少有传统社会中的意见领袖。

5. SNS 电子商务化

无论是社会化网络本身，还是依靠社会化网络进行营销活动的企业或者个人，都会促进社会化网络电子商务化的进程。在今天的社交网站中，类似 Facebook、人人网中的侧边栏广告已经是最常见的形式了，而类似于 Facebook 中的商店则是直接变成了 C2C 的电子商务模式。而 Twitter 的广告形式则类似于搜索引擎的付费结果排名，以 Groupon 为主的团购类网站其实与传统的联盟营销又具有共同的本质，都类似于企业或者个人的分销渠道，而后按单提成。

其实，社会化网络的主体市场无所谓是个人的还是企业的，也无所谓具体的电子商务模式以及盈利模式，但毫无疑问的是，社会化网络如果要具有更多的社会性，那么除了娱乐休闲之外终究不可缺少消费的概念。因此，在商家、商品、消费者、营销、流通、支付等多个环节之间，谁能更好地以一种简单便捷的应用服务将这一套环节进行完美的整合，那么这个社会化网络就必将是成功的。也唯有电子商务化，才是保证企业长期发展的源动力。

6. SNS 的移动化

随着移动设备硬件基础的提升以及 3G 网络等移动高速上网技术的普及，社会化网络的移动化应用毋庸置疑。社会交往从来都是随时随地的，因此社会化网络必然也要满足这方面的需求。因此，移动网络的诸多特性一一弥补了传统互联网的多种不足，如空间、时间的限制等。也正如我们看到的一样，移动网络中社会化网络的应用正如雨后春笋般高速发展。

1.6 社交网络的分类

对于 SNS 网站的具体分类问题，目前国内外学者按照不同的标准提出不同的观点，还没有完全达成共识。

1.6.1 按照其功能的目的来划分

目前，国外主要的分类包括：Arlnstrong 和 Hagd 按照 SNS 成员目的不同，于 1996 年提出将 SNS 分为交易 SNS、兴趣 SNS、幻想 SNS 和关系 SNS 四种类型的观点。2004 年，Dholakia 等提出把 SNS 分为网络型虚拟 SNS 和群体型虚拟 SNS。以上分类方式都是从宏观广义的角度进行的，以下从微观层面对目前国内主要 SNS 网站进行分类：

1. 通信搜索平台类 SNS 网站

此类 SNS 网站主要是为用户提供一种平台服务，例如，腾讯 qq. com 就是以即时通信为基础的 SNS 平台；百度 baidu. com 则是以搜索为基础的 SNS 平台；而阿里巴巴 alibaba. com 是以商务应用为基础的 SNS 平台，等等。这些平台类 SNS 网站，内容信息丰富，涉及范围比较广，综合性较强。

2. 商务类 SNS 网站

商务类的 SNS 目标受众比较明确，例如 SGSNS 则主要是针对 IT 专业人士的。诸邻 Wealink 作为目前最大的中文商务社交网，涉及信息较为广泛，可为个人的交友、求职、创业，以及企业的招聘与合作等提供整体人脉支持。

3. 文化类 SNS 网站

文化类 SNS 包含种类比较多，例如音盒网 mymbox. cn，其目标受众是针对音乐爱好者，属于音乐垂直社区，用户不仅可以通过该网站了解目前音乐流行的新动向，而且可以在“论坛族群”里根据自己的喜好组建新族群，就某一话题发表评论、投票等。又如，王家人（wangjiaren. com）是中国唯一一家以同姓氏寻根交友为主题的社区 SNS 网站。

4. 针对地方信息的 SNS 网站

该类 SNS 网站是以地域为划分依据，针对某一地域人群提供交友服务。例如，萍乡交友网（wslz. com）是萍乡最大的实名制交友社区；西屯儿网（xitown. com）是西安地区的一家专为西安人提供同城交友的 SNS 网站；我们同城网（facecity. cn）是厦门地区为厦门人提供线上交流和线下服务的 SNS 网站；川内网（chuanneu. cn）是为四川人提供线上线下人际关系交往的 SNS 网站，等等。此类网站相对于其他交友网站，因地域便利，更具有现实性。

此外，SNS 网站的分类还包括工具类，如广告人精锐人脉，是为专业广告人提供团队合作服务的工具性质网站；社群类，如宅内（zhainei. com），是面向时下最流行的宅人族的 SNS 交流平台；驴友录（u. 8264. com）是面向驴友、自助游爱好者的 SNS 社区；校园与娱乐类，如在大学校园非常火爆的校内、占座等。

1.6.2 按照其功能属性划分

1. 交友网络

这类社交网络是现实社交圈的映射，其朋友关系的真实性和关系维护的便捷性吸引了大量用户的参与。这类网站在国际上比较流行的有 Facebook、Myspace 和 Cyworld 等；国内比较流行的有人人网和开心网。此外，面向商务人士的 XING（xing. com）和 LinkedIn（LinkedIn. com）、婚恋交友网也属于此类网络。

2. 博客网络

博客站点提供了博客发布和用户关注服务，用户之间的关注关系就形成了社交网络。博客网络一般是有向网络，即用户 A 关注用户 B 的博客，但用户 B 未必关注用户 A 的博客。近几年迅速兴起的微博客(如 Twitter)引发了人们对信息传播的关注。较大的博客站点有 Google 公司博客(Google Blogger)(Blogger. com)、微软共享空间(Microsoft live spaces 与 home. spaces. live. com)、新浪博客(Blog. sina. com. cn)、腾讯 Qzone(Qzone. qq. com)、Live Journal(livejournal. com)、推特(Twitter)(twitter. com)和 Follow5(follow5. com)等。

3. 媒体分享网络

这类网站主要用于用户发布、共享和检索媒体资源，如视频、图片或书签等。这些站点降低了信息发布的门槛，吸引了大量用户的参与。此类站点除了提供资源发布和共享服务外，还提供交友服务。这些站点上的用户形成的社交网络一般也是有向网络。较大的站点有视频分享网站 Youtube（youtube. com）和优酷（youku. com）、图片分享网站 Flickr（flickr. com）、网络书签站点 CiteULike（citeulike. com）和 delicious（delicious. com）等。

4. 即时通信网络

即时通信系统是一种实时交流工具，系统中的每个用户都有自己的联系人（或好友）列表。根据用户之间的好友关系可以构建即时通信系统中的社交网络。代表性的即时通信系统有 MSN（msn. com）、QQ（im. qq. com）和 Skype（skype. com）等。

此外，某些 BBS（如天涯社区）和协同编辑站点（如百度百科）等也增加了关注或好友的功能，在这些站点的用户之间也可组成社交网络。

上述站点所提供的服务之间有互补和重叠之处，如视频分享网络“优酷”的用户也可以指定自己的好友；Facebook 和人人网的用户也可以发布自己的微博客，这使得我们对于社交网络的分类很难给出严格的划分。

此外，还有多种划分标准。按照运营模式不同，社交网络还可以分为：综合型社交网站、门户型社交网站、垂直型社交网站、电信型社交网站。

按照运营目标不同，社交网络又可以分为：教育类、娱乐类、社区联系类、情感联系类、商务广告类、政府平台类。

1.7 社交网络的商业价值

商业价值网络作为第四媒体，对人们的生活产生的影响越来越大。从目前的可查数据来看，短短几年内，中国网民的数量已经增长到了 3. 84 亿，而且这个数量还在不断增大。

在 Web 2.0 时代，网民的要求也开始发生变化，他们开始要求网络的实用效果、体验效果更加明显，更加希望网络社会能够与现实社会紧密结合，更加方便他们的工作和生活。就是在这样的背景环境下，SNS 应运而生。它的出现改变了信息传播方式、催生了新的话语空间，为社会带来了无限商机。

SNS 作为 Web 2.0 的一种重要的应用形式，它不仅为大量的用户提供了交流的平台，同时也给很多企业创造了商机。目前，已有很多企业利用它来盈利。根据 iResearch 艾瑞市场咨询的 eMarketer 数据整理显示，在 2006—2011 年之间，全球交友网站的网络广告收入规模持续快速增长，2011 年收入将增至 36.3 亿美元。然而，它的商业价值是如何产生的呢？

1.7.1 社交网络的价值前提

SNS 的特点决定了 SNS 所拥有的用户的特点，而其用户的特点正是 SNS 的商业价值的重要来源。与传统的互联网产品相比，SNS 有自己的独特之处，正是因为这种独特性，才使得其更具商业价值。

1. 用户信息真实

真实而可信赖，是 SNS 实现人脉资源显性化的必要前提。SNS 把信息的真实性放在基础地位，在人们的传统观念中，网络往往是一个虚拟的东西，网络社会是一个虚拟的社会，因此要改变人们的这种观念必须以真实性为基础，这样才能真正模拟或重建人们现实社会的人际关系网络，人们才会去相信网络的真实性。也正是基于用户信息真实性的考虑，SNS 网站才能有效地对用户进行管理和定位。而对广告商来说，他们也更明确自己的宣传对象，从而确定相应的营销广告，达到宣传推广的效果。

2. 关系清晰化

SNS 的网络不像一般的网络，其关系是杂乱无章的，很模糊，也很繁杂，却是一种清晰的网络化关系。SNS 将现实社会关系通过网络来进行表达，颠覆了传统的以内容来吸引用户的模式，它以人们的社会关系为基础，为用户之间相互产生关系提供了一个纽带，使得关系不仅清晰，而且呈网络化发散开，同时用户对它的依赖性也不断增强。因为 SNS 上的关系都是现实中的关系，信任度高，传播也方便。

3. 内容用户主导

SNS 的内容指向性非常强，并且十分明确，都是基于用户感兴趣的话题展开。这样直接指向用户，内容以用户为导向使得网民能够积极参与到内容的开发和确定中来，同时，还能满足许多用户个性化的需求，因此，用户对 SNS 会产生更多的依赖。不仅如此，因为每个网民在内容中都起到了自己的作用，使得内容变得丰富多彩，同时，通过内容的传播使得人与人之间的关系也变得多样化。这样一来，SNS 的内容生成机制，不仅使得内容变得更加有趣味，更加丰富，也让人际关系在无形中形成了。在一定意义上讲，通过内容开发传播来拓展用户的人际关系，满足用户的各种需求，提供更大的发展空间是 SNS 的最大亮点。

4. 用户资源管理人性化

在 SNS 网络传播中，真正体现了以人为本。SNS 网络传播人性化管理的方式，使得虚拟的网络社会变成现实的人际关系社会。

社会关系资源本身是个人、企业获得商业机会的重要工具和渠道。企业发展要维护和发展各种社会关系，在现实当中，这种费用非常高，而且效果不佳，但是通过 SNS 平台，企业不仅能降低成本，而且能够有效维护和发展自己的社会关系。因此，SNS 平台也深受企业关注和欢迎。SNS 还提供用户管理个人人脉关系的平台，通过这个平台，用户可以把需要发布的信息及时准确地传递给他想传递的对象。同时，SNS 平台还帮助用户建立合适的社会关系并分类存储管理，从而能够有针对性地加强沟通、交流与合作。

1.7.2 社交网络的价值特征

基于以上四个特点，使得 SNS 具有潜在的商业价值，可以利用其进行商业活动。

1. 商业价值的来源

SNS 拥有巨大的用户数量，具有极高的用户流量，并且掌握着用户之间的社会关系网络资源。由于 SNS 的用户本身具有以下特点：（1）用户之间具有极强的黏性并且他们的稳定度很强；（2）用户的好友都由可信任的关系群组成，他们在其中的信息反馈将成为最可信赖的购买依据；（3）用户在使用 SNS 网站的过程中，通过跟“朋友的朋友”缔结成可信任关系群；（4）用户根据不同的兴趣爱好组成各种不同的“圈子”，在不断扩大的关系群网中，进行各种社会活动；（5）用户自身创造内容以及由内容衍生出的诸如评价之类、上传的照片等。因为客户追求的是一种长期稳定的关系，而 SNS 完全能满足客户的这种需求，因此 SNS 用户流失率也比较低。这样一来，更多的广告投放、增值服务、电子商务等方面的价值会集中到 SNS 上。

因此，SNS 的商业价值相当可观，它在营销渠道的作用和价值更是不容小觑。许多商家都认识到 SNS 在精准营销、口碑营销和植入式营销方面的商业价值很高，已经开始付诸实践。因为我们可以从上文看出，SNS 用户的信息真实性强，用户网络关系清晰，内容传播准确而且迅速。因此如果商家利用 SNS 平台进行口碑传播和品牌推广，会获得很好的成效。

2. 商业价值的表现方式

由上文可知，SNS 网站的一大特点是用户依赖性强，因此它们都拥有庞大的用户群，这些庞大的用户群本身蕴藏着巨大的商业价值，从 SNS 的特点及理论分析来看，SNS 网站的商业价值可以从如下几方面体现出来：

（1）口碑营销。口碑营销是以用户为中心，通过人与人的关系传播信息的营销方式，这种方式与SNS的特点一拍即合，因此SNS十分适合用于口碑营销。相对于传统的网站而言，SNS是以用户为中心，进行信息的生成和传播，而不是以内容为载体进行传播。在这种模式下，用户在关注别人的同时，自己也成为关注的焦点，可以满足其多重需求。SNS网站不仅在口碑传播上遥遥领先，还能展现出更具特色的病毒式营销，而其商业价值也恰恰体现于此。

（2）精准营销。有用户的真实信息做支撑，用户本身会考虑通过进行自我展示SNS来打造自己的个人品牌，从而整体上有助于增加用户的交互性和活跃度以及个人对自我群体身份的归属感和认同感。有了群体分类，市场细分才显得更为重要。每一个消费者群就是一个细分市场，每一个细分市场都是由具有类似需求倾向的消费者构成的群体。市场细分是精准营销的基础，通过市场细分，SNS网站可以对每一个细分市场的购买潜力、满足程度、竞争情况等进行分析对比，推广适合本网站用户的产品，以适应市场的需要。SNS是人际关系的载体也是人际关系的传播媒介，因此，用户可以根据自己的兴趣、爱好等自己的关系进行分类，并在共同需求上形成关系圈，选择适合自己的目标市场，进行差异化竞争，形成一种竞争优势。除此之外，SNS系统还具有关系的查找和匹配功能，这样各种信息就可以有的放矢地进行传播和推广，从而SNS对细分的用户精确地提供各种商务服务，达到精准营销。

（3）综合服务平台搭建。传播形式的多样化整合，已成为新的电子商务营销方式。从电子商务角度看，SNS本身为网上交易提供了一种有效的平台，它融合了传统的Blog、BBS、Email、IM等形式，同时又添加了各种应用程序。因此，它在吸收传统网络优势的基础上，又可以发挥自身特有的网络文化生态系统的特效，从而构建综合化服务平台来满足用户的需求。

THE FUTURE OF MEDIA SERIES

2 全球社交网络先锋——Myspace

2.1 Myspace简介

“社交网站”概念的出现可以追溯到2002年Friendster的建立，它可谓该行业的鼻祖。而真正将社交网站的特性发展壮大，让人们真正感受和理解网络社交的非Myspace莫属。

Myspace(中国版名称：聚友)是一个社交网络服务网站，域名为www.Myspace.com，由汤姆·安德森(Tom Anderson)和目前的总裁克里斯·德沃尔夫(Chris DeWolfe)创建于2003年8月。2005年7月，鲁伯特·默多克的新闻集团(福克斯广播公司和其他媒体企业的母集团)以5.8亿美元(约人民币45.3亿元)收购Myspace。但Myspace并没有独立公布营收和获利，而是合并于新闻集团的总营收中。2011年6月30日，Myspace以3500万美元被在线媒体和广告公司Specific Media收购。目前总部位于美国加州的圣塔莫尼卡，拥有员工约1000人。

Myspace创建之初的口号是“交朋友的地方”（a place for friends)，鲜明地展示了网站的主旨。Myspace提供人际互动、使用者自定的朋友网络、个人档案页面、Blog、群组、照片、音乐和视频讯影片的分享与存放，也提供内部的搜寻引擎和内部的电子邮件系统。在英语系的国家中，Myspace对现代流行文化具有不可忽视的影响力。

2.2 Myspace发展历程

2.2.1 创建到飞速发展（2003—2004）

2003年8月15日，Myspace.com正式开通。2004年3月，Myspace就在流量上超过行业创始者Friendster，一跃成为美国第一大社交网站。

Myspace所采用的社交化的规模扩张方式被夸张地形容为经典病毒式营销。所谓病毒式营销利用的是用户之间的口碑传播。在互联网上这种“口碑传播”更为便捷，可以像病毒一样迅速蔓延，因此病毒式营销成为一种高效、耗时短的信息传播方式。而且，由于这种传播是用户之间自发进行的，这几乎是成本为零的网络营销手段。因此，尽管Myspace财力有限，没法展开强大的轰炸式广告宣传，却能在用户之间像传染病一样急速蔓延，以用户口口相传的方式实现了把社交网站做大做强的初衷。

2003年到2005年期间，Tom Anderson、Chris、Josh和Shane等为Myspace的成功作出了很大的贡献。Myspace逐步推出了许多新功能，并修补了系统漏洞。下面以时间顺序列出重要功能的发布事件，如表2-1所示。

表2-1 2003—2005年间Myspace推出的新功能

时间	新功能
2003年9月	圈子的档案页；可以清空收件箱的垃圾箱；新的公告板外观；在系统每一处都有的实时邮件提醒；无限的朋友数；可以修改邮箱地址和关闭提醒的选项
2003年10月	可对人们的档案照片进行评论，隐藏在线状态，能够阻止好友申请以及在评论被发布在页面上之前先进行审核
2003年11月	分类广告、照片评分以及通过兴趣查找用户
2003年12月	即时通信系统，以实现用户之间的即时通信
2004年2月	聊天室
2004年3月	音乐家们被允许建立他们自己的档案页，并可以上传他们的mp3歌曲来组建更大的粉丝群
2004年4月	论坛、游戏、高级搜索和一项新的日志定制等功能
2004年6月	创建新的圈子有共同兴趣的人可以分享自己的感受
2004年底	增加“事件邀请”项，乐队利用这项功能来邀请粉丝参加自己的演出，同时该功能也可以被用于很多其他用途
2005年1月	用户能够看到自己在美国在线、雅虎以及MSN中的朋友是否也在Myspace里
2005年2月	校友录功能
2005年3月	“用户名”的功能允许用户自行创建一个新的URL地址，将其直接输入到地址栏即可访问相应的档案页面

2.2.2 走向辉煌（2005—2008）

Myspace火箭般的增长速度吸引了新闻集团首席执行官默多克的目光。Myspace最夺目的闪光点就在于它拥有庞大的青少年用户群，而青少年主导着信息消费的方向和潮流，谁赢得他们的青睐，谁就占领了先机，也就能占领行业发展的制高点。2005 年 7 月，新闻集团出资 5.8 亿美元收购了 Myspace。

根据研究机构 comScore 的数据，Myspace 被新闻集团收购之前，注册用户数是 2000 万。之后，Myspace 的用户数量继续快速攀升，2008 年年底是其巅峰时期，每月大约 7500 万名独立用户访问。统计公司 Hitwise 的数据显示，Myspace 在美国同类网站的市场占有率高达 75.56%。2008 年，奥巴马竞选美国总统时，在 Myspace 开设个人主页，营造声势，为自己拉票。Myspace 在美国本土外扩张也是进行得顺风顺水。2006 年之后，Myspace 先后在英国、爱尔兰、澳大利亚、德国、法国和日本推出本地版，颇受欢迎。根据 Alexa.com 的统计，英国版 Myspace 在英国全国网站排名第六。Myspace 的全部用户中，有三分之一是国外用户。

Myspace 更骄人的战绩来自于 2006 年 8 月它与 Google 公司达成的搜索及广告协议，Myspace 母公司新闻集团将在今后 3 年内与 Google 公司共同分享至少 9 亿美元的广告收入，Google 公司成为福克斯互动媒体旗下各大网站的搜索服务提供商。研究机构 Emarketer 数据显示，Myspace 广告收入在 2008 年达到了顶峰，接近 6 亿美元的年广告收入。

可以说，Myspace 的业绩证明了它已经成为一个极具用户黏性的网站。它的黏性来自于它的落脚点和侧重点是人际交往这个过程，而不是纠缠于在展示的是什么内容。它已经让用户觉得打开 Myspace 就如同呼吸一样是不需要刻意去做的事情，甚至有人会觉得 Myspace 营造的虚拟生活空间和现实已经没有那么清晰的界限。

2.2.3 问题与危机（2009 年至今）

自 2009 年 4 月，Facebook 用户数量开始超越 Myspace，之后两者趋势呈反向发展。从下面三组统计数据，可以看出 Myspace 与 Facebook 的此消彼长（见图 2-1、图 2-2、图 2-3）。随着 Facebook 的崛起，Myspace 逐步衰退。与 Myspace 帮助人们扩展交际圈，让人

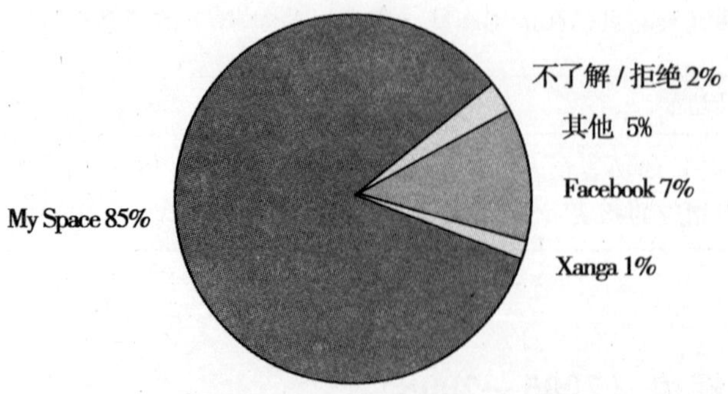

数据来源：Pew Internet & American Life Project 2007 年 1 月

图 2-1　2006 年 10—11 月美国青年互联网用户经常更新个人信息的社区类网站

们在共同兴趣爱好的基础上建立联系的初衷不同的是，Facebook 的出发点是让用户与已经相识的熟人形成互动，增加交流，加深了解，分享生活中的点点滴滴。相比而言，Facebook 比 Myspace 更具有回归性，对自己生活最有影响力的交际圈子实际还是来自熟人，而非没有多少友谊基础的陌生人。因此，Facebook 逐渐成为人们日常社交广泛使用的工具，而 Myspace 却处于固步自封的徘徊阶段，应用范围也狭窄得多。

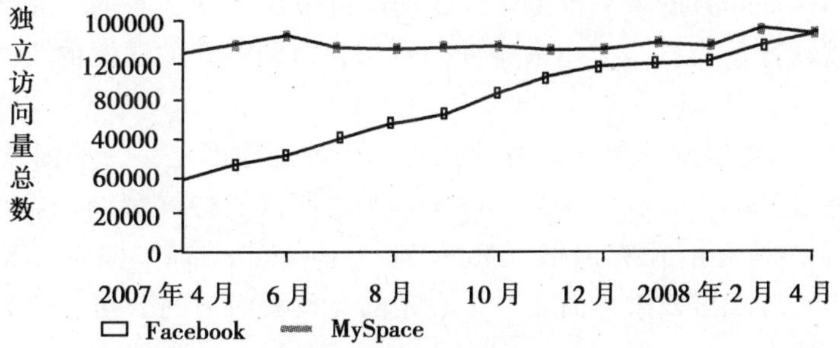

数据来源：comScore. 2008 年 6 月

图 2-2　2007 年 4 月—2008 年 4 月全世界对立访问量

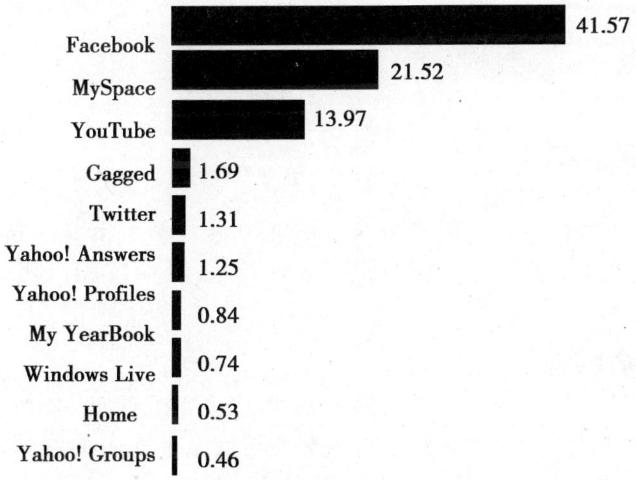

数据来源：Hitwise. 2009 年 10 月

图 2-3　2009 年 9 月十大社交网络站点与论坛的美国市场访问量统计（%）

网站的生存与壮大离不开广告商的支持。而广告商在乎的无非是广告的实际效果。随着用户的减少，不少广告商也开始放弃 Myspace。Myspace 是一个自由开放的平台，每个人都可以建立自己的网页，发布信息，这使得管理上的困难越来越大。Myspace 让用户可以尽情修改自己个人页面的元素，没有统一的规划，这样大部分用户的档案页面就会显得混乱，各种功能堆积在一起。这就造成广告效率低下，Myspace 安身立命的特点也就成为广告商的噩梦。Facebook 则不然，页面简洁自然，没有任何多余的扰乱用户视线的设计，广告自然醒目。

此外，从技术运用的层面讲，Facebook 网站的技术平台因为具有良好的横向扩展性和伸缩性，开始运营即进入相对稳定状态，业务发展需要改变或改善的往往只是应用和服务。Facebook 在开放平台之后，与开发者共享用户，而开发者为网站提供多元化的应用。这些应用对 Facebook 提升流量、增强用户黏性、赢得竞争力来说功不可没，开发者也因此获得收益。而 Myspace 的技术平台受业务驱动经过多次变迁、演进，最终在网站成熟期才趋于稳定；通过以音乐为核心应用来帮助用户结识志同道合的朋友的模式也显得有些单调和过时。

另外，Myspace 高管变动频繁也是外界认为其失败的原因之一。美国风投机构 GRP 合伙人马克·舒斯特（Mark Suster）认为，Facebook 之所以能持续对 Myspace 构成威胁，是因为 Facebook 创始人马克·扎克伯格（Mark Zuckerberg）一直掌握着产品策略；而新闻集团一直把 Myspace 当成摇钱树，而非一个真正的有发展潜力的公司，使其偏离了健康发展途径，处于混乱状态。

为了扭转溃败局面，Myspace 一直在努力，采取的策略是人事更迭和重拾创新。根据 2012 年 1 月 comScore 的数据显示，稳居美国社交网站前六位是 Facebook、Twitter、LinkedIn、Myspace、Google+、Tumblr。Myspace 并未被抛弃，但能否重振辉煌还是未知数。

2.3 Myspace业务架构

2.3.1 业务模式

Myspace 的主要业务包括：交友、社区、音乐共享、数据共享、咨询、圈子、博客、搜索功能等（见图 2-4）。

2.3.2 业务特点

从创建不到三年的时间里，Myspace 成为全美访问量前 5 名的网站，得益于它能够洞悉网络时代的个性需求特征。其秘诀可以概括为以下几点：

瞄准目标人群：Myspace 明确地把 15～26 岁的青少年作为受众，让他们用 Myspace 分享照片、交流、自由地制作他们自己的个人主页。这让用户能尽情地表达自我和与朋友交流。Myspace 还拉入众多受青少年追捧的音乐明星。音乐家们被允许建立自己的档案页，可以上传他们的 MP3 歌曲来组建更大的粉丝群。

明确的定位：Myspace 一直以音乐为核心应用来帮助用户结识志同道合的朋友。几乎所有英语语言的乐队或音乐人士都在 Myspace 建立了自己的网页。世界上几乎所有的乐队、音乐人的信息，都可以在 Myspace 上找到。音乐一度成为 Myspace 发展的一个爆破点。

灵活的内容：Myspace 不会预先去设定和限制用户怎么样展示自我和互动，它倾听用

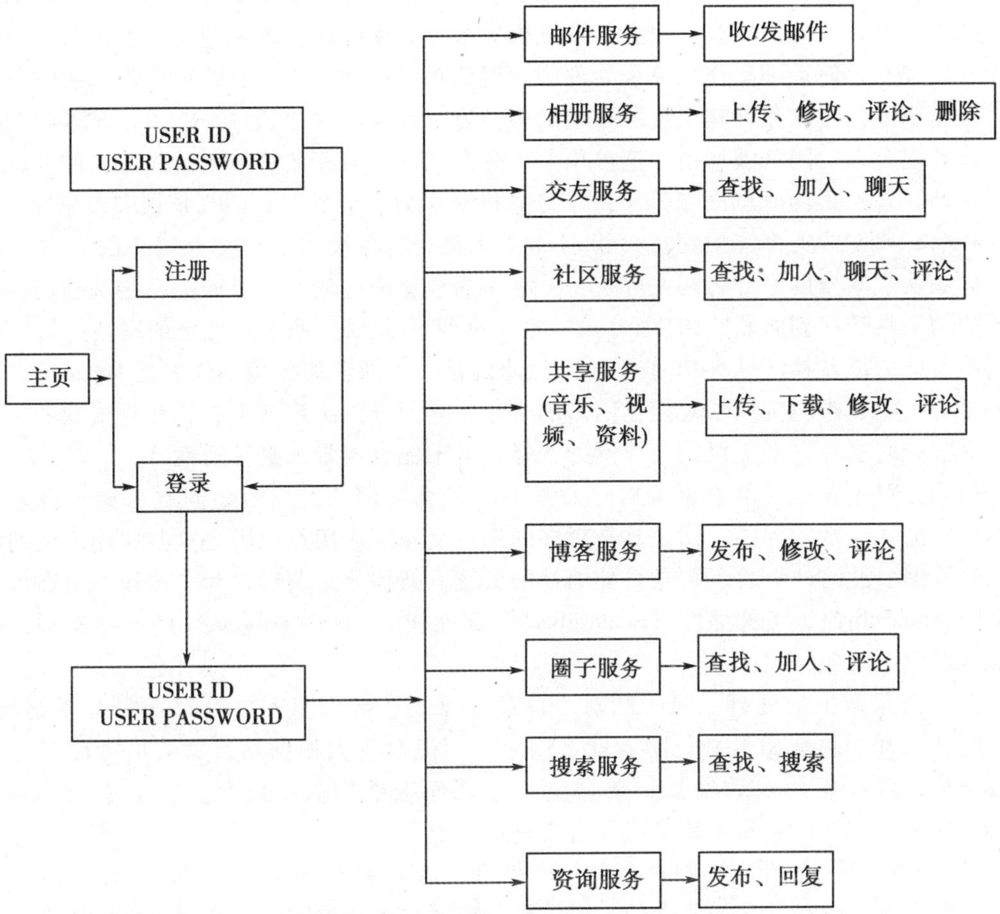

图 2-4 Myspace 的主要业务

户的反馈，及时开发、快速推出满足用户新需求的新产品。Myspace 给用户更多自由设计他们的 Myspace 主页，让用户能高度自由地表达自我和与朋友交流。

线下推广：Myspace 最初对洛杉矶地区的 Club、乐队和各种派对进行赞助，迅速将其影响力提升了一个数量级。美国的青少年开始为之狂热，或者给自己的好友推荐，或者被好友拉了进去，一传十，十传百，用户数量呈现出几何级数的增长。Myspace 这种社交化的规模扩张方式曾被夸张地形容为经典病毒式营销。

2.4 Myspace技术架构

2.4.1 SNS 社会化网站架构

即便是功能很简单的应用，也会因为高访问和庞大数据量方面的负载而使系统面临的问题变得异常复杂。为了提供持久稳定和健壮的系统服务，就需要多台计算机可以协同工作，共同组成能对外提供统一服务的计算机集群。当系统计算或处理能力不足时，通过增加计算机节点，使系统整体计算或处理能力得到提升；当集群中有计算机产生故障，可以无需停止服务而将故障计算机摘除并增加替换者。要使系统达到这种能力，就需要在技术平台设计上合理运用负载均衡、高可用性、分布式计算与存储等技术的同时，使其具有可快速增加和替换集群节点（集群中每个计算机被称为一个节点）的高扩展和伸缩能力。

目前，典型的大型应用网站（指 Web 2.0 架构的在线与高度交互服务的站点）技术平台体系从成本角度可分为两大阵营：一种是为快速适应成长需求而把一些基础硬件、软件或应用工具转移到微软、IBM、Oracle 等专业 IT 产品供应商平台之上的网站；另一种是利用自有能力以及社区软件构建基础 IT 设施的站点。前者的典型是代表是 Myspace，当其技术平台一次次遭遇到成长规模化困难的时候，其领导人决定把平台迁移到微软的平台之上，事实证明这种方案无疑是高成本的选择，且不能直接带来高扩展性。

显然，对于 Web 2.0 系列架构的大型 SNS 社会化网站，面对的问题已经不再是内容的集中广播式展示的问题，而是越来越多的用户交互式应用及以因为这些应用产生的海量个性化数据。此时，语言不再是可伸缩性的关键，架构才是关键。为了构建一个高可用性（High Availability）、可伸缩性（Scalability）、高性能（High Performa）的网站架构，就必须要面对以下问题：

（1）海量数据的处理。对于相对小的站点来说，数据量和本身负载量并不是很大，基本的“选择、更新和索引”功能就可以应对。但对于大型网站，每天可能面对上百万的数据量，且随着用户数增长，数据量将呈几何级数增长。此时，一个表的 Select 和 Update 成本就非常高，且不说多表联合查询的情况。

（2）数据并发的处理。面对高并发高处理，需要解决缓存和数据库死锁问题。在整个应用程序下，缓存是全局共享的，如果两个或者多个请求同时对缓存有更新要求，应用程序会直接崩溃。此时，一个好的数据并发处理策略以及缓存策略是必需的。另外，数据库的死锁问题在高并发情况下的出现概率非常高，磁盘缓存也是一大问题。

（3）文件存储的问题。对于支持文件上传的 Web 2.0 的站点，随着硬盘容量的增大，考虑更多的是文件应该如何被存储并且被有效的索引。常见的方案是对文件按照日期和类型进行存储。但是当文件量是海量的数据的情况下，如果一块硬盘存储了 500 GB 的琐碎文件，那么维护的时候和使用的时候磁盘的 I/O 就是一个巨大的问题。即便有足够带宽，但磁盘也未必响应过来。如果这个时候还涉及上传，磁盘就会响应失效。也许用 Raid 和专用存储服务器能解决眼下的问题，但是还有个问题就是各地的访问速度如何解决？如果做分布式，那么文件索引以及架构该如何规划这是必须面对的问题。

（4）数据关系的处理。规划一个符合第三范式的数据库，里面布满了多对多关系，还能用 Guid 来替换 Indentify Column 是相对容易的。但是，多对多关系充斥 Web 2.0 时代，第三范式是第一个应该被抛弃的，必须有效地把多表联合查询降到最低。

（5）数据索引的问题。众所周知，索引是提高数据库效率查询的最方面最廉价最容易实现的方案。但在高 Update 的情况下，Update 和 Delete 付出的成本会高得无法想象。有人遇到过一个情况，在更新一个聚焦索引的时候需要 10 分钟来完成，那么对于站点来说，这些基本上是不可忍受的。索引和更新是一对天生的冤家，我们在做架构的时候不得不考虑这点，并且也可能是花费时间最多。

（6）分布式处理。对于2.0网站由于其高互动性，CDN分实现的效果基本上为0，内容是实时更新的。为了保证各地的访问速度，就必须有效地实现数据同步和更新，而实现各地服务器的实时通信又是一个不得不需要考虑的问题。

（7）AJAX的利弊分析。AJAX作为主流趋势，基于XML HTTP的Post和Get相对容易。客户端Get或者Post到服务器数据，服务器接到数据请求之后返回来，这是一个很正常的AJAX请求。但是在AJAX处理的时候，如果使用一个抓包工具的话，对数据返回和处理是一目了然。对于一些计算量大的AJAX请求，可以构造一个发包机，轻易解决一个Webserver。

（8）数据安全性的分析。对于HTTP协议来说，数据包都是用明文传输的，当然也可以用加密。如果采用更高级别的判断甚至HTTPS来实现，那么就要面对海量的Database、I/O以及CPU的成本。

（9）数据同步和集群的处理问题。当一台数据服务器不堪重负的时候，此时只需要解决基于数据库的负载和集群。但所带来的更大问题是数据基于网络传输根据数据库的设计的不同，可能不可避免地导致数据延迟。为此，就需要通过另外的手段来保证在这延迟的几秒或者更长的几分钟时间内，实现有效的交互，比如数据散列、分割、内容处理等问题。

（10）数据共享的渠道以及OpenAPI趋势。OpenAPI已经成为一个不可避免的趋势，它可以更有效地留住用户并激发用户的更多的兴趣，以及让更多的人参与做最有效的开发。这个时候一个有效的数据共享平台，数据开放平台就成为必不可少的途径了，而在开放的接口的情况保证数据的安全性和性能，又是一个必须认真思考的问题。

2.4.2 Myspace网站架构

Myspace站点的技术架构体系经历了类似自然进化式的演进与蜕变，为快速适应成长需求而把一些基础硬件、软件或应用工具转移到微软的平台之上，但事实证明这种方案无疑是高成本的选择并不能直接带来高扩展性。然而，促使Myspace技术团队大幅度修改基础技术平台的大部分原因却并非是业务模式的改善与提升，而更多的是随着网站发展而暴增的用户数据与访问负载。

最早的Myspace站点是用Perl编写的，后来转到ColdFusion，到2005年又因为性能问题开始大规模迁移到ASP.NET，技术架构体系也前后经历了五代。即便是把技术平台迁移到高成本的微软.Net平台上的早期，Myspace也因为系统扩展性不足而常常遭遇访问过载的平台性能问题。到目前为止，Myspace的网站架构已经经历了5个版本，每次都是用户达到一个里程碑后，必须做大量的调整优化工作，技术团队一次一次地重构站点软件、数据库和存储系统，进行应用与大量复杂数据的平台迁徙。直到其技术方向转变为更努力解决平台扩展性问题，而不再是只关注单机系统的局部性能问题，Myspace的系统架构才最终趋于稳定，其中诸多经验值得借鉴。下面就Myspace的Web服务器与数据库服务器的更新与升级历程作一回顾。

1. 添置更多的 Web 服务器

Myspace 最初的系统很小，只有两台 Web 服务器（分担处理用户请求的工作量）和一个数据库服务器（所有数据都存储在这一个地方）。那时使用的是 Dell 双 CPU、4G 内存的系统。单个数据库意味着所有数据都存储在一个地方，再由两台 Web 服务器分担处理用户请求的工作量。三个服务器架构很快不堪重负。在早期，Myspace 基本是通过添置更多 Web 服务器来对付用户暴增的问题。但到 2004 年初，Myspace 用户数增长到 50 万后，数据库服务器也已开始不堪重负。

2. 增加数据库服务器

与增加 Web 服务器不同，增加数据库并非易事。如果一个站点由多个数据库支持，设计者必须考虑的是，如何在保证数据一致性的前提下让多个数据库分担压力。

Myspace 运行在三个 SQL Server 数据库服务器上：一个为主，所有的新数据都向它提交，然后由它复制到其他两个；另两个数据库服务器全力向用户供给数据，用以在博客和个人资料栏显示。这种方式在一段时间内效果很好，只要增加数据库服务器，加大硬盘，就可以应对用户数和访问量的增加。

这一次的数据库架构按照垂直分割模式设计，不同的数据库服务于站点的不同功能，如登录、用户资料和博客，使站点的扩展性问题得以暂时解决。垂直分割策略利于多个数据库分担访问压力，当用户要求增加新功能时，Myspace 只需要投入新的数据库加以支持。在账户到达 200 万后，Myspace 还从存储设备与数据库服务器直接交互的方式切换到 SAN（Storage Area Network，存储区域网络）——用高带宽、专门设计的网络将大量磁盘存储设备连接在一起，而数据库连接到 SAN。这项措施极大提升了系统性能、正常运行时间和可靠性。

3. 转到分布式计算架构

当账户继续增加到 300 万后，垂直分割策略开始难以为继。尽管站点的各个应用被设计得高度独立，但有些信息必须共享。在这个架构里，每个数据库必须有各自的用户表副本——Myspace 授权用户的电子花名册。这就意味着一个用户注册时，该条账户记录必须在 9 个不同数据库上分别创建。但在个别情况下，如果其中某台数据库服务器临时不可到达，对应事务就会失败，从而造成账户非完全创建，最终导致此用户的该项服务无效。

另外一个问题是，个别应用如博客增长太快，那么专门为它服务的数据库就有巨大压力。

2004 年，Myspace 面临着这样的抉择——要么扩展到更大更强、也更昂贵的服务器上，Web 开发者称之为“向上扩展”（Scale Up，也称硬件扩展）；要么部署大量相对便宜的服务器来分担数据库压力，Web 开发者称之为“向外扩展”（Scale Out，也称软件扩展）。一般来说，大型站点倾向于向外扩展，因为这将让它们得以保留通过增加服务器以提升系统能力的后路。

但成功地向外扩展架构必须解决复杂的分布式计算问题，大型站点如 Google、Yahoo 和 Amazon. com，都必须自行研发大量相关技术。以 Google 为例，它构建了自己的分布式文件系统。另外，向外扩展策略还需要大量重写原来软件，以保证系统能在分布式服务器上运行。

因此，Myspace 首先将重点放在了向上扩展上，花费了大约 1 个半月时间研究升级到 32CPU 服务器以管理更大数据库的问题。这个方案可以解决当时所面临的稳定性问题，且对现有软件几乎没有改动要求。

但高端服务器极其昂贵，是购置同样处理能力和内存速度的多台服务器总和的很多倍。而且，站点架构师预测，从长期来看，即便是巨型数据库，最后也会不堪重负。换言之，只要增长趋势存在，最后都不可避免地要选择向外扩展的模式。

因此，Myspace 最终选择了分布式计算架构——它在物理上分布的众多服务器，整体必须逻辑上等同于单台机器。就数据库而言，就不能再像过去那样将应用拆分，再以不同数据库分别支持，而必须将整个站点看做一个应用。现在，数据库模型里只有一个用户表，支持博客、个人资料和其他核心功能的数据都存储在相同数据库。

既然所有的核心数据逻辑上都组织到一个数据库，那么 Myspace 必须找到新的办法以分担负荷——显然，运行在普通硬件上的单个数据库服务器是无能为力的。这次，不再按站点功能和应用分割数据库，Myspace 开始将它的用户按每百万一组分割，然后将各组的全部数据分别存入独立的 SQL Server 实例。目前，Myspace 的每台数据库服务器实际运行两个 SQL Server 实例，也就是说每台服务器服务大约 200 万用户。另外，以后还可以按照这种模式以更小粒度划分架构，从而优化负荷分担。

当然，还是有一个特殊数据库保存了所有账户的名称和密码。用户登录后，保存了他们其他数据的数据库再接管服务。特殊数据库的用户表虽然庞大，但它只负责用户登录，功能单一，所以负荷还是比较容易控制的。

4. 求助于微软方案

2005 年，当账户达到 900 万后，Myspace 开始采用 Microsoft 的 C#编写 ASP. NET 程序。C#是 C 语言的最新派生语言，吸收了 C++和 Java 的优点，依托于 Microsoft . NET 框架（Microsoft 为软件组件化和分布式计算而设计的模型架构）。ASP. NET 则由编写 Web 站点脚本的 ASP 技术演化而来，是 Microsoft 目前主推的 Web 站点编程环境。与 ColdFusion 相比，ASP. NET 程序运行更有效率，完成同样任务需消耗的处理器能力更小。性能上升的另一个原因可能是在变换软件平台，并用新语言重写代码的过程中，程序员复审并优化了一些功能流程。因此，Myspace 开始大规模迁移到 ASP. NET。即便剩余的少部分 ColdFusion 代码，也从 Cold-Fusion 服务器搬到了 ASP. NET。

当账户达到 1000 万时，Myspace 再次遭遇存储瓶颈问题。SAN 的引入解决了早期一些性能问题，但站点目前的要求已经开始周期性超越 SAN 的 I/O 容量——即它从磁盘存储系统读写数据的极限速度。原因之一是每数据库 100 万账户的分割策略存在其局限性，通常情况下的确可以将压力均分到各台服务器，但现实并非一成不变。比如第七台账户数据库上线后，仅仅 7 天就被塞满了，主要原因是佛罗里达一个乐队的歌迷疯狂注册。某个数据库可能因为任何原因，在任何时候遭遇主要负荷，这时，SAN 中绑定到该数据库的磁盘存储设备簇就可能过载。SAN 让磁盘 I/O 能力大幅提升了，但将它们绑定到特定数据库的做法是错误的。最初，Myspace 通过定期重新分配 SAN 中数据，以让其更为均衡的方法基本解决了这个问题，但这是一个极其耗力的人工过程。长期解决方案是迁移到虚拟存储体系上。为此，整个 SAN 被当做一个巨型存储池，不再要求每个磁盘为特定应用服务。

目前，Myspace 采用了一种新型 SAN 设备——3PARdata。在 3PAR data 的系统里，仍能在逻辑上按容量划分数据存储，但它不再被绑定到特定磁盘或磁盘簇，而是散布于大量磁盘，这就使均分数据访问负荷成为可能。当数据库需要写入一组数据时，任何空闲磁盘都可以马上完成这项工作，而不再像以前那样阻塞在可能已经过载的磁盘阵列处。而且，因为多个磁盘都有数据副本，在读取数据时，也不会使 SAN 的任何组件过载。

5. 增加数据缓存层并转到支持 64 位处理器的 SQL Server 2005

2005 年春，当 Myspace 用户数达到 1700 万时，Myspace 又启用了新的策略以减轻存储系统压力，即增加数据缓存层——位于 Web 服务器和数据库服务器之间，其唯一职能是在内存中建立被频繁请求数据对象的副本，如此一来，不访问数据库也可以向 Web 应用供给数据。换句话说，100 个用户请求同一份资料，以前需要查询数据库 100 次，而现在只需 1 次，其余都可从缓存数据中获得。当然如果页面变化，缓存的数据必须从内存擦除，然后重新从数据库获取——但在此之前，数据库的压力已经大大减轻，整个站点的性能得到提升。缓存区还为那些不需要记入数据库的数据提供了驿站，比如为跟踪用户会话而创建的临时文件。

2005 年中期，服务账户数达到 2600 万时，Myspace 切换到了还处于 Beta 测试的支持 64 位处理器的 SQL Server 2005。升级到 SQL Server 2005 和 64 位 Windows Server 2003 后，Myspace 每台服务器配备了 32G 内存，后于 2006 年再次将配置标准提升到 64G。支持 64 位的数据库可以管理更多内存，更多内存就意味着更高的性能和更大的容量。

事实上，Myspace 的 Web 服务器和数据库仍然经常发生超负荷，其用户频繁遭遇“意外错误”和“站点离线维护”等告示。Myspace 正是在这样不断重构站点软件、数据库和存储系统中，成功解决了很多系统扩展性问题，其中诸多经验值得我们借鉴。Myspace 系统架构到目前为止保持了相对稳定，但其技术人员仍然在为 SQL Server 支持的同时连接数等方面继续攻坚，尽可能做得更好。

从以上的情况来看，Myspace 采用了高可用环境中所必需的几项技术：

首先，采用分布式计算架构，包括应用与数据库，先是简单的读写分离，当读写分离不能适应需要的时候，采用了垂直分割技术，当垂直分割技术也不能适应需要的时候，最后采用了按照用户水平分割的技术。

其次，当存储过于分散的时候，存储系统出现了空间与负载使用的不均衡，他们又采取了虚拟存储的策略，把所有的存储整合成一个存储池，解决了存储设备使用不均匀的问题。

最后，当分布技术与虚拟存储也解决不了问题的时候，Myspace 采用了 Cache 技术，这个才是它最终能承载那么大流量的关键，Cache 技术可以快速地响应请求，大大地减少数据库的压力。

综上所述，Myspace 初期使用的是 Perl+Apache+MySQL 架构，后来被 Intermix 改用为 ColdFusion+Windows+Microsoft SQL Server 架构，最终采用 .Net Framework 重新实现。

目前，Myspace 系统架构的具体配置如下（见图 2-5）：

Web 服务器：配置为 Windows 2003/IIS 6.0/ASP.NET；

Cache 服务器：配置为 64 位的 Windows 2003；

数据库服务器：配置为 64 位的 Windows 2003，数据库为 SQL Server 2005；

运行模式：ISAPI；

进程/线程模型：多线程。

图 2-5　Myspace 技术的基本构成图

域名服务器：当用户在浏览器的地址栏内键入 www.Myspace.com 时，用户是在向域名服务器（即 DNS，要了解更多信息，请参见域名服务器工作原理）请求 Myspace.com 的 IP 地址。Myspace 使用的是一种名为 UltraDNS 的“托管 DNS”服务，而不是拥有并维护自己的 DNS 服务器。UltraDNS 主要通过一个由服务器组成的巨大网络来处理用户的 IP 请求，并在任何给定时间根据服务器的可用情况来分配负载。此系统减少了拥塞，从而缓解了用户在访问高峰时段遇到的速度变慢和 DNS 错误。

代理服务器：代理服务器安置在用户的计算机与 Myspace 的主服务器之间。它们将缓存的内容提供给用户，以限制对 Myspace 的应用程序服务器的重复请求。在此级别启用内容缓存可以减少拥塞。

应用程序服务器：对于电子邮件、即时消息和博客创作等应用，Myspace 使用在 Microsoft-IIS 服务器上运行 CFML（ColdFusion，标记语言代码）代码的 BlueDragon. NET 软件。

数据库：Myspace 有一个由 Isilon IQ 1920i 服务器组成的 20 太字节（TB）（1 太字节等于 1 万亿字节）的可伸缩集群。该集群存储用户上载的媒体文件（图像、视频、歌曲）等。它采用 3. 2-GHz 英特尔至强处理器，共有 10 个服务器节点，每个节点存储 1. 92TB。这些节点在 InfiniBand 架构上通信。这种架构在每个服务器节点之间建立了一个点对点的串行连接。Isilon 报告相邻节点之间的数据传输速度可达 3GBps。

后端：Myspace 的后端系统是 InfiniBand 服务器交换机。服务器交换机使多种平台上的多个服务器之间的通信更为便利。对于 Myspace，它可使 Myspace 基础设施中的所有服务器之间以及 Myspace 的服务器与向最终用户提供内容的外部服务器之间的通信更为方便。位于洛杉矶的 Equinix Exchange 中央服务器交换机承载 Myspace 的内容传递工作。Equinix Exchange 是一种基于以太网的对等服务，它通过一个集线器（连接所有 Equinix 网络的服务器交换机构成的“光纤通道网络”）将 Myspace 与所有顶层互联网骨干网连接起来。根据在任何给定时刻到达用户的最有效路由及网络上的可用带宽，内容从 Myspace 通过任何一个与 Equinix 连接的网络传输。

这种结构注重于最大的效率和最佳的负载分配，从而使停机时间与延迟最短。但它并不是完美的：截至 2006 年 2 月，就速度方面而言，Alexa 将该网站列入垫底的 25% 中，并且创作者在尝试浏览 Myspace 以收集信息时会收到不少错误消息。Myspace 的流量大于 Google，而全天候不间断地同时向数百万用户高速提供内容需要巨额成本，以采购更多的设施来提高其速度和可访问性。

2. 4. 3　开放平台

OpenAPI（Open Application Programming Interface）是一套开放应用程序编程接口，提供商根据自己网站的提供的服务，通过这些接口让用户能够通过程序的方式访问自己的数据和平台。OpenAPI 的出现一方面是信息联合的需要，另一方面是来自利益驱动。

所谓开放平台，就是首先提供一个基本的服务，然后通过开放自身的接口，使得第三方开发者得以通过运用和组装其接口以及其他第三方服务接口产生新的应用，并且使得该应用能够统一运行在这个平台之上，我们把这样的一种网络服务模式叫做开放平台。这个基本的服务可以是已有的，例如门户、博客，也可以是新创的，例如用户关系。无论是哪一种，开放平台模式成功的要点在于，通过自身服务和第三方应用的互利互惠，提高用户对平台网站的黏性和使用程度，进而提高获利，同时，通过利益分摊，达到平台自身和第三方应用循环刺激而产生的滚雪球式的增长。

在开放平台时代，整个互联网的生产方式也发生了变革，从原来的一个个独立网站这样的小作坊生产走向基于开放平台的大规模协作生产，网站与网站之间从数据层进行连接，变得更为紧密，而互惠方式也从单一的广告走向多样化的模式。

2008 年 2 月 5 日，Myspace 正式启动其开放平台（Myspace Developer Platform, MDP)，使全球的研发人员都可以参与到 Myspace 网站的开发。任何研发人员就可以在这个平台上进行注册，可以在 Myspace 的平台上开发社会化应用程序。Myspace 的开发平台可以与 Google 公司的 OpenSocial 平台兼容，双方的程序可以通用。

MDP 是一套挂件（Widget）开发标准，符合 Myspace 与 Google 一起倡导的 OpenSocial

图 2-6 Myspace 开放平台 MDP 界面

规范，是让人耳目一新的互联网产品开发模式（见图 2-6）。用户开发的挂件可以直接植入 Myspace. cn 用户空间页面和用户管理中心页面，并可方便地移植到其他符合 OpenSocial 规范的网站。通过开放接口，用户可以获取 Myspace. cn 上用户的公开信息，例如昵称、兴趣、照片、好友关系等。使用这些信息，用户可以使用 JavaScript 或 Flash 开发出交互性丰富的各种挂件，而 Myspace. cn 网站就是这些挂件的推广渠道，通过在挂件橱窗（Canvas）页上投放广告，它甚至能为用户创造收入。

MDP 是多项服务的组合，用于为第三方挂件开发人员搭建了解 Myspace 数据和功能的桥梁。这些服务包括：

- 一套用于创建和发布挂件以及调试挂件程序的在线工具，一组可提供用于浏览器到网站和网站到网站交互的终节点的 RESTful API（根据需要以 json、XML 和其他格式提供）。这些工具是借助简单直观的 uri 方案通过 HTTP 协议实现的。
- 用户的挂件与用户自己的网站交换数据的机制。
- 最终用户在其空间中查找和安装挂件的系统。
- 保护最终用户身份以及 Myspace 服务器与用户的网站之间的通信验证的安全机制。

简言之，通过 Myspace 开发者平台（MDP），用户可以创建稳定而安全的挂件，这些挂件会吸引 Myspace 用户并允许他们通过新颖而有趣的方式探索“社交网络”。用户还可以将自己网站的功能集成到 Myspace 中。

OpenSocial 是为了与 Google 和其他几个社交网站协作而构建的 JavaScript API（应用程序编程接口）。OpenSocial 位于用户的代码和 Myspace 开发者平台（MDP）之间。用户实现了 OpenSocial，OpenSocial 又实现了 Myspace 开发者平台（MDP）。OpenSocial 还提供了针对可扩展性的准则，例如，Myspace 用户有一个名为“偶像”的版块，而 OpenSocial 规范中没有包括该版块。

OpenSocial 和 Myspace 开发者平台（MDP）是一系列 JavaScript 和服务器端组件，它们协同工作以便为用户提供编写应用程序所依据的标准界面。OpenSocial 完全位于客户端上。用户的应用程序与 Internet 上的某个“OpenSocial”实体之间既没有 OpenSocial 服务器，也没有任何通信。MyOpenSpace. js 依赖于 opensocialreference. js。OpenSocial 定义了几个基本的社交网络对象以及获得和更新这些对象的实现方法。同时，MyOpenSpace 可以将这些对象映射到 Myspace 服务器端 API 调用。有时，它还可以扩展这些对象。用户的代码将几乎毫无例外地获得 Opensocial 命名空间，但请注意，分派和数据映射是由 MyOpenSpace 代码实现的。

2.4.4 核心技术

从 Myspace 系统架构的发展历程来看，Myspace 一直缺乏核心技术力量，创新力度不够，所涉及的主要技术包括：IIS、ColdFusion、Asp. net、SQL server、集群服务器、SAN 和 SPARData。

1. IIS

IIS 是 Internet Information Services 的缩写，是一个 World WideWebserver。Gopher server 和 FTP server 全部包容在里面。IIS 意味着用户能发布网页，并且由 ASP（Active Server Pages）、JAVA、VBscript 产生页面，有着一些扩展功能。IIS 支持有编辑环境的界面（Frontpage），有全文检索功能的（Index Server），也有多媒体功能的（Net Show）。其次，IIS 是随 Windows NT Server 4.0 一起提供的文件和应用程序服务器，是在 Windows NT Server 上建立 Internet 服务器的基本组件。它与 Windows NT Server 完全集成，允许使用 Windows NT Server 内置的安全性以及 NTFS 文件系统建立强大灵活的 Internet/Intranet 站点。IIS（Internet Information Server，互联网信息服务）是一种 Web（网页）服务组件，其中包括 Web 服务器、FTP 服务器、NNTP 服务器和 SMTP 服务器，分别用于网页浏览、文件传输、新闻服务和邮件发送等方面，它使得在网络（包括互联网和局域网）上发布信息成了一件很容易的事。

在功能作用方面，IIS 在同一时间内允许打开的网站页面数为：打开一个页面占一个 IIS，打开一个站内框架页面占 2 到 3 个 IIS；若图片等被盗链，在其他网站打开本站图片同样占一个 IIS。假若设置参数为 50 个 IIS，则这个站允许同时有 50 个页面被打开。但要在同一时间（极短的时间）有 50 个页面被打开，需要 50 个人同时操作，这个概率还是比较低的。所以，100 个 IIS 支持日 ip1000（同时访问网站人数必定远低于 1000 人）以上都不是很大问题，除非网站被盗链或框架引发其他消耗。

2. Cold Fusion

Cold Fusion 最早是由 Allaire 公司开发的一个稳定的、可靠的动态 Web 服务器。它提供集浏览器、服务器和数据库技术于一体的强大的 Web 应用。

利用 Cold Fusion 发布动态信息的原理如图 2-7 所示：

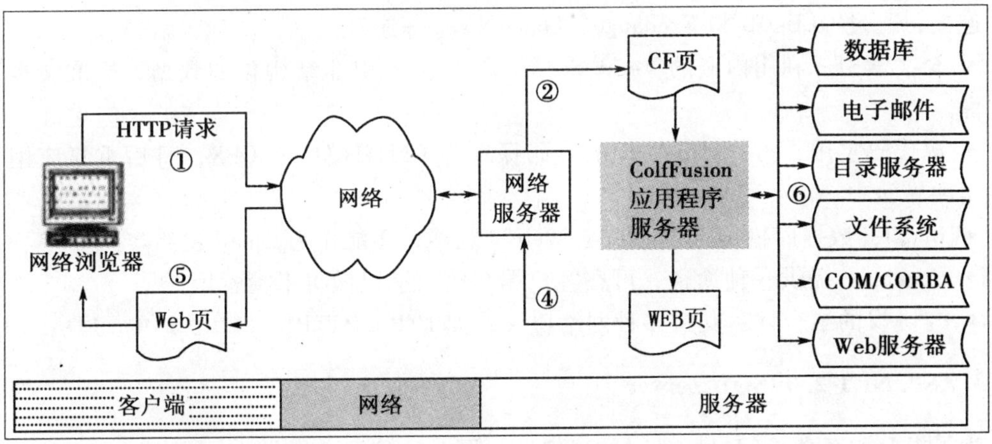

图 2-7　Cold Fusion 发布动态信息原理图

- 用户点击提交键或超级链，用户的 Web 浏览器通过 Internet 或 Intranet 发送 HTTP 请求到 Web 服务器。
- Web 服务器通过服务器的应用程序接口将用户请求和相应的页面交给 Cold Fusion 服务器。
- Cold Fusion 从用户端读取用户数据并处理其中的 CFML（Cold Fusion 制标语言），基于 CFML，服务器可通过 Cold Fusion 应用程序接口或通过 COM/DCOM. 建立与数据库服务器、文件系统、SMTP 系统等的联系。
- Cold Fusion 动态地建立一个 Web 页，并将此页返回给 Web 服务器。
- Web 服务器返回标准的 HTML 页给用户浏览器。

Cold Fusion 特点如下：

- 快速开发性：利用 Cold Fusion 强大的可视化工具、直接的编程环境和便于管理的应用服务器，可以快速、简单地建立复杂的应用程序。
- 开放的综合性：Cold Fusion 提供数据库、邮件服务器、文件目录、XML、COM、CORBA 等服务器系统的支持。
- 安全性：对服务器的开发和管理进行访问控制，利用高级安全特性避免运行时的其他应用。使用 SSL 对远程文件，数据传输进行加密。
- 高效率：程序员可指定在多次调用数据库时，数据库保持打开状态多长时间。缓存经常使用的查询结果，在保证数据一致性的同时减少数据库通信。
- 出错处理：当 Cold Fusion 不能找到模板文件中指定的变量时，它能提供详细的错误信息和原因。

- 输入合法性检查：在输入表格中用一隐含域实现输入合法性检查。一些标准的合法性检查是数据类型、范围等。
- 可扩展性：利用 CFML、C \ C++、COM、CORBA、JavaScript、VBScript 建立自己的部件和标识，通过<CFX_XXX>调入页中。
- 多种数据源：本身带有 Oracle 和 Sybase 的连接驱动，可以和任何 ODBC 兼容的数据库连接，通过 OLE-DB 与 Exchange、Lotus Notes 等连接。
- 全文索引：利用内嵌的 Verity Search 97 全文索引非结构化的数据、标准文本及桌面文件。
- 源代码重用：可将经常使用的代码保存为 CFML 模块或 CFX，日后重复应用于其他应用和界面中。
- Email：数据库输出不仅能送至 Web 浏览器，还能作为 Email 发给客户。
- Cookies：提供一种途径，可在客户端存储信息以做将来检索用。
- 与协议的结合性：支持多种网络协议，如 FTP、HTTP、MAIL、POP、LDAP。

3. ASP. NET 2. 0+SQL Server

为了提升服务器访问量巨大时的稳定性，同时给访问者提供一个方便、安全的使用平台，My space 使用了基于 ASP. NET2. 0 架构的数据存储服务系统。本系统开发运用 ASP. NET2. 0 + SQL Server 2005 网络应用的优良的性能、丰富的工具支持、程序与页面结构分离、良好的可移植性和适用性以及超强的扩展性搭建了的一个文件存储服务平台，访问者及管理人员在此平台上可以顺利地进行文件的存储、访问、备份、共享等相关操作，文件信息存储快捷、高效和安全。

系统采用 Web 流行的 Browser/Server 模式，完成系统存储服务的构建（见图 2-8）。在结构处理上，采用在大 3 层结构（表面层、应用层和数据层）基础上，将应用层和数据层中反复重用部分层抽离出来，组建成通用应用层负责提供给各层的一些通用类库，而组成新型的 4 层系统结构：表面层（Presentation）、业务逻辑层（Business Logic）、通用应用层（Applications Service）和数据层（Data Service）。

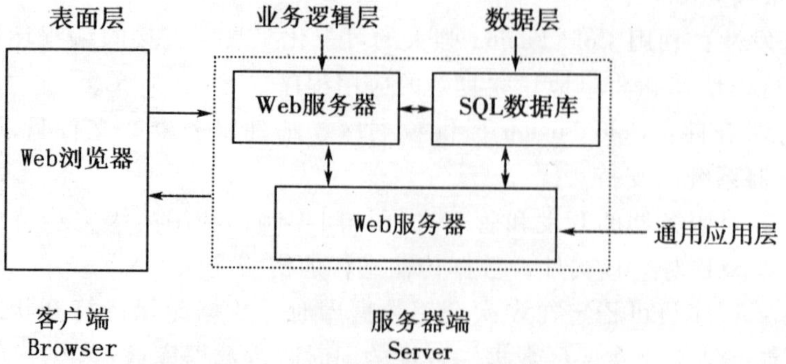

图 2-8 Web 的 Browser/Server 模式

各层的功能及层与层之间的关系如下：

表示层（Presentation）：在表示层中包含系统显示的逻辑，它相当于用户界面（即 Internet ExploreWeb 浏览器），该层位于客户端。

业务逻辑层（Business Logic）：该层是系统最核心部分，是本系统与其他常规 3 层系统结构不同的核心设计，承担主要的应用处理任务，包括处理接口层的 HTTP 请求以及与数据库服务器的连接和交互。它接受来自表现层的功能请求并将表面的形象实现出来，达到真正意义上的“如见如所是”。同时，还在本层中充分利用计算机缓存技术，通过缓存动态生成的页面来提高请求/响应的吞吐量，以提升整个系统的性能。

通用应用层（Applications Service）：负责提供给各层的一些通用类库，减少了系统的重复部分。

数据访问层（Data Service）：实现应用层对各种数据库和数据源的访问，它是以 ADO. NET 为接口 SQL Server 2005 为架构，通过存储过程实现数据的交换。

用户通过浏览器访问网站数据库，Web 服务器将表现层逻辑生产的浏览器代码发送给用户浏览器，浏览器通过 HTTP 协议与 Web 服务器发生交互。

4. Windows 2003 与群集服务器

服务器的未定运行离不开功能强大的操作系统。Myspace 利用群集存储系统，所有的服务器系统均为 Windows 2003 运行平台，进行着平稳而高效的数据交换。

服务器群集功能最早是为 Microsoft Windows NT® Server 4. 0 操作系统设计的，这一功能在 Microsoft Windows Server 2003 Enterprise Edition 和 Windows Server 2003 Datacenter Edition 操作系统中又得到重大改进。用户可以借助服务器群集功能将多台服务器连接在一起，从而为在该群集中运行的数据和程序提供高可用性和易管理性。服务器群集提供了以下三种主要的群集技术优点：

（1）更高的可用性。允许服务器群集中的服务和应用在硬件或软件组件故障下或在计划维护期间仍能不间断地提供服务。

（2）更高的可扩展性。支持通过增加多个处理器①和额外内存②来扩展服务器。

（3）更高的可管理性。允许管理员如同管理单台计算机那样管理整个群集内的设备和资源。

该群集服务是两种互为补充的 Windows 群集技术（为了扩展 Windows Server 2003 和 Windows 2000 基础操作系统而提供的）中的一种；另一个群集技术是网络负载均衡（Network Load Balancing，NLB）。该技术作为服务器群集的互补，可面向前端应用和服务（如 Internet 或 Intranet 站点、基于 Web 的应用、媒体流以及 Microsoft 终端服务）来支持高度可用和可伸缩的群集。

---

① 在 Windows Server 2003 Enterprise Edition 中最多可达 8 个，在 Windows Server 2003 Datacenter Edition 中最多可达 32 个。

② 在企业版中，随机存取内存［RAM］最多可达 8 GB，在 Windows Server 2003 Datacenter Edition 中最多可达 64 GB。

5. SAN（Storage Area Network，存储区域网络）

SAN是一种通过光纤集线器、光纤路由器、光纤交换机等连接设备将磁盘阵列、磁带等存储设备与相关服务器连接起来的高速专用子网。

SAN由三个基本的组件构成：接口（如SCSI、光纤通道、ESC等）、连接设备（交换设备、网关、路由器、集线器等）和通信控制协议（如IP和SCSI等）。这三个组件再加上附加的存储设备和独立的SAN服务器，就构成一个SAN系统。SAN提供一个专用的、高可靠性的基于光通道的存储网络；SAN允许独立地增加它们的存储容量，也使得管理及集中控制（特别是对于全部存储设备都集群在一起的时候）更加简化。而且，光纤接口提供了10 km的连接长度，这使得物理上分离的远距离存储变得更容易。

SAN具有以下优点：

（1）可实现大容量存储设备数据共享；

（2）可实现高速计算机与高速存储设备的高速互联；

（3）可实现灵活的存储设备配置要求；

（4）可实现数据快速备份；

（5）提高数据的可靠性和安全性。

6. 3PAR

3PAR在1999年成立，前身叫做3PARdata，是一家全球领先的公用存储厂商，其先进技术包括基于多租户集群存储架构的“共用存储”系统，这种架构用于以服务的形式为虚拟化数据中心和云计算交付软硬件的平台。

（1）3PAR InSpire的硬件结构。3PAR背板采用全网状的连接结构，每个控制器节点之间高速直连。因为是全网状的，所以基本上一个链路坏掉只影响直连的两个节点的通信，对其他节点无影响。每个控制器节点内置一块硬盘，用于操作系统安装。控制器节点最多可以扩展到8个，是3PAR存储最核心的组件（见图2-9）。

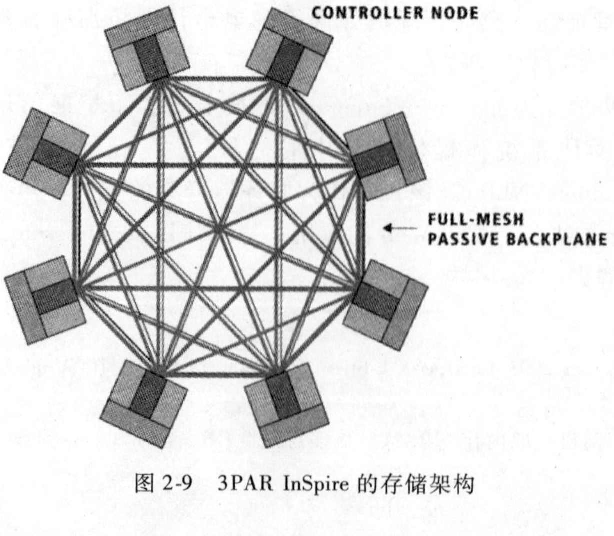

图2-9　3PAR InSpire的存储架构

相比之下，HDS 架构采用全光线交换方式（Universal Star Network），而 EMC 是采用直连矩阵方式（新一代产品采用虚拟矩阵架构——Virtual Matrix）。这些连接方式的孰优孰劣历来是厂商攻击竞争对手的着眼点，能否最大限度发挥性能是用户最需要关心的。

3PAR 针对 I/O 指令和数据移动使用不同的计算芯片。I/O 指令（元数据/控制 Cache）用 Intel 的芯片，而数据移动/Cache 则使用专门设计的 ASIC 芯片来完成（见图 2-10）。

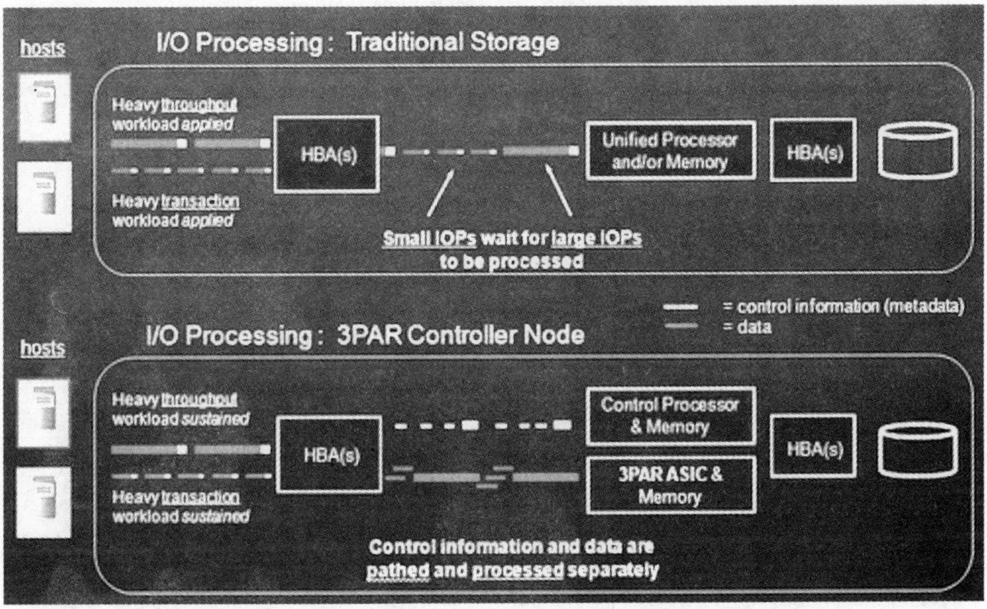

图 2-10　3PAR 的 I/O 指令和数据移动

因为有专门的硬件 ASIC 芯片用于 RAID 5 XOR 校验，3PAR 号称有了其第三代 ASIC 芯片，实现的 RAID 5 是业界最快的，甚至 SATA 盘也能有不错的性能表现。

（2）InForm 操作系统软件与虚拟化。3PAR 的操作系统叫 InForm，最初就是面向层次化的设计。与其他存储不同的是，3PAR 所有磁盘被分成 256MB 统一大小的小盘（Chunklet），可以根据需要用多个 Chunklet 组成 RAIDlet（逻辑磁盘）。因为这个独特的设计方式，3PAR 是可以很容易做到不同容量的磁盘混用，同一个 RAID 组里都可以有不同大小、不同转速的磁盘混用，这是其他存储做不到的。而且，所有的磁盘都可以利用，因为 Hotspare Chunklet 以更小的单位分散在不同的磁盘上，也不再需要单独留热备盘，空间利用率可以更充分一些（见图 2-11）。

因为固定大小的 Chunklet 的存在，可以将 I/O 更为均匀地分散到多个磁盘上（见图 2-12）。

这种思想和 ASM 的思想非常接近。因而，也可以和 Oracle 数据库进行无缝集成（见图 2-13）。

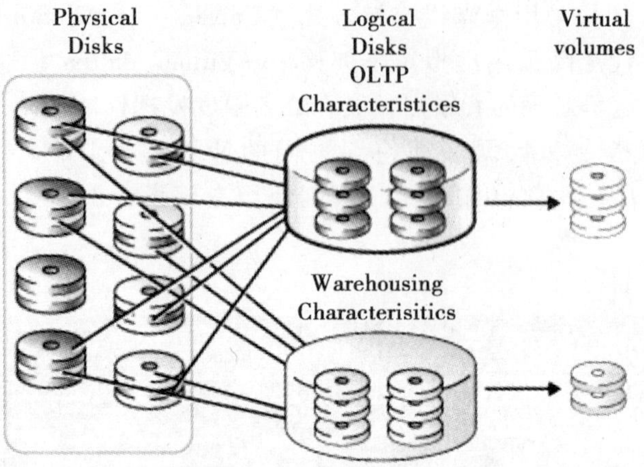

图 2-11　3PAR 的操作系统

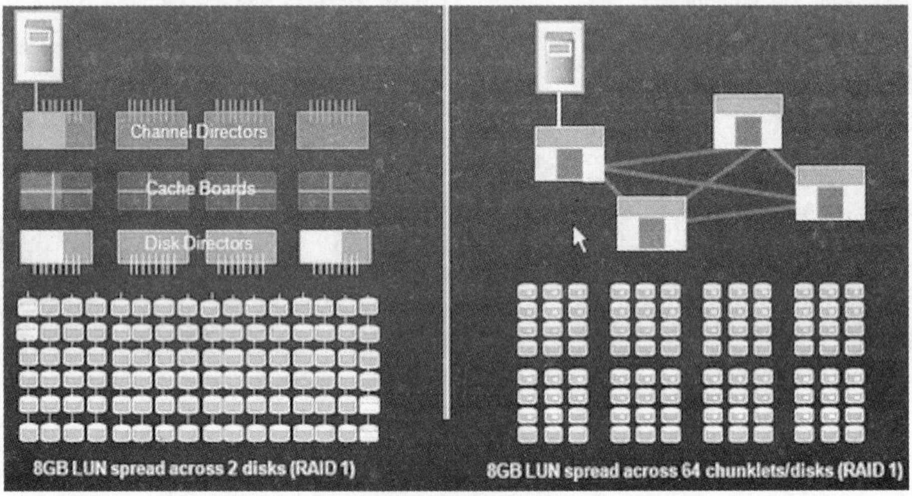

图 2-12　I/O 在多个磁盘上的均匀分散

7. 开源数据处理 Qizmt

MapReduce 是由 Google 提出并实现的编程模型，可利用大量机器所组成的集群处理或生成海量数据集。Qizmt 是基于 MapReduce 的分布式处理框架，可用于在大规模 Windows 集群上开发或运行分布式计算程序。

Myspace Qizmt 可用于各种分布式计算场景，例如：

- 数据挖掘；
- 数据分析；
- 媒体处理；
- 内容索引。

Qizmt 的主要功能有：

- 使用 C#快速开发 MapReduce 任务。

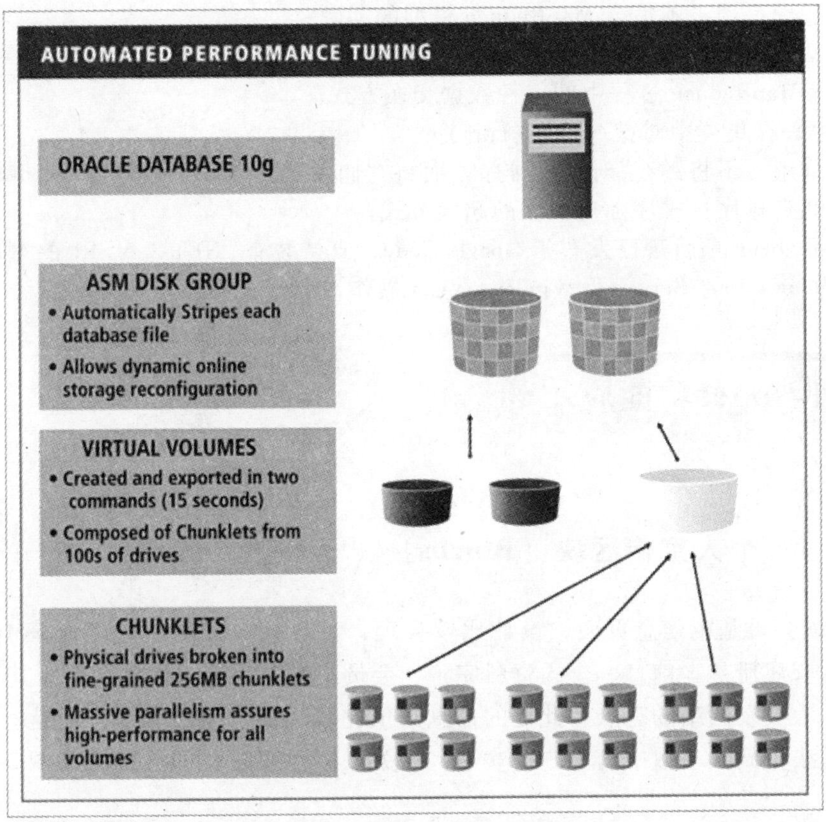

图 2-13 Oracle 数据库的无缝集成

- 简单的“自己动手（Do-It-Yourself）”安装程序。
- 内置集成开发环境/调试器：
  - ■ 自动将堆分配标为红色；
  - ■ 为 MapReduce 任务的快速开发提供自动完成功能；
  - ■ 在目标集群中对 MapReduce 任务进行单步调试。
- 可在集群中的任意机器上：
  - ■ 编辑任务；
  - ■ 调试任务；
  - ■ 执行任务；
  - ■ 管理任务。
- 为 MapReduce 任务提供“差值交换（Delta-only Exchange）”选项。
- 可配置的数据冗余或机器级别的故障转移。
- 可轻易为集群增加机器以提高处理能力。
- 集群程序集缓存（Cluster Assembly Cache），用于将 .NET dll 释放为 MapReduce 任务。
- 三种任务类型：
  - ■ MapReduce：用于对大规模数据进行基于集合的处理。

■ 远程：用于不适合 MapReduce 模型的问题；

■ 本地：用于组织一系列 MapReduce 和远程任务。

• 执行 MapReduce 过程中的三种数据交换方式。

• 排序—在集群中对键/值对进行排序。

■ 分组：不将键/值对进行排序，而将它们发送到同一个归并器（reducer）中；

■ 散列排序：排序随机数据的超快方式。

Myspace Qizmt 项目现已发布于 Google Code，支持装有 .NET 3.5 SP1 的 Windows 2003 Server，Windows 2008 Server 及 Windows Vista 操作系统。

2.5 Myspace功能应用

2.5.1 个人宣传区块（Blurbs）

Myspace 会员基本信息页面，设计比较合理，符合大多数网友的习惯。Myspace 个人宣传区块具有注册基本信息、个人资料完善、会员头像上传等方面的功能。其兴趣爱好添加页面，作为交友网站的亮点，此处的信息选项比较丰富。但由于“本土化”不够充分，有些选项无法受到大多数中国用户的欢迎，如关于“性取向”的设置（见图 2-14）。

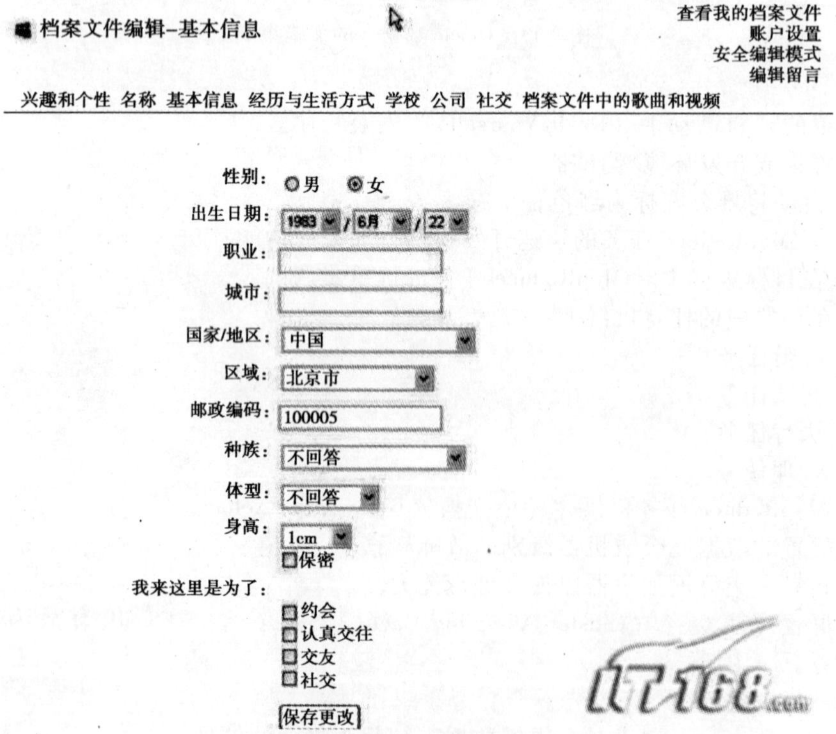

图 2-14 Myspace 个人宣传区块

2.5.2 博客（Blog）

作为交友网站的重要组成部分，博客是网友用来展示自己个性的重要途径（见图2-15、图2-16）。

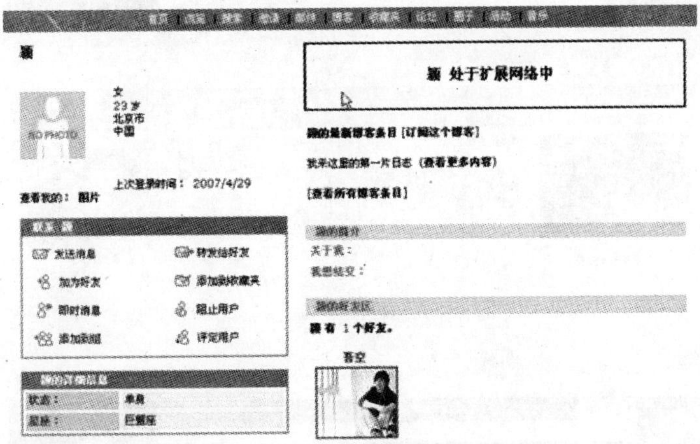

图 2-15　Myspace 网站的个人空间首页

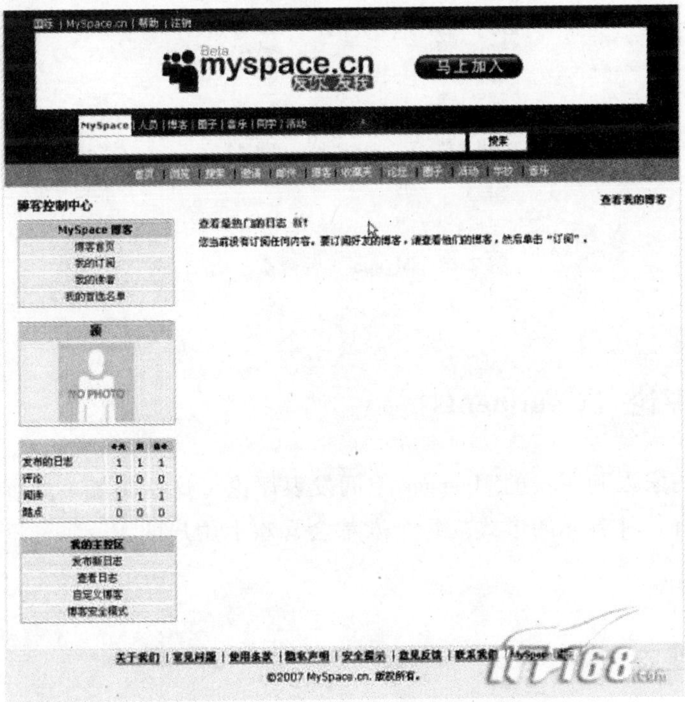

图 2-16　Myspace 的日志管理页面

2.5.3 圈子（Friend Space）

圈子是 Web 2.0 网站的重要元素。Myspace 圈子功能比较强大，都拥有创建圈子、参与圈子、管理圈子等标准的功能配置（见图 2-17、图 2-18）。

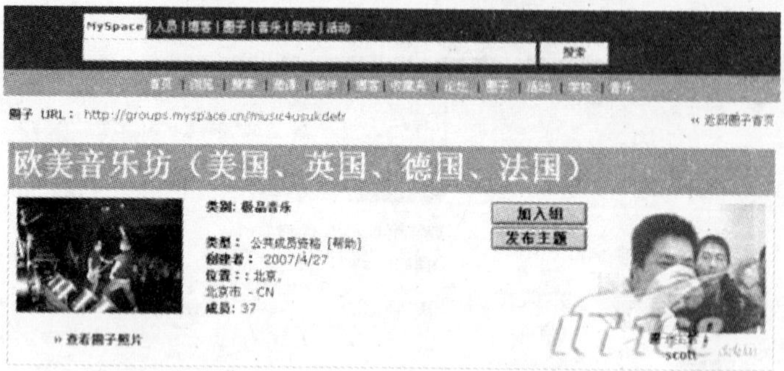

图 2-17　Myspace 圈子首页

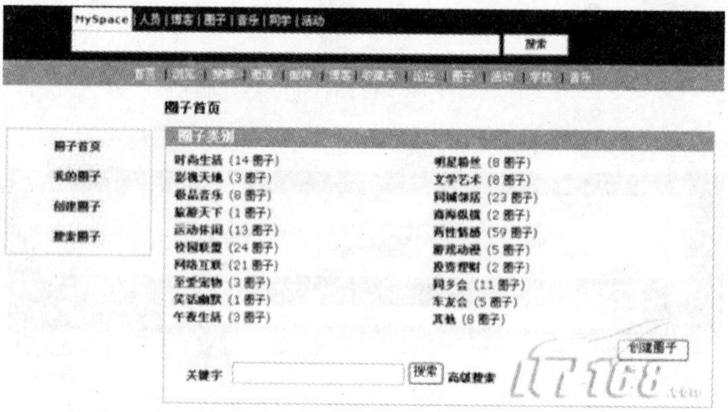

图 2-18　Myspace 后台圈子首页

2.5.4 评论（Comments）

免费向用户的家人和朋友的 Myspace 空间发表评论。这些很酷的 Myspace 评论都是充满活力的，且具有各种各样的形式。每个人都会喜欢上用户的 Myspace 里的评论版（见图 2-19）。

2.5.5 搜索（Search）

搜索功能包括“用户”、“音乐”、“视频”、“站内”及“整个互联网”等搜索标签，匹配度最高的标签将自动加亮显示。同时，还可以按地点、性别或年龄搜索用户，并邀请

图 2-19 Myspace 的评论界面

其成为好友。

2.5.6 MyspaceID

MyspaceID 功能与 Facebook 开发的 Facebook Connect 类似。在 MyspaceID 服务中，还增加了新的功能，包括“活动流”、OAuth 和 OpenID 认证。MyspaceID 服务允许其他网站和应用软件从社交网络服务中获取信息，这些信息可以是简单到如用户的真实姓名，也可以复杂到如用户的“社交图表”（或称朋友关系树）等。

MyspaceID 的意义对于其他网站和应用软件来说，利用用户已经在 Myspace 和 Facebook 上设置的信息，比自己制作这些功能和建立这些关系要简单得多，更容易深入用户的生活，并可能带来新的流量、广告和许可收入来源。

2.5.7 Myspace Widget

Myspace Widget 由 Myspace 自主开发，使用了一套名为 Widget Channel 的开发工具。该开发工具由英特尔和雅虎共同开发。按照英特尔与雅虎的计划，它们为在英特尔硬件基础上运行的消费者电子设备提供一个 Widget 平台，该平台将支持 JavaScript、HTML、XML 和 Adobe Flash 等许多现有技术。开发 Widget Channel 的目的，是为了能够开发出让电视浏览网络新闻的迷用户应用。

将 Myspace Widget 嵌入某些款式的电视机后，用户便能够通过激活设置在电视屏幕顶部的 Myspace Widget，与 Myspace 上的好友交流信息或是浏览在 Myspace 上的照片。

借助 Myspace 开发的应用工具，用户就不必再依赖浏览器来登录 Myspace 网站。用户可以在不刷新浏览器的情况下，直接从电视屏幕上收到即时的好友活动更新。此外，Myspace Widget 还能够准许用户浏览好友的文档。

用户可以使用遥控器进入 Myspace Widget，并可通过设置在电视机显示屏上的键盘向好友发送信息。不过截至目前，Myspace、英特尔与雅虎还没有透露 Myspace Widget 的确切发布时间。

Myspace Widget 将电视的强大功能与开放性、社会性和个性化的互联网的关键属性相结合，将为用户带来全新的体验。

2.5.8 音乐、视频分享（Music，Video Sharing）

音乐、视频分享是 Myspace 网站的一个具有音乐特色的专设区域（与 eBay 中的 eBay Motors 类似）。Myspace 网站兼具令人难以置信的流量以及定制音乐功能，它正在以一种切实的方式改变着音乐行业。在这里音乐家可以通过一种大范围的方式来分发音乐而无需唱片公司的帮助。成名的艺术家与未签约的乐队都可利用 Myspace 音乐发布他们的歌曲，并与乐迷们沟通（见图 2-20）。

图 2-20 Myspace 音乐主页

对于未签约的艺术家来说，Myspace 的社交网络结构是完美的。Myspace 可以提供一支未签约乐队所期望的最有价值的资产：知名度。地区性乐队一直以来都是通过口口相传来培养乐迷。借助 Myspace，他们可以即刻访问所在地理区域以外的潜在乐迷。例如，一支旧金山的乐队只需几分钟就可以出现在德国某个人的"朋友圈"中。

下面列出 Myspace 音乐的一些主要功能：

- 一个内置的音乐播放器；
- 用户评分/评论；
- 艺术家排名（依据页面访问次数）；
- 特色乐队；

- 按照地区分类的演出列表；
- 按照 Myspace 艺术家分类的音乐视频。

2.6 Myspace安全机制

2.6.1 认证

Myspace 加入了 OpenID 身份共享联盟，用户不必再次注册便可将其网络身份在其他网站和社交网络中共享。OpenID 是一个开源联盟，它允许使用者在多个网站中使用同一份身份资料，使用户无需创建多个用户名和个人信息。OpenID 将使 Myspace 账号变得更加有用，用户即使不在 Myspace 上也可使用 Myspace 账号。我们希望用户能时刻与自己的 Myspace 好友在一起。

尽管已加入该联盟，但 Myspace 仍要面对许多问题。其现有用户将可使用 Myspace 账号登录在线联系人数据库 Plaxo 等其他网站，但不能使用 MyspaceOpenID 登录雅虎这样同为 OpenID 联盟成员的网站，反之亦然。雅虎和 Myspace 都被认为是“供应商”，而不是“依赖方”。供应商能创建新的 OpenID，依赖方能从其他网站接受 OpenID 成员。

此外，Myspace 还建立了两个新站点，一个是电影社区站点 Flixster，另一个是展会追踪站点 Eventful，它们将支持用户将 Myspace 身份信息载入其他网站。

2.6.2 安全隐患

Myspace 一直着力于尽可能地保证所有用户的信息安全，但仍然存在诸多安全漏洞，包括：没有管理权限的 Myspace 用户可以随意删除 Myspace 群公告，非好友群成员也可以在该群中发表和删除话题，被好友群禁止的用户仍然可以在该群中发言等。

用户 ID 安全漏洞：使用该漏洞可以轻易地获得用户 ID，只需用鼠标放在用户名上面，网页底部就会出现一串代码，而用户 ID 就是代码中的第一组数字。通过该漏洞，人们可以通过浏览 Myspace 的移动网站网页获取 Myspace 会员的用户 ID，并以此来阅读他们的隐私评论。

自动登录漏洞：黑客可以利用该漏洞窃取用户账户的所有数据，包括用户的照片和个人消息等。这一漏洞与网站的“自动登录”功能相关，可以通过 Flash 文件中的 Cookie 和链接被利用。例如，被攻击页面将自动出现“发表更新”的字样，这将诱使用户好友点击，从而导致用户好友也受到攻击。而一种更严重、更隐蔽的攻击方式可以把所有用户的私人照片、数据和消息都发送到一个服务器中，而不留下任何痕迹。而且，这样的攻击随时可能发生。换句话说，如果用户在 Facebook 或 Myspace 网站上点击“记住我的账号”按钮，并曾使用过存在与该漏洞相关恶意代码的 Flash 应用，那么用户的所有数据都可能泄露。这样的攻击方式甚至不需要用户打开任何页面。

为避免被他人窃取个人信息，用户不要轻易添加好友，至少通过电话或邮件确认之后才添加。对于那些想要检查谁浏览过自己 Myspace 网页的人来说，可以通过以下两个提供追踪服务的网站来进行确认：ProfileSnitch. com 和 WhoVisited. com。这类网站可以让 Myspace 用户在他们资料网页上嵌入 HTML 格式的代码。该代码可以向追踪网站报告都有哪些人浏览过他们的资料，这样 Myspace 用户就可以清楚地知道被浏览的记录，因为 Myspace 允许用户在资料中嵌入 HTML 代码。

2.7 Myspace运营模式

Myspace 的成功秘诀之一就是传统推广方式和网络传播方式的良好结合。

Myspace 最初的用户积累依靠三种手段的结合：病毒式增长、非网络广告和网络传播合作伙伴。其实这些线上线下的传播手段非常常见，现在大多数网站都是通过口口相传的病毒式传播迅速增长用户群。而 Myspace 利用了多种战术的结合，包括成功地运用了传统的推广手段，利用已有的网络品牌来花钱收集用户。Myspace 在合作伙伴的员工中进行有奖竞猜，让员工们邀请自己的朋友注册来充实用户数量，并且利用合作伙伴的电子邮箱列表进行邮件推广。与此同时，进行积极的线下推广，对洛杉矶地区的 Club、乐队和各种派对进行赞助，这样吸引了很多小的线下社区来使用 Myspace，这些小社区开始产生雪球式的病毒增长，并吸引更多的用户加入。最初用户建立起来后，Myspace 开始进一步利用 Intermax 的渠道和媒体关系推波助澜。合作伙伴的推广结合已有的较强用户基础，使得 Myspace 从初创成功走向腾飞。

Myspace 将对网络时代的个性需求的把握和传统推广方式的成功结合造就了它的迅速成功，但或者这只是表面现象，任何一个互联网的创业者都会想到这些方法。关键不在于此，如果没有认识清楚网络时代的用户需要，没有设计出更好的价值实现方式，没有重视顾客与企业的共同创造，Myspace 将不得不面临着其他同行的竞争而走向衰落。

目前，Myspace 的主要盈利模式包括：网络广告、关键词搜索服务、第三方 API 应用服务等。

2.8 Myspace成功与衰败启示

Myspace 是大型社交网站的鼻祖，成立于 2003 年 8 月，在这短短的 10 年里它经历了过山车式的成长历程。网站启动之后短短两年里拿下全球最大社交网站王冠，并在 2006 年里超越 Google 成为全美访问量最大的网站。在 2007—2008 年，Myspace 达到了它的黄金顶峰时期，News Corp 公司拥有的 Myspace 市值大约为 120 亿美元。但 Facebook 异军崛起，并蚕食着整个市场，它与 Twitter 一起成为社交媒体的新标杆。相反，Myspace 从理念，到技术，到模式，到运营，一切都被否定着。

图 2-21 是 2004—2011 年的 Myspace 的用户数量变化趋势图：

图 2-22 是 2009—2011 年的 Myspace 流量趋势变化图：

Myspace 的失败体现了 SNS 发展过程中的所有问题。在它黯然的背影中，蕴含着诸多

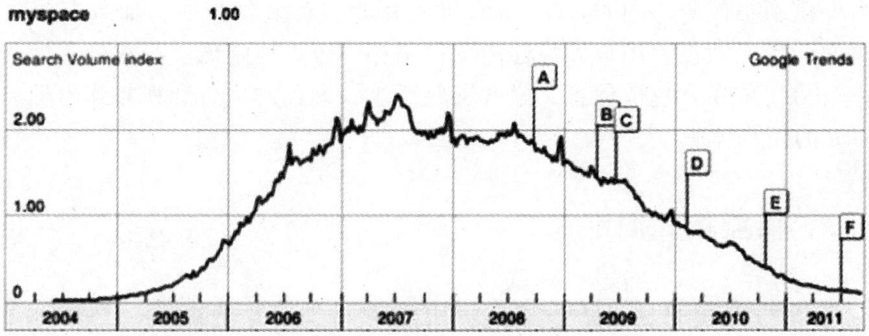

图 2-21 2004—2011 年 Myspace 的用户数量变化趋势图

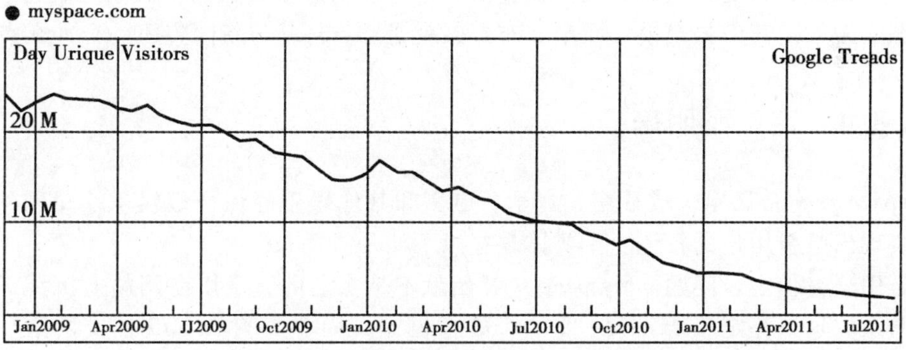

图 2-22 2009—2011 年 Myspace 流量趋势变化图

对互联网业界的启示。

2.8.1 管理理念错位

2005 年 7 月，新闻集团以 5.8 亿美元收购了 Myspace。资本的过早进入，彻底扭转了 Myspace 作为社交网站的进化方向，Myspace 被作为重要的新闻公司产品推广渠道，而非一个需要长时间积累用户体验的创新公司。Myspace 被直接放到了上市公司的资产之中，股东利益放在了用户体验之前，这家 SNS 前进的方向不再是培养生态，而是急于和新闻集团已有的资源对接，之后使其变现。显然，这种思路严重低估了 SNS 发展中的不确定性，Myspace 必须面对被资本抽打着向前慌不择路地狂奔的现实。

2.8.2 技术滞后

作为社交网站，Myspace 具有非实名、后台不够稳定等先天缺陷。Myspace 给予了人们了解他人生活的机会，却没有使得这种社交关系稳固，无法建立深度的人际关系。当用户数量暴增时，Myspace 的服务器性能严重滞后。Myspace 架构存在严重问题，若推出开放平台就需要重新写代码。同时，Myspace允许用户自己装修页面，加载东西，这就导致打开朋友页面会慢上加慢，用户体验逐渐变得糟糕，极大地降低了用户的黏性和各种需求满足的几率。另一方面，色情信息、虚假资料泛滥，大量的广告和视频弹出框，严重地影响了 Myspace 的用户体验。

2.8.3 商业模式混乱

资本的进入使Myspace方向改变，多重管理体制则使得能做决定的人太多且互为制衡，无法应对快速变化的互联网，尤其是互联网人际关系的日新月异。在产品与渠道之争中，后者的胜出，意味着Myspace丧失了效率与价值观，进而失去了核心受众群，用户泛化，大而不强。高管变动频繁，且受投资商或合作者的影响，偏离了健康发展途径，处于混乱状态。例如，其广告规模、质量和布置，就是Myspace与新闻集团一个冲突点。

2.8.4 定位不明确

Myspace曾将自己定位成社交、音乐、电影和其他娱乐的综合型娱乐社交网站，但始终未能表现出吸引用户的特色。主要体现在以下两个方面：

一是用户身份定位问题。Myspace一开始就不是实名的，难以在网站上沉淀下来真实的社会关系。这就注定了Myspace是一个媒体网站，而非真正的SNS社交网络。但随着SNS的整体进化，其弊端逐渐凸显出来——一方面，“马甲”、色情信息、虚假信息泛滥，导致用户体验下降；另一方面，Myspace无法实现用户数据的深度挖掘，无法如Facebook般在沉淀下来的人际关系中开发多元的盈利渠道。由于没有真实用户数据作为支撑，Myspace无法建立起属于自己的独立生态系统，它基于Google公司OpenSocial规范的开放平台之上，没有自己的支付系统，没有邮箱系统，现在则连登录的入口也一并献给了他人。

二是以音乐内容为主的社区定位问题。音乐本来是Myspace一开始成功的内核，但它并没有能力以此为轴心走得更远。在SNS、音乐分享和卖唱片之间的游离，使得Myspace同时拥有三个领域的敌人，其控制权力和资源整合能力十分有限。

THE FUTURE OF MEDIA SERIES

3 全球社交网站领导者 ——Facebook

3.1 Facebook简介

Facebook 是一个社会化网络站点，域名为 www. Facebook. com。网站的名字 Facebook 来自传统的纸质“花名册”。通常美国的大学和预科学校把这种印有学校社区所有成员的“花名册”发放给新来的学生和教职员工，帮助大家认识学校的其他成员。任何一个人都可以在其中注册其用户，只需要提供一个 mail 地址（唯一的标识符）即可。当一个用户加入其中，就可以拥有自己的资料库、浏览他人的信息，以及享受其他的网络服务。

Facebook 创建于 2004 年 2 月 4 日，目前总部位于加州门罗帕克的 1 Hacker Way（黑客路），拥有员工 3200 人。目前，CEO 是马克 · 扎克伯格（Mark Zuckerberg），他也是 Facebook 的创始人，早年曾是哈佛大学的学生。最初，Facebook 网站的注册仅限于哈佛学院的学生。之后，注册陆续扩展到其他高校，在全球范围内有一个大学后缀电子邮箱的人（如 . edu. . ac. . uk 等）都可以注册。从 2006 年 9 月 11 日起，任何用户输入有效电子邮件地址和自己的年龄段，即可加入。用户可以选择加入一个或多个网络，比如中学的、公司的或地区的。据统计，Facebook 目前在全球社交类网站中排名第一，其服务对象遍布各个领域，拥有 8. 45 亿活跃用户。2012 年 5 月，Faccebook 通过首次公开募股（IPO）在纳斯达克上市。

3.2 Facebook发展历程

2004 年，从创建到飞速发展。

2004 年 2 月，哈佛大学生 Mark Zuckerberg 在 Andrew McCollum 和 Eduardo Saverin 的支持下创办了“The Facebook”。2 月底，半数以上的哈佛本科生已经成了注册用户。此后，Facebook 继续扩展到麻省理工学院、波士顿大学和波士顿学院等。扩展一直持续到 2004 年 4 月，包括了所有常春藤院校和其他一些学校。9 月，Facebook 获得了 PayPal 创始人 Peter Thiel 提供的约 50 万美元的天使投资。到 12 月时，Facebook 的用户数超过 100 万。

2005 年，势力范围持续扩张。

2005 年 5 月，Facebook 获得 Accel Partners 的 1270 万美元风险投资。2005 年 8 月 23 日，Facebook 以 20 万美元购得 Facebook. com 域名，去掉了名字中的 The。与此同时，网站进行了重大改进，目的是提高用户档案页面的用户友好性。此后，陆续推出 Facebook 高中版。到 10 月份，Facebook 已经扩展到大部分美国和加拿大的规模更小的大学和学院。2005 年 12 月 11 日，澳大利亚和新西兰的大学也加入了 Facebook。至此，Facebook 中共有超过 2000 所大学和高中（见表 3-1）。

2006 年至今，加强推广活动和功能完善。

2006 年至 2008 年，不仅是 Facebook 从 500 万用户向一亿用户挺进的时期，也是其增长经历中几个关键点推出的时期。

News Feed，以及随之出现的 Facebook ad，使得信息的展现方式更加相关。

分享功能以及伴生的合作开放平台，使得信息以关系为渠道传播，加大了信息传播的速度、相关度和可信度。

Page，用户获得了展示更多信息的入口，甚至引发了后来的 Page Marketin。

Like，既有关注的功能，同时又有转发的功能，而且表达了用户的态度，因此大大提高了用户的参与度。

此后，Facebook 也从未停止过功能的完善和盈利新模式的探索（见表 3-2）。

表 3-1　**2004—2011 年 Facebook 发展主要事件**

时间节点	主要事件
2004 年 2 月	马克·扎克伯格和共同出资者达斯丁·莫斯科维茨、克里斯·休斯、爱德华多·萨弗林，在哈佛大学发布了 Facebook
2004 年 6 月	Facebook 的操作基地转移到了加利福尼亚州的帕罗奥多
2004 年 9 月	添加“小组”功能、具有文本功能的“留言板”（wall）
2005 年 5 月	获得 1270 万美元的风险投资 开始支持 800 多个大学的社交网络
2005 年 9 月	支持高中社交网络
2005 年 10 月	添加照片功能 开始支持国外学校的社交网络
2006 年 5 月	扩大支持工作单位的社交网络
2006 年 8 月	发布应用开发平台 推出记事本功能（Facebook 的博客服务） 与微软就网页条幅广告合作建立战略关系
2006 年 9 月	为新闻订阅和迷用户订阅添加了隐私控制功能 向所有人开放注册
2007 年 2 月	发布“虚拟礼物商店”功能

续表

时间节点	主要事件
2007 年 5 月	推出分类广告功能："Facebook 市场" 推出开放平台，拥有 65 个合作开发者，超过 85 种应用
2007 年 10 月	发布移动终端上的 Facebook 开放平台，并扩展广告业务
2008 年 3 月	更新隐私控制，添加了好友列表的隐私控制
2008 年 4 月	发布聊天功能，翻译功能支持的语言达到 21 种
2008 年 12 月	Facebook Connect 系统使用

表 3-2　**2004—2012 年 Facebook 活跃用户数发展趋势**

时间节点	活跃用户量
2004 年 2 月	Facebook 发布
2004 年 12 月	接近 100 万
2005 年 12 月	超过 550 万
2006 年 12 月	超过 1200 万
2007 年 11 月	超过 5000 万
2008 年 8 月	超过 1 亿
2009 年 4 月	超过 2 亿
2009 年 7 月	超过 2.5 亿
2009 年 12 月	超过 3.5 亿
2010 年 2 月	超过 4 亿
2012 年 4 月	突破 9 亿

3.3 Facebook业务架构

3.3.1 业务模式

Facebook 是一家以盈利为目的的企业，其目标是连接全球的所有人。Facebook 具有"蓝色海洋"（Blue Ocean）战略的特征，包括快速适应能力、高度的用户"黏性"、实时创造和捕捉用户需求的能力以及难以复制的竞争差异化。其互补性资产，即服务器群、推广关系与广告商关系之间的关联，是保证其业务良性发展的基础。为此，Facebook 的业务逻辑可描述如图 3-1 所示：

（1）注册：用户需要一个唯一能标示自己的 ID，大部分人用邮件地址来注册，以保证其全球的唯一性。

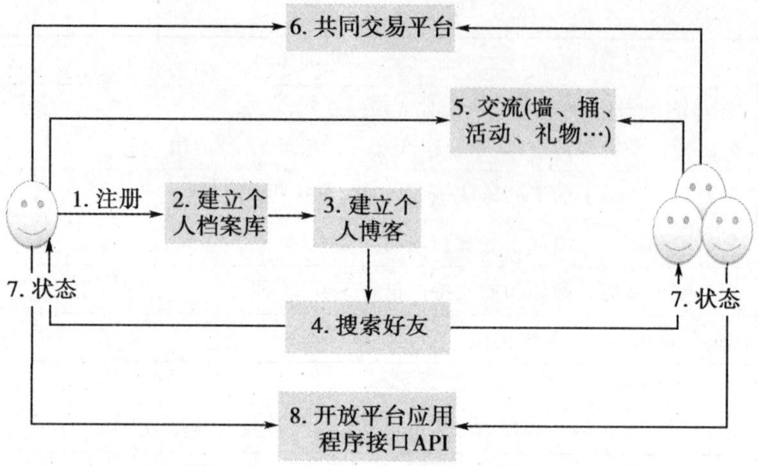

图 3-1 Facebook 业务架构示意图

(2) 建立自己的档案库：跟随注册的程序，用户需要输入自己的特定信息，完成此步骤。这些信息是让用户朋友找到用户，也是用户联系别人的依据。

(3) 建立个人博客：如果想让别人更了解用户，用户可以建立它。发表用户的文章和相册，展示全部的用户。

(4) 搜索好友：依据此功能，用户可以找到用户所在地域，或者和用户有相同兴趣，或者用户感兴趣的朋友。

(5) 交流：依靠网站提供的墙、捅、活动、礼物等功能，用户可以方便地联系好友，并与他们很好地交流。

(6) 共同交易平台：Facebook 提供给用户一个交易平台，里面有很多用户想要的东西，当然用户也可以出售自己的东西。

(7) 状态：让别人看到用户在做什么，用户也可以看到别人在做什么。方便用户选择何时和用户的朋友进行交流。

(8) 开放应用平台程序接口 API：Facebook 开放平台。利用这个框架，第三方软件开发者可以开发与 Facebook 核心功能集成的应用程序。

3.3.2 业务特点

Facebook 业务的共同点在于，需要积累大量用户之后才能获得成功。因此，Facebook 的目标是连接全球的所有人，而只有保持网站免费才能实现这一目标。

1. 向已存在的实体社区提供辅助的网络在线服务

Facebook 网站最初的成功是通过向大学生提供实体社区不能获取的信息服务。这是一种交互式的学生指南，包括每个学生的课程计划和社交网络。Facebook 网站并没有创建一个以前完全不存在的新社区，相反，他们是为已存在的实体社区提供一种更重要的信息和交流服务。Facebook 网站首先按照课程表来组织学生，让用户能够更多地了解可能遇上的同学，更多地了解自己所在的社交圈子外面的学生。将这种视角转换到更大的视图，可以说 Facebook 是为已存在的实体社区内的社交活动创建了一种更实用的在线服务。显然，在已存在的实体社区基础上，对非在线业务提供实用的在线服务更加容易。

2. 限制用户注册（以及其他行为）来创建理想的在线服务

为了保证实体社区和在线服务之间的协调和信任，Facebook 采取了注册限定和隐私保护机制。例如，Facebook 网站最初仅限于能够验证所在大学的 . edu 邮件地址的用户登录使用。Facebook 也限制了用户能够查找或浏览的学生范围仅限于用户所在的大学。这些措施的目的是让用户感到网站是排外的，仅限于他们实际所在的社区（学院或大学）内部的人员，使得用户彼此信任浏览自己资料的学生。目前，Facebook 网站已经完全开放，并通过创建一系列“网区”来引导用户参与到特指的网络或用户群中去。另外，Facebook 还实行了一系列隐私控制，允许用户准确地控制谁能够查看他们所提供的信息。

3. 集合一系列被渗透的微社区

Facebook 是目前最大的社交网络站点，能够深入地渗透到一系列微社区（如各大学校园）内。利用其丰富的互补性资产，Facebook 成为将广告信息传递给观众的最佳途径，比其他的社交网站更能吸引广告机会。本地广告行为的 CPM 千人成本因为所具有的定位本质而受到广告商的高度重视。Facebook 每日 65% 和每周 85% 的用户登录率保证了广告商能够非常有效地操作时间导向的广告活动。大的品牌广告商能够通过一次广告活动宣传到几乎每一位美国 18 ~ 22 岁的学生。Facebook 网站将有大量的机会来使自己的盈利渠道多样化，深入渗透这些微社区的特点使它不仅仅局限于传统的广告条幅模式，并吸引了 90% 的学生加入，一所大学可以为自己增添在线分类、事件列表、电子商务和选举领导等便利功能。Facebook 将能够非常好地被定位成一个主要的在线分类方式，基于庞大的用户群而提供给用户更实用的使用方式。

4. 通过用户群和广告商建立强大的品牌效应

想通过在线广告业务定位来吸引建立品牌的广告商（广告商是为了建立品牌，而不仅仅是点击数）的关键是自身需要拥有强大的品牌，使众多广告商愿意与之合作。一个被认可的著名品牌能够获取更好的广告 CPM（Cost Per Thousand，千人成本），仅仅是因为品牌认知度和品牌形象的因素，拥有同样用户统计数据和用户使用模式的两个网站可能具有很大差异的 CPM 率。Facebook 完成了非常出色的公关工作，强调 Facebook 对大学生的生活和在线消费产生的影响力。

5. 公开页面源代码

在 Web 2.0 时代，通过强大的搜索与订阅功能，网民们已经没有必要为了取得有用的信息反复辗转于各种类型的 BBS、博客或者门户网站。用户已经越来越讨厌无处不在的显示广告，对没有经过任何过滤的海量信息已经越来越感觉迟钝和麻木。Facebook 网站充分把握住这一趋势率先公开自己的页面源代码让各种类型的互联网内容提供商开发出嵌入 Facebook 用户页面的内容提供工具（APPs）供用户自行选择，这其中，有娱乐的、工作的、阅读的，几乎无所不包。到目前为止，基于 Facebook 平台的 APPs 已经数以万计。未来 Facebook 的用户将在自己的主页里满足交友、娱乐、工作的全套信息与体验需求，这很类似于传统零售行业的变革——从更早的专业商店向一站式购物的百货商场过渡。Facebook 网站正在成为新平台的主宰者，以及新产业链的主导者。这是微软在 PC 时代曾经扮演过的角色，将硬件、软件和 IT 服务串联为一个相互依存的整体。

3.4 Facebook技术架构

3.4.1 网站架构

1. 设计原则

（1）尽可能地使用开源软件，在需要优化的时候及时进行优化；
（2）Unix 风格：包括模块化原则、整合化原则、清晰化原则等；
（3）所有组件具备扩展性；
（4）使故障影响最小化；
（5）简化、简化、再简化。

2. Web 应用模型

为了更好地描述 Facebook 的系统架构，本节从标准的 Web 应用模型和 Facebook 的 Web 应用模型入手（见图 3-2、图 3-3）。

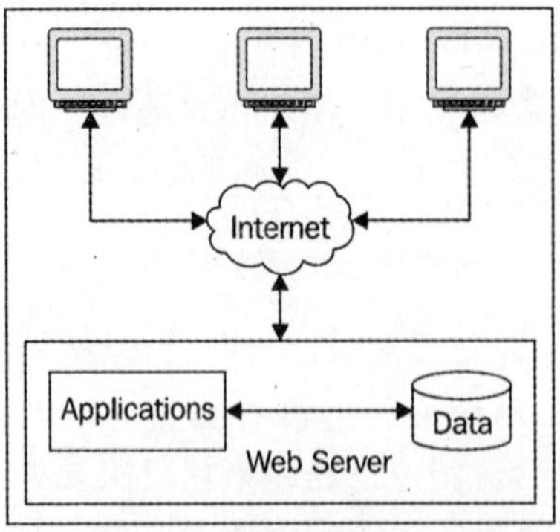

图 3-2 标准的 Web 应用模型

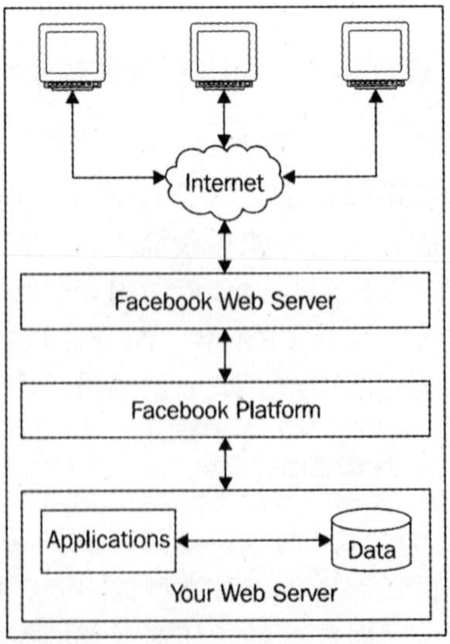

图 3-3 Facebook 的 Web 应用模型

比较以上两种Web应用模型，显而易见，Facebook平台旨在提供一个接口，用以搭建起外部应用/服务与Facebook平台之间的桥梁。当然，这并不就意味着一个外部服务器可以随时访问他人的Profile。为了信息安全起见，Facebbok利用一个Cache阻止这种情况的发生，如图3-4所示：

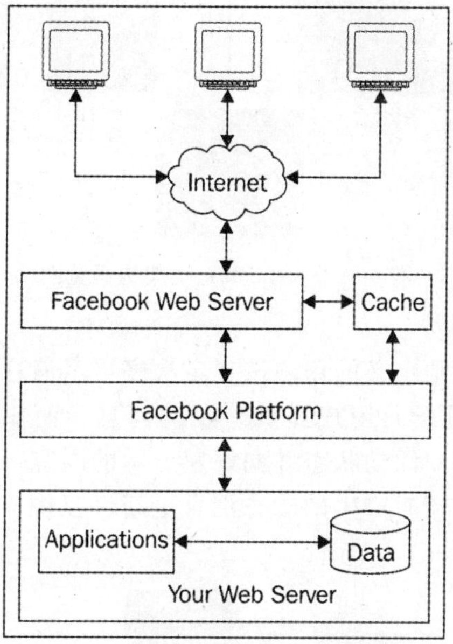

图3-4 FacebookWeb应用模型的完善

显然，Facebook平台包含三个基本元素：

Facebook API（Application Programming Interface）；

FBML—Facebook Markup Language；

FQL—Facebook Query Language。

3. 开源构架LAMP（Linux、Apache、MySQL、PHP）

Facebook是用LAMP（或LAM2P）实现的最大的动态站点，其系统总体架构如图3-5所示。

显然，该系统架构整合了基础组件与服务两个组成部分，中间通过Facebook自研实现的一些工具进行黏合。架构中所涉及的核心技术将在2.4.3小节重点阐述。

4. Facebook NewsFeed架构

NewsFeed通常由各种好友的状态更新构成。NewsFeed（动态消息汇总）技术是一种在社交网络环境中展示NewsFeed的方法，包括根据社交网络环境中与某用户相关的活动生成消息条目，将信息联系附着于至少一条消息条目，且该信息联系应与至少一项活动相关联。同时根据预定义的规则限制用户对消息条目的访问，并为这些消息条目排序。该方

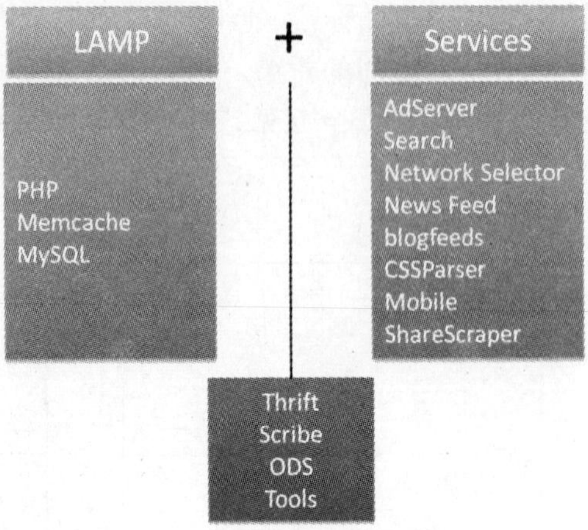

图 3-5 Facebook 系统架构概览图

法或进一步包括向至少一位预定义的用户按规定次序展示消息条目，并动态地限制消息条目的数量。NewsFeed 更侧重于向用户提供好友的消息，而非仅仅进行状态更新。另外，该技术还涵盖了自动生成用户活动状态并向好友展示的内容，这意味着当用户的好友上传视频或是接受他人的好友邀请时产生的动态消息更新（见图 3-6）。

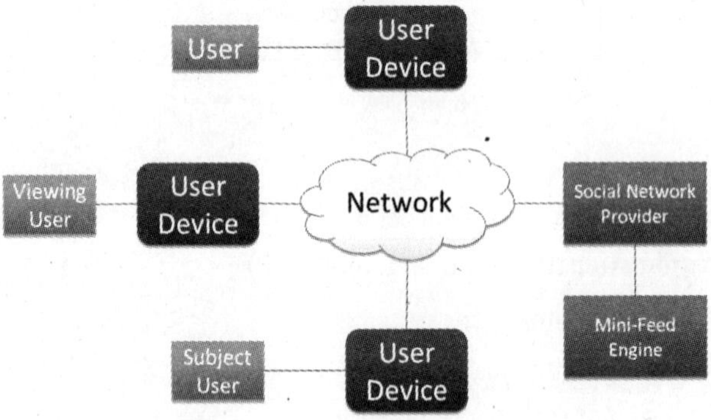

图 3-6 NewsFeed 技术示意图

如图 3-7 所示，数据传输基本上是三角传输的实现，Aggregators 的作用非常大，完成了数据的合并排序。

目前，Facebook 提供了智能版 NewsFeed 信息流服务。Facebook 将“重要信息”（Top Stories）和“最新信息”（Most Recent）两部分标签内容智能的整合在一个信息流中，并根据最近登录网站的频率智能的为“重要信息”分配屏幕空间。如果用户在一天的工作时间内查看了 10 次 Facebook 信息，那么用户的信息流中大部分将是“最新信息”；如果用户在几天内才登录一次 Facebook，那么 Faccbook 将为用户提供综合版信息流，用户将了解其朋友最重要的信息共享。

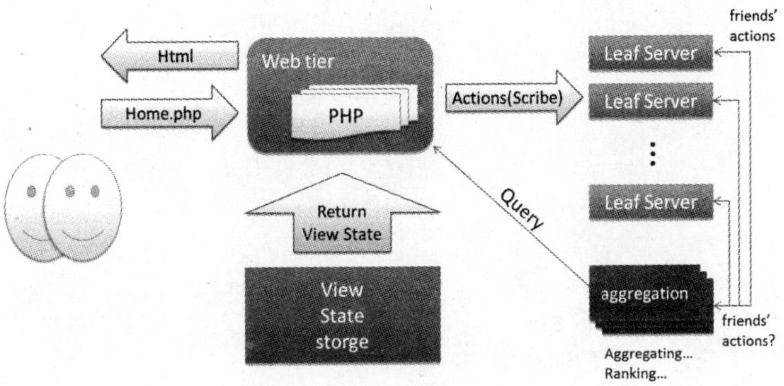

图 3-7 NewsFeed 工作流程

5. Facebook 搜索功能的架构

2012 年 4 月之前，Facebook 使用 Bing 作为其默认搜索引擎。与以搜索为核心的 Google 相比，Facebook 是以社交为核心，进行人与人之间关系的建立与维护服务，一直以来并未将搜索作为其优先发展的业务，其页面顶部的白色搜索框仅用于帮助用户搜索其他用户以及品牌、地理位置、状态更新等信息。"一切为了客户"是指导 Facebook 产品开发的最重要原则。因此，有 5 个理由促使 Facebook 更加重视研发搜索引擎，那就是：（1）让 Facebook 成为真正的"主页"；（2）进一步完善搜索功能，改善用户体验；（3）挖掘基于人际关系的鲜活内容将会丰富用户的在线生活；（4）通过针对性的搜索功能让世界上的每个用户能够自由相连，完全连接世界；（5）继续丰富 Facebook 的庞大数据库，为用户提供更有价值的个性化服务。

目前，前 Google 公司工程师拉尔斯·拉斯马森（Lars Rasmussen）正带领 Facebook 工程师团队开发性能更佳的搜索引擎，其目标是全方位地改善用户在 Facebook 上的搜索体验。Facebook 并未简单地模仿 Google 公司的复杂算法。与 Google 公司不同的是，Facebook 拥有海量的有助于信息梳理的社交数据，因此只需更有效地利用这些数据即可。就社交数据的搜索效能而言，Facebook 来自其用户的数据将会发挥重要的作用，提高其搜索结果的准确性，最终助其建立强大的搜索引擎（见图 3-8）。

3.4.2 开放平台

Facebook Platform 允许任何人"在 Facebook 和 Web 上构建社交应用程序"。为了允许用户构建此类应用程序，Facebook 提供广泛的一组核心且高级的 API 和 SDK（读者可参考 http://developers.Facebook.com/docs/）。

1. 分层架构

在一般的 n 层架构中，应用将输入（对于 Get、Post 和 Cookie 信息的集合）映射为对原始数据的请求，这些原始数据可能存在于数据库中。它们被转换为内存中的数据，并通

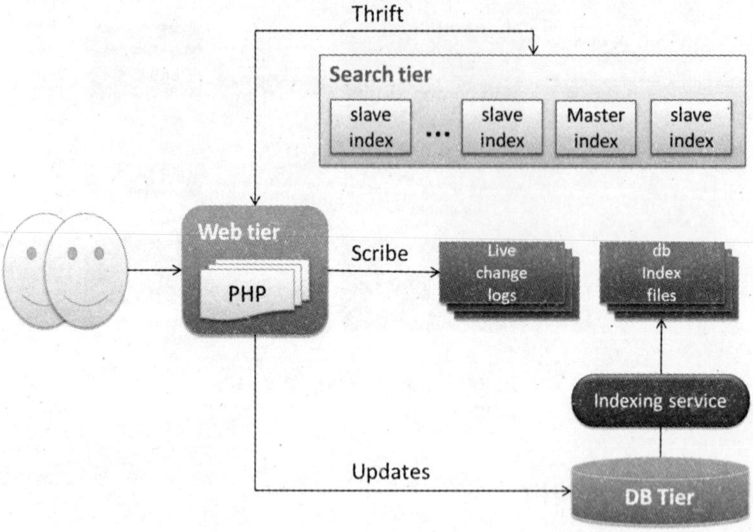

图 3-8　Facebook 搜索引擎工作流程

过一些业务逻辑进行智能化处理。输出模块将针对显示对这些数据对象进行转换，变成 HTML、JavaScript、CSS 等。这里，在图的顶部是运行在基础设施之上的应用程序 n 层栈。在应用出现在 Facebook 平台之前，Facebook 完全运行在同样的架构上。重要的是，在两个架构中，业务逻辑（包括 Faceboak 的隐私）实际上都是根据一些规则来执行的，这些规则建立在系统的某些数据组件之上（见图 3-9）。

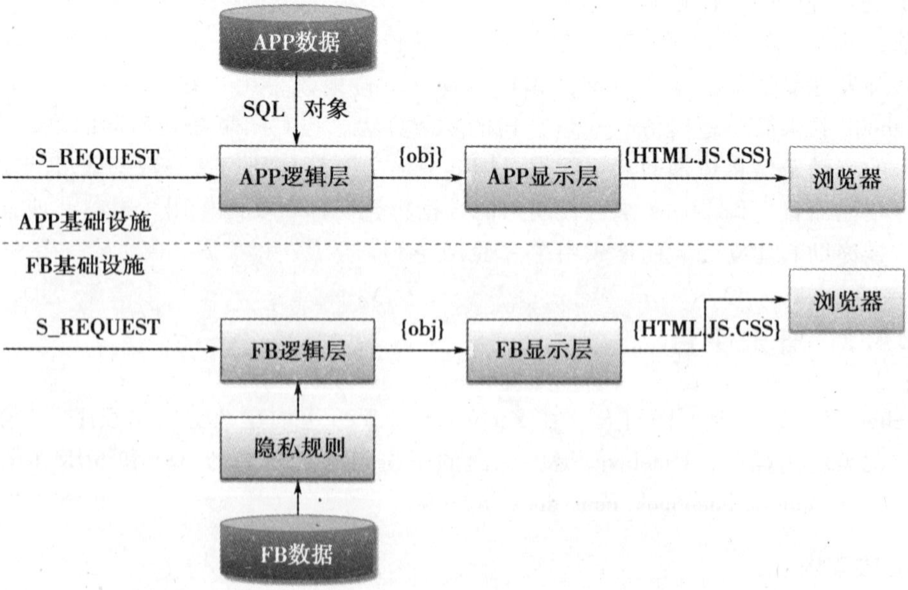

图 3-9　Facebook 与 API 分层架构对应关系图

更大量的相关数据意味着业务逻辑可以提供更多个人定制的内容，所以在 http://fettermansbooks. com 或其他应用上浏览书籍，写书评、阅读或购买的体验，会被来自 Facebook 的用户社会关系数据加强和放大。具体来说，显示朋友的书评、期望清单和购买情况将有助于用户的购买决定，发现新的书籍，或强化与其他用户之间的联系，如果 Facebook 的内部映射 user_ get_ friends 可以由 http://fettermansbooks. com 或这样的其他外部应用访问，就会为这些原本分离的应用提够强大的社会关系上下文，让应用程序不需要创建它自己的社会关系网络。所有这种类型的应用都可以与这种数据进行很好的集成，因为开发者可以将这些核心 Facebook 映射应用于无数其他 Web 应用，用户在这些应用里提供或消费内容。

Facebook 平台的技术通过在社会关系网络和数据架构方面的一系列改进，可实现以下几点：

（1）应用可以通过 Facebook 平台的数据服务来访问有用的社会关系数据，为外部的 Web 应用、桌面操作系统应用和其他设备上的应用提供社会关系上下文。

（2）应用可以通过一种名为 FBML 的数据驱动标记语言来实现显示，在 http://Facebook. com 的页面上集成他们的应用体验。

（3）通过 FBML 所要求的架构改变，开发者可以使用 Facebook 平台的 Cookie 和 FacebookJavaScript（FBJS），从而让应用出现在 http://Facebook. com 上所需的改动最小。

（4）最后，应用可以获得这些功能，同时不必牺牲隐私，也不必放弃对于 Facebook 为用户数据和显示提供的用户体验的期望。作为社会关系平台领域的先行者，Facebook 架构为了创建统一可用的社会关系上下文，它体现了这样的阴阳关系：数据可获得性和用户隐私。

核心 Facebook Platform API 是 Graph API，它允许用户从 Facebook 读写数据。Facebook 也具有 Old Rest API。新的 Graph API 将 API 范型从面向方法——从 Facebook 读写数据的方式更改为一种新的方式，即使用对象（比如说用户简介、好友、帖子、照片，诸如此类）及其相互之间的关系或链接。该方法简化了 Facebook API，使之处理对象时更加一致。注意，尽管 Graph API 是首选的 Facebook API，但是 Old REST API 仍然是活跃且受支持的。Graph 和 REST API 都适用于移动应用程序（包括原生和移动 Web 应用程序），它们通过使用 WebViews 在原生应用程序中包含移动 Web 内容。

Graph API 对象被分配一个唯一的 ID，很容易使用一个 URL 访问它，此 URL 可被进一步限定，以寻址一个特定的对象/链接。对象 URL 的一般结构类似如下：https://graph. Facebook. com/OBJECT_ID/CONNECTION_TYPE，其中 OBJECT_ID 是对象的唯一 ID，CONNECTION_TYPE 是对象支持的一种链接类型。例如，一个页面支持以下链接：feed/wall、photos、notes、posts、members 等。

利用 Graph API，用户可以检索对象，删除对象和发布对象。用户可以搜索、更新对象、过滤结果，甚至动态地发现对象的链接/关系。

在默认情况下，应用程序对用户的公共数据具有访问权限。要访问私有数据，应用程序必须首先请求用户的权限（被称为扩展权限）。Facebook 定义了大量权限，用户可以在 Extended Permissions 页面了解它们。

2. 程序目录及其介绍

大部分的用户都是在 Facebook 程序目录看到各种第三方开发产品的，因此，开发者需要用形象、生动的文字来描述 API 程序，以吸引用户使用。

点击 Facebook 程序目录中的链接会进入程序的介绍页面，这里告诉用户这个程序的相关信息。Facebook 采用通过对程序的介绍吸引用户安装它（见图 3-10、图 3-11）。

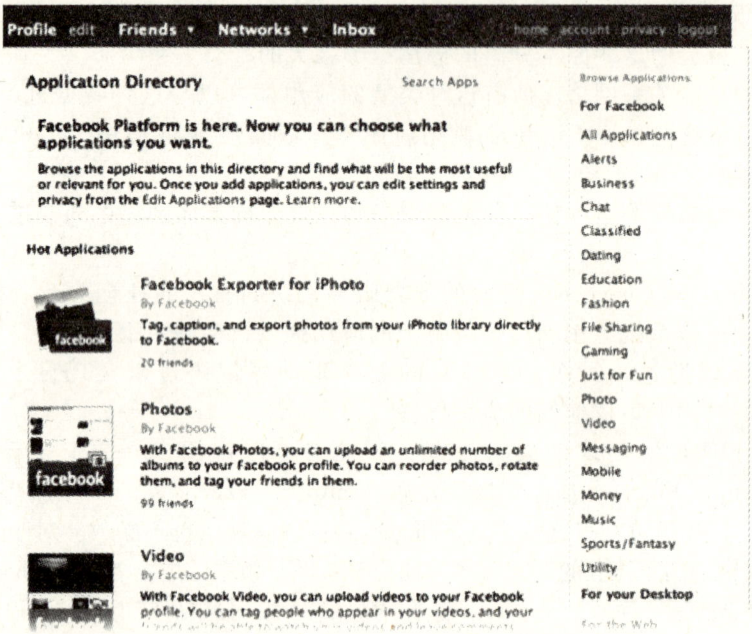

图 3-10 Facebook 开放平台 API 程序目录

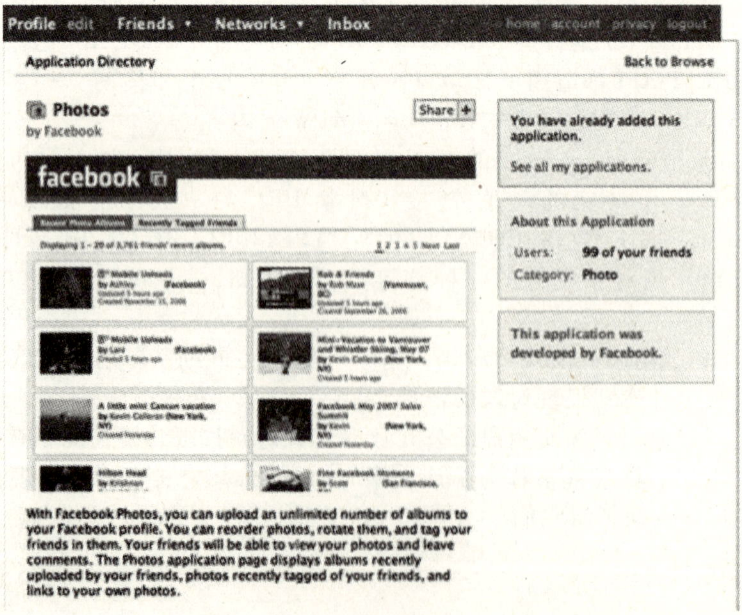

图 3-11 Facebook 开放平台 API 程序介绍

程序应该有自己的图标和名字，可以显示在左侧的 Facebook 导航栏中，点击左侧边栏中的链接会进入该程序的主页（见图 3-12）。

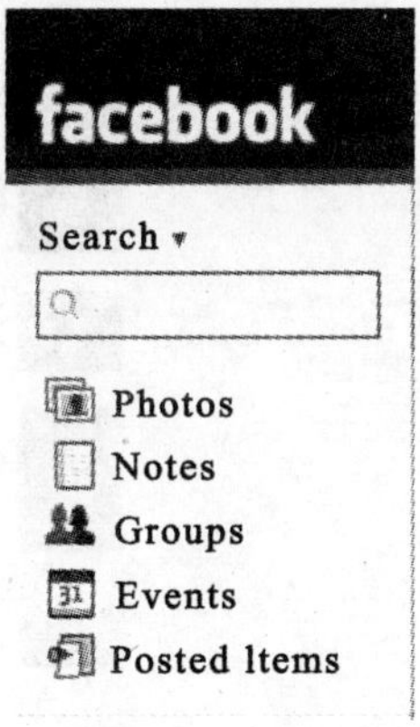

图 3-12 Facebook 左侧导航栏

3. 程序首页及其用户管理面板

程序的首页通过点击左侧边栏的链接进入。这个首页应该包含好友最新创建的页面，以吸引好友经常访问（见图 3-13）。例如，图 3-14 中照片程序的首页显示了好友最近创建的相册。

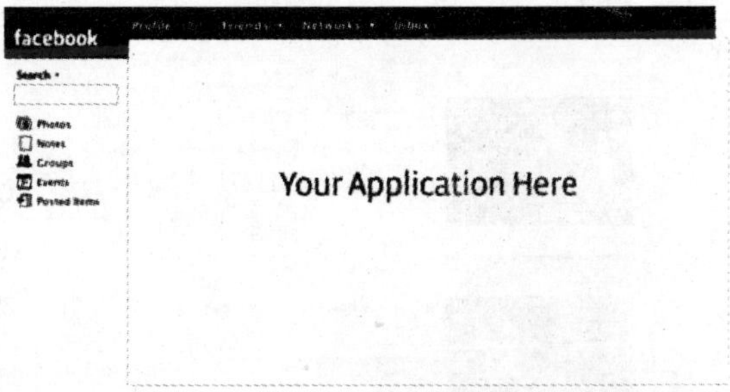

图 3-13 Facebook 程序首页

用户可以通过用户资料页面右上角的下拉菜单进入管理面板。在管理面板中，用户可以管理他们的内容或者查看其他用户在通过该程序创建的内容的相关信息（见图 3-15）。

4. 隐私设置

用户可以通过 Facebook 隐私设置页面来决定谁可以看到自己的活动信息栏，并可以在程序的隐私设置页面中放置更多的隐私选项（图 3-16）。

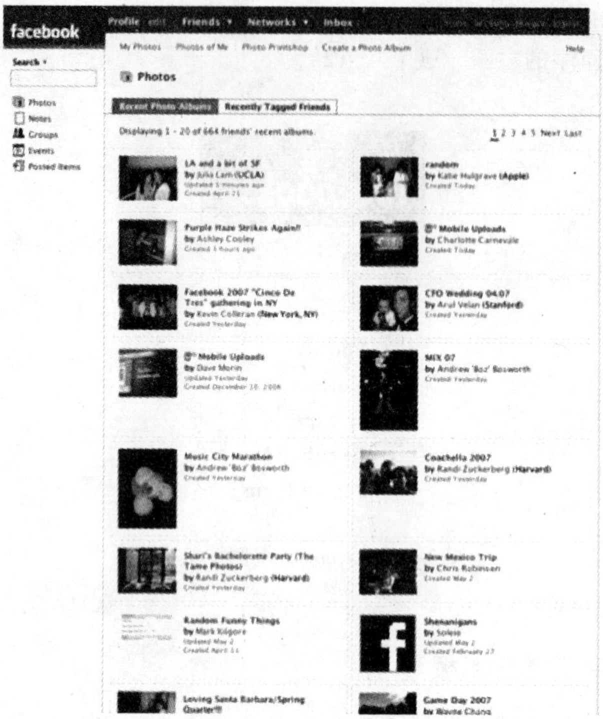

图 3-14　照片程序的首页

图 3-15　用户管理面板

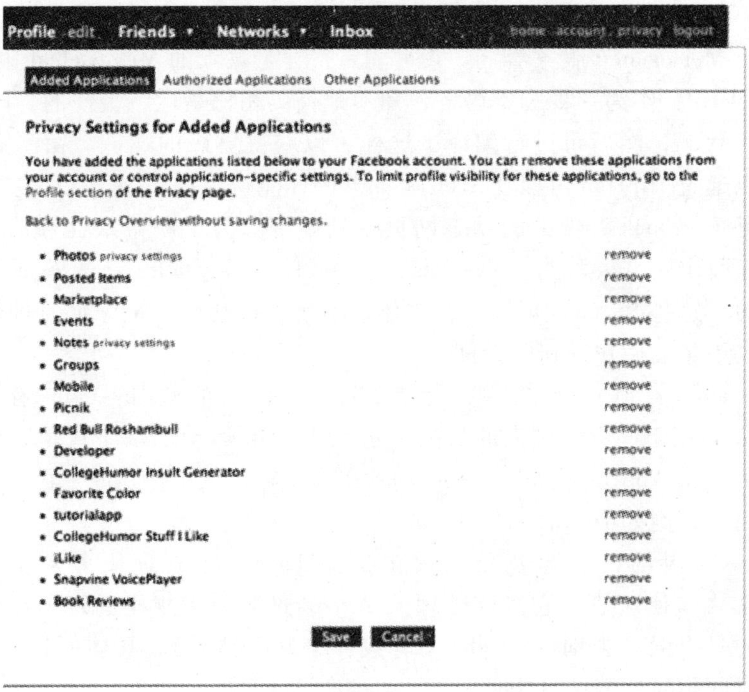

图 3-16　程序的隐私设置页面

3.4.3 核心技术

Facebook 使用 LAMP（Linux、Apache、MySQL、PHP）作为技术构架，其源代码大部分采用 Common Public Attribution License（CPAL），除了 FBML parser 部分采用的是 Mozilla Public License（MPL）。Facebook 的大部分服务器都运行开源软件，其 Web 服务器是 Linux、Apache 和 PHP，数据库是 MySQL，使用 memchached 来保证网站的快速反应。一些后台应用 Python、Perl 和 Java，以及一些 Gcc 和 Boost。程序员用 Subversion 和 Git 来进行代码管理。

Facebook 不仅使用（也捐赠）开源软件，如 Linux、Memcached、MySQL、Hadoop 等，它还开发不少软件，并且也将之开源。Facebook 开发的开源工程，包括 HipHop、Cassandra、Thrift、Scribe、Tornado。

下面简要介绍 Facebook 的核心技术和开源软件。

Cache：任何一个成功的站点都有一套最合适自己的 Cache 策略。Facebook 平均每个用户每天要访问超过 50 个页面，PHP 的页面载入时间的优化就比较重要了。在 PHP Cache 层，Facebook 采用了 APC。

Memcached：是当今互联网上最著名的软件之一。它是一个高性能的、分布式的内存对象缓存系统，Facebook（包含其他很多网站）用它作为 Web 服务器和 MySQL 服务器之间的缓存层（因为数据库访问相对比较慢）。多年来，Facebook 已经对 Memcached 和它的周边软件进行了优化，比如对 Network stack 的优化。Facebook 每时每刻都有数 10TB 的数据缓存在数千台 Memcached 服务器上。它可能是世界上最大的 Memcached 服务器集群了。

HipHop for PHP：作为一种脚本语言，和本地代码相比是运行缓慢的。HipHop 可以将 PHP 转换成 C++代码，然后再进行编译，这样可以获得更好的性能。由于 Facebook 严重依赖 PHP，所以通过 HipHop 可以让 Web 服务器的性能得到提高。

BigPipe：是 Facebook 开发的的动态网页处理系统。为了获得最佳性能，Facebook 用它来按分块处理每个网页（称为“Pagelets”）。例如，聊天窗口、新闻 Feed 等是通过分块分开进行传输的。这些 Pagelets 可以并行工作，不仅可以提高性能，而且即使其中一部分失效或中断，也不影响用户的正常访问。

Apache Cassandra：是一个可以避免单点故障的开源分布式 Key-Value 存储系统，最初由 Facebook 开发，用于储存特别大的数据，它是 NoSQL 运动的一个典范，并已开放源代码（它甚至成为一个 Apache 项目）。Facebook 在收件箱搜索中使用它。除了 Facebook，其他网站也在使用它，例如 Digg。

Scribe：是一个灵活的日志系统，旨在帮助 Facebook 处理服务器上的大量数据，Facebook 在内部大量使用它。它能够处理 Facebook 这样超大规模的日志记录，并且能自动处理新生成的日志记录类别（Facebook 有数百个日志类别）。具体而言，Scribe 就是一台服务器，实时收集使用网站日志信息。

Hadoop：并不仅仅是一个用于存储的分布式文件系统，而是设计用来在由通用计算设备组成的大型集群上执行分布式应用的框架。Hadoop 是一个开源的 map-reduce 实现，它可以轻松处理海量数据，Facebook 用它来进行数据分析。

Hive：起源于 Facebook，它使得针对 Hadoop 进行 SQL 查询成为可能，从而非程序员也可以方便地使用。Hive 是基于 Hadoop 的一个数据仓库平台。通过 Hive，可以方便地进行 ETL 的工作。Hive 定义了一个类似于 SQL 的查询语言：HQL，可以将结构化的数据文件映射为一张数据库表，并提供完整的 SQL 查询功能，可以将用户编写的 SQL 语句转化为相应的 Mapreduce 程序基于 Hadoop 执行。

Haystack 是 Facebook 的高性能图片存取系统（严格来说，是一个对象存储系统，因此它并不仅限于存储照片）。Haystack 要管理超过 200 亿张上传的照片，并且每一片照片被保存为四种不同的分辨率，因此有超过 800 亿张照片。它不仅要能处理上亿的照片，而且性能也是至关重要的。正如我们前面提到的，Facebook 每秒钟要处理约 120 万张照片，而且不包括 CDN 上的，这是一个惊人的数字。

Thrift：是一个可伸缩的跨语言的服务开发框架。Key-Value 存储服务器 Cassandra 就是使用 Thrift 作为其客户端 API 的。Facebook 在其不同的服务中，使用了不同的语言。比如：PHP 用在前端，Erlang 用于聊天系统，Java 和 C++用于其他地方等。Thrift 是内部开发的跨语言的框架，把不同的语言绑定在一起，使之可以相互“交流”。这就让 Facebook 的跨语言开发，变得比较轻松。Facebook 已把 Thrift 开源，Thrift 支持的语言种类将更多。

Varnish cache：是一个 HTTP 加速器，担当负载均衡角色，同时也用于快速处理缓存内容。Facebook 用 Varnish 处理图片和用户照片，每天都要处理十亿级的请求。和 Facebook 其他的应用一样，Varnish 也是开源的。

Tornado：是一个轻量级、高性能、非阻塞的 Python① 实现的 Web 服务器框架，旨在处理 FriendFeed 的实时功能，即在 FriendFeed 的应用里每一个活动用户都会保持着一个服务器连接。Tornado 和现在的主流 Web 服务器框架（包括大多数 Python 的框架）有着明显的区别：它是非阻塞式服务器，而且速度相当快。得益于其非阻塞的方式和对 epoll 的运用，Tornado 每秒可以处理数以千计的链接，因此 Tornado 是实时 Web 服务的一个理想框架。

Flash Cache：是一个适合一般应用场景的 MySQL 缓存优化模块。

Open Graph protocol：可让用户的任何网页变成社交图谱。

Open Compute：一个开源硬件项目，提供高能效的数据中心。

3.4.4 可扩展的跨语言服务开发框架

随着 Facebook 的流量和网络结构的扩展，站点上的很多操作（如搜索、选择、分发、日志记录）的资源要求已经表现为技术需求，并远远地超出了 LAMP 架构能够处理的范围。在这些服务的实现中，Facebook 选择了多种不同的编程语言来达到满意的性能、简单快速的开发、已存在库的重用等。考虑到这样的设计选择，Facebook 面临的挑战是设计透明、高性能的跨语言“桥梁”。为此，Facebook 自行开发了一种可扩展的跨语言服务开发框架 Thrift，把不同的语言绑定在一起，使之可以相互“交流”。

Thrift 是包含一套跨语言的软件库和代码产生工具集，它加速了高效和可扩展后端服务的开发和实现。它的主要目标是使跨编程语言的高效、可靠通信成为可能，通过抽象每种语言的特定部分，满足由各种语言实现的通用库趋于最大化定制的需求。尤其是 Thrifi 允许开发者在一个语言中立性文档中定义数据结构和服务，并产生构建 RPC 客户端和服务器端的所有必需代码（见图 3-17）。

Thrift 包括的功能有 code generation、cross-language、service development。与 Google protocol buffers 相比，它主要区别在于：

（1）提供一个完整的 service stack，定义了一整套的 rpc 服务框架栈，这是 Thrift 的利器。如果用户想要开发一个服务，Thrift 甚至有个栈层的实现。

（2）Thrift 不会限制用户采用哪种序列化方式，如 hessian、XML，甚至是 protocol buffers。

（3）Thrift 的 service 接口具有多参、异常、同步、异步调用的支持。

（4）多集合的支持 map。

（5）Thrift 对很多脚本语言都进行了 nativec 的性能优化，性能可提高 20 倍。

---

① 一种胶水语言，它能够很轻松地把用其他语言制作的各种模块（尤其是 C/C++）轻松地联结在一起。

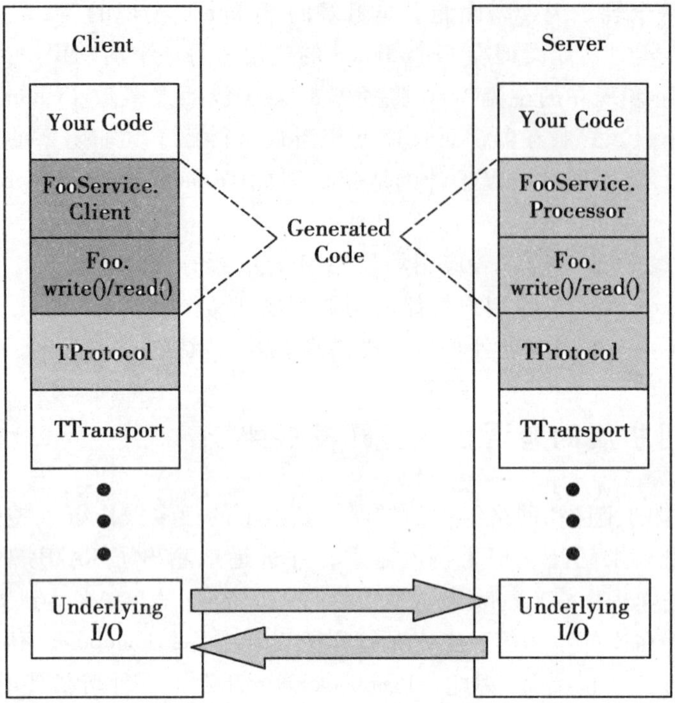

图 3-17　Thrift service stack

3.4.5　图片存储架构

照片应用程序是 Facebook 最流行的功能。对于每一个上传的照片，Facebook 生成并保存成 4 种不同大小的图像，即总共有 60 亿的图片占 1.5PB 的存储容量。目前的增长速度是每星期 220 万张新照片，即每周消耗 25TB 的额外存储空间。在高峰期，平均每秒会上传 550000 幅图像。这些数字给 Facebook 的照片存储基础架构带来了严重的挑战。为此，Facebook 的照片存储架构也从 NFS 基础架构发展到 Haystack 基础架构。

1. NFS 照片基础架构

NFS（Network File System，网络文件系统）是 FreeBSD 支持的文件系统中的一种，它允许一个系统在网络上与他人共享目录和文件。通过使用 NFS，用户和程序可以像访问本地文件一样访问远端系统上的文件。

NAS（Network Attached Storage，网络连接式存储）是一种网络存储技术，采用直接与网络介质相连的特殊设备实现数据存储的机制。由于这些设备都分配有 IP 地址，所以客户机通过充当数据网关的服务器可以对其进行存取访问，甚至在某些情况下，不需要任何中间介质客户机也可以直接访问这些设备。NAS 机制具有以下优点：

(1) NAS 适用于那些需要通过网络将文件数据传送到多台客户机上的用户。NAS 设备在数据必须长距离传送的环境中可以很好地发挥作用。

（2）NAS 设备非常易于部署。可以使 NAS 主机、客户机和其他设备广泛分布在整个企业的网络环境中。NAS 可以提供可靠的文件级数据整合，因为文件锁定是由设备自身来处理的。

（3）NAS 应用于高效的文件共享任务中，例如 UNIX 中的 NFS 和 Windows NT 中的 CIFS，其中基于网络的文件级锁定提供了高级并发访问保护的功能。

Facebook 图片系统初期架构采用 CDN 作为图片缓存，底层使用基于 NAS 的存储，Photo Store Server 通过 NFS 挂载 NAS 中的图片文件提供服务（见图 3-18）。

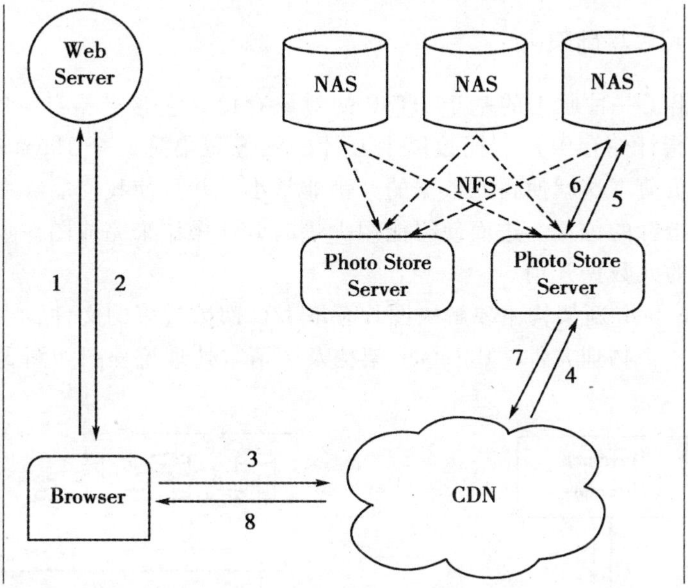

图 3-18　NFS 照片基础架构

NFS 照片基础架构包含几个层次：

（1）上传层接收用户上传的照片，测量原始图像的大小并将其保存到 NFS 存储层。

（2）照片服务层接收 HTTP 照片请求，并向用户提供保存于 NFS 存储层的照片。

（3）NFS 存储层建立于商业存储设备之上。

用户的图片请求首先调度到最近的 CDN 节点，如果 CDN 缓存命中，直接将图片内容返回用户；否则 CDN 请求后端的存储系统，缓存并将图片内容返回用户。

Facebook 的经验表明，SNS 社交网站中 CDN 缓存的效果有限，存在大量的“长尾”请求。虽然 User Profile 图片请求的 CDN 命中率高达 99.8%，但是其他图片请求 CDN 命中率只有 92%，大约 1/10 的请求最后落到了后端的存储系统。这个架构的问题如下：

（1）由于每个图像存储在自己的文件内，所以根据命名空间目录和文件 inode（内节点），在存储层产生了大量的元数据。这些元数据量远远超过了 NFS 存储层的缓存能力，导致了上传和读取每张照片时成倍的 I/O 操作。图片存储的 I/O 次数过多。这个架构没有解决图片物理文件个数太多的问题，因此，无法将目录和文件的 inode 信息全部装载到内存中，且后端存储系统的访问比较分散，很难缓存，每次图片读取需要多次（一般为 3 次）I/O 操作。

（2）依赖于 CDN 提供商。整个照片服务的基础架构由于 NFS 存储层的大量元数据负荷而成为一个瓶颈，这就是 Facebook 严重依赖 CDN 来提供照片服务的原因之一。Facebook 使用 Akamai & Limelight 的 CDN 服务，不可控因素较多，成本也比较高。

以下两个附加的优化部署，可以在一定程度上减轻这个问题：

Cachr：一个缓存服务层，用来缓存 Facebook 中较小的“个人资料”图像。

NFS 文件句柄缓存：部署在照片服务层，能消除一些 NFS 存储级元数据负荷。

2. Haystack 照片基础架构

Haystack 提出了一种通用的基于 HTTP 的对象存储，它含有指针，映射到存储对象。在 Haystack 中以指针储存照片，把数以十万计的图像聚集到一个 Haystack 存储文件，从而消除了元数据负荷。这就使得元数据的开销非常小，并且使我们能够在存储文件和内存索引中存储每个指针的位置。进而使得能用少量的 I/O 操作来完成图像数据的检索，可以消除一切不必要的元数据开销。

Facebook Haystack 新架构主要解决图片存取 I/O 次数过多的文件，主要的思路是多个逻辑文件共享同一个物理文件。Haystack 架构及读请求处理流程图如图 3-19 所示：

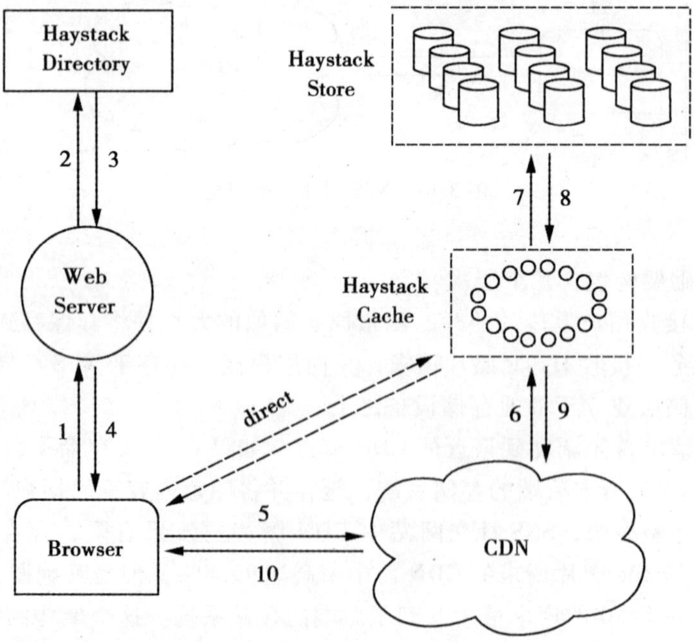

图 3-19 Haystack 架构及读请求处理流程图

Haystack 架构主要有三个部分：Haystack Directory、Haystack Store 以及 Haystack

Cache。Haystack Store 是物理存储节点，以物理卷轴（physical volume）的形式组织存储空间，每个物理卷轴一般很大，比如 100GB，这样 10TB 的数据也只有 100 个物理卷轴。每个物理卷轴对应一个物理文件，因此每个存储节点上的物理文件元信息都很小。多个物理存储节点上的物理卷轴组成一个逻辑卷轴（logical volume），用于备份。Haystack Directory 存放逻辑卷轴和物理卷轴的对应关系，假设每个卷轴的大小为 100GB，对应关系的条数为 20PB / 100GB = 0.2MB，占用的内存可以忽略。Haystack cache 主要用于解决对 CDN 提供商过于依赖的问题，提供最近增加的图片的缓存服务。

Haystack 图片读取请求大致流程为：用户访问一个页面时，Web Server 请求 Haystack Directory 构造一个 URL：http：//< CDN >/< Cache >/< Machine id >/< Logical volume，Photo>，后续根据各个部分的信息依次访问 CDN，Cache 和后端的 Haystack Store 存储节点。Haystack Directory 构造 URL 时可以省略<CDN>部分，从而使得用户直接请求 Haystack Cache 而不必经过 CDN。Haystack cache 收到的请求包含两个部分：用户 Browser 的请求以及 CDN 的请求，Haystack cache 只缓存用户 Browser 发送的请求且要求请求的 Haystack Store 存储节点是可写的。一般来说，Haystack Store 的存储节点写一段时间以后达到容量上限变为只读，因此，可写节点的图片为最近增加的图片，是热点数据。

Haystack 的写请求（图片上传）处理流程为：Web Server 首先请求 Haystack Directory 获取图片的 ID 和可写的逻辑卷轴，接着将数据写入对应的每一个物理卷轴（备份数一般为 3）。

（1）Haystack Directory。Haystack Directory 的功能如下：

- 提供逻辑卷轴到物理卷轴的映射，为写请求分配图片 ID；
- 提供负载均衡，为写操作选择逻辑卷轴，读操作选择物理卷轴；
- 屏蔽 CDN 服务，可以选择某些图片请求直接走 Haystack Cache；
- 标记某些逻辑卷轴为 Read-only。

根据前面的计算结果，Facebook 图片系统每秒的写操作大约为 3500，每秒的读请求大约为 100 万。每个写操作都需要通过 Haystack Directory 分配图片 ID 并获取可写的卷轴，每个读请求需要通过 Haystack Directory 查找图片所属的物理卷轴。这里需要注意，图片 ID 到逻辑卷轴的映射的数据量太大，单机内存无法存放，可以推测存放在外部的 MysqlSharding 集群中，图片系统的读取操作同时带有图片 ID 和逻辑卷轴两个参数。

Haystack Directory 的实现较为简单，采用 Replicated Database 做持久化存储，前面增加一个 Memcache 集群满足查询需求。

（2）Haystack Store。Haystack Store 存储物理卷轴，每个物理卷轴对应文件系统中的一个物理文件，每个物理文件的格式如图 3-20 所示：

多个图片文件存放在一个物理卷轴中，每个图片文件是一个 Needle，包含实际数据及逻辑图片的元数据。部分元数据需要装载到内存中用于图片查找，包括 Key（图片 ID，8 字节）、Alternate Key（图片规格，包括 Thumbnail、Small、Medium 及 Large，4 字节）图片在物理卷轴的偏移 Offset（4 字节）；图片的大小 Size（4 字节），每张图片占用 8+8+4 = 20 字节的空间，假设每台机器的可用磁盘为 8TB，图片平均大小为 800KB，单机存储的图片数为 8TB/800KB = 10MB，占用内存 200MB。

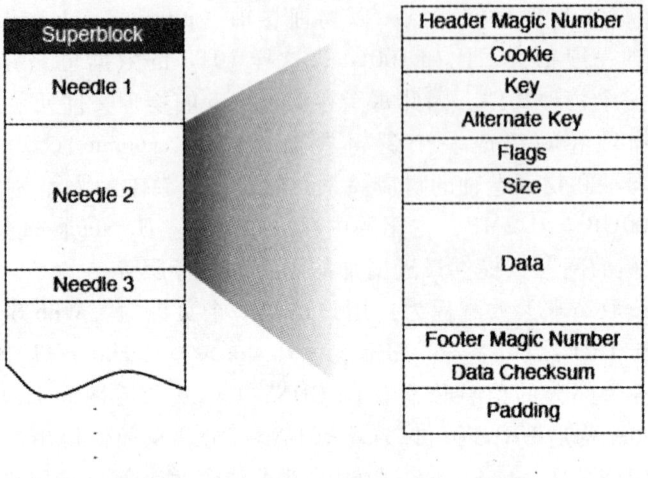

图 3-20 Haystack Store 的物理文件格式

在存储节点宕机时，需要恢复内存中的图片查找元信息表，扫描整个物理卷轴耗时太长。因此，对每个物理卷轴维护了一个索引文件（Index File），保存每个 Needle 查找相关的元数据。写操作首先更新物理卷轴文件，然后异步更新索引文件。由于更新索引文件是异步的，可能出现索引文件和物理卷轴文件不一致的情况，不过由于对物理卷轴文件和索引文件的操作都是 Append 操作，只需要扫描物理卷轴文件最后写入的几个 Needle 补全索引文件即可。这种技术在 Append-only 的文件系统中很常见。

Haystack Store 存储节点采用延迟删除的回收策略，删除图片仅仅往卷轴中追加一个带有删除标记的 Needle，定时执行 Compaction 任务，回收已删除空间。

（3）异常处理。可能出现的异常包括：

Haystack Store 存储节点宕机：在存储节点宕机时，存储节点上的未完成的写操作全部失败，客户端将重试；如果宕机的存储节点不可恢复，需要执行一个拷贝任务，从相应的备份机器上拷贝丢失的物理卷轴数据；由于物理卷轴一般很大，比如 100GB，所以拷贝的过程会很长，一般为小时级别。

写操作失败：客户端需要写逻辑卷轴对应的多个物理卷轴，所有备份全部写成功才算成功，否则需不断重试。同一个物理卷轴可能多次写入同一个图片，类似 GFS 中的重复记录：对于每个成功的写操作，Haystack Store 只需要保证每个物理卷轴至少写成功一次即可，Haystack Store 存储节点对记录去重。

（4）Haystack 的功能层。新的照片基础架构将照片服务层和存储层合并为一个物理层。它实现了一个基于 HTTP 的照片服务器，把照片存储在名为 Haystack 的通用对象中。对于新层次的主要要求是消除任何照片读取操作的不必要的元数据开销，使每个读取 I/O 操作只是读取实际照片数据（而不是文件系统元数据）。Haystack 可划分为以下一些功能层：

- HTTP 服务器；
- 照片存储；

- Haystack 对象存储；
- 文件系统；
- 存储设备。

下面自底向上对每一个功能层进行详细描述：

①存储设备。Haystack 部署于日常存储片之上，一个 2U 存储片的典型硬件配置如下：

- 2×4 核 CPUs；
- 16GB-32GB 内存；
- 具有 256MB-512MB NVRAM 缓存的硬件 RAID 控制器；
- 12+ 1TB SATA 驱动器。

每个存储片提供大约 10TB 的可用空间，配置为一个 RAID-6 分区，由硬件 RAID 控制器进行管理。RAID-6 提供了足够的冗余性和出色的读取性能，可以降低存储成本。RAID 控制器 NVRAM 回写高速缓存可以部分缓解低劣的写性能。由于读取大多是随机的，所以 NVRAM 缓存完全保留给写操作。磁盘高速缓存被禁用，以保证在系统崩溃或电源断电时数据的一致性。

②文件系统。Haystack 对象存储实现于一个文件之上，该文件存储在一个单一文件系统上，该文件系统建立于 10TB volume（卷）大小的空间之上。

照片读取请求导致 Read 系统调用请求读取文件中不同偏移量的信息，但为了执行读取操作，文件系统必须首先在实际物理卷上找到数据。在文件系统中，每个文件由一个名为 Inode 的结构所描述，该结构包含一个块映射，可以把逻辑文件偏移量映射到物理卷中的物理块偏离量。对于大文件，根据所使用的文件系统类型的不同，块映射可能会相当庞大。

基于块的文件系统为每个逻辑块维护其映射信息，对于大文件，这些映射信息将不会像通常那样存入缓存的 Inode，而是储存在间接地址块，读取文件数据时需要进行转换。间接转化可能存在好几个层次，因此，根据间接地址块是否被缓存，单一的读取可能会导致若干个 I/O 操作。

基于范围的文件系统只为连续的块（区域）维护映射信息。对于一个连续大文件的块映射只由一个区域组成，此区域的大小正好可以装入 Inode 之中。但是，如果该文件是严重地分散和不连续的，其区块在卷中不连续，那么其块映射可以随之增长。有了基于范围的文件系统，就可以通过积极分配一大块空间来减少碎片。

目前，所选择的文件系统是 XFS，基于范围的文件系统提供有效文件预分配。

③Haystack 对象存储。Haystack 是一个简单日志结构（只追加）的对象存储，包含描述存储对象的指针。一个 Haystack 包括两个文件——实际的包含指针的 Haystack 存储文件，以及一个索引文件。图显示了 Haystack 存储文件的结构布局：

第一个 8KB 的 Haystack 存储由超级块所占用；紧接着超级块的是指针，每个指针由页眉、数据和页脚组成。

一个指针是由其 < Offset（偏移量）、Key、Alternate Key（替换键），Cookie > 元组唯一确定，其中偏移量是指在 Haystack 存储中的指针偏移量。Haystack 对于关键字的值没有任何限制，有的指针可以有多个关键字。

在 Haystack 存储文件中，每个指针有一个相应的索引记录，而且指针索引记录的顺序必须与 Haystack 存储文件中相关的指针顺序相匹配。索引文件提供查找 Haystack 存储文件中某一特定指针所需的最小元数据。为了快速查找，把索引记录载入并组织到一个数据结构中，这是 Haystack 应用程序（在我们的情况下是照片存储）的职责。索引文件不是至关重要的，因为它可以根据所需从 Haystack 存储文件中重建。索引的主要目的是可以快速加载指针元数据到内存中，而无须遍历庞大的 Haystack 存储文件，这是因为索引的大小通常还不到存储文件的 1%。

- Haystack 写操作。Haystack 写操作同步添加新的指针到 Haystack 存储文件中。当指针成功添加到庞大的 Haystack 存储文件中之后，相应的索引记录也被写入索引文件。由于索引文件不是至关重要的，为了达到更快的性能，该索引记录是异步写。

索引文件还会定期被刷新到下面的存储设备，以便限制由硬件故障所引起的恢复操作的程度。在系统崩溃或突然断电的情况下，Haystack 恢复程序丢弃所有存储中的不完整的指针，同时截断 Haystack 存储文件直到最后一个有效的指针，然后，在 Haystack 存储文件最后为所有跟踪的孤立指针写入丢失的索引记录。

Haystack 不允许覆盖已存在的指针偏移量，因此，如果某个指针的数据需要修改，其修改后的新版本必须使用相同的 < Key，Alternate Key，Cookie >元组。然后应用程序就可以认为，在那些有着多个关键字的指针中，具有最大偏移量的指针就是最新添加的指针。

- Haystack 读操作。传递给 Haystack 读操作的参数包括指针偏移量、关键字、替换键、Cookie 和数据大小。然后 Haystack 添加页眉和页脚的大小到数据大小中，并从文件中读取整个指针。只有当关键字、替换键和 Cookie 符合参数类型，所传递的数据通过校验，并且指针没有被之前的操作删除时，读操作才能成功。

- Haystack 删除操作。删除操作很简单——通过设置指针的标记域中的一个“Deleted”（删除）标记位，标记 Haystack 存储中的指针为已删除。然而，相关的索引记录并不进行任何方式的修改，因此一个应用程序可能会结束于引用某个已删除的指针。对于这样的指针的读操作会注意到“Deleted”标记，然后终止操作，提示操作错误，给出错误信息。已删除的指针的空间不会以任何方式回收。回收已删除指针的空间的唯一方法是压缩。

- 照片存储服务器。照片存储服务器负责接收 HTTP 请求，并转化成相应的 Haystack 存储操作。为了尽量减少读取照片所需的 I/O 操作次数，服务器在内存中保存一个 Haystack 存储文件中所有照片偏移量的索引。启动时，服务器读取 Haystack 索引文件并生成一个内存中的索引。由于每个节点数以亿计的照片（并且该数字只会随着更大容量的驱动器而增加），我们必须确保该索引能够装入可用的内存中。这需通过在内存中保留最少数量的元数据来实现，只保留查找照片所需的信息。

当用户上传一个照片，该照片就被分配一个唯一的 64 位编号。然后将照片转化为 4

个不同大小的图片。每个图片具有相同的随机 Cookie 和 64 位关键字，合理的图像大小是储存在替换键中。然后上传服务器调用照片存储服务器，把所有 4 个图像存储在 Haystack 中。

内存中的索引为每张照片保存以下信息：Haystack 使用开源 Google 稀疏散列数据结构来减小内存中的索引，因为使用它，每条记录只占 2 位。

- 照片存储写/修改操作。写操作写入照片到 Haystack，并更新内存索引。如果该索引中已经包含了具有相同关键字的记录，那么这就是一个修改现有照片的操作，只需要修改索引记录偏移量，以反映新图像在 Haystack 存储文件中的位置。照片存储总是假设存在重复的照片（具有相同关键字的照片），只有存储在最大偏移量位置的照片是有效的。

- 照片存储读操作。传递到读操作的参数包括 Haystack ID 和照片关键字、大小和 Cookie。服务器根据照片关键字，执行一个在内存索引上的查找操作，然后得到含有所需照片的指针偏移量。如果发现调用的是 Haystack 读操作来读取照片，那么如上所述，Haystack 删除操作并不更新 Haystack 索引文件记录。因此，一个新的内存索引可能会包含之前删除的照片的旧记录。读取之前删除的照片将会导致操作失败，并且内存中的索引会自动更新，设置已经删除图像的偏移量为 0。

- 照片存储删除操作。在调用 Haystack 删除操作之后，内存中的索引被更新，设置特定图像的偏移量为 0 来表示该图像已经被删除。

- 压缩。压缩是一个联机操作，可以回收已被删除的指针和重复指针（具有相同关键字的指针）所占用的空间。它通过复制指针创建一个新的 Haystack，跳过所有重复和已删除的指针。每次这样做，就会交换文件和内存中文件的结构。

- HTTP 服务器。HTTP 框架使用多线程，同一时间内，每个线程能够处理一个 HTTP 请求。因为工作量最主要是由 I/O 操作产生，因此 HTTP 服务器的性能并不是至关重要的。

3.5 Facebook功能应用

3.5.1 基本功能

1. 墙（The Wall）

墙就是用户档案页上的留言板。有权浏览某一个用户完整档案页的其他用户，都可以看到该用户的墙。用户墙上的留言还会用 Feed 输出，很多用户通过他们朋友的墙留短信。更私密的交流则通过“消息”（Messages）进行。消息发送到用户的个人信箱，就像电子邮件，只有收信人和发信人可以看到。从 2007 年 7 月起，用户可以在墙上贴附件；之前，只允许贴文本内容。

2. 礼物（The Gift）

通过“礼物”功能，朋友们可以互送“礼物”。礼物可从 Facebook 的虚拟礼品店选择，赠送时附上一条消息。收到的礼物以及所附的消息会显示在收礼者的“墙”上，除非送礼者设定这个送礼行为是私密的。另外，在墙的上方还有一个“礼盒”。用户收到的所有礼物都在礼盒中。公开的礼物显示送礼者的名字，私密的礼物则显示“私人”。

另有一个“匿名”选项。虽然所有人都可以看到礼物，但只有收礼者可以看到送礼者的名字和消息。这种礼物只在礼盒中，而不在墙上显示。

Facebook 用户注册时免费获得一个礼物，以后的每个礼物一美元。最初推出时的礼物是有关“情人节”的，同年 2 月由此产生收入的 50% 捐献给 Susan G. Komen 乳腺癌基金会。之后，Facebook 每天推出一款新礼物，大多数是限量版，或只是限期供应。用户个人主页会显示每日礼物的广告。随着 Facebook 开放平台应用程序的出现，第三方开发的应用程序对 1 美元购买礼物的模式构成威胁。请注意，Zachary Allia（译者：一个第三方程序开发员）开发的“免费礼物”，与 Facebook 的官方礼物是不同的。

3. 市场（Marketplace）

通过“市场”功能，用户可以免费发布下列分类广告：二手货、房屋租赁、工作等。供求两方均可发布，所有 Facebook 用户都可以使用这个功能，目前是免费的。

4. 捅（Poke）

Facebook 提供了一个“捅”（Poke）的功能，让用户可以给别人发送一个“Poke”。Poke 是用户和朋友互动的一种方式。这项功能即是给别的用户一个提示，而提示的方式则如同被人轻轻“捅”了一下。这个功能的目的只是让用户能引起别的用户的注意，很多用户确实用这个功能来引起别的用户注意，或说声“嘿”。

有时朋友之间会进行一种被称为“Poke 仗”的游戏——两个用户间用“Poke”功能，互相“Poke”来、“Poke”去。

另有一些衍生出来的新功能，让用户可以把“Poke”替换成任何动作。

5. 状态（Status）

状态让用户向他们的朋友和 Facebook 社区显示他们现在在哪里、做什么。Facebook 让用户填入状态的提示是“（某某用户）正在……”，用户填入剩下的部分。在用户好友列表的“新近更新”区，显示这些状态。

6. 活动（Events）

Facebook 活动的功能帮助用户通知朋友们将发生的活动，帮助用户组织线下的社交活动。

对于 Faccbook Ticker，后者内容显示在 Faccbook 右边栏，部分用户近几周已经发现了这一新功能 Faccbook Ticker 的功能非常明显，它将显示用户好友在 Faccbook 上的最新动态。

如果用户好友通过“赞”（Likes）了某段内容、发布照片或评论来进行状态更新，用户立刻就会通过 Tickcr 通知获取好友动态。虽然 Ticker 并不显眼，但它有可能成为 Faccbook 最重要功能之一，其实时更新特性可以迅速通知用户其好友的最新动态。

7. 订阅（Subscription）

订阅功能是一项单向接收信息的功能，有点类似于 Twitter 和 Google+，但过滤更新更智能。点击 Facebook 用户的个人页面顶端的“Subscribe”（订阅）按钮，就可以在自己的 Faccbook 信息流中看到此用户的更新。

和通常的 Facebook 加好友不同的是，订阅功能无须得到批准，也没有对单个用户的订阅人数进行限制。Facebook 称此功能将吸引那些希望获得更多听众的人，如记者、艺术家、政治人物等。点击个人页面照片下的“Subscription”（订阅）选项即可开启这一功能，不过只有标记为公开的更新才会显示给订阅用户。

订阅功能与 Page 功能类似。但订阅功能推出后，用户无须再维护两个单独的主页，只须开启订阅功能即可。不过 Page 功能也不会消失，因为 Page 可以同时接受多个管理员的管理，并配备有定制化应用。此外，Page 还提供分析服务 Insights，而订阅功能则不享受该服务。Facebook 还允许用户将个人页面和 Pages 进行整合，避免了听众的流失。

订阅功能提供三种更新选项：

- 所有更新：被订阅用户的所有更新。
- 大部分更新：通常能看到的更新。
- 仅限重要更新：只有高亮的更新如新工作或动向才显示。

用户还可选择显示在信息流中的内容类型，如可以选择屏蔽所有游戏相关更新，但保留照片更新。

8. 群组（Groups）

群组功能（Facebook Groups），并不会删除旧群，但旧群会发生改变。这些群组用于以更合理的方式区分不同的朋友群体，群组可以设置图像 logo，人数不限，可自由设置隐私选择，比如“公开”、“封闭”等；群组可以添加聊天、文档编辑及其他应用程序功能；群组还将添加 GraphAPI 功能，允许用户开发特定的程序。

9. 数据压缩下载

数据压缩下载功能，允许用户通过一个文件下载所有的 Facebook 数据，包括图片、视频、好友列表、活动信息等。

用户需要登录 Facebook 进行个人信息验证，然后提交下载命令。Facebook 将把搜索内容打包成 Zip 压缩文档，这个过程会持续几分钟到几个小时不等，然后 Facebook 会以电子邮件的方式通知用户下载完成并提供有效的下载链接地址。

10. 时间线（Timeline）

Facebook 的 Timeline，是个人主页（Profile）的一部分，即所有关于用户的消息。系统从用户注册账号之后，有序记录用户发布的信息，以及用户从游戏、应用、like 里产生的各种数据，一并显示在用户的主页里。新版 Facebook 把这种记录再延伸了一步：可以记录用户注册之前的信息，哪怕是用户出生那天的信息，Facebook 用一个精巧设计的时间线，展示用户一生的各种信息。新版时间线的设计与改进其目的都在于鼓励用户创造更多的信息。

11. Like

Facebook 用“Any Verb”创造了“新 Like”：用户可以用任何动词、对任何东西做动作——什么都可以点、怎么点都“OK”，随便点一下、立刻为用户产生一条新信息。

如果 Timeline 能为某用户增添 30% 的新信息，那么新“Like”也许能帮用户产生更多的信息。

12. Open Graph

Open Graph 是 Facebook 作为平台的核心功能之一，对用户的作用是：导入用户在其他网站的数据，显示在 Facebook 里。新 Open Graph 增加了信息来源，目前可见的新信息来源有音乐网站、视频网站、新闻网站。新 Open Graph 还简化了 APP 和其他信息源的接入方法，相信今后的大部分接入，会简化到随便点点，就可以瞬间接入外部网站的信息以及外部网站的用户关系。基于 Open Graph 接入信息，可以帮助 Facebook 积累更大数量级的用户信息。

13. Ticker

信息过载是所有现代 SNS 的通病，Ticker 是帮助用户过滤信息、获取信息的一种方式。它和新设计的 Timeline 一样，帮助页面承载更多信息并帮助用户更简单地阅读信息。Ticker 在用户页面上单独列出一小块区域，专门显示一些有意思、有价值且容易被错过的信息，例如用户的好友正在听什么歌。

14. Facebook 标识语言（Facebook Markup Language）

Facebook 标识语言是 HTML 的子集，Facebook 应用的开发者可以用这种语言定制他们的应用程序的外观。

15. Facebook 视频（Facebook Video Sharing）

与 Facebook 开放平台同时推出的，还有一个 Facebook 自己开发的应用程序——视频分享。用户可以上传视频、通过“Facebook 移动”上传手机视频，以及用摄像头录像，同时用户可以给视频中的朋友加“标签”。这一功能被认为会与 Myspace 的相关功能竞争，但 Facebook 的视频只能在 Facebook 网络内观看。然而，一段发表在 Userscripts. org 上的 Greasemonkey 代码让用户可以下载 Facebook 视频或将之转贴在其他网站。

3.5.2 开放应用程序接口

2007 年 5 月 24 日，Facebook 推出 Facebook 开放平台。利用这个框架，第三方软件开发者可以开发与 Facebook 核心功能集成的应用程序。目前，已有超过 5000 个应用程序被开发出来，包括小游戏、社会化音乐发现和分享服务、数据统计等。最流行的应用程序包括：

- 顶级朋友：用户可以选择和显示他们最好的朋友；
- 涂鸦板：一个图形效果的“墙”；
- 我喜欢：一个社会化音乐发现和分享服务，包括音乐会信息和有关音乐知识的小游戏。

作为全球首屈一指的社交网络平台，Facebook 网站采用了很多开源软件。Facebook 采用的编程语言包括：Java、Ruby、PHP、Python、Objective-C。Facebook 正在使用或者贡献的开源软件主要有：

Apache Cassandra 是一套开源分布式 Key-Value 存储系统。它最初由 Facebook 开发，用于储存特别大的数据。

MySQL 是使用最为广泛的开源数据库。

Memcached 是一个高性能的、分布式的内存对象缓存系统。

Scribe 旨在帮助 Facebook 处理服务器上的大量数据，正像 Scribe 网页所述：“如经常访问 Facebook，请使用 Scribe。”具体而言，Scribe 就是一台服务器，实时收集用网站日志信息。

Thrift 是一个可伸缩的跨语言的服务开发框架。Key-Value 存储服务器 Cassandra 就是使用 Thrift 作为其客户端 API 的。

FlashCache 是一个适合一般应用场景的 MySQL 缓存优化模块。

Hadoop 并不仅仅是一个用于存储的分布式文件系统，而是设计用来在由通用计算设备组成的大型集群上执行分布式应用的框架。

Hive 是一个基于 Hadoop 的数据仓库平台。通过 Hive，我们可以方便地进行 ETL 的工作。Hive 定义了一个类似于 SQL 的查询语言——HQL，能够将用户编写的 QL 转化为相应的 Mapreduce 程序基于 Hadoop 执行。

Open Graph protocol 可让用户的任何网页变成社交图谱。

OpenCompute 是一个开源硬件项目，提供高能效的数据中心。

TornadoWebserver 是使用 Python 编写出来的一个极轻量级、高可伸缩性和非阻塞 I/O 的 Web 服务器软件，著名的 Friendfeed 网站就是使用它搭建的。

Varnish cache 是一款高性能的开源 HTTP 加速器，挪威最大的在线报纸 Verdens Gang 使用 3 台 Varnish 代替了原来的 12 台 Squid，性能居然比以前更好。

3.5.3 Facebook 移动平台

从移动设备访问 Facebook 平台，可以吸引用户和他们的朋友到手机应用程序，为用户创造更具有吸引力和个性化的无缝的社交体验。Facebook 平台允许实现多种跨平台的设备，来顺畅地体验社交：

- 分布：用户能和他们的朋友分享需求、新闻摘要、社交图谱。
- 参与：促使用户通过书签找到或者搜索到用户的 APP，并且还可以告诉他们的朋友。
- 跨平台：使用 Javascript SDK 能横跨 Web 和移动设备，因此很容易建立跨平台的多设备。

1. 登录

对于 Facebook App referrals 验证是一种新的验证模式，它确保所有的下线流量从 Facebook 到用户的 APP。也就是说，游客已经到达用户的 APP 并已经登录了，并可以有权限访问用户的任何数据，但前提是用户同意的情况下。这样当他们使用用户的 APP 时，用户就可以给用户最个性化的体验。

2. 社交频道

使用 Facebook 平台的好处之一就是它能迅速地帮用户推广用户的 APP，通过 Facebook，用户的 APP 会以几何级的方式传播，并允许用户点击链接就直接进入用户的 APP。

Timeline 和社交图谱：Timeline 是一个比较重要的概念，用户可以理解为时间线，很多微博都有这个概念，用户添加用户的 APP 到他们的时间线后，用户的 APP 就开始产生连锁反应，首先它能在社交图谱中找到，并且此用户的一些相关人脉也会很容易地发现用户的 APP。并很有可能出现在新闻摘要上，请不要忽视这种传播速度。

News Feed：即新闻摘要，当用户登录到 Facebook，新闻摘要是他们看到的第一件事。

Bookmarks：用户通过 Facebook 登录用户的 APP，用户的书签会自动显示。在我们的移动 Web 站点上用户可以通过书签导航到用户的 Web app。

Search：用户可以在 Facebook 搜索用户的应用程序，不管他们是否登录。

Social Plugins：社交插件，可对一些功能性的开发起到帮助作用。

Email：当用户对用户的 APP 通过授权后，用户能访问他们的 Email 权限。用户可以使用这些发送一些用户 APP 更新的信息，或者让他们的朋友知道用户正在使用用户的 APP。

Payments：Facebook 的积分，允许用户使用应用程序内的数字商品或服务支持付款功能。

3.6 Facebook界面特点

3.6.1 产品设计五维原则

如何对产品设计进行评判？用线上PV、UV等数据说话，多受产品属性、运营动作影响；采用用户调研，往往得到的是用户角度的单方面看法，缺少专业指导性意见；用需求方满意度来衡量，可能最后需求方认可的是设计师认为最差的方案。评价其实就是用一个标准去度量事物。首先我们要制定标准，有了共同的标准才能进行裁判。以下是Facebook产品设计五维原则：

1. 情感

（1）精准定位——设计对受众定位清晰，符合该设计目标用户群的使用体验。

（2）亲和力——在所有交互元素的设计上，要使之间用户信息沟通顺畅，感觉似有人一般的亲和。

（3）分享——承载对Facebook连接、自由、生活的文化认同。

（4）留恋度——给人以超出想象的空间，让人流连忘返、对产品期待更多，并期望得到二次访问。

2. 易用

（1）反馈及时——在交互过程中，用户的操作能够在屏幕上及时得到反馈效果，帮助用户提高效率。

（2）方位清晰——清晰地知道自己在哪里，退路在哪里，能够去哪里。

（3）路径简短——完成任务在尽可能控制在三步之内，完成某项任务所花费的步骤和时间最短最好。

（4）容错性好——设计限制因素，突出正确操作，隐藏可能的错误操作，减少误操作。

3. 形美

（1）文字悦读——信息传达易读，符合中文阅读习惯，信息传达快速。

（2）颜色合适——利用大众对颜色理解的寓意，使用正确的色彩加强产品的印象。

（3）布局美观——均衡与对称的构图，使画面整体具有稳定性。

（4）空间感强——运用几何透视的原理，设计中表现远近、层次、穿插等关系。

4. 气势

（1）专业性——细节完美，找不到明显的设计瑕疵。

（2）整体性——所有交互元素的设计上，用户对信息沟通顺畅，感觉似有人一般的亲和感。

（3）品牌成分——体现 Facebook 的品牌形象，并使品牌资产保持延续与统一。

（4）惊喜度——局部设计可给人以贴心且令人惊喜的体验。

5. 创新

（1）共性——符合已知事物的普遍认知。

（2）异性——在共性基础上，给人耳目一新的感受。

（3）复制性——能够促进 Facebook 其他产品的发展。

（4）颠覆性——在互联网上前所未见，能够变成同行业新的标准。

3.6.2 旧版界面

Facebook 旧版界面（见图 3-21）的整个信息架构主要分为三个部分："系统核心导航区"（黑色部分，包括 Logo 和两个全部导航）、"应用导航区"（浅灰色部分，包括一个全局应用（搜索）和所有的应用列表）、"内容显示区"（深灰色部分，主要分成局部导航、主内容、辅助内容三个大部分，以及其他主要内容）。

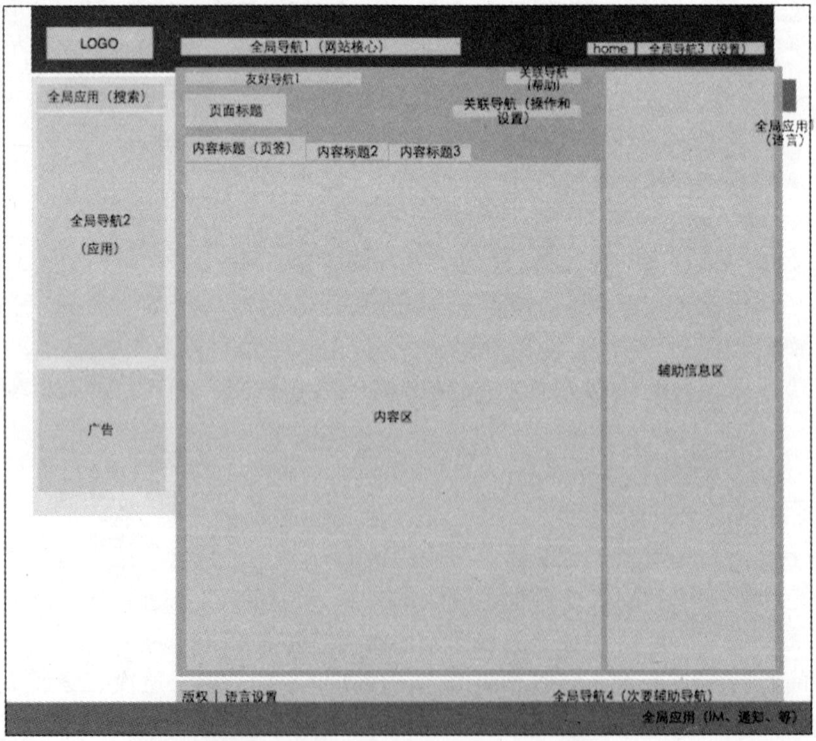

图 3-21 Facebook 旧版界面布局

随着一些功能的推出，Facebook 对该界面进行了相应的更新。例如，添加“协作翻译”，这是一个全局功能。为了更好地表现 UGC 魅力，加重“翻译”在导航上的比重，该应用被设计在“内容显示区”的右上角，同时在“全部导航 3（设置）”里加了一个“语言切换”的导航（之后被调整到底部版权信息的右侧）。又比如，添加“IM”功能，这是一个常态应用，在信息架构上必须常态存在。为此，Facebook 将“即时通信”与“信息通知”整合为“状态栏”的模式。总的来看，Facebook 旧版界面具有以下特点：

● 逻辑清晰，层次分明严谨，扩展性好，但在内容呈现上缺乏创新。

● Facebook 整个网站的核心是“我的”，即顶部系统核心导航区（如第一张图，蓝色部分）。另外，顶部还有“全部导航 3（设置）”。整个顶部是网站的核心，不可能被用户或者第三方改变，也是 Facebook 的官方保留“区域”。

● Logo 链接与“Home”链接不一致。点击 Logo 即可返回首页。“Home”不位于主导航上，而是被置于“全部导航 3（设置）”区域前面，主要用于持续检测数据。

● Facebook 的主要导航其实是“应用导航区”，但影响了主要内容区的显示。“系统核心导航区”和“应用导航区”包围着内容显示区的做法，结构和逻辑都很清晰，而且容易理解。

由于“系统核心导航区”（如图 3-21，黑色部分）、“应用导航区”（如图 3-21，浅灰色部分）是常态存在的内容，占据了界面很大比例的位置，在用户使用时经常会干扰用户对主要内容的关注。为此，Facebook 在视觉设计上，通过错位处理来突出“内容显示区”（如图 3-21 中深灰色部分）。但内容显示区（如图 3-21，深灰色部分）本身还需要一些“关联导航”、“友好导航”已经“标题”的内容，导致每个页面真正展示“内容”的区域很少。显然，作为一个“应用平台”，这无疑有很多的障碍，界面内容展现严重受限，用户的视觉总是浪费在“常态导航”上。

3.6.3 新版界面

Facebook 旧版界面的信息架构显示了其主要内容展示区域，使每个界面都背负了严重的“导航任务”。为此，Facebook 在新版界面设计中作了很多尝试性改变。例如，拉宽整个内容显示区的空间，把应用导航区和常态提示信息放到系统核心导航区下面，做成 Windows“开始菜单”的模式。又比如，把应用导航区合并到了系统核心导航区里，不仅在内容布局上作了改变，连栏目的规划都有了新的变化。最终新版界面如图 3-22 所示：

与旧版本界面比较，新版本界面主要作了如下变化：

● 将所有全部导航和引用压缩到顶部的一个区域，压缩 Logo 尺寸，让这个区域尽可能地小，如图 3-22 中黑色区域。这样的大变化也伴随着其栏目划分的重新规划。

● 将广告从左边移到右边，尽可能地放大并在主要的视觉“焦点区”突出具体的页面内容。

● 保持 IM 和通知的常态显示，并将“翻译”合并到一起。

显然，新版本界面设计作了很大调整，旨在简化该网站的外观和感觉，为用户提供更大的控制权的配置文件，以及提供订阅最近的相关资料。而且，从时间上来看，该设计具

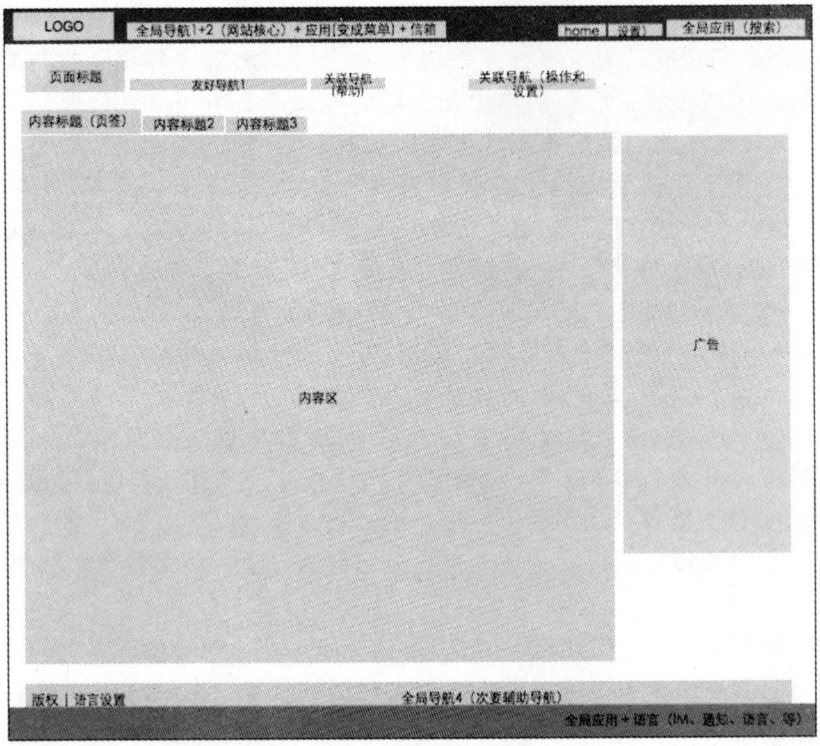

图 3-22　Facebook 新版界面布局

有一定的前瞻性。例如，页面表现出了“系统”的感觉，每一个应用就像一个软件。

3.6.4　Timeline（时间线）

在新的账户界面内，用户的信息不再是简历般的自我介绍，而是对生活中重要时刻的绘声绘色的展示。如果用户是忠实的 Facebook 用户，Timeline 将是用户一生的记录。Facebook Timeline 想要承载两种感觉：一种感觉是与别人分享用户生命中的故事，另一种感觉是记忆——对用户自己生命的记忆。

Timeline 的界面设计是一项具有挑战性的工作，体现了以下设计理念：

- 时间是不同文化之间最通用的结构。Facebook 设计团队希望用户能够很快理解他人的账户页面，尝试以人生重要时刻为基点的结构。因为当人们回忆往事的时候，他们想到的是生命中的重要时刻。但 Facebook 的用户分散在各国，文化各有不同，对人生的重要时刻的理解也是千差万别，以此为基点创造一种通用的语言非常困难。因此，以时间作为组织结构更加合理，用户可以对重要的时刻进行强调。
- 生命就像一条信息流，生命的界面也应如此。一个人的生命中需要经历太多的时刻。最初的时候，Facebook 设计团队试图以特别的时间段来区分这些时刻，但这并不能达到 Facebook 需要的效果。但这不是人们记忆生命的方式。人们对生命的记忆不是分块的，而是一条信息流。因此，Timeline 被设计成为一个单页，用户可以不断地向前回溯。当用

图 3-23　Facebook 的 Timeline（时间线）界面

户回溯的时候，有一个滑动条告诉用户年份，给用户一种时间飞逝的感觉。

- 自我表达应关注内容，而不是虚饰。Facebook 希望 Timeline 成为用户自我表达的场所。最初的时候，设计团队试图为用户提供大量页面控制，比如选择不同的相框。这再次证明是难以实现的。原因是 Facebook 希望用户立刻理解其他人账户界面的视觉语言，而给予用户更多控制将破坏可用性。因此，Facebook 将控制视觉语言，但是给予用户强调的权力。用户无法决定使用什么边框，但可以决定强调那张照片，使它变大或变小。也就是说，通过内容展示个性，而不是通过虚饰展示个性。
- 我们对新旧经验的感觉不同。Timeline 不应该记录用户在 Facebook 上的所有时刻。它应该记录那些特别的时刻，问题是随着时间的推移，某个特定时刻会逐渐丧失其意义。从长久来看，真正使用户感兴趣的是模式。因此 Facebook 创造了一系列的集合和报告，让用户“找到决定自己个性的个人模式”。当用户看到生命中某个时刻所听歌曲的集合报告，用户能够看到自己“生命的原声带”。

3.7 Facebook安全机制

社交网络在近几年的发展速度极快，但是社交网站对于用户的账号安全保护不够。在用户账号被盗取后，很容易泄露其个人隐私信息，社交网站要加强对于用户账号的保护措施。而现在的很大一部分用户也都不注意自己密码保护，在许多地方使用一个密码，这样也很容易使黑客盗取账号。同时要加强自己个人信息的保护意识，不要盲目为了增加人气而添加好友，对于不认识的好友邀请应该谨慎处理。每隔一段时间就修改一次密码，同时养成良好的上网习惯。这些都可以保护用户的个人信息的安全。

3.7.1 安全应对策略

据统计，身为全球最大社交网站的 Facebook 已成为恶意软件散布的温床，每天有 60 万次左右的黑客盗取密码并登录。一旦密码遭破解，账户即被黑客控制，窃取个人信息，冒名发送图片信息等内容。社交网站账号需要新的保护机制，社交安全完全面临重大挑战。Facebook 非常关心如何让用户免于网络恶意内容的威胁，在保护用户隐私上的重视程度和反应速度令人称赞。

1. 从网站的角度：制定并张贴隐私保护政策

- 采用和实施隐私策略；
- 通知与公布；
- 选择/同意；
- 数据安全；
- 数据质量与存取。

2. 从用户的角度：保护好网络安全和个人隐私

- 做好网络安全防护措施；
- 不要轻易泄露自己的隐私信息。

3. 从法律的角度：制定《隐私法》

- 信息搜集人的权利与义务；
- 信息提供人的权利；
- 侵权救济及法律责任。

3.7.2 安全保护机制

1. 不同权限设置

Facebook 系统的类图中如果设置权限变量的话，这样可使不同的用户拥有不同的访问权限；而不同权限的用户具有对系统不同级别的操作限制，这样可以增强 Facebook 系统的访问安全性，有效地防范了本系统外部的用户对系统的非法操作，保护了本系统的内部安全性。

2. 隐私规则设置

Facebook 的业务逻辑（包括 Facebook 的隐私）实际上是根据一些规则来执行的，并且这些规则建立在系统的某些数据组建之上。那么，要是这些有关隐私的业务逻辑的执行规则被破坏或是更改，这对于 Facebook 的运行来说其隐私的保护可能就会受到破坏；另外，如果这些隐私规则所依附的系统中的那些数据组建被破坏或更改，有关 Facebook 隐私的业务逻辑也就会受到影响，使 Facebook 隐私保护机制受到破坏。

3. OAuth2 认证和授权机制

Facebook 开放平台应用程序接口（API）之后，第三方软件开发者可开发与 Facebook 核心功能集成的应用程序。但这就为 Facebook 带来了另一个潜在的风险——失去控制。为此，Facebook 必须对开发人员的活动进行足够的监管，以保证用户的安全。Facebook 平台使用 OAuth2 协议作为认证和授权协议。用户认证保证用户的正确性，应用授权保证用户准确知道他自己把什么数据和能力授权给了应用，应用认证保证用户是把信息给了此应用而不是其他应用。

3.7.3 安全实施措施

1. 应用密码功能

用户在登录 Facebook 之后进入账号设置页面的安全选项，会选择性地对网页上的游戏和应用设置密码，以此来保护自己账户的安全。如果用户遗忘了设置的密码，可以通过与之相关的“信赖好友”功能，通过好友帮助来找回密码。

2. 安全套接层安全保护机制（SSL）

2011 年 1 月 28 日，Facebook 正式推出了全天候支持 HTTPS，旨在提高用户浏览 Facebook 的安全性。

HTTPS 是 HTTP 协议和 SSL 协议的结合体，可在计算机和 Web 服务器之间进行加密通信，否则用户很容易遭受攻击，尤其是在 Firesheep 出现后。Firesheep 的 Firefox 扩充套件能让任何使用未加密 Wifi 网络的网友，获取几乎每一个社群网站的用户数据，而 Firesheep 之所以能够运作，是因为大多数网站都采用较快速的原始 HTTP 网络传输协议。而若 Firefox 扩充套件 Force-TLS 可迫使这些网站使用更安全的 HTTPS 网络传输协议，就能有效防范黑客使用 Firesheep 入侵。举例来说，在 Wi-Fi 网络下通过简单的 HTTP 协议访问 Facebook，黑客利用 Firefox 插件 Firesheep 可轻松获得他人数据；但如果使用 HTTPS，黑客很难做到这一点。

如果启用 HTTPS，Facebook 浏览体验可能会受到影响，因为加密页面的加载需要更长时间。这就意味着激活这个功能可能会导致更长的页面加载时间。但为了安全起见，这也算是一点小小的代价。用户将能够通过加密系统来设置 Facebook 服务，有助于在传输过程中保障信息的安全性。SSL 功能默认是关闭的，可以在网站用户设置中的账户安全页面中开启。根据 Facebook 的正式公告，在“账号设置”页面下的“账号安全”区域将会提供一个“安全加密浏览模式”（https）选项供用户勾选。这项设定用来指定未来的所有联机都采用 HTTPS 联机。

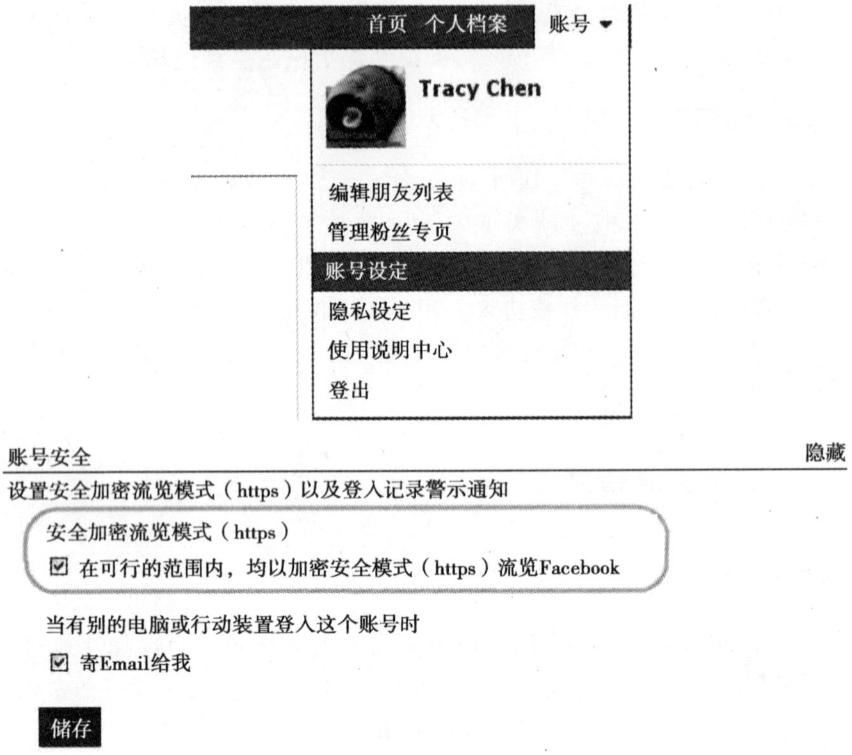

图 3-24　启用 HTTPS 功能示意图

3. 社群图形验证机制（Social CAPTCHA Authentication）

2011 年 01 月 28 日，Facebook 推出社群图形验证机制，来取代一般常见显示扭曲文字图像、要求用户辨识输入的互动程序。在用户忘记密码而要求提供，或者当 Facebook 侦测到使用者账号的可疑登入活动时，这个创新的社群图形验证机制，将利用用户朋友的照片来让使用者指认而验明正身。

4. 识别 Spammer 和钓鱼者的安全保护机制

浏览器向 Facebook 发出请求的 HTTP 头文件，在用户退出后 Facebook 会仍然继续跟踪用户。Facebook 之所以继续采取这种措施，主要是为了识别 Spammer 和钓鱼者，检测是否有人未经授权访问账号，如果账号被黑可以帮助用户取回账号，阻止未成年用户用不同出生日期重新注册。Facebook 的 Cookies 并不用于展示针对性广告或是将用户信息出售给第三方。

5. 嵌入可防范恶意链接的安全机制

当 Facebook 用户点选一个被张贴在 Facebook 上的链接时，该链接会被传送到

Websense 的服务器上，由 Websense 负责分析网友所点选的网站内容，进行安全分类，并实时回传安全信息。该系统可用来辨识恶意软件，并实时分析此链接。若链接所指向的网站含有不安全的内容，使用者就会收到警告信息，选择是否继续前往该站、回到原先的画面，或是取得该站为何不安全的分析信息。

Facebook 这一新的安全服务是采用 Websense 公司的 Websense ThreatSeeker Cloud 分类与恶意软件辨识系统，它可实时分析网站内容，以避免使用者暴露在恶意软件之中。

6. “杀毒市场”（Antivirus Marketplace）安全机制

2012 年 4 月 26 日，Facebook 推出“杀毒市场”，以更好地对抗现有安全威胁和防范新的安全威胁，并为用户提供自保所需的各种工具。

Facebook 的“杀毒市场”为用户免费提供全球五大杀毒和互联网安全公司，包括微软、McAfee、趋势科技、Sophos 和赛门铁克的安全解决方案，并将 5 家安全公司的黑名单列表整合在一起，嵌入 Facebook 自己的反钓鱼软件和恶意软件保护过滤程序之中，进一步确保 Facebook 用户的安全。

要想使用新的保护工具，用户必须访问 Facebook 安全网页，并从网页上列出的选项中选择合适的解决方案。例如，McAfee 将免费提供其 AV 杀毒软件 6 个月的许可证，用户只需通过 Facebook 提供的链接进行注册即可。Facebook 还将通过其他一些方式为用户提供更多安全资讯，包括最佳浏览行为、数据安全性和其他资讯。Facebook 安全网页上还提供了“Like”按钮，用户只需点击该按钮即可直接将安全升级共享到 News Feed。

3.7.4 应用开发认证和授权流程

Facebook 平台使用 OAuth2 协议作为认证和授权协议，它有两种认证流程，服务器端流程（Server-Sizde Flow）和客户端流程（Client-Side Flow），这些认证流程可被用于开发网站应用，移动应用或者桌面应用。无论使用何种流程，它都有几个步骤：用户认证、应用获得授权和应用认证。一旦认证和授权完成，应用能够使用 access token 访问用户的信息，并且作为用户的代表执行操作。详见 http://developers. Facebook. com/docs/authentication。

1. 服务器端流程（Server-Side Flow）

用户访问需要用户登录才能操作的页面，或者点击登录按钮。浏览器重定向到：

https://www. Facebook. com/dialog/oauth? client_id = YOUR_APP_ID&redirect_uri = YOUR_URL。

其中，YOUR_APP 是应用在 Facebook 创建的应用程序 ID，YOUR_URL 是用户登录成功或者失败后，回调（重定向）的地址。重定向到上面的地址，Facebook 验证带到浏览器保存的 Cookie 信息，如果此时用户已经登录，则完成认证；如果没有登录，则返回下面的界面，用户填写信息后点击登录（见图 3-25）。

一旦完成用户的认证，服务器返回授权界面如图 3-26 所示：

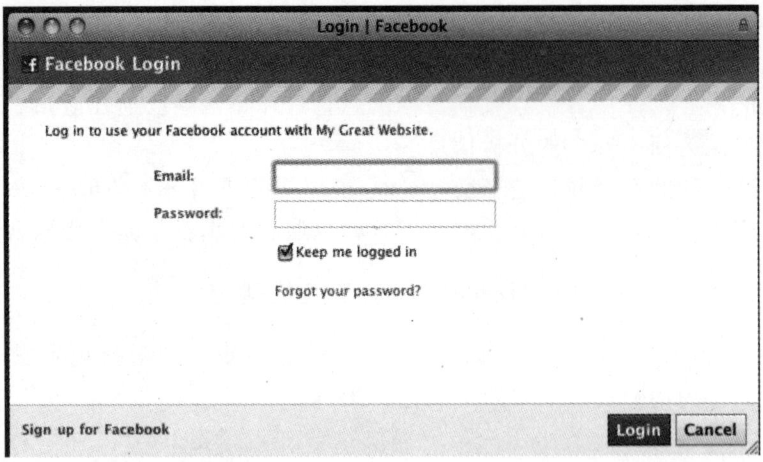

图 3-25　Facebook 用户注册界面

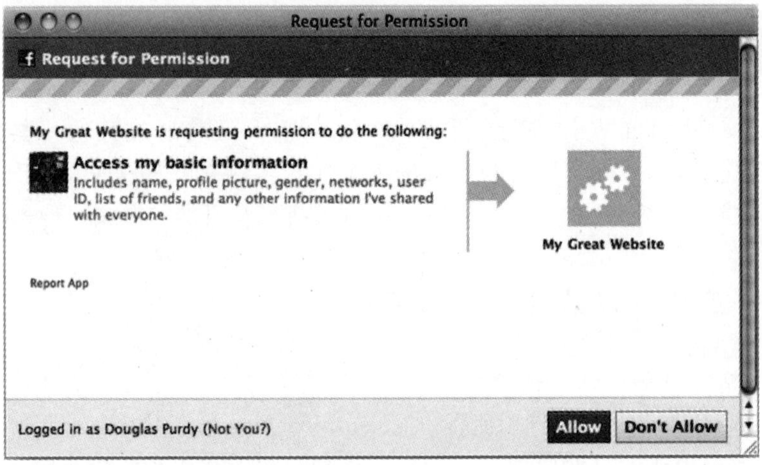

图 3-26　Facebook 旧版授权界面

在默认情况下，授权给应用的权限只能访问基本信息，如果应用需要更多的权限，那么需要在上面的授权链接中加入 Scope 参数，请求更多的权限，如下面的地址请求了访问用户邮箱地址和消息的权限：

https://www.Facebook.com/dialog/oauth?client_id=YOUR_APP_ID&redirect_uri=YOUR_URL&scope=email,read_stream。

用户看到的授权界面比上一个授权界面增加了两项，如图 3-27 所示：

如果用户按下 Don't Allow，应用不被授权，授权窗口重定向（通过 HTTP 302）到用户的 URL（打开授权窗口传入的 URL），并带有错误信息：

http://YOUR_URL?error_reason=user_denied&error=access_denied&error_description=The+user+denied+your+request。

如果用户同意授权，授权窗口重定向到应用制定的 URL，请输入授权码：

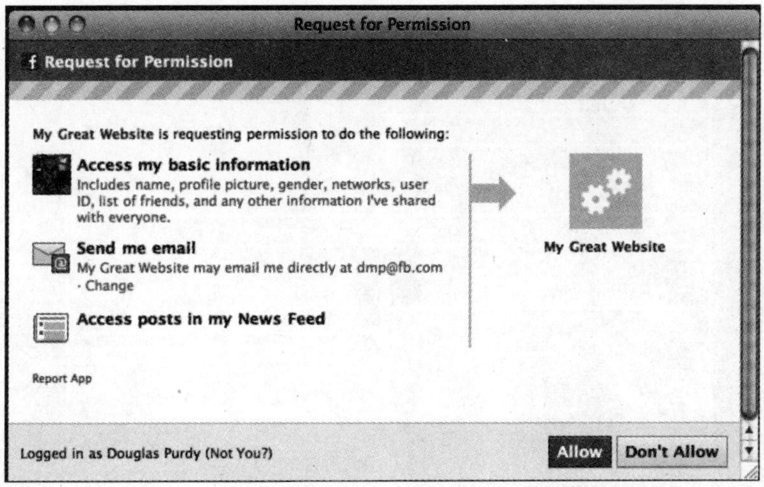

图 3-27　Facebook 新版授权界面

http://YOUR_URL? code=A_CODE_GENERATED_BY_SERVER。

Web 服务器接收到该认证码,由服务器发送带有应用 ID(YOUR_APP_ID)和应用密钥(YOUR_APP_SECRET)和认证码的请求到地址:

https://graph. Facebook. com/oauth/access_token? client_id = YOUR_APP_ID&redirect_uri=YOUR_URL&client_secret=YOUR_APP_SECRET&code=THE_CODE_FROM_ABOVE。

如果授权成功，在 Facebook 服务器的影响 body 中带有 access token（见图 3-28）。

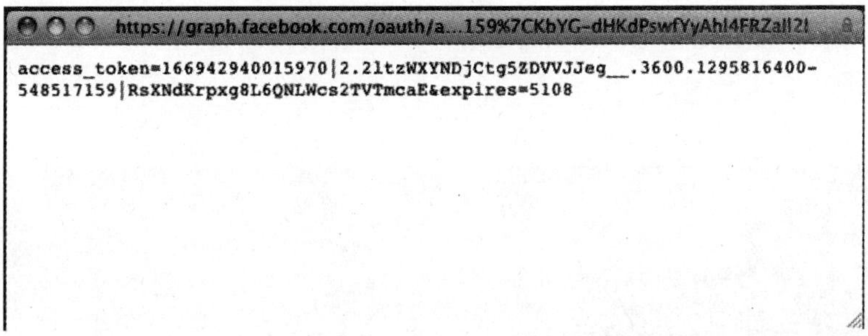

图 3-28　Facebook 授权成功

最后，认证和授权完成，服务器能够使用 access token 获取用户授权的信息（见图 3-29）。

2. 客户端认证流程（Client-Side Flow）

客户端和服务器端认证流程在请求认证窗口唯一不同的地方时,在参数中加入 response_type,值为 token:

https://www. Facebook. com/dialog/oauth? client_id = YOUR_APP_ID&redirect_uri =

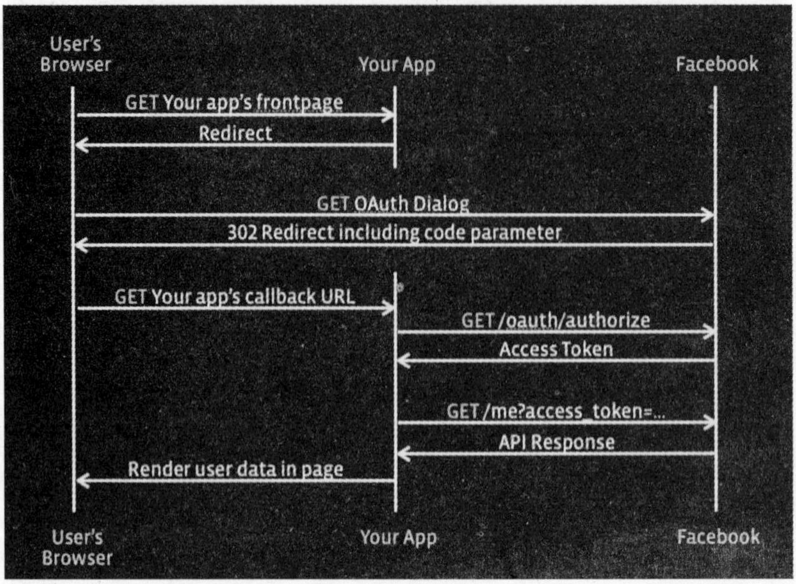

图 3-29　服务器端流程的 HTPP 调用流程图

YOUR_URL&response_type = token。

一旦认证完成,浏览器重定向到应用提供的重定向地址,并携带 access_token 和超时时间:

http://YOUR_URL#access_token = 166942940015970%7C2. sa0&expires_in = 64090。

由于 access token 是作为 URL 的 URI fragment（不被发送到服务器），只有客户端代码（Javascript 等）能够取出它。应用认证是通过验证重定向地址是否在创建应用时配置的相同的地址（见图 3-30）。

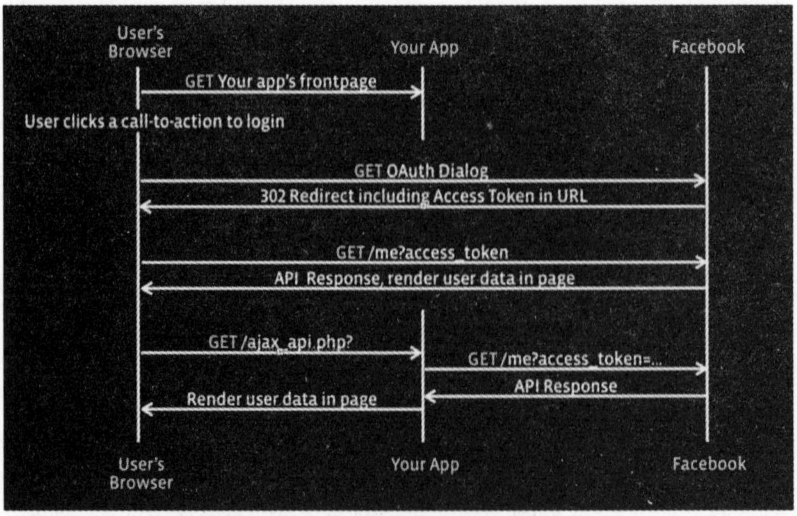

图 3-30　客户端验证流程图

3.8 Facebook运营模式

Facebook 是进行社会化网络媒体营销的首选，也是当今唯一在流量上可以和 Google 公司并驾齐驱的站点。

3.8.1 Facebook 推广战略

Facebook 的发展过程是一个从积累个人用户，到积累开发者，到积累企业用户的过程。而 Facebook 在这其中只做改进平台、改进关系机制和信息机制的工作，应用交给开发者和企业用户自身去完成。从商业策略上看，这是一项伟大的过程。如何将巨大的流量转化为商业营收，Facebook 的发展战略可概括为以下几点：

- 让网于民，服务用户。Facebook 的成功并不是一个偶然事件，它反映了互联网最本质的诉求，提升了用户的生活效率，为用户分析与整理信息，使得用户不至于在纷繁的信息时代迷失在“信息烟尘”之中。这就意味着，互联网企业并不是互联网的主导者，用户才是，这才是互联网去中心化的本质。只有这种“让网于民”的模式才可能受到用户的认可，从而赢得巨大的网络流量，最终实现流量向价值的转化。
- 扩大用户群。将网络效应扩大到更多用户。Facebook 是目前社会化网络和 Web 2.0 的风向标。互联网促成了长尾市场，聚合的空间存在着无数差异化的需求，这为众多提供不同服务的企业公司提供了新的生存空间。Facebook 数亿的用户，同样构成了一个巨大的长尾市场，利用自身的基础优势，利用开放平台，就能创建一条有庞大系统的产业链。
- 增加收入，利用现有平台寻找盈利模式（应用程序、广告、合伙分成计划，付费服务等）。Facebook 所提供的平台服务，也具有巨大的商业潜力。开放的平台，为第三方的应用开发商提供了广阔的空间；开放的政策，允许第三方应用开发商在 Facebook 上提供各种不同的应用服务。显然，社交网站的开放平台，实际上开放了一个更广大的需求市场。作为社交网络基础平台和第三方应用所依赖的基础，它依靠产业链建立起牢固的价值体系，从而获取更为可观的商业利益。
- 巩固并加强在社会性媒体/网站中的领导地位；挑战并打败竞争对手，或者同其他平台形成联盟。从功能上看，Facebook 所有的功能都是围绕它的“高纯度客户”进行打造的。Facebook 限制社区之间信息的共享，保证在某一个圈子内成员的纯洁性。Facebook 不断完善的功能和实名制措施，赢得了用户的信任，最终获得了成功。

除了上述战略性推广策略之外，Facebook 还不断推出新的举措来强化以上战略目标。例如，Facebook 最新推出广告送达新模式 Reach Generator，替代按点击付费（CPC）和按展示付费（CPM）模式，具体包括推出有效送达模式、品牌主页时间线和新广告空间等，希望扩大客户广告的有效受众群，提高广告的效率。这一举措有望改变互联网上的市场营销格局。

Reach Generator 主要的"收看群众"是品牌专页的粉丝。品牌专页平时的更新，大概只能够覆盖 16% 的粉丝，Reach Generator 使广告主可以根据 Facebook 专页的粉丝数量支付固定价格的广告费。Facebook 将把专页中的内容每月展示给 75% 的粉丝，或每周展示给 50% 的粉丝。这些内容将作为广告，出现在粉丝的广告侧边栏、动态汇总和注销登录的页面中。

Facebook 新的广告服务模式，希望广告客户承担的风险更小，比其他互联网站更能精确地找到目标受众，同时也强调广告具有内容特点。有效送达模式是其中推出的最创新的一种模式，可以有效替代大品牌的每次点击成本（CPC）和每千人印象成本（CPM）评估模式，广告客户现在只需支付固定费用就可保证 75% 的粉丝看到其广告内容，同时也可以帮助 Facebook 更有效地利用现有客户资源。

下面就 Facebook 发布的有效送达和其他模式要点作简要介绍，这些模式将改变互联网上的市场营销格局。

- 有效送达（Reach Generator）：有效送达模式并不基于每次点击成本和每千人印象成本模式，而是让广告客户基于主页粉丝数来支付固定费用。作为回报，Facebook 将在广告侧栏、新闻页面和登出页面显示客户广告，从而保证每月 75% 的粉丝、每周 50% 的粉丝都会看到客户发布的广告。在通常情况下，只有 16% 的粉丝会看到品牌主页发布的信息，而 Reach Generato 模式则提供了简便的方式，让广告客户根据送达的受众数来付费。

不过这种模式下的收费会相对较高，因此只适合于大型品牌。Facebook 表示该模式可提供相当于以前水平三倍的投资回报率，让 98% 的粉丝看到客户的广告。这种模式是让品牌充分挖掘现有粉丝的消费潜力，而不是拓展新的粉丝。

在有效送达模式下，Facebook 将承担品牌广告目标定位和评估的任务，防止广告客户向同一用户多次展示同一广告，却遗漏了其他一些用户。

- 品牌主页时间线：时间线及其封面图像使品牌表达更加动人，帖子让推广活动逃离了颠倒的时间顺序，而现在各品牌还可以运用定制的 Open Graph Timeline 应用。粉丝直达页面信息打通了新的用户服务渠道，但这种页面不能将默认登录标签用于寻求用户的"赞"及应用参与。通过增加其页面产品的复杂性和潜力，Facebook 提升了第三方品牌页面管理解决方案的价值。

- 新广告空间：现在可以展示为移动新闻流及 Facebook 登出页面较大空间内的广告。除此之外，该模式下也可以在新闻页面及网页侧栏展示广告。Facebook 的目标是将广告转化为内容，并让交互体验式用户欣然接受，继而在网站的空白区域加以展示或通过原生内容进行融合，因此看起来不令人反感。新广告库存能增加 Facebook 的广告营收，并展现具有创造性的新广告活动策略。Facebook 还推出了 Offers 新闻流服务及分发免费优惠券的广告模式，这种广告模式已经试行了一段时间。

- 实时见解：当一条帖子发布后，广告客户以后可以在 5～10 分钟之内获取印象展示、到达率、点击率、视频浏览量、负面反馈等数据，而现在需要整整两天以后才能看到。这将让市场营销人员了解什么样的内容最能吸引受众。实时见解最终能提升 Facebook 品牌内容的质量，同时也还能吸引广告客户投入更多的预算。

3.8.2 Facebook 盈利模式

1. 网络广告

Facebook 的“扩大影响力并提高用户在线时间”方案成为该公司在展示类广告业务领域成功的关键。由于 Facebook 是一个和现实生活联系紧密的社交平台，如果结合线下活动，与 Facebook 平台打通，将会大大拓展其广告空间和形式；而且通过 SNS 传播，形成裂变传播，比现实中的传播速度和影响都大很多。这就是未来发展空间更大的互动广告模式。Facebook 的广告业务正在从展示广告，向搜索广告和互动广告推进。

- 投票广告。分为三种形式：第一种是对某个广告进行评论，而且可以知道好友们的评论；第二种是给好友发一个虚拟礼物，其中带有某一个品牌的广告；第三种是成为某一品牌的粉丝，同时了解其他好友是不是粉丝。
- 自助式广告。由市场营销人员选择自认为合适的用户，把广告投放在这些用户的页面上。一些大品牌公司、中小企业，甚至一些明星都会这么做。
- 互动广告。优势主要是跳出单纯的单向营销内容输出，转而能够适时收到用户反馈，同时，品牌的社会化减弱了生硬的广告形式对用户体验的影响，在传播上将强推弱化，用户由被动转向主动，同时实现了“营”到“销”的转化，广告主层面，也帮助了广告主减少广告投放成本，最大限度地提升投资回报。
- Sponsored Story：如果有人在他发表的内容里提到了某个广告主的品牌，他的好友在 News Feed 的页面上看到的内容，将是这个品牌的 Logo。还有一些其他的尝试，比如用户发表一条状态：“我现在真想吃 Pizza。”系统根据语义分析和后台算法，就会推一条最适合的 Pizza 广告到用户的页面上。

2. 虚拟礼物和虚拟商品

Facebook 用户可以直接付钱购买虚拟礼品。很早以前，Facebook 就有可以向朋友赠送饮品、鲜花和其他小礼物的应用，2009 年仅此一项 Facebook 就收入 1000 万美元。

3. 付费调查问卷

组织/党派/任何人有兴趣得到人们关于某问题看法的数据，可以很快发布 1 个只有一个问题的调查，按回应的人数收费。

4. 游戏充值业务

Facebook 拥有专用的充值卡 Facebook Credits Card，主要用于兑换成 Facebook 的虚拟货币 Credit 点数，广泛应用于 Facebook 的各种增值服务付费。

5. 流音乐服务

Facebook 与多家云数字音乐服务商达成合作协议，共同提供流音乐服务。通过

Facebook 的媒体平台，用户可便捷地分享自己喜爱的音乐、电视节目和电影，Facebook 将使得基本的资料页面变成一个重要的娱乐中心。

6. 第三方 APP 应用服务

Facebook 就是一个巨大的网店，而 APP 开发商就是上面免费租赁店面的商家，兜售自己的玩具，吸引用户来玩。APP 开发商可以去做网络招聘、机票预定、电子商务等。而 Facebook 只需面向 APP 商家推出增值服务，即可轻易地实现盈利目标。

另外，企业在 Facebook 上还可以通过各种功能获取和提高接触到有效用户的机会，例如：

- Highlighted Stories：给了品牌或企业另一个占据用户首页的机会，而且还不以广告的形式。
- 品牌主页（Brand Page）：Brand Page 是一个非常令品牌喜爱的工具，迅速取代了 group 成为品牌使用 Facebook 最主要的工具。Facebook 允许用户使用 HTML 任意的个性化设置自己主页的可能，如登录页的安排、内容和链接、按钮的设置，页面的美观和用户的体验成为品牌竞争的重要方面。很多品牌 Page 的浏览量和关注的人数甚至超过了自己的官网。

3.9 Facebook成功启示

3.9.1 成功模式分析

1. “实名制”的创新体验模式

“实名制”的创新体验模式——真实的生活体验，转变了一直主导互联网的虚拟网民体验模式，为用户提供了一个实现“真实面对”的交流平台。这种实名制创新的成功源于大学生群体对新生事物的热爱和校园环境相对纯洁。

2. “共性化”的定位用户模式

大学生居住环境集中、文化结构相同、年龄结构相同、需求偏好相同等众多相同点，这为网站的快速传播提供了依据——只有用户是同一类人，之间才有共同的话题，他们才会相互交流，相互影响，形成互动传播、交叉营销和自动传播。所以，社区用户定位在一定程度上影响了网站的发展。

3. “需求性”的展示分享、互动娱乐模式

“需求性”的展示分享、互动娱乐模式能够展示个性。希望获得别人的关注和希望和同龄人交流是现在大学生的特点，仔细观察目标用户的消费心理和消费需求，为这一人群提供最具共性需求的产品和服务，解决用户的共性需求，有利于用户进行口碑传播。

4. “追捧式”的媒体资本模式

华尔街的投资规则之一就是网站获得大众的关注，当受到大众关注后迅速借助资本推动市场扩张。但是资本本身只是助推作用，不是企业生存发展的核心。另外，市场营销的推广一定要建立在真实的品牌塑造方面，因为任何媒体炒作和包装都是短期行为，只能获得短期利益，不能带给用户真实的“福利”，甚至可能导致一个以产品为中心的企业走向玩弄资本的企业，终将会玩火自焚。

5. 加强服务的质量，与用户建立的深厚的友谊

用户的记忆力是值得网络发布商重视的一个问题，尤其是在目标用户的需求经常出现的时候。Facebook 最吸引人的地方是它怎样通过用户每天的下线行为来引发其对网站的需求。在日常生活中，用户有很多行为是在一些网上配套产品的协助下完成的。但是，如果下线行为每隔几周才产生一次，用户就很可能记不住他们所登录过的网站。也就是说，要让用户能够记住网站提供的服务，并知道怎样找到这些服务来满足其需求。Facebook 的成功说明，如果下线行为能够让用户每天都上网并为其所使用的网站提供服务，那就证明用户的服务很到位。

6. 对品牌和广告点击率排名的重视

那些品牌广告商愿意支付给在线广告的价钱是完全主观的，因为他们认为广告是一门艺术而不是科学。为了获得优质的 CPM，发布商必须在用户和广告商之间办出品牌。很多社会性服务网站的点击率都不高，是因为人们在使用该网站的时候并没有利用该网站寻找信息的意识。几乎所有的社会性网站都遇到这样的问题。也许随着时间的推移，置入性行销广告会最终取代旗帜广告，但就目前来说，旗帜广告仍然是网站一个重要的收入来源。

7. 在一开始就和用户建立信任

如果说发掘网络用户很容易，和用户之间建立信任却很困难。作为一个网络发布商，用户能和用户的用户以多快的速度建立信任将是决定用户成功的关键因素。Facebook 通过在主页上只显示少数高校来做到这一点。结合主页的显示和注册过程，用户很快就意识到该网站是只为高校学生服务的，这让他们感到舒服并愿意透露一些平时不愿意透露的信息。Facebook 允许用户设置他们的外形信息，并由用户决定让什么人看到信息，但是实际上只有很少一部分的用户对初始设置进行了修改。由此可见，建立信任的关键是服务的品牌和信息而不是特色。

3.9.2 带给我们的启示

Facebook 的成功对于移动互联网战略以及移动营销的发展，具有极强的借鉴意义：

首先，线上线下一体化运作模式对于移动新业务的销售具有相当的可移植性。它帮助我们吸引住用户的脚步并能够长期留住用户，在用户心里留下对网站强烈的印象。事实上，普通移动运营商很多新业务由于属于无线产品，客户缺少直接感知，再加上 SP 有些不规范的资费陷阱，直接造成用户产生心理障碍。如果能通过无线产品实体化渠道销售，给予客户真实的体验，将能带动数据业务的发展。或者通过在手机上植入某种类似体验营销的软件，让客户随时体验业务，也能促进业务的销售与业务活跃度的提升。

其次，高纯度用户概念对于普通移动运营商进军互联网领域借鉴价值非常大。移动通信市场发展到现在，由于多年依赖于客户数增长模式的惯性以及价格战的实施，移动运营商的品牌纯度已经大大降低。品牌地区性差别开始显现，这就不利于移动品牌的价值增值，也不利于业务的推广（北京的全球通和甘肃的全球通，其品牌价值贡献度相差很大）。互联网现在日新月异，我们要取得成功，必须有明确的用户定位置，必须有“聚焦，保纯”的战略思维，对于与互联网关联度很高的用户，一定要保持高纯度，增强品牌的吸引力，给用户以“社区归属感”。

最后，具有“微经济”战略思维：通过将微细的社区聚集成群，形成规模效应，从而创造更大的社区价值。对于移动运营商的新业务而言，随着手机媒体化、生活化、定制化，新业务的用户将呈现小众化特征。这就需要我们利用“微经济”思维，打通各业务之间的共同属性，后台提供统一的业务逻辑与业务管理平台，但是对应前端客户则可以自动生成业务。

THE FUTURE OF MEDIA SERIES

4 微博客社交服务网站——Twitter

4.1 Twitter简介

Twitter 由博客创始人埃文·威廉姆斯（Evan Williams）于 2006 年创建，其域名为：www. twitter. com，且 twitter 一词已被收录在英文字典中。Twitter 是一种结合了社会化网络和微型博客（Micro-Blogging）的，利用无线、有线网络进行即时通信的新型应用形式，允许用户将自己的最新动态和想法以 140 字短信息的形式推送给手机和个性网站用户群。Twitter 最初应用于手机短信，后来发展到 Web、第三方 APP 应用，它是完全免费的。随着 Twitter 网站的火爆，以这种模式发展出的图片微博客、音乐微博客，甚至视频微博客也不断出现。

Twitter 其简单的产品模式——140 个字符模式，允许用户广播或发送跟随者（Followers）140 个字符短信。也就是说，它是一个可让用户播报短消息给用户的朋友或跟随者的一种在线服务。这个名字来自于“Tweet”（鸟鸣，也指手机的铃声），它允许用户把信息上传到互联网上，用户可以“跟随”其他用户，他们也可以“跟随”用户。每一个用户的页面都是一个简陋却时效性很强的微博客。Twitter 的玩家也被称为“推客”（Twitterer）。每条消息都限制在 140 个字符之内，因此每一条消息都可以作为一条 SMS 短消息发送。Twitter 可以说是博客、IM（Instant Messaging）信息、聊天室等多种网络应用的集中展现形式。Twitter 最迷人的地方就是所有的信息都可以通过手机来发送和阅读，通过一个简单的界面，用户就可以在手机上浏览所有正在“跟随”的“推客”的更新信息。

Twitter 用户可以从任何一个自己注册的网络服务中发送消息，通常发送的方法有 3 种：手机发送、网站发送、IM 发送。国内的用户可以通过国内的网站，如“饭否”等发送 Twitter 消息。此外，通过安装不同的插件，Twitter 用户可以获得不同的特色功能。2009 年 5 月，Twitter 增添了一项搜索功能，用户可以实时了解有关任何话题的消息。为了分享内容较长的文章、帖子和视频，用户把 Twitter 作为“指向装置”（即设置链接）而非通信渠道，解决了大量信息共享的问题。Google 公司搜索服务确实强大，但搜索人们当前言论的效果却不够好。有搜索大师之称的约翰·巴特利（John Battelle）将记录人们当前言论的网站称作“超新鲜 Web”。由此可见，Twitter 将社交网络、实时搜索和共享链接完美地组合在一起，将成为 Google 公司搜索一个潜在的竞争对手。

4.2 Twitter发展历程

2006 年 8 月，埃文·威廉姆斯为了改进博客在使用过程中日渐显现的缺少同步服务、页面信息分散、讨论聚拢性不强等问题，创建新公司 Obvious 并推出了 Twitter 服务。这种服务平台允许用户将自己的最新动态和想法以短信息的形式发送给手机和个性化网站群，而不仅仅是发送给个人，实现了即时通信和博客服务的完美结合。在最初的阶段，这项服务只是用于向好友的手机发送文本信息。2006 年年底，Obvious 公司对服务进行了升级，用户操作使用时无需输入自己的手机号码，只需通过即时信息服务和个性化 Twitter 网站接收和发送信息。在 Twitter. com 的首页上，可以看到网站的主旨：“What are you doing?” 即所有人都在通过不同的方式（手机短信、即时通讯软件，如 QQ、MSN 或网站）回答“用户在做什么”这个问题，时时刻刻、分分秒秒。这就是现在 Twitter 的雏形（见图 4-1）。

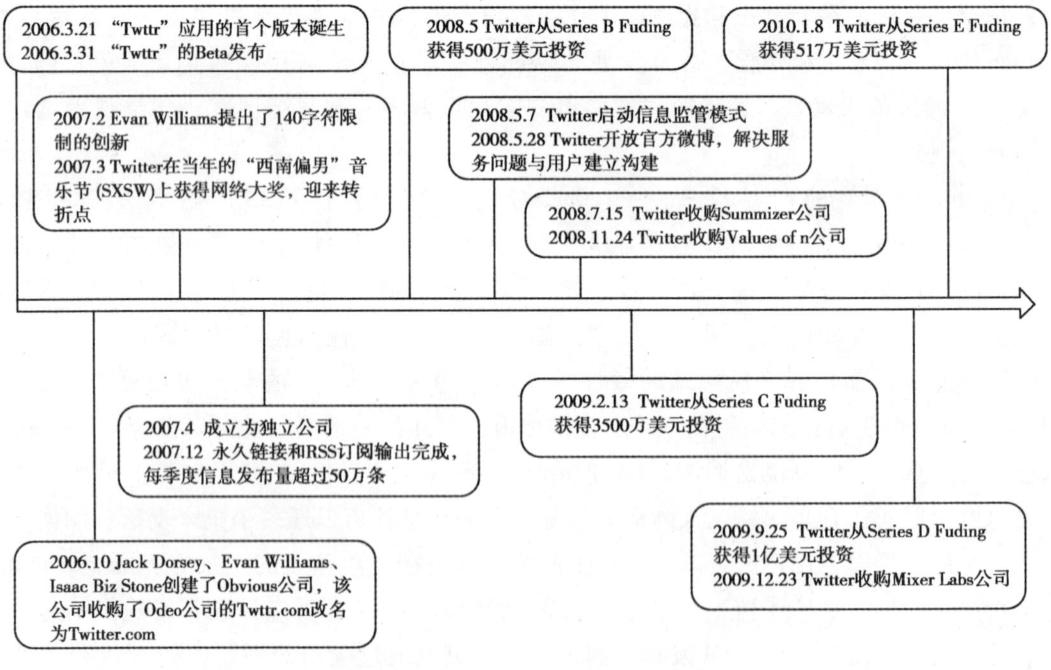

图 4-1 Twitter 的发展历程与融资时间

2007 年 3 月，Twitter 获得广泛关注得益于美国总统竞选人约翰·爱德华兹（John Edwards）和美国德克萨斯举办的“南南西音乐节”（Sxsw，South by Southwest）。在此之后，著名风险投资者弗莱德威尔逊以及一系列网络公司创始人都使用它随时汇报自己的行踪；现任美国总统奥巴马在就职前也使用 Twitter 向所有跟随者及时发布竞选动态。在极短的时间内，Twitter 因注册用户猛增而走红，并获得了硅谷创业者的热情追捧。2008 年，伴随着 Twitter 的突然爆发，它的克隆产品在全世界范围内雨后春笋般涌现，中国的模仿者们也迅速跟进，如饭否、忙否、做啥、叽歪、日作等，腾讯也迅速推出“滔滔”。

4.3 Twitter业务架构

4.3.1 业务模式

Twitter 的“单向广播”特点非常明显，这一点不同于 IM 的“点对点沟通”以及“群沟通”。Twitter 的业务逻辑简单，其核心业务逻辑在于 Following 和 Be followed（见图 4-2）。

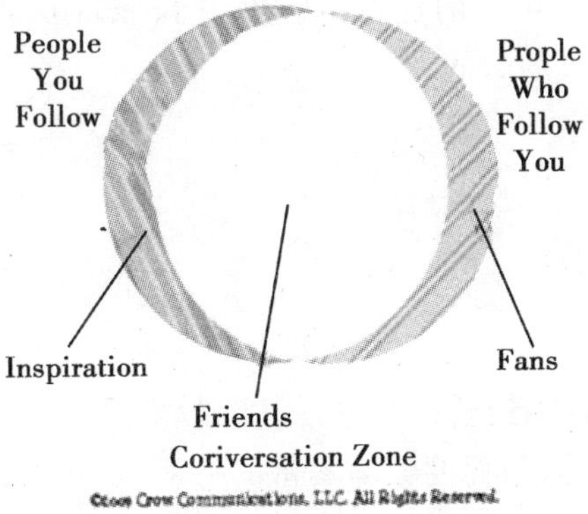

图 4-2 Twitter 的核心业务逻辑

Twitter 社区可以分为三个部分：

- 双向 Follow，个人的讨论区域。
- Follow 某个用户的人但该用户没有 Follow 他们——用户的粉丝。
- 某用户 Follow 的人但他们没有 Follow 该用户，用户是粉丝，或者对方是 Twitterbot。

Twitter 的关键在于它的交际性——充满了各种社交姿态。这一点是 Facebook 和其他社交网络的共同点，但 Twitter 的独特之处在于联系是不对称的。Twitter 把每一个人都定位为旁观者。用户可以很方便地参与到用户旁观的世界，这种安全距离的社交，正是利用了互联网匿名性、广泛性，用极低的成本实现了对现实世界虚拟形式的旁观。

进入 Twitter 个人主页，用户会看到用户 Following 的那些作者最近发表的微博客。

• Following：所谓微博客，就是一则短信，Twitter 规定，短信的长度不得超过 140 个字。短信不仅可以包含普通文字信息，也可以包含 URL、指向某个网页或者照片及视频等。这就是 Following 的过程。

• Be-followed：当用户写了一则短信并发表以后，用户的 Followers 会立刻在他们的个人主页中看到用户写的最新短信。这就是 Be-followed 的过程。

从系统架构上来说，传统的三段论（Three-tier Architecture）足够满足实现这个业务逻辑的需要。事实上，最初的 Twitter 系统架构的确就是三段论。具体流程如下：

首先，为每一个注册用户订制一个 Be-followed 的表，主要内容是每一个 Follower 的 ID；同时，也订制一个 Following 的表，主要内容是每一个 Following 作者的 ID。

其次，当用户打开自己的个人空间时，Twitter 先查阅 Following 表，找到所有 following 的作者的 ID；然后去数据库读取每一位作者最近写的短信，汇总后按时间顺序显示在用户的个人主页上。

最后，当用户在写一则短信时，Twitter 先查阅 Be-followed 表，找到所有 Followers 的 IDs，然后逐个更新那些 Followers 的主页。

如果有 Follower 正在阅读他的 Twitter 个人主页，主页里暗含的 JavaScript 会自动每隔几十秒访问一下 Twitter 服务器，检查正在看的这个个人主页是否有更新；如果有更新，立刻下载新的主页内容。这样，Follower 就能读到最新发表的短信了。

从作者发表到读者获取，中间的延迟，取决于 JavaScript 更新的间隔，以及 Twitter 服务器更新每个 Follower 的主页的时间。

4.3.2 业务特点

1. 社区特色

• 任意话题即可形成一个社区。

• 社区形态：可将彼此追随程度较为紧密的一群 Twitter 用户视为一个社区。

• 由兴趣和关注驱动形成，关系紧密，讨论话题集中。

• 少量用户贡献了大部分内容。

• 5% 的用户贡献了 Twitter 75% 的内容，10% 的用户贡献了 86% 的内容，30% 的用户贡献了 97.4% 的内容。

2. 功能特色

• 内容发布门槛低、即时性强（140 字以内推送到各类客户端）。

• 是从手机平台延伸的互联网服务。

• 规则简单，但适合媒体门户的信息发布、手机通信、即时通信、消息广播等。

• 开放应用 API 接口，允许第三方应用接入（音乐推荐、网站分享、手机拍照、内容转载等）。

缺点：因门槛低而产生海量无意义碎片信息。

3. 媒体平台特色

Twitter 跟 SNS 本质上都是信息传播效率的产物。Twitter 是从传播方式切入，而 SNS 是从传播途径（传播渠道）切入，而随着时间的推移，Twitter 式的微博客模式正在成为 SNS 的消息传播机制。

- 客串媒体特色，使用者起到了编辑和记者的作用。
- 依赖名人效应，提供娱乐八卦消息传播、明星娱乐圈播报。

4. 信息互动

Twitter 是一个简单便捷却又精确定位的广播平台。首先，一对多的沟通方式，可以瞬间把个人消息或者组织的消息快捷地广播出去。同时由于信息含量的限制，使信息更容易被接受和传播。另外，加入了大量包括手机和即时通信的信息流的入口，让它成为信息的集散地，巩固了在即时信息流中的地位。具体而言，表现在如下方面：

- 跟随其他用户：成为跟随者后，跟随的人能即时播报消息给跟随者。
- 对其他用户发表公开信息@。
- 对其他用户发私信 DM。
- 转发别人的帖子 RT。
- 针对特定主题标签发帖#：用户就某个标签发表信息，那么订阅这个标签的人就会看到用户的信息。

4.4 Twitter技术架构

4.4.1 网站架构

1. Twitter 网站架构的三层结构

网站的架构设计，传统的做法是三段论。大型网站的架构设计，强调实用，因此稳妥的传统方式是首选。2006 年 5 月 Twitter 刚上线的时候，为了简化网站的开发，他们使用了 Ruby-On-Rails 工具，而 Ruby-On-Rails 的设计思想，就是三段论。

- 前段，即表述层（PresentationTier），用的工具是 ApacheWebServer，主要任务是解析 HTTP 协议，把来自不同用户的、不同类型的请求分发给逻辑层。
- 中段，即逻辑层（LogicTier），用的工具是 Mongrel Rails Server，利用 Rails 现成的模块，降低开发的工作量。
- 后段，即数据层（Data Tier），用的工具是 MySQL 数据库。

（1）前段——表述层。表述层的主要职能有两个：

- HTTP 协议处理器（HTTP Processor），包括拆解接收到的用户请求，以及封装需要发出的结果。

- 分发器（Dispatcher），把接收到的用户请求，分发给逻辑层的机器处理。

如果逻辑层只有一台机器，那么分发器无意义。但是如果逻辑层由多台机器组成，什么样的请求，发给逻辑层里面哪一台机器，就大有讲究了。逻辑层里众多机器，可能各自专门负责特定的功能，而在同功能的机器之间，要分摊工作，使负载均衡。

（2）中段——逻辑层。当用户发表一条短信的时候，执行以下五个步骤：

- 把该短信记录到“短信表”中去。
- 从“用户关系表”中取出追他的用户的IDs。
- 有些追他的用户目前在线，另一些可能离线。在线与否的状态，可以在“用户表”中查到，过滤掉那些离线的用户的IDs。
- 把那些追他的并且目前在线的用户的IDs，逐个推进一个队列（Queue）中去。
- 从这个队列中，逐个取出那些追他的并且目前在线的用户的IDs，并且更新这些人的主页，也就是添加最新发表的这条短信。

以上这五个步骤，都由逻辑层（LogicTier）负责。前三步容易解决，都是简单的数据库操作。最后两步，需要用到一个辅助工具——队列。队列的意义在于，分离了任务的产生与任务的执行。

队列的实现方式有多种，Mina和Netty都是Java领域高性能和高可伸缩性网络应用程序的网络应用框架。Twitter团队开发了自己的核心队列Kestrel，它使用Netty作为通信模块，从另一个角度证明了Netty的性能和健壮。

从架构和实现的角度看，Netty和Mina相差不大，Mina靠apache生存，而Netty靠jboss，和jboss的结合度非常高；Netty有对Google protocal buf的支持，有更完整的ioc容器支持（spring，guice，jbossmc和osgi）。Netty和Mina在处理UDP时有一些不同，Netty将UDP无连接的特性暴露出来；而Mina对UDP进行了高级层次的抽象，可以把UDP当成“面向连接”的协议，而要Netty做到这一点比较困难。Mina将内核和一些特性的联系过于紧密，使得用户在不需要这些特性的时候无法脱离，相比之下，性能会有所下降；Netty解决了这个设计问题。另外，Netty的文档更清晰，很多Mina的特性在Netty里都有；Netty更新周期更短，新版本的发布比较快；Netty比Mina使用起来更简单，Netty里用户可以自定义的处理upstream events /和downstream events，可以使用decoder和encoder来解码和编码发送内容。

为什么不用简单的数据结构来实现队列，例如动态链表，甚至静态数组？如果逻辑层只在一台服务器上运行，那么对动态链表和静态数组这样的简单的数据结构，稍加改造，的确可以当做队列使用。而Kestrel和Mina这些“重量级”的队列，意义在于支持联络多台机器的、分布式的队列。

（3）后段——数据层。Twitter的服务，可以概括为两个核心：用户和短信息。用户与用户之间的关系，是追与被追的关系，也就是Following和Be followed。对于一个用户来说，他只读自己“追”的那些人写的短信息。而他自己写的短信息，只有那些“追”自己的人才会读。抓住这两个核心，就不难理解Twitter的其他功能是如何实现的。

围绕这两个核心，就可以着手设计DataSchema，也就是存放在数据层（Data Tier）中的数据的组织方式。不妨设置三个表：

- 用户表：用户 ID、姓名、登录名和密码、状态（在线与否）。
- 短信表：短信 ID、作者 ID、正文（定长，140 字）、时间戳。
- 用户关系表：记录追与被追的关系——用户 ID、他追的用户 IDs（Following）、追他的用户 IDs（Be followed）。

访问 Twitter 网站的，不仅仅是浏览器，而且还有手机，还有像 QQ 那样的电脑桌面工具；另外还有各式各样的网站插件，以便把其他网站联系到 Twitter. com 上来。因此，Twitter 的访问者与 Twitter 网站之间的通信协议，不一定是 HTTP，也存在其他协议。

三段论的 Twitter 架构，主要是针对 HTTP 协议的终端。但是对于其他协议的终端，Twitter 的架构没有明显地划分成三段，而是把表述层和逻辑层合二为一，在 Twitter 的文献中，这二合一经常被称为“API”。

综上所述，一个能够完成 Twitter 基本功能的简单架构如图 4-3 所示。2006 年 5 月 Twitter 刚上线的时候，Twitter 架构与图 4-3 差距不大，区别在于增加了一些简单的缓存（Cache）。即使现在，Twitter 的架构依然可以清晰地看到图 4-3 的轮廓。

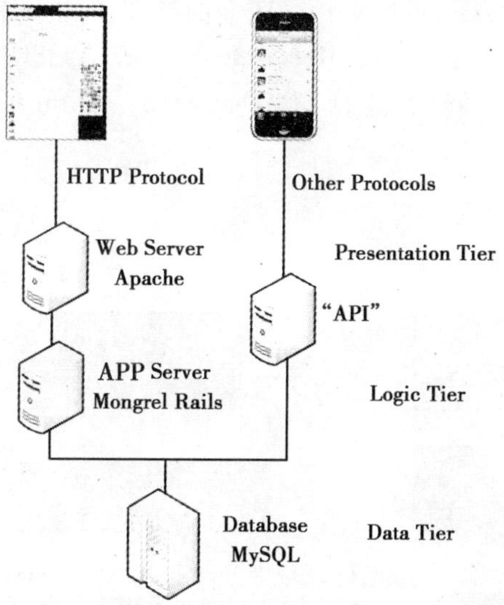

图 4-3　Twitter 的基本三层体系结构

2. Twitter 的整体架构

Twitter 使用的大部分工具都是开源的，其平台配置为：

- Ruby on Rails：Web 应用程序的框架。
- Erlang：通用的面向并发的编程语言，开源项目地址：http：//www. erlang. org/。
- MySQL：数据库服务器。
- Mongrel：Ruby 的 http 服务器，专门应用于 rails，开源项目地址：http：//

rubyforge. org/projects/mongrel/。

- Munin：服务端监控程序，项目地址：http：//munin-monitoring. org/。
- Nagios：网络监控系统，项目地址：http：//www. nagios. org/。
- Google Analytics：网络数据统计与分析软件包。
- AWStats：实时日志分析系统，开源项目地址：http：//awstats. sourceforge. net/。
- Memcached：分布式内存缓存组建。
- Starling：Ruby 开发的轻量级消息队列。
- Varnish：高性能开源 HTTP 加速器。
- Kestrel：scala 编写的消息中间件，开源项目地址：http：//github. com/robey/kestrel。
- Comet Server：Comet 是一种 ajax 长连接技术，利用 Comet 可以实现服务器主动向 web 浏览器推送数据，从而避免客户端的轮询带来的性能损失。
- libmemcached：一个 memcached 客户端。

Twitter 的系统结构以 Rails 作前端，C 语言、Scala 和 Java 组成中间的业务层，使用 MySQL 存储数据。所有的东西都保存在 RAM 里，而数据库只是用来备份。Rails 前端处理展现，缓存组织，DB 查询以及同步插入。这一前端主要由几部分客户服务黏合而成，大部分是用 C 语言写的 MySQL 客户端、Memcached 客户端、JSON 端以及其他端口。

Twitter 平台架构的中间件包括：Memcached、Varnish、Message Queue、Kestrel、Comet Server 等。

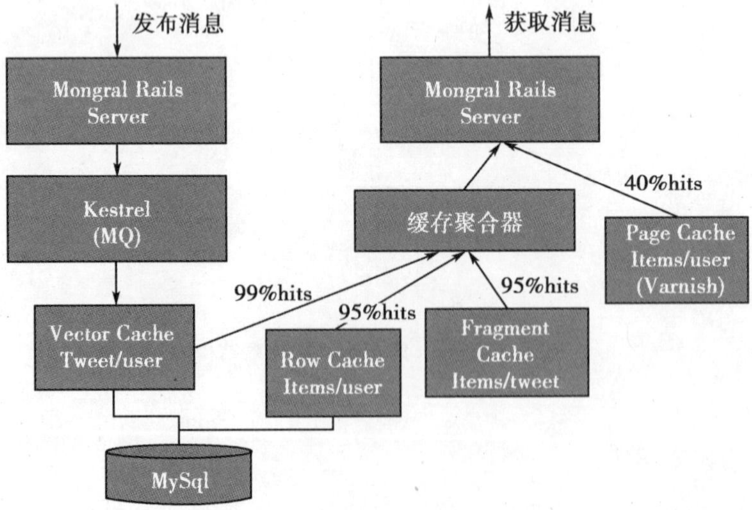

图 4-4　Twitter 的整体架构设计图

图 4-4 体现了 Twitter 架构的基本思想，显然，缓存、消息队列、数据流与控制流是其重要组成部分。

Twitter 工程师认为，当一个用户请求到达以后，一个用户体验良好的网站，应该在平均500ms以内完成回应。Twitter的理想是达到200ms～300ms的反应速度。因此，在网站架构上，Twitter大规模地、多层次多方式地使用缓存。Twitter在缓存使用方面的实践，以及从这些实践中总结出来的经验教训，是Twitter网站架构的一大看点（见图4-5）。

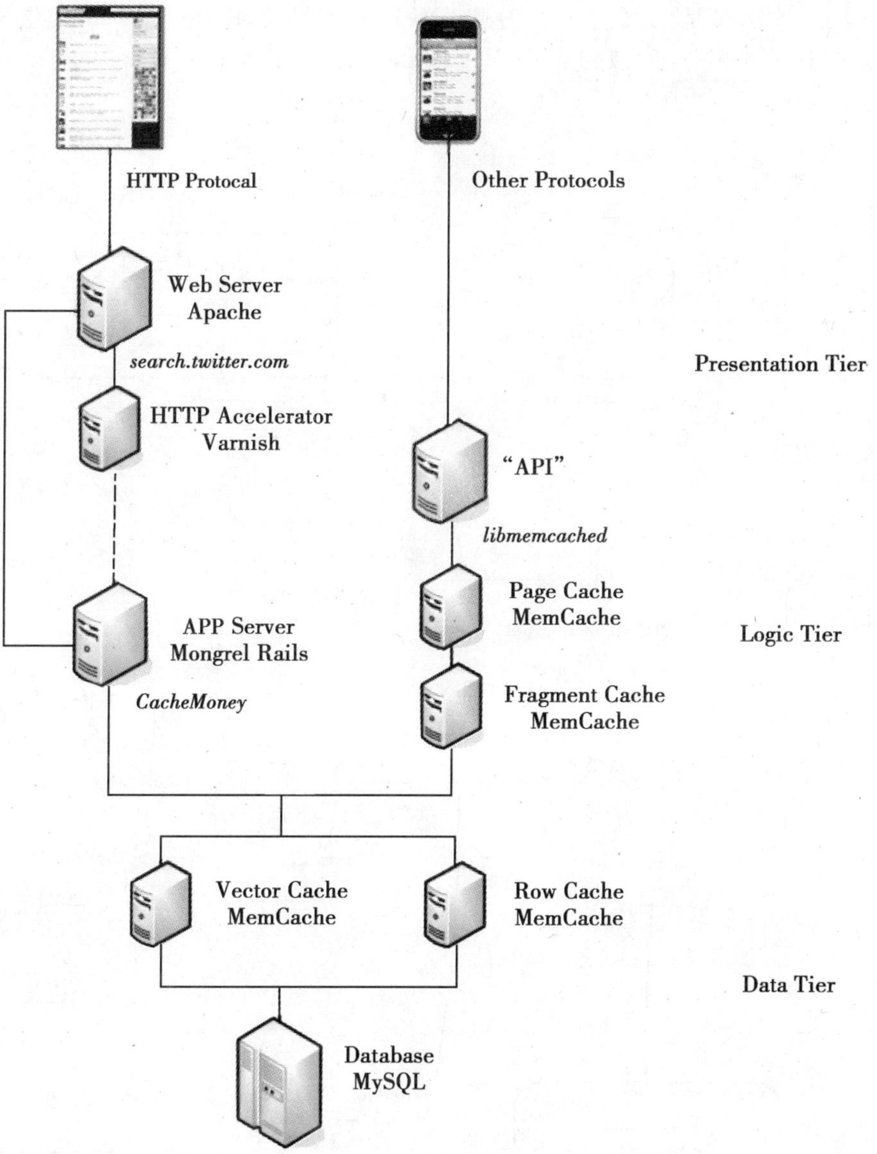

图4-5 基于Cache的Twitter系统架构

3. Twitter架构优化历程

Twitter是从作为一个“内容管理平台而非消息管理平台”而开始的，因此从一开始基于聚合读取的模型改变到现在的所有用户都需要更新最新Tweet的消息模型，需要许许多多的优化。这一改动主要表现在三个方面：缓存、消息队列（Message Queue，MQ）以及 Memcached 客户端。

（1）缓存（Cache）。每个 Tweet 平均被 126 个用户跟踪，所以这里有着明显的缓存需求。在最初的配置中，只有一个 API，当每次从一个用户那里来了一个 Tweet 时就会失效，而应用的其他部分都是无缓存的。为此，Twitter 大量使用 memcached 作缓存，并在 memcached 缓存策略中有所改进，即 Vector Cache、Row Cache、Fragment Cache、Page Cache（见图 4-6）。

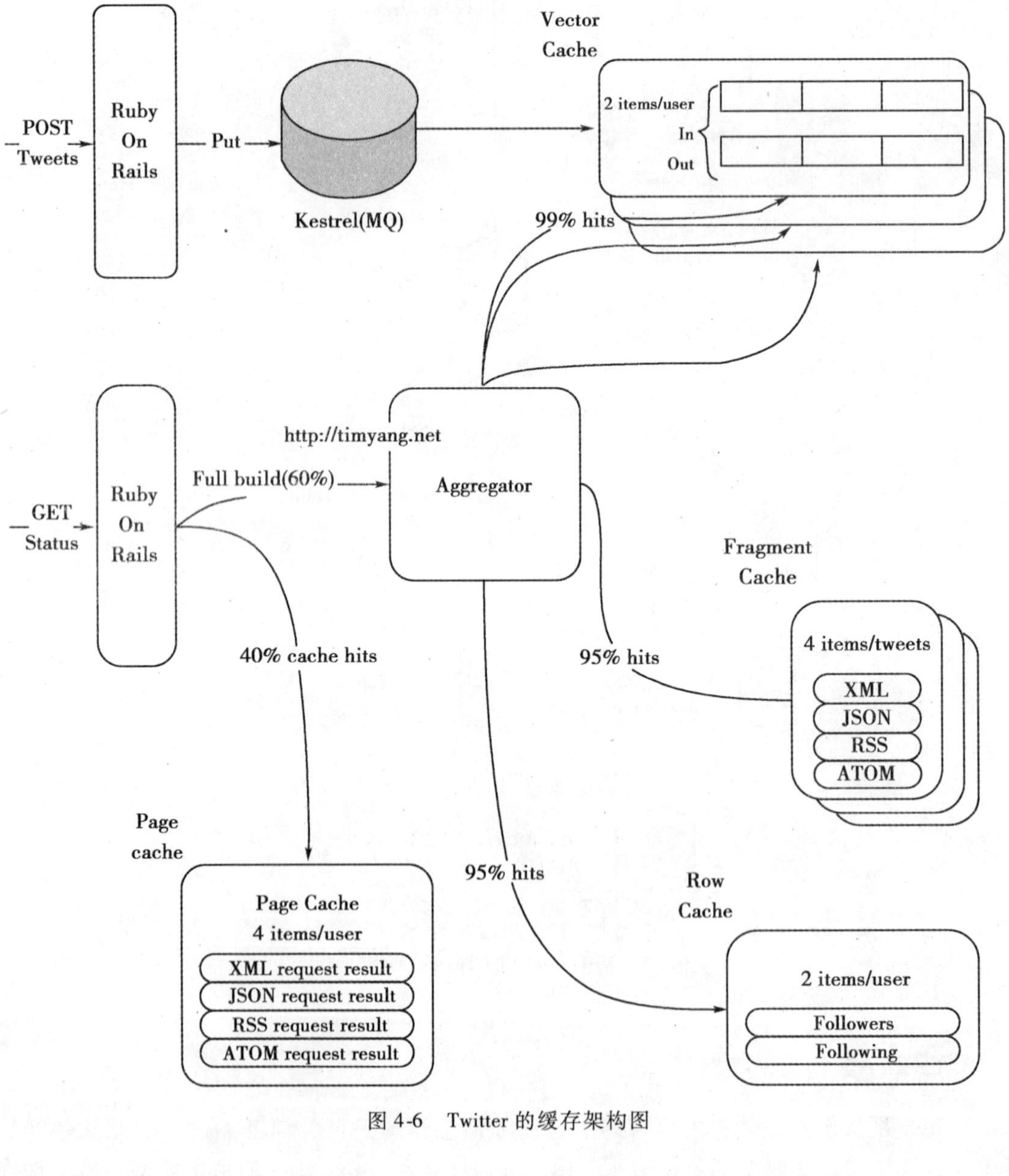

图 4-6 Twitter 的缓存架构图

第一次架构优化：创建一个直写式向量缓存 Vector Cache，包含一个 Tweet ID 的数组，Tweet ID 是序列化的 64 位整数，这一缓存的命中率是 99%。

第二次架构优化：加入另一个直写式行缓存 Row Cache，它包含数据库记录：用户和 Tweets。这一缓存有着 95% 的命中率，并且使用了 Nick Kallen（注：Nick Kallen 是 Twitter 的一名系统架构师）命名为 Cache Money 的 Rails 插件。

第三次架构优化：引入了一个直读式的碎片缓存 Fragment Cache，它包含通过 API 客户端访问到的 tweets 序列化版本，这些 Tweets 可以被打包成 JSON、XM、RSS、Atom 格式，同样也有着 95% 的命中率。这一碎片缓存直接消费向量，而且如果现在缓存了一个序列化的碎片，它不会加载用户试图看到的该 tweet 的实际的行，因此它将在大量时间将数据库置于短路状态。

第四次架构优化：为页面缓存创建一个单独的缓存池 Page Cache。该页面缓存池使用了一个分代的键模式，而不是直接的实效。因为用户可以发送 HTTP 的 if-modified-since 并且将任何用户想要的时间戳放入请求路径，为此需要将这一数组切片只呈现给用户想要看到的 Tweets，但网站并不跟踪客户端所使用的所有可能的键值。这一分代的键模式存在一个问题，即它不会删除所有失效的键值。每一个被加入的对应到人们所接收的 tweets 数目的页面都会向缓存推送有效的数据，最后使得网站缓存仅仅只有五个小时的有效生命周期，因为所有的页面缓存都将流过。

当该页面缓存转移到自己的池之后，缓存未命中降低了将近 50%。为此，Twitter 现在所使用的缓存模式为：因为 80% 的 Twitter 流量都来自 API，因此还有额外的二层缓存，每一个最多将处理 95% 来自前一层的请求。整体的缓存改动总共有 20% ~30% 的优化，它带来了 10 倍的容量提升；它本可以更多，但现在 Twitter 遇到了另一瓶颈——Twitter 的策略是首先加入直读式缓存，确保它正确失效，然后再转移到直写式缓存并且在线修复，而不是当一个新的 Tweet ID 进来时每次都要销毁。

（2）消息队列。Twitter 主要的功能是作为不同形式（SMS，Web，IM 等等）之间的消息桥梁。其消息队列特点如下：

- 大量使用消息。生产者生产消息并放入队列，然后分发给消费者。
- 使用 DRb，这意味着分布式 Ruby。有一个库允许用户通过 TCP/IP 从远程 Ruby 对象发送和接收消息，但其具有一定的弱点。
- 转移到 Rinda，它是使用 Tuplespace 模型的一个分享队列，但是队列是持久的，当失败时消息会丢失。
- 分布式队列通过将它们写入硬盘用来挽救系统崩溃，其他大型网站也使用这种简单的方式。

平均来说，一个用户有 126 个追随者，这就意味着每个 Tweet 将有 126 个消息在队列里。同时，流量会有出现高峰的时候，就像在奥巴马就职的时候达到了每秒几百个 Tweets，或者成千上万的消息在队列里，是正常流量的 3 倍。MQ 应当去化解这一高峰并随着时间将其分散，这样就不用增加许多额外的硬件。Twitter 的 MQ 很简单：基于 Memcached 的协议，Job 之间是无序的，服务器之间没有共享的状态，所有的东西都保存在 RAM 里，并且是事务性的。

第一版的 MQ 实现是用的 Starling，以 Ruby 写成分布式队列，但伸缩性不佳，特别是 Ruby 的 GC 不是分代的。这将导致 MQ 在某一点上崩溃，因为 GC 完成工作时将会把整个队列处理中止。因此作出了将 MQ 移植到 Scala 上的决定，它有着更为成熟的 JVM GC 机制。现有的 MQ 仅仅只有 1200 行代码并且运行在 3 台服务器上。

（3） Memcached 客户端。Memcached 客户端的优化目的是试图优化集群负载。现在的客户端用的是 libmemcached，Twitter 是其最重要的用户和其代码库最重要的贡献者。基于此，持续一年的碎片缓存优化带来了 50 倍的每秒页面请求服务增加。

因为请求来自的位置难以确定，处理请求最快的办法就是将预先计算好的数据存储在网络 RAM 上，而不是当需要的时候在每个服务器上都重新计算一次。这一方式被主流的 Web 2.0 站点所使用，它们几乎都是完全直接运行于内存之上。因此，下一步优化方案就是：即“可伸缩的读”持续了一年之后，然后解决“可伸缩的写”，再然后就是多协同定位的问题。

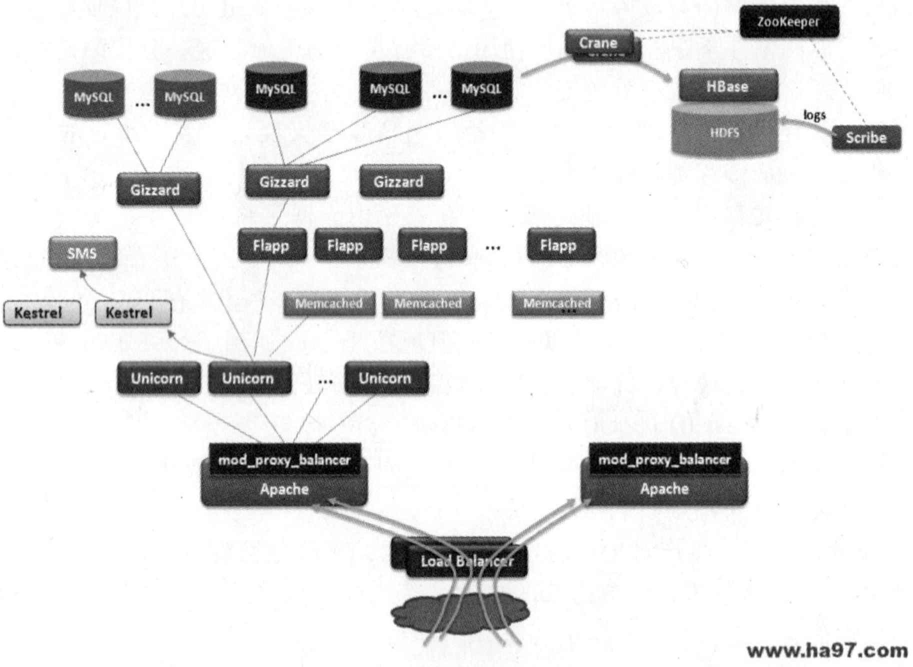

图 4-7　Twitter 服务器架构示意图

4. Twitter 的服务器架构（见图 4-7）

- Unicorn：Ruby 的 HTTP 服务器。
- Kestrel：Twitter 用 Scala 写的 message queue。
- Flapp：Twitter 做的图存储 FlockDB。
- Gizzard：Twitter 用 Scala 写的一个通用 Sharding 框架。
- Crane：将数据从 MySQL 搬到 HBase/HDFS。

- Scribe：在各个服务器上收集各种 Log 并汇总。

4.4.2 开放平台

Twitter 通过 API 的方式开放一些应用接口，Twitter 平台大致由 Twitter. Com、手机以及第三方应用构成，如图 4-8 所示：

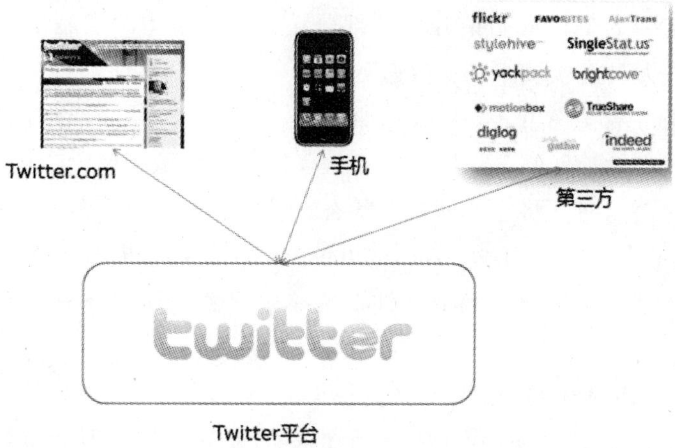

图 4-8 Twitter 开放平台构成

Twitter 开放平台配置环境如下：

1. 所使用的核心工具

- Ruby on Rails：Web 应用程序的框架。
- Erlang：通用的面向并发的编程语言，开源 http：//www. erlang. org/。
- C 语言。
- Java。
- Scala。
- Google Analytics。
- AWStats：实时日志分析统计系统，http：//awstats. sourceforge. net/。

2. 前端：Rails

- 前台页面展示。
- 数据库查询。
- 缓存组合。

3. 服务器：

- MySQL。
- Mongrel：Ruby 的 HTTP 服务器，专为 rails 应用；http：//rubyforge. org/projects/mongrel/。
- Munin：服务端监控程序，http：//munin-monitoring. org/。
- Nagios：网络监控系统，http：//www. nagios. org/。

下面简要介绍一下 Twitter 目前开放的部分接口，为希望开发基于 Twitter 服务扩展的工具或应用的开发人员提供技术和文档服务。

（1）认证。除了部分 API（如：公共时间线，public timeline）外，所有的 API 方法都要求用户认证，所有的返回都与认证用户相关。例如，尝试获取一个设置为私密的且不是用户的好友的用户信息时，将会返回失败状态。

Twitter 目前仅支持 HTTP Basic Authentication 验证机制。当使用 HTTP Basic Authentication 时，请使用用户在 Twitter 注册的“用户名”作为 Session 或 Cookie 的“用户名”部分的内容。

（2）多状态（RESTFull）结果传输。Twitter API 力求根据用户特定的请求返回对应特定格式的数据，使其提供的 API 具备一个重要的便利之处，即通过简单的更改 URI 中的文件后缀名，便可获得想要的返回结果的格式。

目前，Twitter 支持四种数据返回格式：XML、JSON、RSS、Atom，用户可以在每次请求时使用不同的请求方法指定不同的返回结果。

（3）参数。一些 API 接受可选和必需的参数。当传送复杂字串时，必须先将字串编码为 UTF-8 格式，并再做一次 URL 编码（Encode）。

（4）HTTP 请求。除非特意指明，Twitter 的开放 API 通过 HTTPGET 方式的调用，需要提交信息或传送私密消息时使用 POST 方法。

API 返回的信息格式的组成会有所区别，一些 API 将返回与用户请求“内容”相关的信息，而有一些将返回与客户端发送的“HTTP 头信息”相关的一些信息。

例如，多数支持 Since 参数的方法，同样会对 HTTP 头中的 If-Modified-Since 这个 HTTP 头感兴趣。需要注意的是，当某些行为既可以通过参数又可以通过 HTTP 头进行控制时，优先接受通过参数方式设定的值。

当请求返回数据时，返回数据的编码统一为 UTF-8 格式，且会将一些外部符号编码为 HTML 实体（&#number；或 &text）格式。

（5）限制。每一个客户端每小时最多允许 150 次请求。

（6）HTTP 状态码。Twitter API 会对每次请求返回合适的 HTTP 状态。例如，当请求一个不存在的用户信息时，API 会返回 404 Not Found；当一次请求没有被认证并授权时，API 会返回 401 Not Authorized 状态。

（7）使用API的简便方法。一旦用户的系统安装了curl，便具备了一个非常强大的使用微博API的工具。以下是使用curl的例子，非常简单：

非授权情况下访问 public _ timeline：curl http://api. twitter. com/statuses/public _ timeline. xml。

获取朋友的 timeline，使用认证：curl-u email：password http://api. twitter. com/statuses/friends_timeline. xml。

仅获取头部信息：curl-head email：password http://api. twitter. com/statuses/friends _ timeline. json。

其他接口详见 http://api. twitter. com，不再一一赘述。

4.4.3 核心技术

从Twitter的系统架构来看，缓存、消息队列、数据流与控制流是其重要组成部分。下面将重点介绍这几个组成部分。

1. 缓存

Web 2.0网站所有的一切都是运行在内存中。正确使用缓存，对于大型网站的建设，是至关重要的大事。网站在回应用户请求时的反应速度，是影响用户体验的一大因素。而影响速度的原因有很多，其中一个重要的原因在于硬盘的读写（Disk IO）。

表4-1展示了内存（RAM）、硬盘（Disk），以及新型的闪存（Flash）在读写方面的速度比较。硬盘的读写速度比内存的读写速度慢了百万倍。所以，要提高网站的速度，一个重要措施是尽可能把数据缓存在内存里。当然，在硬盘里也必须保留一个拷贝，以此防范万一由于断电，内存里的数据丢失的情况发生。

表4-1 内存与硬盘各种参数对比

Media	Price	Access time			Transfer bandwidth	Power Cons. Act/Idle/Slp
		Read	Write	Erase		
Magnetic Disk	$ 0.3/GB	12.7ms (2KB)	13.7ms (2KB)	N/A	85MB/s	13W/8W/1W
NAND Flash	$ 30/GB	80μs (2KB)	200μs (2KB)	1.5ms (128KB)	25MB/s	1W/0.1W/0.1W
DDR2-533 RAM	$ 25/GB	22.5ns	22.5ns	N/A	4266MB/s	12W/6W/NA per GB

每个Tweet平均被126个用户跟踪，所以这里有着明显的缓存需求。只有API有着一

个页面缓存，当每次从一个用户那里来了一个 Tweet 时就会失效，而应用的其他部分都是无缓存的。

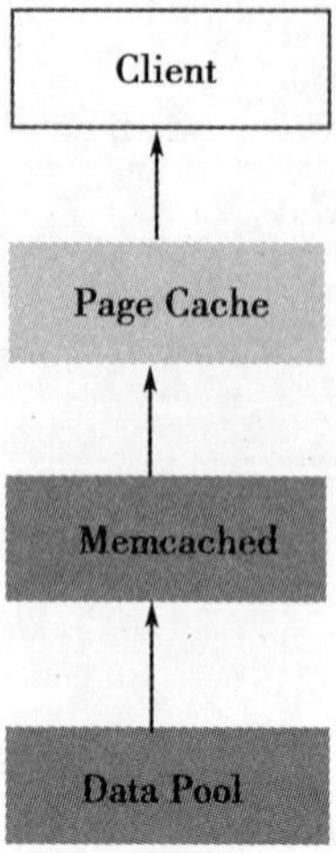

图 4-9　Cache 常规架构

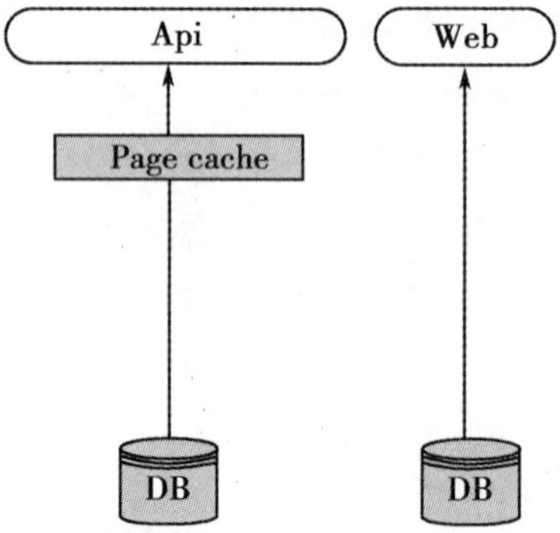

图 4-10　Twitter 的 Page Cache 架构

哪里需要缓存？越是 Disk I/O 频繁的地方，越需要缓存。正如前面所述，Twitter 的核心业务有两个：用户和短信（Tweet）。围绕这两个核心，数据库中存放着若干表，如我们前面所说其中最重要的有三个，分别为用户表、短信表、用户关系表。

有没有必要把这几个核心的数据库表统统存放到缓存中去？Twitter 的做法是把这些表拆解，把其中读写最频繁的列放进缓存。为此，Twitter 大量使用 memcached 作缓存，并对 memcached 缓存策略进行了相应的改进，即 Vector Cache、Row Cache、Fragment Cache、Page Cache（见图 4-9 ~ 图 4-11）。

（1） Vector Cache and Row Cache。Twitter 工程师认为最重要的列是 IDs，即新发表的短信的 IDs、被频繁阅读的热门短信的 IDs、相关作者的 IDs，以及订阅这些作者的读者的 IDs。在 Twitter 文献中，把存放这些 IDs 的缓存空间，称为 Vector Cache。

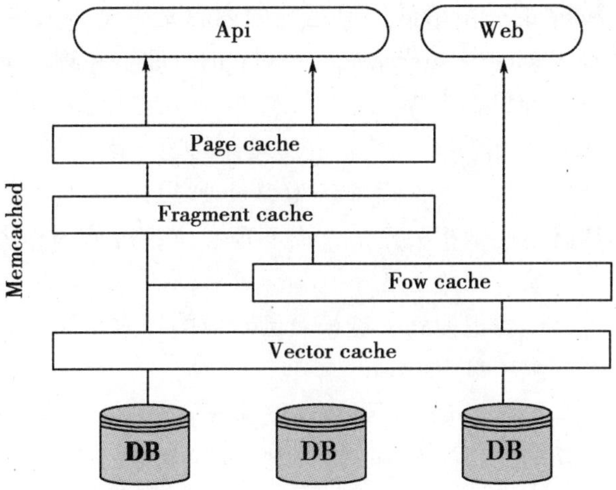

图 4-11 Twitter 的优化缓存架构

Twitter 工程师认为，读取最频繁的内容是这些 IDs，而短信的正文在其次。为此，必须优先保证 Vector Cache 所需资源，次重要的工作才是设立 Row Cache，用于存放短信正文。

命中率（Hit Rate or Hit Ratio）是测量缓存效果的最重要指标。如果一个或者多个用户读取 100 条内容，其中 99 条内容存放在缓存中，那么缓存的命中率就是 99%。命中率越高，说明缓存的贡献越大。

设立 Vector Cache 和 Row Cache 后，观测实际运行的结果，会发现 Vector Cache 的命中率是 99%，而 Row Cache 的命中率是 95%，由此可证实 Twitter 工程师所预见的"先 IDs 后正文"的判断。

Vector Cache 和 Row Cache，使用的工具都是开源的 MemCached。

（2）Fragment Cache and Page Cache。访问 Twitter 网站的不仅有浏览器，还有手机、类似 QQ 的电脑桌面工具，以及各式各样的网站插件，以便把其他网站联系到 Twitter. com 上来。接待这两类用户的，是以 Apache Web Server 为门户的 Web 通道，以及被称为"API"的通道。其中 API 通道受理的流量占总流量的 80% ~90%。为此，继 Vector Cache 和 Row Cache 之后，Twitter 工程师们进一步优化缓存的工作重点是：如何提高 API 通道的反应速度。

读者页面的主体，显示的是一条又一条短信。不妨把整个页面分割成若干局部，每个局部对应一条短信。所谓 Fragment，就是指页面的局部。除短信外，其他内容例如 Twitter Logo 等，也是 Fragment。如果一个作者拥有众多读者，那么缓存这个作者写的短信的布局页面（Fragment），就可以提高网站整体的读取效率。

对于一些人气很旺的作者，读者们不仅会读他写的短信，而且会访问他的主页，所以，也有必要缓存这些人气作者的个人主页。

Fragment Cache 和 Page Cache，使用的工具也是 MemCached。

观测实际运行的结果，Fragment Cache 的命中率高达 95%，而 Page Cache 的命中率只有40%。虽然 Page Cache 的命中率低，但是它的内容是整个个人主页，所以占用的空间却不小。为了防止 Page Cache 争夺 Fragment Cache 的空间，在物理部署时，Twitter 工程师把 Page Cache 分离到不同的机器上去。

（3）HTTP Accelerator。解决了 API 通道的缓存问题，下一步要着手处理的是 Web 通道的缓存问题。经过分析，Twitter 工程师认为 Web 通道的压力主要来自于搜索。尤其是面临突发事件时，读者们会搜索相关短信，而不理会这些短信的作者，是不是自己"追"的那些作者。

要降低搜索的压力，不妨把搜索关键词及其对应的搜索结果，缓存起来。Twitter 工程师使用的缓存工具，是开源项目 Varnish。

值得注意的是，通常把 Varnish 部署在 Web Server 之外，面向 Internet 的位置。这样，当用户访问网站时，实际上先访问 Varnish，读取所需内容。只有在 Varnish 没有缓存相应内容时，用户请求才被转发到 Web Server 上去。而 Twitter 的部署，却是把 Varnish 放在 Apache Web Server 内侧，原因在于 Varnish 的操作比较复杂。为了降低 Varnish 崩溃造成整个网站瘫痪的可能性，Twitter 便采取了这种特殊的部署方式。

Apache Web Server 的主要任务是解析 HTTP，以及分发任务。不同的 Mongrel Rails Server 负责不同的任务，但是绝大多数 Mongrel Rails Server 都要与 Vector Cache 和 Row Cache 联系，并读取数据。Rails Server 如何与 MemCached 联系呢？Twitter 工程师们自行开发了一个 Rails 插件（Gem）——CacheMoney。

据统计，Twitter 使用了 Varnish 以后，导致整个 Twitter. com 网站的负载下降了50%。

2. 消息队列（Message Queue）

为什么要使用消息队列？其目的在于：隔离用户请求与相关操作，以便烫平流量高峰。下面以一个实例分析说明，2009 年 1 月 20 日星期二，作为美国历史上第一位黑人总统，奥巴马的就职典礼引起强烈反响，导致 Twitter 流量猛增，如图 4-12 所示。其中洪峰时刻，Twitter 网站每秒钟收到 350 条新短信，这个流量洪峰维持了大约 5 分钟。根据统计，平均每个 Twitter 用户被 120 人"追"。这就是说，这 350 条短信，平均每条都要发送

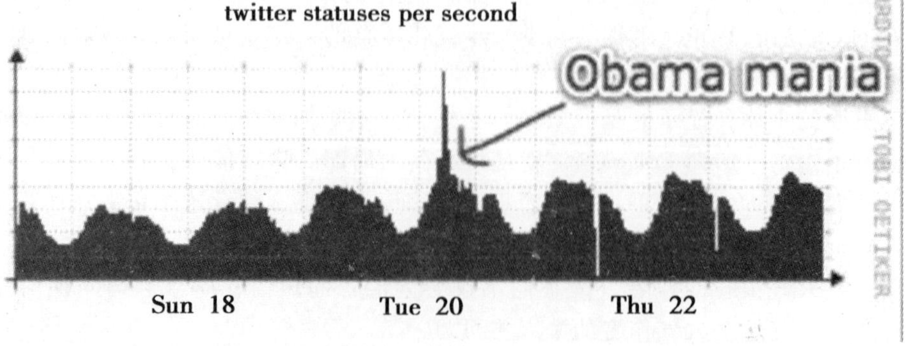

图 4-12　2009 年 1 月 20 日奥巴马就职典礼引起的 Twitter 流量洪峰

120 次。这意味着，在这 5 分钟的洪峰时刻，Twitter 网站每秒钟需要发送 350×120 = 42000 条短信。面对洪峰，如何才能保证网站不崩溃？有效的方法是迅速接纳，但是推迟服务。这就是所谓的“隔离用户请求与相关操作，以便烫平流量高峰”。

如何实施隔离呢？当一位用户访问 Twitter 网站时，接待他的是 ApacheWebServer。Apache 只需把用户的请求解析以后，转发给 Mongrel Rails Sever，由 Mongrel 负责实际的处理；然后继续等待下一位用户。这样就避免了在洪峰期间，用户连接不上 Twitter 网站的尴尬局面。

虽然 Apache 的工作简单，但是并不意味着 Apache 可以接待无限多的用户。原因是 Apache 解析完用户请求，并且转发给 Mongrel Server 以后，负责解析这个用户请求的进程（process），并没有立刻释放，而是进入空循环，等待 Mongrel Server 返回结果。这样，Apache 能够同时接待的用户数量，或者更准确地说，Apache 能够容纳的并发的连接数量（concurrent connections），实际上受制于 Apache 能够容纳的进程数量。Apache 系统内部的进程机制，如图 4-13 所示，其中每个 Worker 代表一个进程。

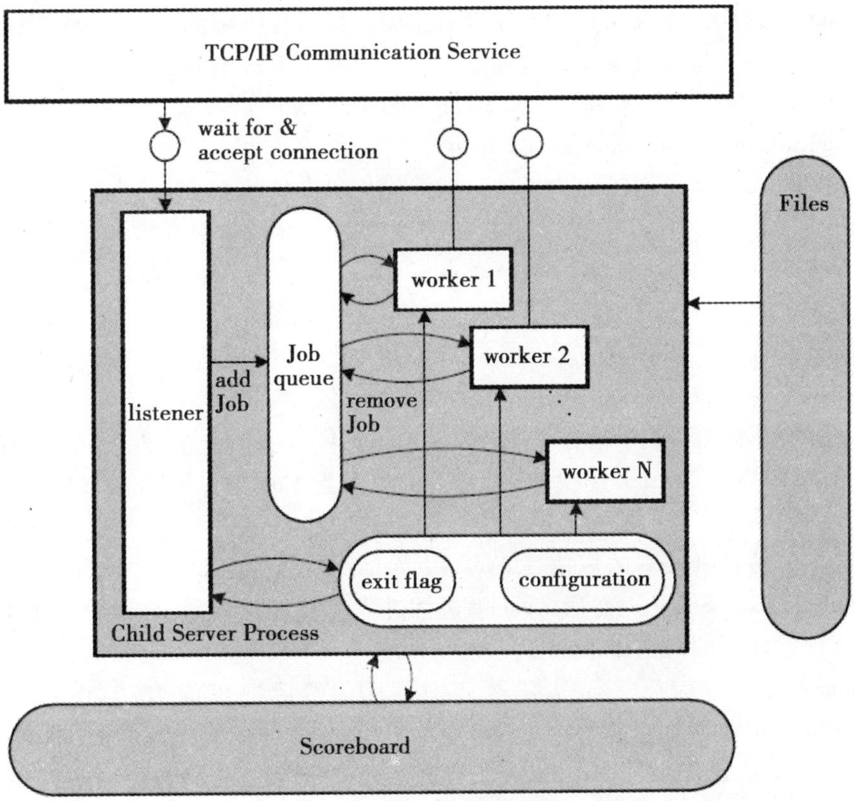

图 4-13　Apache Web 服务器体系架构

Apache 能够容纳多少个并发连接呢？如何才能提高 Apache 的并发用户容量呢？一种可行的思路是不让连接受制于进程。不妨把连接作为一个数据结构，存放到内存中去，释放进程，直到 Mongrel Server 返回结果时，再把这个数据结构重新加载到进程上去。通过让 Apache 进程空循环的办法，迅速接纳用户的访问，推迟服务。换句话说，目的在于让用户不至于收到“HTTP 503”错误提示［“503 错误”是指“服务不可用（Service Unavailable）”，也就是网站拒绝访问］。

- 发布 Tweet 后，放到队列中，并转发到各个 Follower 中去。
- Twitter 的 MQ 很简单：基于 Memcached 的协议，Job 之间是无序的，服务器之间没有共享的状态，所有的东西都保存在 RAM 里，并且是事务性的。
- 最初 Starling，因为 Ruby 的 GC 机制，后来改为 Scala 编写的 Kestrel。
- 做一个格式的转换桥，转换成其他设备所需要的格式，并负责转发。

3. 数据流与控制流

对于 Twitter 系统来说，庞大的服务器集群，尤其是以 MemCached 为主的众多的缓存，体现了蓄洪的容量。引流的手段是 Kestrel 消息队列，用于传递控制指令。渠道是机器与机器之间的数据传输通道，尤其是通往 MemCached 的数据通道。渠道的优劣，在于是否通畅。Twitter 的设计，体现在有效地控制数据流，保证在洪峰到达时，能够及时把数据疏散到多个机器上去，从而避免压力过度集中，造成整个系统的瘫痪。

- Libmemcached：从 Mongrel 到 MemCached 之间的一个数据传输通道，即 client library communicating to the memcached server。
- Memcached：客户端的优化目的是试图优化集群负载。
- 持续一年的碎片缓存优化带来了 50 倍的每秒页面请求服务增加。

（1）Twitter 网站内部的流程。下面以一则短信从发表到被阅读为例，剖析一下 Twitter 网站内部的业务逻辑流程所经历的 6 个步骤（见图 4-14）。

假设有两个作者，通过浏览器，在 Twitter 网站上发表短信。有一个读者，也通过浏览器，访问网站并阅读他们写的短信。

①作者的浏览器与网站建立连接，ApacheWeb Server 分配一个进程（Worker Process）。作者登录，Twitter 查找作者的 ID，并作为 Cookie，记忆在 HTTP 邮包的头属性里。

②浏览器上传作者新写的短信（Tweet），Apache 收到短信后，把短信连同作者的 ID 转发给 Mongrel Rails Server。然后 Apache 进程进入空循环，等待 Mongrel 的回复，以便更新作者主页，把新写的短信添加上去。

③Mongrel 收到短信后，给短信分配一个 ID，然后把短信 ID 与作者 ID，缓存到 Vector MemCached 服务器上去。

同时，Mongrel 让 Vector MemCached 查找有哪些读者“追”这位作者。如果 Vector MemCached 没有缓存这些信息，Vector MemCached 自动去 MySQL 数据库查找，得到结果后，缓存起来，以备日后所需；然后，把读者 IDs 回复给 Mongrel。

接着，Mongrel 把短信 ID 与短信正文，缓存到 Row MemCached 服务器上去。

④Mongrel 通知 Kestrel 消息队列服务器，为每个作者及读者开设一个队列，队列的名称中隐含用户 ID。如果 Kestrel 服务器中已经存在这些队列，那就延用以往的队列。

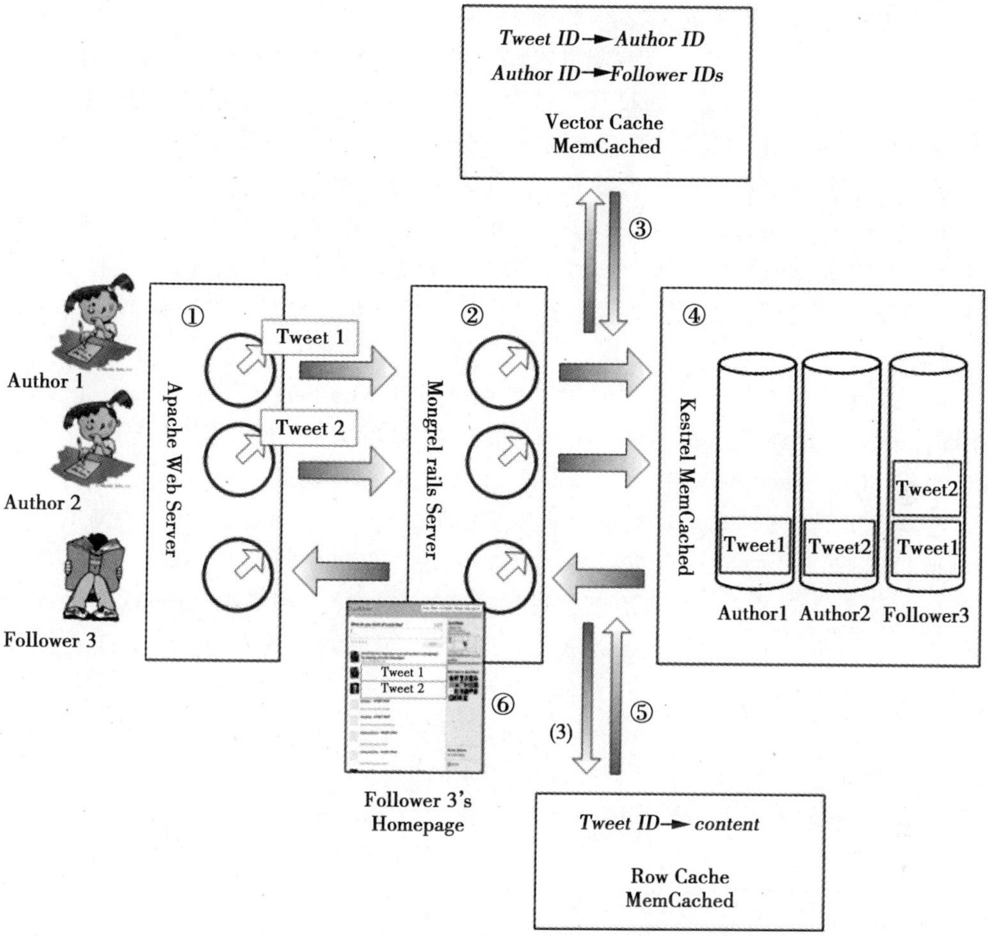

图 4-14 Twitter 网站内部的流程

对应于每个短信，Mongrel 已经从 Vector MemCached 那里知道，有哪些读者追这条短信的作者。Mongrel 把这条短信的 ID，逐个放进每位读者的队列，以及作者本人的队列。

⑤同一台 Mongrel Server，或者另一台 Mongrel Server，在处理某个 Kestrel 队列中的消息前，从这个队列的名称中解析出相应的用户 ID；这个用户，既可能是读者，也可能是作者。

然后 Mongrel 从 Kestrel 队列中，逐个提取消息，解析消息中包含的短信 ID；并从 Row MemCached 缓存器中，查找对应于这个短信 ID 的短信正文。

这时，Mongrel 既得到了用户的 ID，也得到了短信正文；接下去 Mongrel 就着手更新用户的主页，添加上这条短信的正文。

⑥Mongrel 把更新后的作者的主页，传递给正在空循环的 Apache 的进程，该进程把作者主页主动传送（Push）给作者的浏览器。

如果读者的浏览器事先已经登录 Twitter 网站，建立链接，那么 Apache 给该读者也分配了一个进程，该进程也处于空循环状态。Mongrel 把更新后的读者的主页，传递给相应进程，该进程把读者主页主动传递给读者的浏览器。

（2）流量洪峰与云计算。网站流量洪峰何时到来，流量会达到多少，一般是无法预料的。对于 Twitter 公司来说，如果预先购置足够的设备，以承受流量的变化，尤其是重大事件导致的洪峰流量，那么这些设备在大部分时间处于闲置状态，非常不经济。但是如果缺乏足够的设备，那么面对重大事件，Twitter 系统有可能崩溃，造成的后果是用户流失。为此，Twitter 公司采取的办法是变买为租。Twitter 公司自己购置的设备，其规模以应付无重大事件时的流量压力为限。同时租赁云计算平台公司的设备，以应付重大事件来临时的洪峰流量。租赁云计算的好处是，计算资源实时分配，需求高的时候，自动分配更多计算资源。

Twitter 把租赁来的计算资源主要用于增加 ApacheWeb Server，而 Apache 是 Twitter 整个系统的最前沿的环节。为什么 Twitter 很少把租赁来的计算资源，分配给 Mongrel RailsServer、Memcached Servers、Varnish HTTP Accelerators 等其他环节？

通过以上实例分析，6 个步骤中的前 2 步表明，每个访问 Twitter 网站的浏览器，都与网站保持长链接。目的是一旦有人发表新的短信，Twitter 网站在 500ms 以内把新短信 Push 给他的读者。问题是在没有更新的时候，每个长连接占用一个 Apache 的进程，而这个进程处于空循环。所以，绝大多数 Apache 进程，在绝大多数时间里，处于空循环，因此占用了大量资源。

事实上，通过 ApacheWeb Servers 的流量虽然只占 Twitter 总流量的 10% ~20% ，但是 Apache 却占用了 Twitter 整个服务器集群的 50% 的资源。Twitter 分配计算资源时为什么要优先保证 Apache 的需求？对于 Twitter 系统来说，Apache 充当的角色就是休息厅。只要休息厅足够大，就能暂时稳住用户。换言之，就是不让用户收到 HTTP-503 的错误提示。稳住用户以后，接下来的工作是高效率地提供服务。

（3）反常规的架构设计。高效率的服务，体现在 Twitter 业务流程 6 个步骤中的后 4 步。这正是 Twitter 对于架构设计的一种进步，即不彻底的工作方式。

当一个来自浏览器的用户请求到达 Twitter 后台系统的时候，首先接收的是 ApacheWeb Server；然后是 Mongrel Rails Server。Mongrel 既负责处理上传的请求，也负责处理下载的请求。Mongrel 处理上传和下载的业务逻辑非常简洁，但是简洁的表象之下，却蕴含着反常规的设计。这种反常规的设计，这正是 Twitter 架构中最值得注意的亮点。

所谓上传，是指用户写了一个新短信，上传给 Twitter 以便发表；而下载是指 Twitter 更新读者的主页，添加最新发表的短信。Twitter 下载的方式，不是读者主动发出请求的 Pull 的方式，而是 Twitter 服务器主动把新内容 Push 给读者的方式。

Mongrel 处理上传的逻辑很简洁，分两步：

首先，当 Mongrel 收到新短信后，分配一个新的短信 ID。然后把新短信的 ID，连同作者的 ID，缓存进 Vector MemCached 服务器。接着，把短信 ID 以及正文缓存进 Row MemCached 服务器。这两个缓存的内容，由 Vector MemCached 与 Row MemCached 在适当的时候，自动存放进 MySQL 数据库中去。

其次，Mongrel 在 Kestrel 消息队列服务器中，寻找每一个读者及作者的消息队列，如果没有，就创建新的队列。接着，Mongrel 把新短信的 ID 逐个放进“追”这位作者的所有在线读者的队列，以及作者本人的队列。

以上两个步骤表明，Mongrel 采取的是不彻底的工作方式。首先，把短信及其相关 IDs，缓存进 Vector MemCached 和 Row Cached，而不直接负责把这些内容存入 MySQL 数据库。然后，把短信 ID 扔进 Kestrel 消息队列，即上传任务结束。Mongrel 没有用任何方式去通知作者，其短信已经被上传，也不管读者是否能读到新发表的短信。

Mongrel 下载的逻辑也很简单，也分两步。

首先，分别从作者和读者的 Kestrel 消息队列中，获得新短信的 ID。

其次，从 RowMemCached 缓存器那里获得短信正文，以及从 Page MemCached 那里获得读者以及作者的主页，更新这些主页，也就是添加上新的短信的正文。然后通过 Apache，"push" 给读者和作者。

为什么 Twitter 采取了这种反常规的不彻底的工作方式？对于架构设计这其实是一种进步。对照 Mongrel 处理上传和下载的两段逻辑，不难发现每段逻辑都"不彻底"，合在一起才形成一个完整的流程。所谓不彻底的工作方式，反映了 Twitter 架构设计的两个"分"的理念。一个是把一个完整的业务流程，分割成几段相对独立的工作，每一个工作由同一台机器中不同的进程负责，甚至由不同的机器负责。另一个是把多个机器之间的协作，细化为数据与控制指令的传递，强调数据流与控制流的分离。

分割业务流程的做法，并不是 Twitter 的首创。事实上，三段论的架构，宗旨也是分割流程。Web Server 负责 HTTP 的解析，Application Server 负责业务逻辑，Database 负责数据存储。遵从这一宗旨，Application Server 的业务逻辑也可以进一步分割。

所谓多线程，简单地讲，就是由一根线程，从头到尾地负责一个完整的业务流程。显然，Twitter 采取的是事件驱动方式，其优点在于能动态调用资源。当某一个工作的负担繁重，成为整个流程中的瓶颈的时候，事件驱动的架构可以很方便地调集更多资源，来化解压力。对于单个机器而言，多线程和事件驱动的两类设计，在性能方面的差异，并不是非常明显。但是对于分布式系统而言，事件驱动的优势发挥得更为淋漓尽致。

Twitter 把业务流程做了两次分割：一是分离了 Mongrel 与 MySQL 数据库，Mongrel 不直接插手 MySQL 数据库的操作，而是委托 MemCached 全权负责；二是分离了上传和下载两段逻辑，两段逻辑之间通过 Kestrel 队列来传递控制指令。

所谓事件，既包括控制信号，也包括数据本身。考虑到通常数据的尺寸大，传输成本高，而控制信号的尺寸小，传输简便。把数据流与控制流分离，可以进一步提高系统效率。在 Twitter 系统中，Kestrel 消息队列专门用来传输控制信号，所谓控制信号，实际上就是 IDs。而数据是短信正文，存放在 RowMemCached 中。谁去处理这则短信正文，由 Kestrel 去通知。

Twitter 完成整个业务流程的平均时间是 500ms，甚至能够提高到 200 ~ 300ms，这说明在 Twitter 分布式系统中，事件驱动的设计是成功的；Kestrel 消息队列是 Twitter 自行开发的。Twitter 之所以成功，不仅在于功能设计上迎合了时代的需要，同时也在于技术上精益求精。

4. 分布式数据存储框架 Gizzard

为了更好地解决由于大量数据而无法通过单一计算机对这些数据进行有效存储的问题，应对措施之一就是对这些信息进行分割，分别存储在不同的计算机上。为此，Twitter 于 2010 年发布了“Gizzard”分布式数据存储框架案，其核心理念就是运用分布式数据存储技术。

作为数据分割的替代方案之一，Twitter 已经开发了一个框架，用来代替自定义开发的数据存储系统或未经测试的开源备选方案，然后对外开放代码。

Twitter 已经从以往的数据存储开发经验中提出一个名为 Gizzard 的 Scala 框架，让用户可以更方便地创建自定义容错、分布式数据库（见图 4-15）。

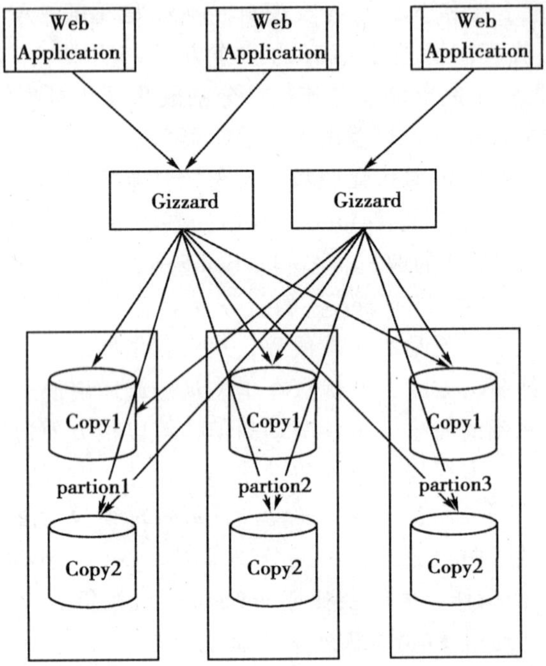

图 4-15　Gizzard 分布式数据存储框架

Twitter 给出了一个名为“Rowz”的示例，方便用户上手，同时还公布了 Gizzard 的完整代码。有了 Gizzard，初创公司和小公司就可以更好更快地处理大量数据，从而利用更少的资源满足用户需求。

5. 分布式实时统计系统 Rainbird

作为大型网站的分布式应用，Twitter 需要具备以下性能：

- 极高的写入性能，可以达到 100000s 的 WPS。
- 非常高的读取性能，可以达到 10000s 的 RPS。
- 高度的可扩展性，包括读取和存储等，能够扩展到 100+TB 的量级。

- 读取速度响应间隔短，绝大多数的读取速度应该不超过100ms。

为此，Twitter 开发了一款分布式实时统计系统 Rainbird，用于实时数据的统计：

- 统计网站中每一个页面、域名的点击次数。
- 内部系统的运行监控（统计被监控服务器的运行状态）。
- 记录最大值和最小值。

Rainbird 是一款基于 Zookeeper，Cassandra，Scribe，Thrift 的分布式实时统计系统，这些基础组件的基本功能如下：

- Zookeeper，Hadoop 子项目中的一款分布式协调系统，用于控制分布式系统中各个组件中的一致性。
- Cassandra，NoSQL 中一款非常出色的产品，集合了 Dynamo 和 BigTable 特性的分布式存储系统，用于存储需要进行统计的数据并统计数据，以提供客户端进行统计数据的查询（需要使用分布式 Counter 补丁 CASSANDRA-1072）。
- Scribe，Facebook 开源的一款分布式日志收集系统，用于在系统中将各个需要统计的数据源收集到 Cassandra 中。
- Thrift，Facebook 开源的一款跨语言 C/S 网络通信框架，开发人员基于这个框架可以轻易地开发 C/S 应用。

Rainbird 的整体设计架构如图 4-16 所示：

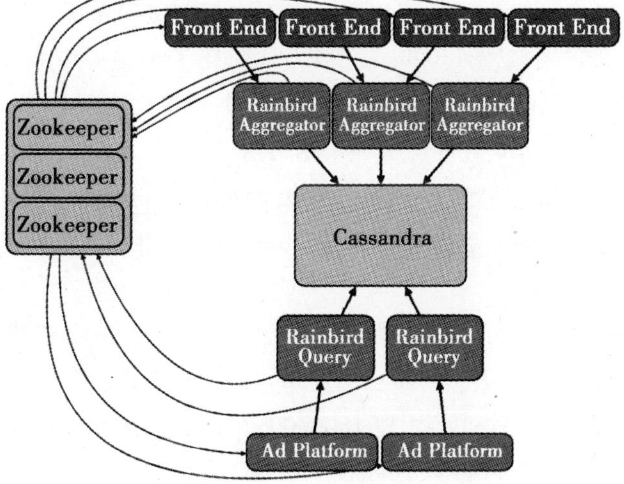

图 4-16 Rainbird 的整体设计架构

整个 Rainbird 系统中各个组件之间的协调和容灾处理由 ZooKeeper 负责，Cassandra 负责整个数据的存储和统计。

Front End 中部署了 Scribe，收集需要统计的数据，然后将收集到数据实时地发生到 Rainbird Aggregator 中。

Rainbird Aggregator 将缓存收集的数据（1M），并将缓存的数据进行一次预处理，然后再将数据一次性批量写入 Cassandra 中。这里预处理的作用类似于 MapReduce 框架中的

combiner 的作用，在 Maper 端做 Reduce。

Rainbird Query 接受用户的查询请求，直接到 Cassandra 中查询已经统计好的数据返回给客户端。

6. 分布式实时计算系统 TwitterStorm

每台计算机的运算和数据处理能力都是有极限的，而达到或超过负载极限的服务器不但不可能提供良好的在线服务，而且还可能因为服务器过载导致系统出现问题而无法提供服务，甚至丢失关键数据。这种脆弱而不稳定的系统所造成的后果是严重的，最直接的影响之一就是把用户推向服务更稳定的竞争对手。MapReduce、Hadoop，以及相关的技术使我们可以存储和处理规模宏大的数据，但这些数据处理系统都不是实时系统。缺乏“实时 Hadoop”是数据处理生态系统中最大的窘境，分布式 RPC（DRPC）的真正目的是使用 Storm 实时并行计算极端功能。

（1）Storm 的关键特性。在 Storm 之前，通常必须手动建立一个由许多队列和许多 Worker 组成的网络来实现实时处理。Worker 处理队列消息，更新数据库，发送新消息给其他队列以供后续处理。但这种方法有很大的局限性。虽然队列+Workers 的范式能解决大量的消息，消息处理显然是实时计算的基本范式。但怎么才能在某种程度上保证数据不会丢失，对海量消息轻松扩容，并且使用和运营工作都超级简单呢？Storm 公开（Expose）了一组实时计算原语。它类似 MapReduce，极大地简化了编写并行批处理程序，Storm 的原语极大地简化了编写并行实时计算程序。Storm 的关键特性表现如下：

- 用例非常广泛：Storm 可用于处理消息和更新数据库（流处理），在数据流上进行持续查询，以流的形式返回结果到客户端（持续计算）并行化一个类似实时查询的热点查询（分布式的 RPC）；可提供更多的用例，Storm 的一组很小的原语满足了惊人数量的用例。
- 可伸缩：Storm 随时都可对大规模消息进行扩容。扩容一个拓扑，用户只需要添加机器和增加的拓扑结构的并行设置。看一个 Storm 规模的例子，一个 Storm 集群有 10 个节点，一个最初的 Storm 应用每秒可以处理 1000000 个消息（指 Spout 和 Bolt 总共发射的消息总和），拓扑的其中一部分每秒数有数百个数据库调用。Storm 使用 Zookeeper 协调集群，使其集群可以扩容到非常大。
- 保证数据不丢失：实时系统必须对成功处理数据提供有力保证。系统丢弃数据的用例非常有限。Storm 保证每个消息都被处理，这直接与其他系统截然不同，如 S4。
- 非常健壮：Storm 与 Hadoop 不同，Hadoop 难以管理早已臭名昭著，Storm 集群只是干活，使用户尽可能方便地管理 Storm 集群是 Storm 项目的一个明确目标。
- 容错：计算的执行过程中如果发生故障，Storm 将在必要时重新分配任务，以此来确保计算永远运行（或者直到用户 kill 此计算）。
- 编程语言无关性：健壮和可伸缩的实时处理不应仅限于一个单一的平台。Storm 的拓扑结构和处理组件可以用任何语言定义，对任何人而言，Storm 都是易接受的。

（2）分布式 RPC。Storm 拓扑需要一个输入流作为函数参数，以一个输出流的形式发射每个函数调用的结果。分布式 RPC 通过“DRPC Server”协调。Drpc 服务器协调接收一个 RPC 请求，发送请求到 Storm 拓扑，从 Storm 拓扑接收结果，发送结果回等待的客户端。从一个客户端的角度来看，一个分布式 RPC 调用就像是一个常规的 RPC 调用。

分布式 RPC 工作流程如图 4-17 所示：

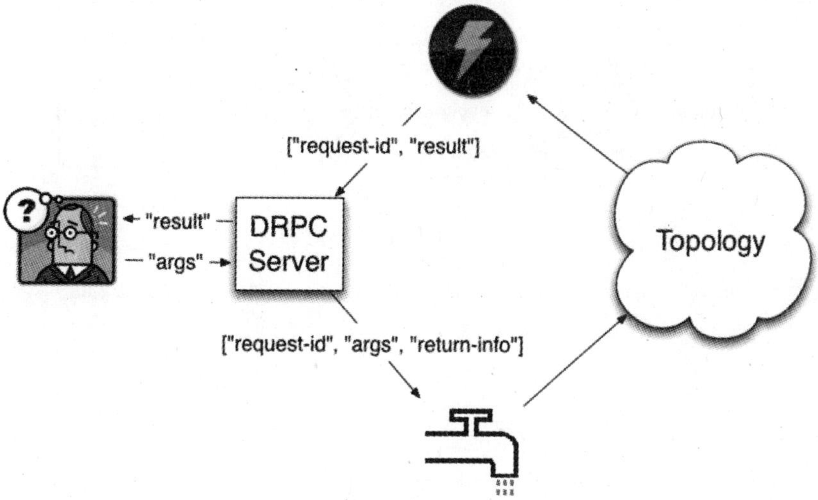

图 4-17　分布式 RPC 工作流程

客户端发送功能名称及功能所需参数到 DRPC 服务器去执行。图中的拓扑实现了此功能，它使用 DRPCSpout 从 DRPC 服务器接收功能调用流。每个功能调用通过 DRPC 服务器使用唯一 ID 标记，随后拓扑计算结果，在拓扑的最后，一个被称为“ReturnResults”的 bolt 连接到 DRPC 服务器，把结果交给这个功能调用（根据功能调用 ID），DRPC 服务器根据 ID 找到等待中的客户端，为等待中的客户端消除阻塞，并发送结果给客户端。

（3）Storm 集群组件。Storm 集群表面类似 Hadoop 集群，但在 Hadoop 上用户运行的是“MapReduce Jobs”，在 Storm 上用户运行的是“Topologies”。“Jobs”和“Topologies”是大不同的，最重要的不同是一个 MapReduce 的 Job 最终会结束，而一个 Topology 永远处理消息。

Storm 集群有两种节点：控制（Master）节点和工作者（Worker）节点。控制节点运行一个被称为“Nimbus”的后台程序，它类似于 Haddop 的“JobTracker”。Nimbus 负责在集群范围内分发代码、为 Worker 分配任务和故障监测。

每个工作者节点运行一个被称为“Supervisor”的后台程序。Supervisor 监听分配给它所在机器的工作，基于 Nimbus 分配给它的事情来决定启动或停止工作者进程。每个工作者进程执行一个 Topology 的子集；一个运行中的 Topology 由许多跨多个机器的工作者进程组成（见图 4-18）。

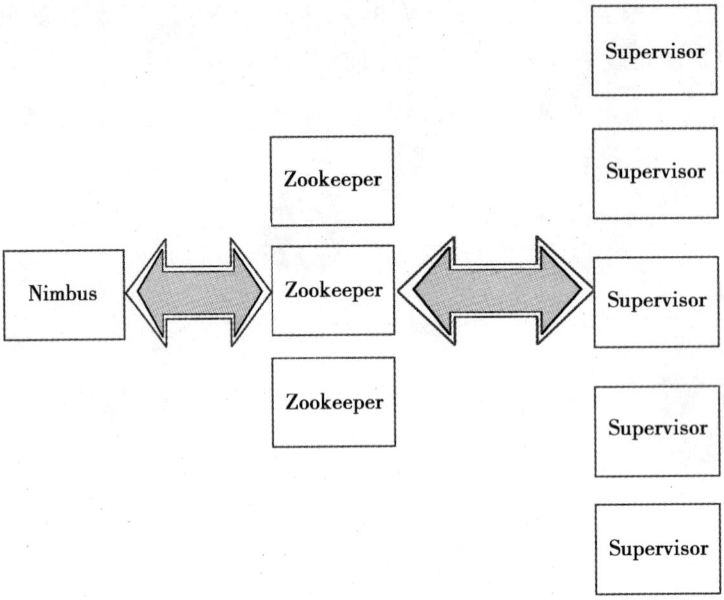

图 4-18　Storm 集群组件

一个 Zookeeper 集群负责 Nimbus 和多个 Supervisor 之间的所有协调工作。此外，Nimbus 后台程序和 Supervisor 后台程序都是快速失败（Fail-fast）的和无状态的；所有状态维持在 Zookeeper 或本地磁盘。这意味着用户可以 Kill-9 杀掉 Nimbus 进程和 Supervisor 进程，然后重启，它们将恢复状态并继续工作，就像什么也没发生。这种设计使 Storm 极其稳定。

4.5　Twitter功能应用

4.5.1　基本功能

1. 首页（Home）

在首页中，用户可以看到用户所关注（Follow）的人的微博。这里将出现用户个人收集的微博，包括最新的新闻、评论以及用户所关心的源信息。如今，用户可以更加容易、更快速地看到自己关心的信息。只要从左侧进入所关注的功能，就能够直接能看到相关信息。在微博中还可以直接整合相片、视频以及对话，用户可以对全部相关内容一目了然。现在首页上的一切信息都可以在电脑、iPhone 以及 Android 手机上保持一致性。

2. 消息（Tweet）

用户发出的消息，最长 140 字，可包含链接、Hashtags（#）、Mention（@）。

消息发送：在 Twitter. com，登录后，最上方输入框键入文字，点击 Tweet，即可发推，如图 4-19 所示。

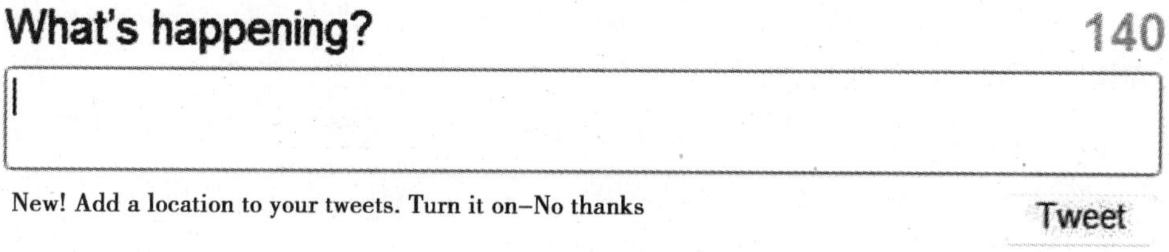

图 4-19　Tweet 发送

用户可以从任何用户注册过的设备中发送 Twitter 消息。

（1）在 Web 页上，在位于页面顶部的输入窗口中输入消息。

（2）在手机中，发送一条 SMS 短消息到 40404，由于用户的手机呼叫 ID 已绑定到用户的 Twitter 账户中，因此系统可以自动识别出这是来自于用户的消息。

（3）在 IM 中，假如用户使用的是 AOL 的话发送消息到 TwitterIM，如果是 Gtalk 或 Jabber 的话，发送到 twitter@ twitter. com 中。

在这些案例中，用户所有的跟随者（followers）将会在他们的个人 Twitter 页面看到用户发送的消息，或者在他们的移动设备中也可以看到。

如果用户认为 Twitter. com 的英文界面不习惯，或是喜欢非官方 RT。这里有很多中文“第三方客户端”等着用户，如：推特中文圈、饭否 . im、rabr，它们通过 API 连接到 Twitter。它们的界面是全中文的，且支持非官方 RT 和官方 RT 两种方式，功能较 Twitter. com 强大许多。

3. 时间线（Timeline）

指一些 Tweets 消息列表，这里包含了用户所 Follow（跟随）的推友的所有 Tweets，包含用户自己的，它们都显示在用户的 Twitter 主页上。

4. 关注（Follow）

指跟随，Follow 后能在 timeline 中看到被 Follow 者的消息。

当用户学会如何在 Twitter 系统中发送消息后，用户的朋友就可以跟踪用户的更新了，下面列出查看其他人消息的流程。

在网页上添加一位朋友，前提是该用户必须先登录自己的账户，然后到朋友的Twitter个人页面上的“Action”栏中点“Add”链接。如果想要搜索其他用户页面的话，在用户的个人页面上使用搜索栏，可通过用户名、Email地址及手机号来查找得到。

一旦用户点击“Add”后，假如该用户设置的是公开访问，那么用户就可以在用户的联系人列表中看到他的头像。如果该用户设置的是私有属性的话，系统会发送一个友好请求，当被该用户允许后用户才会看到他的更新。

用户也同样可以查看该用户的朋友的跟随者，通过把鼠标放在位于右侧栏的头像上就可得知其用户名。假如用户在该用户朋友的跟随者上点击的话，就会进入他们的用户页面，同样用户可以添加他们到自己的朋友列表中。

用户也可以查看其他用户的来自于朋友的消息，只要点击消息窗口下的“With Friends”标签就可以了，或者用户也可以点击“Previous”标签，从而只查看他个人的消息。

在手机或IM上：登录到手机或IM账户中，发送一个Follow Username命令，这样就可接受来自于该用户的消息了。用户也可以通过发送短消息Add Phonenumber到40404来邀请朋友，同时用户也会成为该用户的跟随者。如果该用户还没注册的话，他就会接受到邀请信息后加入进来。

在Web浏览器中管理用户的朋友是非常方便的，但如果用户想在手机中进行管理的话同样是非常方便的。

5. 黑名单（Block）

当用户“Block”某一用户后，双方均不能在Timeline中看到对方的消息，并且不能“Follow”。但被“Block”的人仍可以直接查看该用户的Twitter主页（如http://twitter.com/zetifree），也可以阅读该用户的Tweet。

6. 标签（Hashtags）

指一条推特消息中，在单词、短语前面加上一个#构成的标签，通常表现该Tweet的中心话题。并且，搜索“Twitter”，就会搜索到所有包含#Twitter的消息。

7. 提到我（@Mentions）

指在@符号后跟用户名，该用户将在Reply监控页面（http://twitter.com/#replies）中直接看到此消息。

若发出这样一条消息：“今天@B跟我吃饭”，那么所有Follower都将在Timeline中看到此消息。

若发出这样一条消息（假设我是@A）：“@B我们今天去吃饭吧”——它是以“@”

符号开头的。那么，除非该用户的某个 Follower 同时“Follow”了@ B，否则在 Timeline 中，他是看不到此消息的。这就是说：该消息相对私密，属于“小圈子”内部的讨论。

8. 探索（Discover）

在探索（Discover，见图 4-20）表单中，会为用户提供更多的选择工具，用户可以借此来查看 Twitter 上以及周围朋友当中发生的新鲜事。其实就是传统标签的变体，Twitter 表示该功能将能够让显示内容更为个性化。Twitter 声称：“当用户使用‘探索列表’后，便会看到一系列结果，这些信息能够反映出用户的兴趣，这些信息是基于用户目前的位置、所关注的东西、世界正在发生的事而订制的。用户使用 Twitter 越多越久，这个表单就会变得更完美，能够为用户提供更适合自己的内容。”

图 4-20 Discover 表单

9. 列表选择（Tabbed sections）

由用户编辑的用户集合，我们可以“Follow”整个 List。

首先，在“首页”当中，用户可以看到最新更新的所有微博，也可以打开微博信息，并查看图片以及视频等。其次，在 Connect（联系）列表当中，用户可以参与对话，意思就是说通过联系列表可以很快看到新的关注者（Follwers），以及这些关注者在微博更新中的所有动作。

10. 联系（Connect）

在@ Connection 界面中，页面的左上方会列出“提到我”（Mentions）的人。而在右侧的互动（Interaction）栏中，则会列入关注者的最新动向（见图 4-21）。

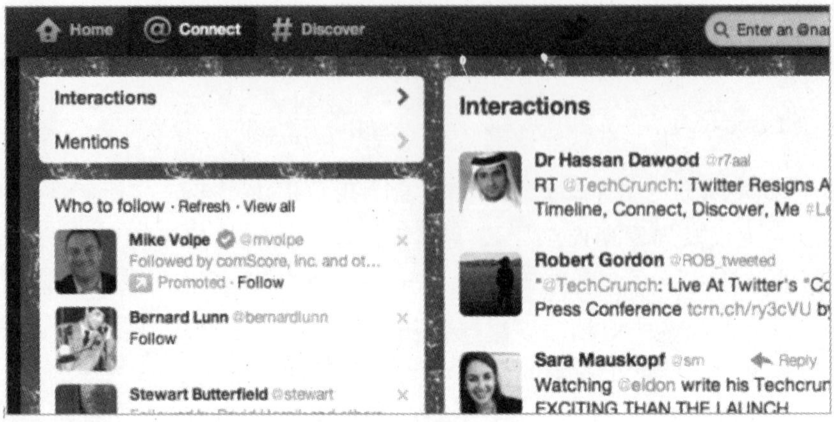

图 4-21 @ Connection 界面

11. 摇醒（Nudge）

类似 MSN 的摇醒功能，如果对方不在线，会留下信息给对方。

12. 短域名（Short IDN）

由于推特发推的长度限制，域名便占据了大量字符，于是出现了缩短域名的服务。如：aa. cx、j. mp、is. gd 以及 Google 公司的 goo. gl。

13. 注释（Annotations）

该功能可以将任何元数据（Metadata）附着于 Twitter 消息。目前，每条长度限制为 140 个字符的 Twitter 消息里都可以填写任何内容，包括大量的信息、外部网站链接等。

Twitter 注释用例：

- 链接至媒体文件，比如播客、照片等。
- 补充与 Twitter 消息有关的背景信息，比如消息发布者所在地，当时的天气情况等。
- Twitter 发布界面有可能提供一些特殊的选项，用来填写影评、书评或是分享的链接。图书的 ISBN 标识（国际标准书号）、电影预告片链接、用户对电影的评级等都能写在注释里。
- 用户可以采取分类、描述、附注等任何方式来丰富一条 Twitter 消息。

假设用户发布了 Twitter 消息，用注释描述了消息的特征，比如将一条谈论电影的消息注释为“刺激动作片推荐××影院”等。在这样做的同时，其他有着相同特征的 Twitter 消息就能与用户的消息联系起来。Seesmic、Tweetdeck 和其他 Twitter 客户端能够让注释添加变得更简单。的确，由于 Twitter 对消息有着 140 个字符的限制，因此注释功能显得非常有意义。

为单条消息添加注释是没有实际意义的，但当用户从 Twitter 数据库里获得那些标注了相同特征的消息时，意义就变得十分重要。如果所选的 Twitter 消息还能与 Twitter 之外的数据相互参照比较，信息就变得异常丰富。比如，用户可以筛选出所有由好友发布并链接至音乐文件的消息，同时播放这些歌曲。

14. 数字显示

在用户的 Twitter 页面上有一些数字，这些都是非常重要的描述：

- Followers 前面的数字表示有多少人正在跟随我（Follow5）。
- Friends 前面的数字表示用户跟随（Follow）了多少人。
- Direct Messages 前面的数字表示用户接收到了多少来自于朋友的直接发送的消息，点击该链接就可查看到这些消息的详情。
- Favorites 前面的数字表示用户收藏了多少条目，点击该链接就可看到每条收藏条目。我们可以看到，在每条消息后面都有一个“星号”图标，当点击该星号后说明这条消息就是用户收藏的了。
- Updates 前面的数字表示用户发送过多少条消息。
- Follow5（跟随我）的人越多代表自己的被关注度越高。

4.5.2 TwitterOpen API 及其应用排行

- OpenAPI：开放平台 OpenAPI 是企业融合创意提高自身产品深度的重要手段。根据统计，在目前全球互联网行业中，位于各行业领先地位的企业都选择了开放平台来获得更多的技术和创意支持，以丰富自己的网站功能与结构。
- Twitter 的地图定位应用：Twittervision 是和 TwitterMap 同属一家公司的同样基于 TwitterAPI 和 Google Map API 而进行开发的网站应用。Twittervision 上的用户更新信息是活动的，Google Map 上不断地显示着世界各地 Twitter 用户的更新信息，而且，用户不需要在更新信息中加入地理位置的信息。

Twittervision 还提供 3D 风格的 Tweet 地图与 Facebook 绑定功能（见图 4-22）。

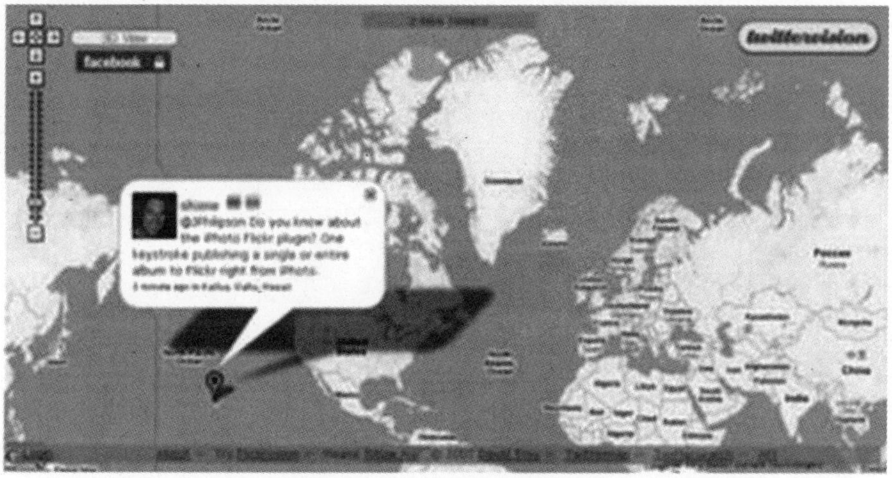

图 4-22　Twitter 地图定位

- Twitter 第三方客户端：第三方客户端是脱离 Twitter 的微博工具，绑定用户的 Twitter 账号在第三方客户端上增添了一些个性定制化功能和跨平台功能，如好友分类、界面组合、高亮显示用户最后一次查阅之后更新、可控制窗口层叠、新信息声音提示、支持键盘快捷键等功能，适用于各种操作系统平台和手机端。
- 基于 Adobe AIR 平台的 Twitter 客户端软件——Twhirl（见图 4-23）。

图 4-23 Twitter 客户端软件——Twhirl

- 为 GNHOME 桌面环境设计的独立客户端——Twitux（见图 4-24）。

图 4-24 独立客户端——Twitux

- 为核心实现信息同步：Twitter 上拥有大量的同步插件利用开放 API 接口进行内容

同步，其中 FeedTweeter 是一个类似于 TwitterFeed 的 Feed 同步服务，可把 Feed 文章推送到 Twitter 账号中，目前需要邀请才能注册；目前支持 Plurk、Twitter，官方宣称以后还会增加更多社会性服务，比如 YouTube、Flickr 等（见图 4-25）。

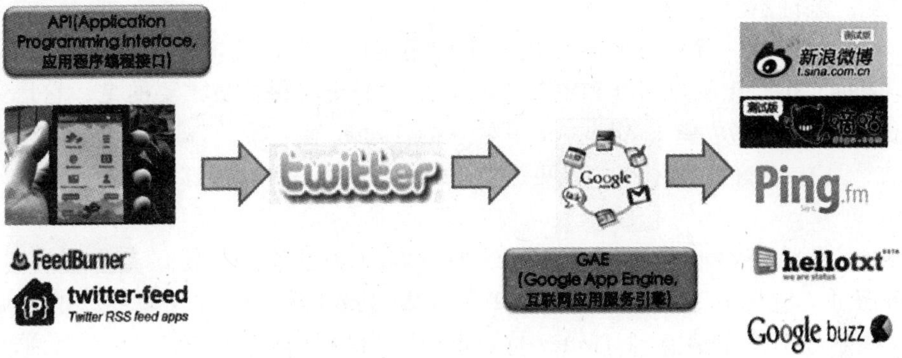

图 4-25　Twitter 信息同步

注：Ping. fm 和 Hellotxt 是支持一站式发布消息到社会化网络的服务。

Twitter 第三方应用内容相当多，主要包括：

- Twitter 官方应用；
- Twitter 桌面应用；
- Twitter 手机应用；
- TwitterFirfox 扩展；
- TwitterWordpress 插件；
- Twitter 第三方 Web 应用。

下面列出排名靠前的 Twitter 第三方官方和桌面应用：

- Twitter 官方应用：

Widgets：Widgets by Twitter；

Twhirl：Twhirl by Seesmic；

Twitteriffic：Twitterrific by IconFactory；

Google Desktop：TwitterGadget by Google；

iPhone & iPod touch：Twitterrific by IconFactory；

iPhone & iPod touch：PocketTweets by PocketTweets；

TweetDeck：TweetDeck by Iain Dodsworth；

Widsets：TwitterWidget by WidSets；

Opera：Opera Widget by Opera；

Spaz：Spaz by Ed Finkler；

Blogo：Blogo by Brainjuice；

Digsby：Digsby by dotSyntax。

- Twitter 桌面应用：

Spaz：是一个基于 Adobe AIR 平台的 Twitter 客户端应用程序，兼容 MACWindows 和 Linux。

Twitux：是一个独立的 Twitter 客户端。虽然它是为 GNOME 桌面环境而设计的，但是在其他桌面环境中运行应该也没有问题。Titux 除了具有能够查看 Public、朋友、自己的 Timeline 及发送信息的基本功能外，还包括如下特性：支持自动连接；有系统托盘图标；可添加朋友，能订制。

Twitterlicious：是一个 Windows 下的一个应用程序，它让用户使用 Twitter 更有趣。它会处理复杂的工作，让用户阅读和更新 Twitter 的时候更轻松。最重要的是，它是免费的。

Twinja 和 Snitter 都是基于 AdobeAir 平台下的 Twitter 客户端；Twinja 相对于 Snitter 以及 Twtter 而言，具有更好的用户体验以及更加华丽的用户界面，并且能够完美的支持中文输入和显示。

TwitKU：是一个类似于 Meebo 的在线即时客户端服务，不过它支持的是 Twitter 及 Jaiku 两种服务。它无需注册，只需利用 Twitter 账号或 Jaiku API key 就可以正常使用，用户即可以单独分别发布消息到 Twitter 与 Jaiku 中，也可以同时发布一个消息到这两者里面。对于同时使用这两个服务的人来说，这是个不错的工具。

gTwitter：是一款 Linux 的 Twitter 客户端应用程序，主要特点包括阅读 Twitter 好友的公开时间表，发表 twitter 信息，设置刷新间隔，通知区域图标等。

Witty：基于 WPF 技术构建的 Twitter 客户端，支持 Windows Vista 和 XP。Witty 的主要功能有查看最近 Twitter 好友的更新信息和回复以及更新 twitter 状态和设置刷新等。

Twitterrific：Twitterrific 是由 Iconfactory 推出的适用于 Mac OS X 上的 Twitter 客户端。主要功能特性有：直接可置于 Mac OS X 的桌面，UI 优雅精致。

Pwytter：基于 Python，跨平台的 Twitter 客户端，支持亚洲语言文本。

TeleTwitter：实验室的开源 Twitter 客户端。

TwitBox：浏览和发布 Tweets 信息，支持查看回复和直接发送信息，删除信息，多账户支持。

Twitterlicious：更新用户的 Twitter 状态，具有简单的信息回复和发表功能。

Twitteroo：又一个 Twitter 客户端，集成 URL 缩短服务，发布信息和查看好友的 Timeline。

Chirrup：支持日语的 Twitter 客户端。

TwittIt：一个非常简单轻巧的应用程序，主要用来发布 Tweets 信息。

MadTwitter：Twitterrific 的再生，只是它适用于 Windows。

TwitterCLI：通过命令行发布 Tweets 信息的工具。

What's Up?：查看 Twitter 好友的最新发布信息。

Twadget：一个简单的 Gadget，可以让用户在 Vista 的侧边栏中提交 Tweet 信息和查看好友信息。

KipFolio Widget：简单的 Twitterwidget。

Twitter-Sync for Yahoo：聚合 Twitter 状态到 Yahoo Messenger 中。

TwitterYM：简单的 Yahoo Messenger 状态更新工具。

Twessenger：更新最新的 Tweet 信息为 Live Messenger 状态。

TwitterLive：设置最新的 Tweet 为 Live Messenger 状态，通过 Live Messenger 发送 Twitter 信息，发送 Tweet 信息给联系人。

4.6 Twitter界面特点

一个好的用户界面（UI）的主要功能是为用户在用户意图和应用程序功能之间提供一个直观的映射，为用户既定任务的完成提供一个解决方案。基本上来说，用户界面（UI）描述了用户和网站之间交互以及用户访问其功能的方式。事实上，可用性是一个良好的用户界面的“双积”，它决定了用户是否可以轻松地执行网站提供的所有功能。可用性是每一个设计的重要组成部分，特别是在拥有大量功能和用户的网站上。

4.6.1 简洁的界面是关键

简洁的用户界面是社会化媒体和社交网络的共同特征，社会化媒体网站在色调和图形方面更加简洁；色调方面通常包括少数几种伴随着单色变化的颜色；背景一般为白色，更新（如状态更新）往往都是浅色（通常是绿色或黄色突出；警示通常用红色背景突出）。此外，用户会发现图形往往也是非常简单的，但 Twitter 对图形的设计都相当谨慎。这是由多种原因造成的，最重要的原因是一个简单的事实：生动形象的设计并非是真正有用的社交网站。社会化应用被认为是向用户提供了一个内容可以很容易地创造以及会话可以很容易地产生的共享环境，而强烈的视觉设计会造成不必要的干扰，使用户很难专注于他们的会话。

Twitter 可能是最简约的社会化用户界面之一。其 UI 非常简洁，使用了极少的颜色，并把其服务的主要特征——文本输入框——放在前面。换言之，由于信息流相当大一部分是为了大多数用户的，这自然就要求界面设计的越简单越好。如果界面上的图形元素用得太多，用户就会感到不舒服和混乱，因为这样用户就很难关注到特定的任务或区域。尽管简单的界面不只意味着只是一个简单的视觉设计。更重要的是，这意味着有用的界面选项的设计、安排以及展现都要以直观的方式（见图 4-26）。

如图 4-27 所示，Twitter 新版本并不是很激进，与原版页面出入不大。主要变化在于两方面：一是简化界面，二是减少网页所加载资源。最显著的变化是标签上的变化，新版页面把顶部的标签转移到右部。这有利于用户访问，更重要的是，这是出于投资需要。将来，Twitter 准备添加更多标签，而顶部空间已经明显不足。

社会媒体和社会网络站点的颜色往往是平淡和让人愉悦的，而不是鲜亮和让人不舒服的。Twitter 有意使一些功能不那么令人关注，并且其中大部分时间是无形的。事实上，绝大多数社会化媒体的界面是上下文相关的，很多功能只“按需”显示。拥有大量的数据和功能的网站，明亮的色彩只会让用户感到混乱并且会分散用户注意力。

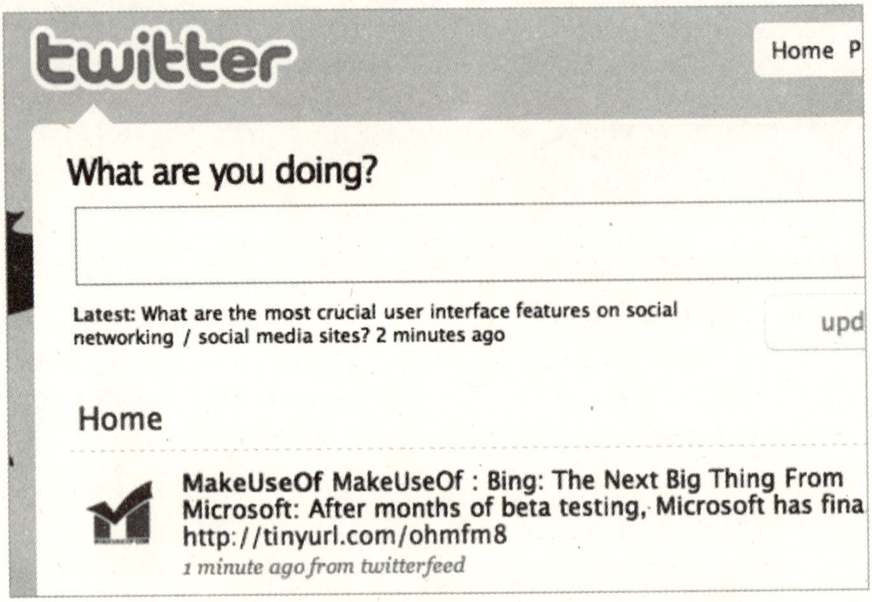

图 4-26 Twitter 的旧版界面

图 4-27 Twitter 的新版界面

4.6.2 显著和实用的搜索

良好的搜索功能无疑是可用性和好的用户界面的顶峰。社会化媒体的搜索功能是必需的——因为社会化媒体有着大量的信息。社会化媒体的搜索功能，除了拥有传统搜索的多个层面的内容以外，社会化应用还提供了一个社交图联系中的高级搜索——无论是在小组、社区还是在兴趣上。网站顶部右上角是搜索框最合适的位置，用户的期望在那里可以看到：搜索输入框和清晰可见的搜索按钮。

社会化应用的一个共同特征是使用即时搜索结果和过滤。当用户往输入框输入文字的时候，搜索结果以下拉的形式被过滤。该过滤帮助用户快速找到他们寻找的内容，并剔除那些不相关的内容（见图 4-28）。

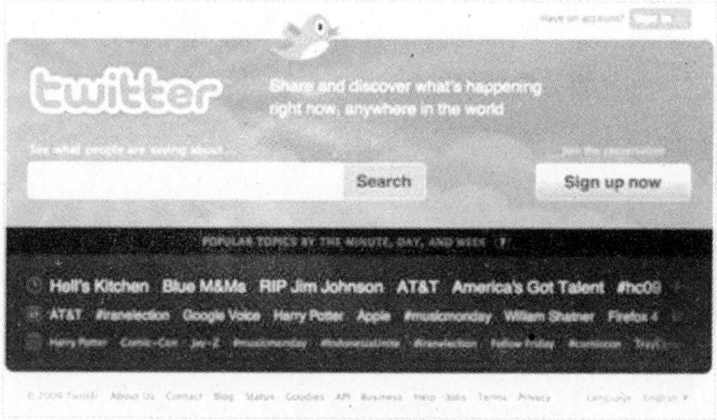

图 4-28　Twitter 的即时搜索

搜索结果页面比一个友好的搜索输入框设计显得更为重要。Twitter 新版本界面特别突出了主页搜索业务。新版主页的整体颜色更深，但内容安排更为简洁，而且在页面中心位置增加了一个搜索框，没有在该网站注册的网民也可以搜索 Twitter 注册用户实时发送的内容。在 Twitter 新主页搜索框的下方，列出了 Twitter 最近为热门的话题、最受到关注的企业用户或个人用户账号。如果访问者点击这些热门主题或账号，就会出现一段说明文字，以解释这些热门主题或账号为何会被提升到主页当中。这将有助于激发网民对网站内容的兴趣，促使更多网民成为注册用户。

4.7 Twitter安全机制

4.7.1 安全隐患

1. 双重认证技术缺失

Twitter 在帮助用户提升账户安全方面一直落后于其他知名社交网络。Twitter 账户被黑屡见不鲜，主要原因在于 Twitter 一直没有采用双重认证技术来确保账户安全。在双重认证系统中，除了固定的账户密码外，用户必须输入一个额外的代码。该代码每分钟都会改变，但用户可以通过手机或其他电子设备获取。Google 公司和 Facebook 都已经采用双重认证来确认用户身份。

2. 流量未经加密

Twitter 允许用户通过未经加密的常规渠道与网站交换信息，这就使得密码很容易被黑客窃取。尽管 Twitter 也提供了一些选项来对流量进行加密，但用户必须在 Twitter 的网址前手动输入 HTTPS 才能够实现这一功能。也就是说，Twitter 应当将 HTTPS 设为默认，因为并非所有用户都知道这种选择。Google 公司旗下的很多服务默认情况下就会使用 HTTPS 来加密。

4.7.2 应对措施

1. 改进审核机制将按位置进行内容审查

遵守一国的法律和政策，接受当地法律的监管，是互联网企业全球化的一个重要的前提条件。2012 年 1 月，Twitter 将根据地理位置因素对内容进行审查设限，让特定区域的用户接触不到特定的内容。Twitter 公司改进审核机制，同时将研究更多国家的法律，这可能让 Twitter 进入更多国家市场，以获取更多的用户。

2. HTTPS 安全登录设置

2011 年 3 月，Twitter 推出 HTTPS 安全登录设置，防止用户账号被黑。用户可在个人档案的设置下面选中"始终用 HTTPS 登录"设置，这样能使他们的 Twitter 更加安全。选择这个设置后，下次登录 Twitter 时就会自动采用 HTTPS 登录。

由于 HTTPS 协议使用 SSL/TSL 协议加 HTTP 协议确保在安全信道上进行加密通信，这可保证用户在不安全的网络如会议室或咖啡厅用 WiFi 能安全使用 Twitter。Twitter 将逐步将 HTTPS 登录变为默认设置。

3. 保护用户的 Twitter 消息

登录 Twitter，然后点击右上方的"Settings"，勾选提交按钮（Save）之前的一个选项框之后，保存即可。这样，每一个 follow 用户的人都必须通过审核才可以看到用户的消息。

4. TinyURL 的 Preivew 功能

首先开启 TinyURL 的 Preivew 功能，再点击 Twitter 上 TinyURL 链接。由于 Twitter 限制了消息长度，因此 TinyURL 之类缩短网页地址的服务被广泛使用。然而，这也给垃圾信息和欺诈信息提供了很好的伪装机会。因此，对于使用 IE 浏览器的用户可以先开启 TinyURL 的 Preivew 功能：

http：//tinyurl. com/preview. php？enable=1（用户只需要点击左边这个链接一次即可开启，原理是写入一个 Cookie 标识）/。

这样，点击所有的 TinyURL 链接都会先列出目的地位置，以防链接欺诈和“钓鱼”。

4.8 Twitter运营模式

4.8.1 Twitter 推广模式

Twitter 以“成为地球的脉搏”为其发展和推广战略，主要包括：

- 建立神经网络系统（突发事件响应、活动传播）；
- 整合搜索功能（为搜索引擎提供实时数据流）；
- 建立 Tweet Rank 系统（为用户、企业、广告主提供数据参考）；
- 树立名人效应（吸引更多用户，提高自身品牌影响力）；
- 电视宣传片（帮助用户分享，帮助用户发现）。

4.8.2 Twitter 盈利模式

1. 网络广告

Promoted Tweets 模式是 Twitter 上的主要广告合作模式和收入来源（见图 4-29）。Twitter 于 2010 年 4 月 13 日正式发布了 Promoted Tweets 平台，其宣传口号是“Hello World”。

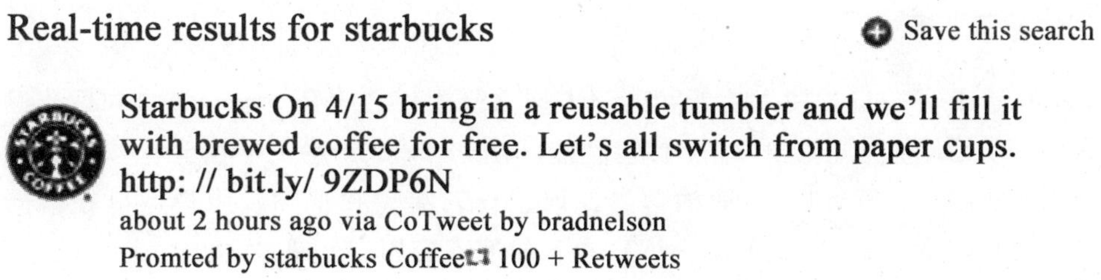

图 4-29 Twitter 的网络广告

上面的广告内容是由@ bradnelson 通过 CoTweet 多账户功能发出来的，内容会显示在@ Starbucks 的 Timeline 里面。

- 广告主——Starbucks；
- 广告平台——Promoted Tweets 平台；

- 广告受众——在 Twitter 上搜索“Starbucks”的用户；
- 广告呈现方式——在 TwitterSearch 中搜索“starbucks”，图中的广告内容在搜索结果中置顶显示。

表 4-2　**Promoted Tweets 广告流程**

	Step1	Step2	Step3	Step4
@ starbucks	提交和指定需要推广的 Tweet			根据推广效果向 Twitter 支付广告费
Promoted Tweets 平台		审核批准@ Starbucks 提交的 Tweet，在相关搜索结果中置顶，标记成 Promoted by Starbucks		跟踪 @ Starbucks 提交的 Tweet 在用户中的反响，如果无人转发、评论或关注，取消成为 Promoted Tweets。根据广告效果收取 Starbucks 广告费
Twitter 上搜索“Starbucks”的用户			在 Twitter 上搜“Starbucks”	“注意到/点击”推广的 Tweet 或者忽略

触发整个广告过程的关键在于用户在 Twitter 上搜索“Starbucks”的动作。对于不受欢迎、没有回应的 Promoted Tweets，Twitter 会适时取消 Promoted Tweet 作为广告的展示。在搜索结果内，一页只会展示一个 Promoted Tweet；Promoted Tweet 会“自我申明”为广告，鼠标移过时会黄色高亮显示；Promoted Tweets 开始只在 twitter. com 显示，将来在合适的时候会在 Twitter 第三方客户端出现，并与第三方客户端分成（见表 4-2）。

2. 实时搜索业务

Twitter 有着丰富的实时搜索功能和第三方搜索应用，在收购 Summize 公司后，侧重于专题过滤与提供话题搜索，实时进行数据监控。比如 Twit. io 是一个社会化数据库，通过分类等级的形式划分出 Twitter 上面的信息，如工作、活动和视频。用户可以在不同的分类进行浏览或是搜索，Twit. io 是第一个 Twitter 的搜索应用（见图 4-30）。

其他同类工具比较著名的有：

Twazzup：添加了一些由演算生成的结果，如某主题最有影响力的楼主、相关的照片，以及根据用户的搜索结果所列出的一系列关键字列表，以优化用户的查询。

Collecta：是一个新的实时搜索服务，既搜索 Twitter 站内的信息，也搜索许多其他来源的信息，包括主流媒体网站（有线电视新闻网等）和博客。

Scoopler：其搜索结果很好地结合了原搜索结果和那些排名结果。

Twitter 数据分析工具：TweetStats 是专用于 Twitter 的在线统计分析工具，有点类似于

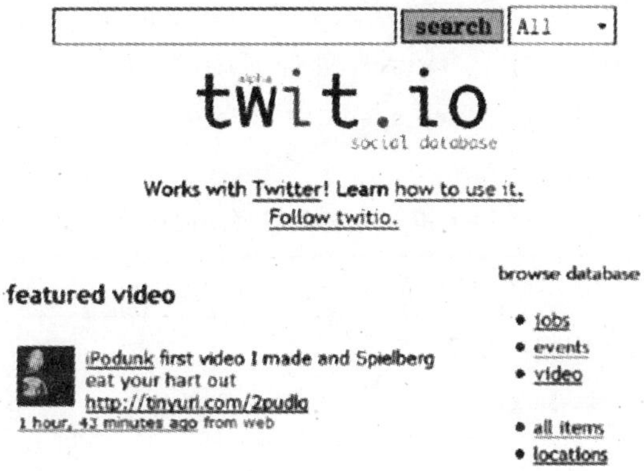

图 4-30　Twitter 的实时搜索功能

网站统计，只需要输入用户自己的 Twitter 用户名，Tweetstats 立刻会自动为用户分析该用户 Twitter 在线的时间以及习惯，甚至会给出类似博客标签云的“Tweet Cloud”，用以了解该用户最关注的言论（见图 4-31）。

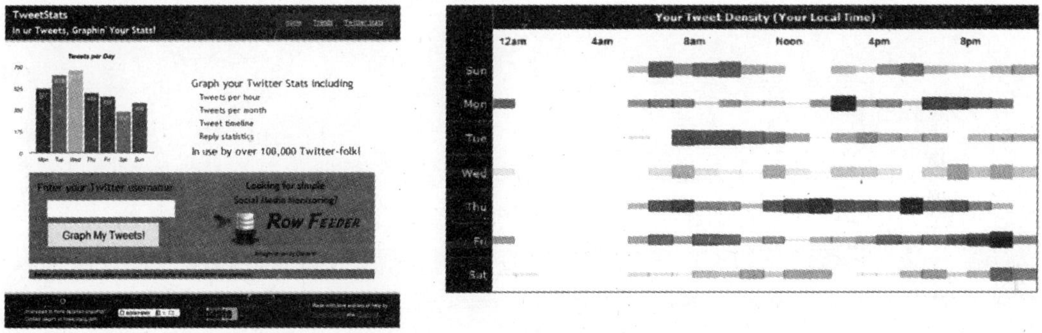

图 4-31　Twitter 数据分析工具

其他同类工具比较著名的有：

Trendrr：一家专门提供在线创建和共享趋势图的网站，支持 Twitter。

Tweetmeme：一个媒体跟踪器，用于跟踪 Twitter 上流行的 Retweet（转播）信息。

WeFollow 和 Twellow：Twitter 用户目录服务。

XeferTwitterCharts：可视化 Twitter 消息的发布分析图。

3. 平台开放与合作

Twitter 是全球最大的开放 API 的微博，提供了网络应用整合、页面展示、好友互动等接口，鼓励开发者进行应用服务开发。利用 API 开放而制作的 Twitter 客户端 Twhirl，就是典型的第三方成功案例（见表 4-3）。Twitter 的应用程序接口是基于表象化状态转变（Representational State Transfer，简称 REST）架构的。REST 架构指的是一套网络设计原则，是针对 Web 应用而设计的，其目的是为了降低开发的复杂性，提高系统的可伸缩性。REST 架构是一种设计风格，对于 Twitter 而言，REST 设计的意义在于尽可能多地使 Twitter 适合更多的消息来源格式（Web syndication formats）。

表 4-3 **Twitter 第三方应用程序功能分类**

应用分类	核心功能	典型案例
数据分析	用户访问与使用行为数据整理	Tweetstats
信息同步	同步更新 Twitter 与博客、社区及其他微博的信息发布，绑定邮箱	Twitter-Feed
搜索引擎	各类信息检索，关键词、话题功能	Twitterwho. com
地图定位	地理位置服务（Location Based Service）	Twittervision
第三方客户端	脱离 Twitter 网页端，个性化订制界面与功能	Twhirl
浏览器辅助	弹出式按钮功能，浏览辅助功能	Twitbin
娱乐应用	趣味性、游戏性，绑定游戏客户端	TwitterBox
其他	RSS、用户脚本	RSS2Twitter、Twitter Blacklist

4. 其他盈利模式

（1）电子商务：与品牌企业进行战略合作，拓展业务领域，提升品牌影响力。

（2）高级账号收费：针对企业用户收费，提供流量分析、品牌宣传等服务。

（3）与移动运营商签约：由手机微博产生的手机互联网和短信的流量，将微博服务整合到手机中。目前，移动与客户端业务有 Tweetie 和 Twitterific 等付费软件客户端出售。

- 媒体内容发布：开放 API 与传媒连接，从而形成更大的影响力平台。
- 本地信息服务：面向品牌建立和用户的数字化沟通渠道，提供渠道了解产品服务期望定位与用户体验的差距，提供生活服务、消费抢购等促销信息。
- 明星娱乐圈播报：面向明星品牌提供依托于互联网的微博服务，偶尔对粉丝说一句话，秀一下节目现场照片的忙碌的名人很适合微博这个工具。

4.8.3 Twitter 成功启示

Twitter 的最大功能体现在它是一个信息共享和挖掘的强大工具，这也是其成功的关键所在。

1. 精心策划的 RSS

即使不希望在 Twitter 上经常更新状态的人，作为 Twitter 上信息的“消费者”也是有意义的。Twitter 有 140 字的字数限制，因此经常需要在 Twitter 上发布带有其他内容链接的 Tweets。在 Twitter 出现以前，用户阅读的链接是被网站控制和策划的，而现在用户可以自己策划用户的阅读链接，这就是 Twitter 的变革。Twiiter 上的好友会定期给用户推送他们读到的有意思的文章，或者他们自己的作品。点击“他人锐推”(Retweeted by others)按钮，即可看到被转推最多的和最火热的话题。也就是说，用户的新闻来源可以来自不同背景不同领域的人，显然 Twitter 扩大了用户的信息来源。而且，Twitter 本身就是一种休闲娱乐的方式，是一个信息和娱乐的新来源。

2. 让归档旧文重见天日

Twitter 的另外一个特殊功能是：让那些已经归入档案的老旧文章重见天日。在过去那种发布文章、订阅文章的年代，人们读完用户的内容后，它们就进入了“休眠状态”，直到有人用 Google 搜索它们，它们再被阅读，然后再“休眠”。而 Twitter 可以让旧内容重见天日，驱动它们重新被传播。仅仅在用户的博客下方，加上一个 Twitter 共享按钮，就能让用户的老文章重新进入传播循环。

3. 实时发布信息

Twitter 的实时信息比传统媒体在时间上要快得多。可以说，Twitter 是信息的发掘者，这一点从其爆红事实可见一斑。

4. 简单适用

在用户界面方面，Twitter 让用户几乎不需要过多思考就能理解和上手；在产品模式方面，Twitter 让人与人之间的沟通变得更加轻松和简单；在使用方式方面，Twitter 极尽所能地为用户创造着简单，用户可以通过 Web 界面、手机、IM 等多种方式发布消息，真正体现了“Anytime，Anywhere”的概念。即时通信工具日益多元化，目前主流即时通信工具还不能互联互通，在产品特性上也未能满足多样的沟通需求，且没有一个即时工具能够处在绝对领导地位时，为第三方的准实时工具让出了空间。

THE FUTURE OF MEDIA SERIES

5 全球最大的商务社交网站——LinkedIn

5.1 LinkedIn简介

LinkedIn 在中国网络上被网友翻译成邻客音,原因是 LinkedIn 是一个合成词,由 Linked 和 In 组合而成的,根据其发音,Linked 被翻译成邻客,In 被翻译成音。LinkedIn 的英文本意是 We are linked in the network,其中文翻译名称邻客音不仅在发音上跟 LinkedIn 一致,而且中文内涵上跟其英文本意也一致,有"天涯若比邻,海内存'客音'"之寓意。

LinkedIn（http://www. LinkedIn. com）是一个专业的商务社交网络，成立于 2002 年 12 月，并于 2003 年 5 月 5 日正式启动，总部位于美国加利福尼亚州山景城（Mountain View）。网站的目标客户是专业人士，致力于让注册用户维护他们在商业交往中认识并信任的联系人，俗称"关系网"（Connections）。用户注册以后，可以创建一个个人信息档案，总结自己的专业知识、经历和成就；还可以通过邀请所信任的其他联系人加入自己的"关系网"，以形成持久的联系。关系网可以包括用户的联系人、用户的联系人的联系人，以及他们将用户介绍给的其他合格的专业人士和相关领域专家。

LinkedIn 为用户提供了"高效"、"安全"并且"有商务价值"的社交服务：

（1）LinkedIn 足够高效，而且没有什么打扰用户的信息。

（2）即便是广告的投放，LinkedIn 也处理得十分艺术：有侧边栏，广告在下方几乎不会分散用户的注意力；LinkedIn 上没有太多会打扰到用户的人。而且，用户与用户之间的关系严密地保护起来。这和其他 SNS 拿着用户资料去做 SEO 实在是天壤之别。

（3）LinkedIn 专注于商务功能，并且提供付费服务。这极大地体现了它的确具备提供高质量商务社交服务的能力。

（4）LinkedIn 是非常适合白领使用的一款 SNS 工具，尤其是有国际业务的企业员工或者自由职业者。不过，Linked 不太适合学生使用。因为 Linked 很注重工作经验和教育背景，如果用户现在还在还没毕业，除非用户有相当丰富的社会实践经验，否则完全可以忽视这个玩意，因为它现在还无法为用户创造价值。

5.2 LinkedIn发展历程

LinkedIn 的 CEO 及创始人 Reid Hoffman 先前为 PayPal 的执行副总裁，曾经在 Intuit 软

件公司担任高级管理职务，在 eBay 公司售出它之后，与一些大学同学创办了 LinkedIn。

作为全球最大的互联网上的专业网络，LinkedIn 拥有的会员覆盖了全球 200 多个国家和地区，超过半数的会员都在美国之外的国家。除了在加州的山景城总部外，在美国的芝加哥、纽约、奥马哈和旧金山都设有办事处，国际办事处则设在阿姆斯特丹、班加罗尔、德里、都柏林、伦敦、墨尔本、孟买、巴黎、新加坡、斯德哥尔摩、悉尼和多伦多等。LinkedIn 网站目前有六种语言可以显示，分别为英语、法语、德语、西班牙语、葡萄牙语以及意大利语。在 2010 年，有超过 20 亿人次在 LinkedIn 上搜索信息。截至 2011 年 4 月，所有财富 500 强的企业高层管理人员都已成为 LinkedIn 会员。截至 2011 年 3 月 22 日，LinkedIn 所提供的解决方案被财富 100 强企业中的 73 所运用和采纳，超过 200 万家公司在 LinkedIn 上注册了本公司的主页。LinkedIn 带给了市场营销者一群有影响力的有价值的会员。成千上万的开发人员正在使用 LinkedIn 的 API 来创建创新工具和提供专业服务。

LinkedIn 的主要事件如图 5-1 所示。

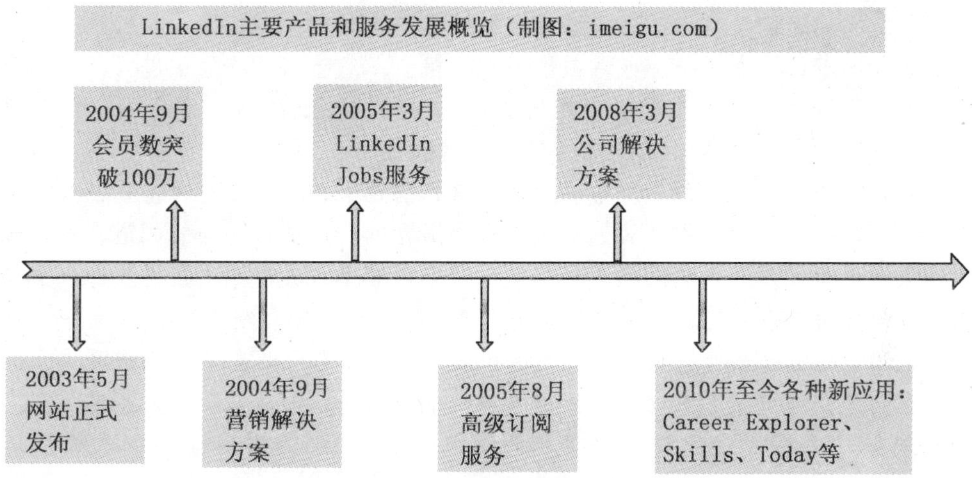

图 5-1 LinkedIn 的主要产品和服务发展概况

5.3 LinkedIn业务架构

5.3.1 业务模式

LinkedIn 不仅仅只是一个社交网站，它的商务性以及一些特殊功能已被一些商业网站用来当做营销的渠道，LinkedIn 真正把社交关系变成了商业网络。为此，可以将 LinkedIn 的用户划分为四种情况：寻求人力资源的猎头和企业；在特定人群做市场推广的机构；主动求职者；维护人脉关系的用户（见图 5-2）。

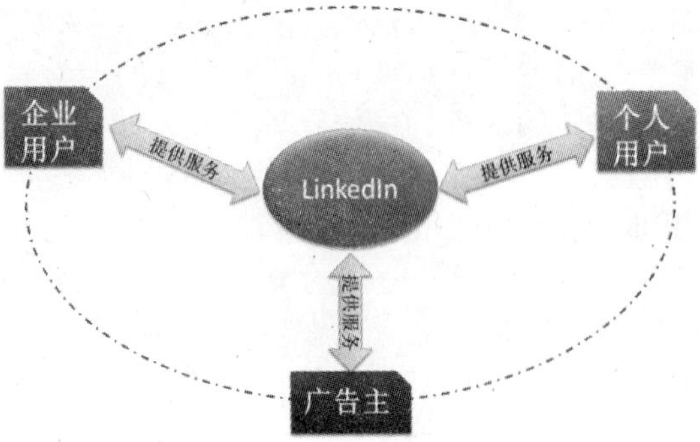

图 5-2 LinkedIn 的用户与服务

基于以上不同类型的用户，LinkedIn 提供了各种功能产品和服务，用户不仅可以发布个人的工作经历，还可以管理并公开有关用户的专业的信息；建立个人的社会关系；建立企业和个人之间的雇佣关系；基于关系和资料建立搜索匹配；在特定的关系网络中传递消息；了解朋友的工作动态；推荐或者被推荐工作机会；对感兴趣的公司进行背景调查；对感兴趣的员工进行背景调查；搜索工作机会；向用户的朋友征询工作意见；发起民意调查；搜索具备特定技能、背景和经历的员工；搜索具备特定技能、背景和经历的就业状况；查找并自荐给潜在的客户，服务提供商或推荐的相关领域的专业人士；创建和进行项目合作，收集数据，共享文件；找到商机，寻找潜在的合作伙伴；与志同道合的专业人士在私下建立讨论组；发现更广阔的人际连接，帮助拓展个人关系网，拓展工作和交易的范围；张贴和分发工作职位信息，用以求职、招募等。

概括来说，LinkedIn 所提供的以上产品和服务可以归为两种类型：免费解决方案和收费解决方案。免费解决方案为用户提供最基本功能和服务，而收费解决方案通过三大业务模式（招聘解决方案、营销解决方案和高级订阅服务），为用户提供高级服务（见图 5-3）。

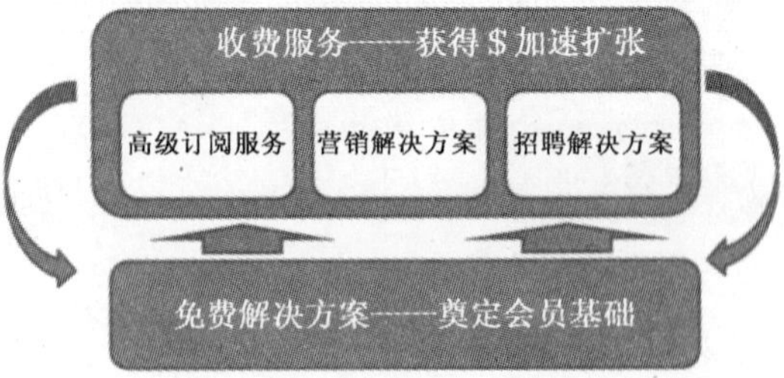

图 5-3 LinkedIn 的业务模式

免费解决方案为 LinkedIn 的会员提供了最基础的服务，是吸引会员的重要因素。LinkedIn 的注册会员，其规模和质量，在很大程度上决定了其收费服务能否取得成功获得“出钱人”的认可。所以，虽然这部分业务不能直接带来收入，但 LinkedIn 还是不遗余力地去丰富其基本功能，以改善用户的体验。例如，LinkedIn Today 整合了社交新闻服务。

LinkedIn 还专为大学生开发了 Career Explorer 应用程序，可以跟踪师兄师姐们的职业历程。在“关系”维度上，LinkedIn 实验室开发的可视化工具 InMaps，可以把用户在 LinkedIn 的所有关系通过不同颜色的点和线展示出来，进而用户可以通过这张网络寻找更好的工作机会、职业发展建议、获得深层信息等。在“技能”维度上，“技能”数据的产品——LinkedIn Skills，允许用户根据某项技能对网站上的用户进行检索，还可以联合地理位置等其他信息进行高级检索。这些不断提升的功能和服务所带来的直接回报之一，就是 LinkedIn 会员数的迅速增长。截至 2010 年 3 月，LinkedIn 的会员已经突破一亿，遍布全球 200 多个国家和地区，并且正以每秒 1 位的均速继续增长（见图 5-4）。

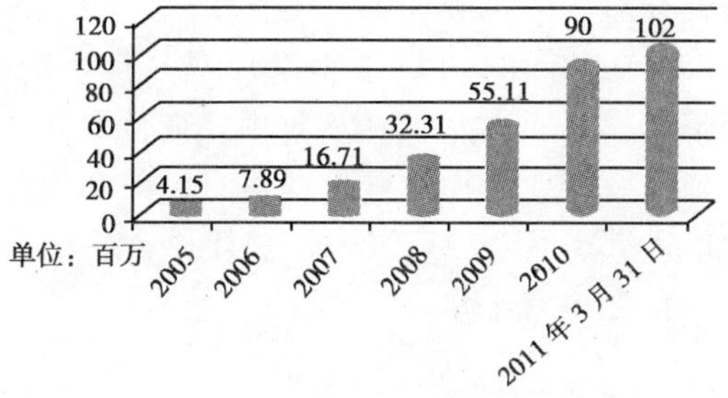

图 5-4　2005—2011 年 LinkedIn 的注册会员

LinkedIn 丰富的免费产品服务，奠定了其庞大的会员基础，在此基础上公司开发了系列创收的收费解决方案，这些收费服务所带来的盈利又为其研发新的用户应用工具和产品提供了资金支持和保障，二者构成了一个良性循环体系。

5.3.2　业务特点

1. 崭新的业务理念

在招聘与求职的传统应用场景中，往往是某一名求职者与某一家招聘公司的单通路信息流通。在这个信息流通环节中，求职者简历与公司的自我介绍往往是对方唯一的信息来源。显然，这种单通路的信息含量十分有限，即使双方公布信息都是真实的，也无法对对方形成准确判断。在职场中，个人简历不等同于个人品牌，后者远大于前者，也远重要于前者。个人品牌不仅仅在找工作的时候需要，在平时做销售、业务拓展等许多时候都十分有必要。而品牌价值往往来自于他人的推荐和评价，即“和谁在一起”。正是基于这种考虑，LinkedIn 的定位是实名制的高端社交网站，旨在为公司找好人才，为人才建立个人品牌，围绕个人职业品牌提供价值。

然而，这个定位意味着 LinkedIn 将大大区别于娱乐性为主的可以快速提升流量的 SNS。LinkedIn 缺少娱乐元素，甚至缺少分享与互动，用户之间保持着明显的距离感。相比于 Facebook 和 Twitter 的强互动，LinkedIn 就是弱互动。但这种带有“圈子文化”色彩的不充分的弱互动，正是其独特的价值所在。实名、高端社交与弱互动（即有限分享），此三者正是 LinkedIn 取得成功的前端原因。这三个定位保证了 LinkedIn 可以沉淀下真实世界中最有商业价值的那部分社会关系并作为数据金矿来挖掘。

2. 多层次业务模式

LinkedIn 针对用户的不同需求分别提供了免费解决方案和收费解决方案，这种多元化业务模式让求职者更有主动权，就业低迷时更吸引求职者。求职者更主动到 LinkedIn 更新自己的主页，完善自己的品牌。LinkedIn 通过后台深度的数据整理和 SEO 优化，实现了对人群之间最具价值的六度分割。LinkedIn 对数据整理的算法、体系和组织形态的高投入，保证了其不断推出各种针对个人品牌的三维坐标——经历、关系与技能——的创新产品。LinkedIn 庞大的数据处理能力不仅可以更精准地对技能、经验等进行有针对性的搜索，为雇主通过更精准的招聘模式；而且也是其对用户进行引导的一种手段——让用户更在意在 LinkedIn 上到底有什么收获，进而更好地经营自己的个人品牌，提供更好的内容和更有价值的互动。另外，LinkedIn 不但没有娱乐，并且还通过筛选和防御机制，严格控制着人际关系的互动，以保障信息的含金量。

3. 准确地定位人群

作为特殊一类 SNS 的 LinkedIn 解决的既不是 Facebook 的交友关系，也不是 Twitter 的浏览关系，而是猎与被猎的问题。LinkedIn 的用户定位不仅包括主动求职者，更注重于抓住被动求职者。被动求职者是指那些有工作但是没有积极寻找工作的人，他们有可能想换，也有可能不想换。据统计，被动求职者占总体人群的 50% 以上。所有人都在某个时候会是被动求职者，但是不是都会是主动求职者。然而，传统被动求职者的市场没有规模化的解决方案，一般都是猎头打电话、要简历等。基于人际关系的社交网络是一个天然的招聘市场。社会化网络的方式更好地实现了自我评价和审查，在这里所有人的职业和专长都相对公开，上面同事合作伙伴很多，任何做假都直接会导致信用的丧失。正是基于此，LinkedIn 通过多元化的、更规模的、更高效的模式，抓住了更广阔的人群（主动+被动求职者），同时解决了他们更深层次的需求。而且，LinkedIn 所积累的高端人群也使得 LinkedIn 品牌获得了良好的口碑，使其网络价值达到了爆发点。

5.4 LinkedIn技术架构

5.4.1 99%纯度 Java

LinkedIn 使用 Java 作为技术架构，99% 的代码都是基于 Java 平台完成，除了缓存通过 C++来实现（见表 5-1）。

表 5-1　　**LinkedIn 使用 Java 情况**

服务间通信	服务层	Web 层	工具
Spring Remoting	LinkedIn Spring	Louis （in-house fwk）	Hudson
ActiveMQ	Ehcache	Spring MVC	Eclipse+Mylyn
Quartz	Lucene	Grails	JIRA/GreenHopper
HttpClient	Jetty	DWR	JUnit/HttpUnit

这是因为 Java 具有简单、面向对象、稳定、与平台无关、解释型、多线程、动态等特点。

1. 平台无关性

平台无关性是指 Java 能运行于不同的平台。Java 引进虚拟机原理，并运行于虚拟机，实现于不同平台的 Java 接口之间。使用 Java 编写的程序能在世界范围内共享。Java 的数据类型与机器无关，Java 虚拟机（Java Virtual Machine）建立在硬件和操作系统之上，实现了 Java 二进制代码的解释执行功能，能提供不同平台的接口。

2. 安全性

Java 的编程类似 C++，但 Java 舍弃了 C++的指针对存储器地址的直接操作，程序运行时，内存由操作系统分配，这样可以避免病毒通过指针侵入系统。Java 对程序提供了安全管理器，以防止程序的非法访问。

3. 面向对象

Java 吸取了 C++面向对象的概念，将数据封装于类中，利用类的优点，实现了程序的简洁性和便于维护性。类的封装性、继承性等有关对象的特性，使程序代码只需一次编译，然后通过上述特性反复利用。程序员只需把主要精力用在类和接口的设计和应用上。Java 提供了众多的一般对象的类，通过继承即可使用父类的方法。在 Java 中，类的继承关系是单一的非多重的，一个子类只有一个父类，子类的父类又有一个父类。Java 提供的 Object 类及其子类的继承关系如同一棵倒立的树形，根类为 Object 类，Object 类功能强大，经常会使用到它及其他派生的子类。

4. 分布式

Java 建立在扩展 TCP/IP 网络平台上。库函数提供了用 HTTP 和 FTP 协议传送和接收信息的方法。这使得程序员使用网络上的文件和使用本机文件一样容易。

5. 健壮性

Java 致力于检查程序在编译和运行时的错误。类型检查帮助检查出许多开发早期出现的错误。Java 自己操纵内存减少了内存出错的可能性。Java 还实现了真数组，避免了覆盖数据的可能，这些功能特征大大提高了开发 Java 应用程序的周期。并且 Java 还提供了

Null 指针检测、数组边界检测、异常出口、Byte code 校验等功能。

6. 多线程

Java 的特点之一就是内置对多线程的支持。多线程允许同时完成多个任务。实际上多线程使人产生多个任务在同时执行的错觉，因为，目前的计算机的处理器在同一时刻只能执行一个线程，但处理器可以在不同的线程之间快速地切换，由于处理器速度非常快，远远超过了人接收信息的速度，所以给人的感觉好像多个任务在同时执行。C++没有内置的多线程机制，因此必须调用操作系统的多线程功能来进行多线程程序的设计。

7. 解释型

与 C、C++等语言不同，Java 不针对特定的 CPU 芯片进行编译，而是把程序编译为称为字节码的一个“中间代码”。字节码是很接近机器码的文件，可以在提供了 Java 虚拟机 JVM 的任何系统上被解释执行。Java 运行系统在提供字节码编译器——JIT（Just In Time）的同时仍具有平台独立性，因而“高效且跨平台”对 Java 来说不再矛盾。

8. 动态

Java 程序的基本组成单元就是类，有些类是自己编写的，有些是从类库中引入的，而类又是运行时动态装载的，这就使得 Java 可以在分布环境中动态地维护程序及类库，而不像 C++那样，每当其类库升级之后，相应的程序都必须重新修改、编译。

5.4.2 网站架构

LinkedIn 是一个使用 Java 作为技术架构的世界顶尖级别流量的网站，其最新系统架构如图 5-5 所示：

- 操作系统：x86 上的 Solaris；
- 应用服务器：Tomcat、Jetty；
- 数据库：Oracle 10g、MySQL；
- 没有 ORM，直接用 JDBC No ORM；
- 用 ActiveMQ 发送 JMS；
- 用 lucene 作为搜索的基础；
- Spring 做逻辑架构。

1. LinkedIn 的系统架构演化历程

随着流量的增加和业务的增长，后端数据库的变化较大，LinkedIn 的架构演化如下：

（1）2003—2005 年：

- 一个整体的 Web 程序；
- 一个核心数据库；
- 在 Cloud 中缓存所有 Network 图，Cloud 是用来做缓存的独立 Server；
- 用 Lucene 做搜索，缓存于 Cloud 中（见图 5-6）。

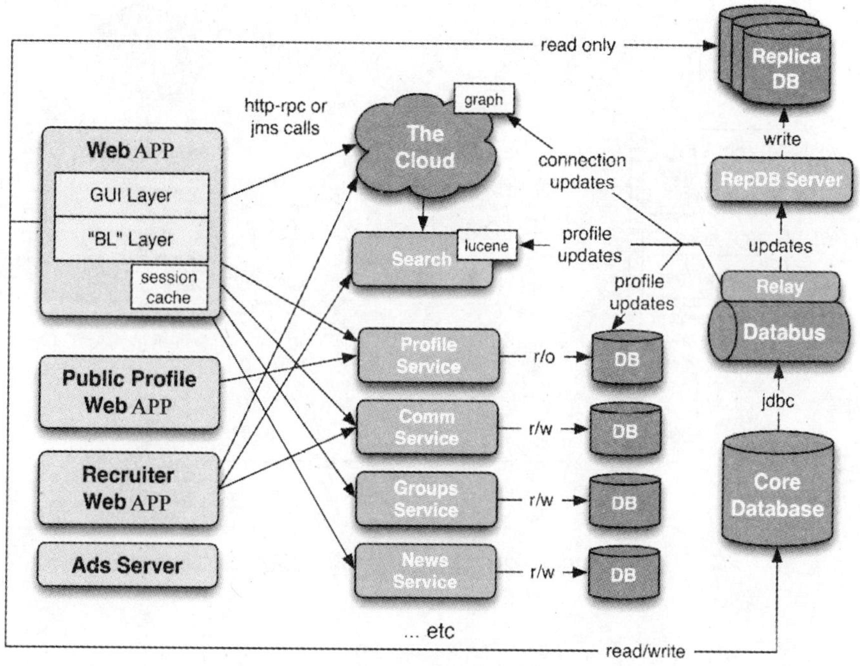

图 5-5 LinkedIn 的系统架构

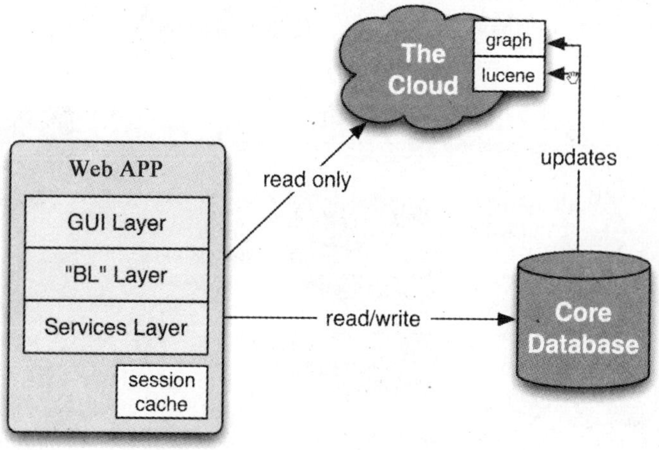

图 5-6 2004—2005 年间 LinkedIn 的系统架构

（2）2006 年：

• 复制另外一个数据库，减少直接 load 核心数据库，另外一个 Server 来管理非只读数据库的数据更新；

• 把搜索从 Cloud 中移出来，只用一个 Server 跑搜索；

• 增加 Databus 数据总线来更新数据，这是通过分布式更新的核心组件，任何组件都需要 Databus（见图 5-7）。

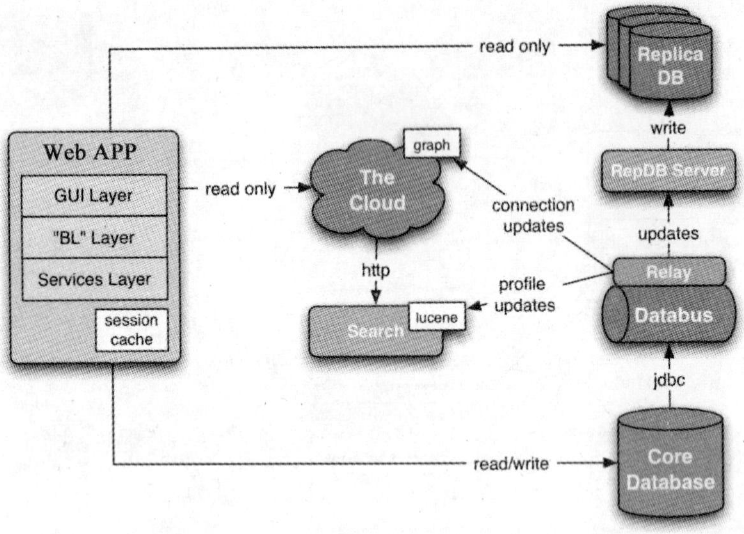

图 5-7　2006—2007 年间 LinkedIn 的系统架构

（3）2008 年至今：

- WebApp 不再是任何事情亲自完成，而是把业务逻辑分成很多部分，通过 Server 群来实施。WebApp 仍然提供用户界面给用户，但通过 Server 群来管理用户资料、群组等。
- 每个服务有自己的域数据库。
- 新的架构允许其他应用链接 LinkedIn，比如增加的招聘和广告业务（见图 5-8）。

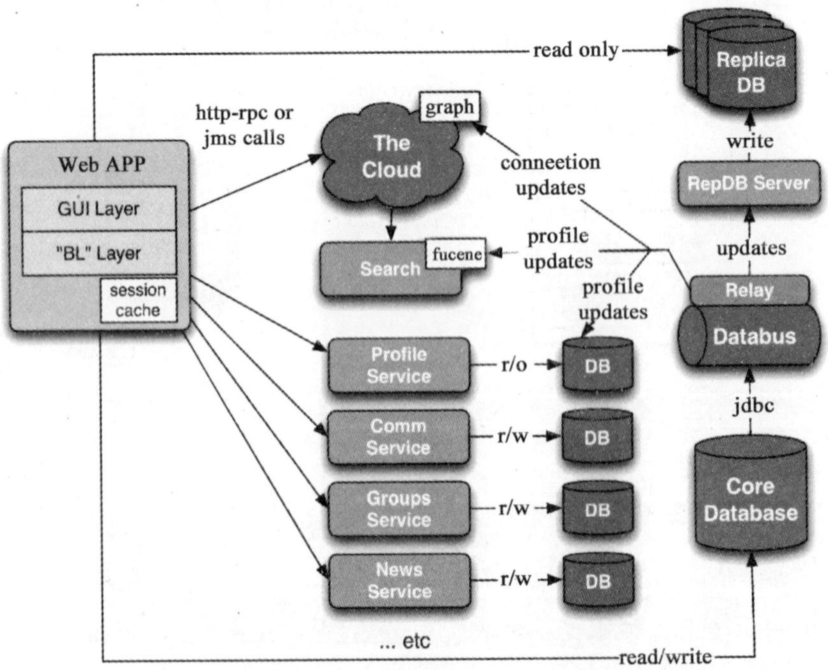

图 5-8　2008 至今 LinkedIn 的系统架构

2. LinkedIn News 服务架构

LinkedIn News 服务架构较为简单，具体如图 5-9 所示：

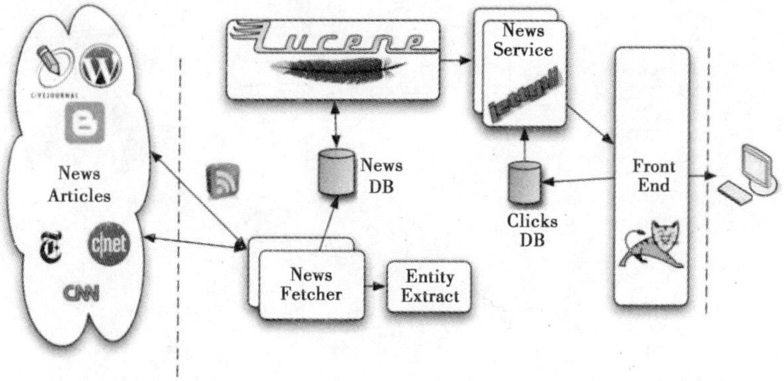

图 5-9 LinkedIn News 服务架构

3. LinkedIn Communication 架构

LinkedIn Communication 平台包括两个部分：Communication Service 和 Scaling Techniques。

Communication Service 是用来提供永久信息的，比如收件箱里面的消息和 Email。其通信机制如下：

- 整个系统通过 JMS 异步通信。
- 客户端用 JMS 发送消息。
- 消息通过路径服务器来到达相应的邮箱或者直接放到 Email 进程中。
- 消息发送：同时使用 Pull 主动寻求信息（如用户需要信息）和 Push 发送信息（如发 Email）。
- 使用 Spring 和 LinkedIn 专业 Spring 插件完成，使用 HTTP-RPC。

消息的产生机制：首先，客户端通过基于 JMS 的异步 Java 通信应用程序 API 发布消息。其次，消息通过路由服务器被发送到相应的邮箱或直接处理电子邮件。这种机制支持多个成员或用户数据库（见图 5-10）。

消息的传递机制：消息的传递是由客户端或预定进程触发的。传递动作一般是异步的。对于一个单独的电子邮件消息，消息的传递可以批处理来完成。为了获得完美的格式，信息的内容可以通过 JavaServer 页面™（JSP™）技术来实现。考虑到调度的时间参数，一般传递越快，系统负载就越大。如果邮件需要被退回，则必须执行逆向消息和再传递。一般而言，提醒系统的工作原理与消息传递的工作方式完全一致（见图 5-11）。

自适应技术（Scaling Techniques）：

- 通过功能来划分：发送、接受文档等。
- 通过类别来划分：用户信箱、访问者信箱等。

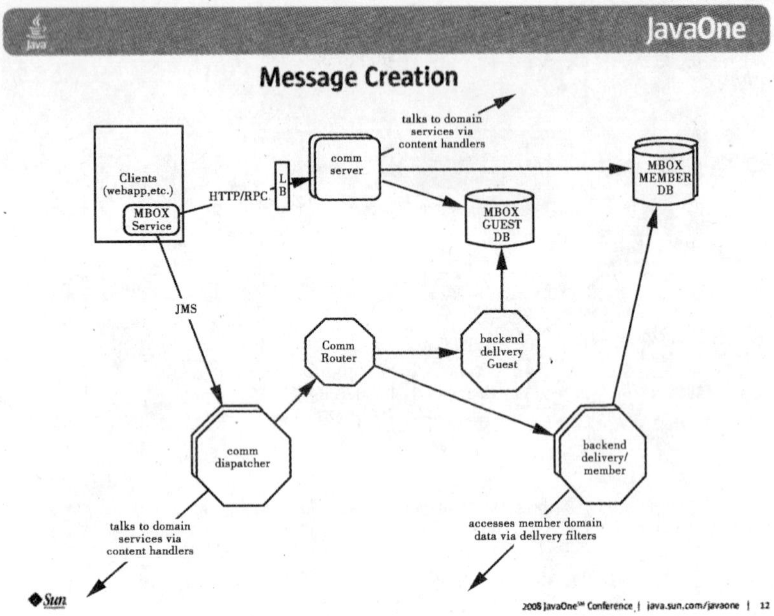

图 5-10　消息的产生

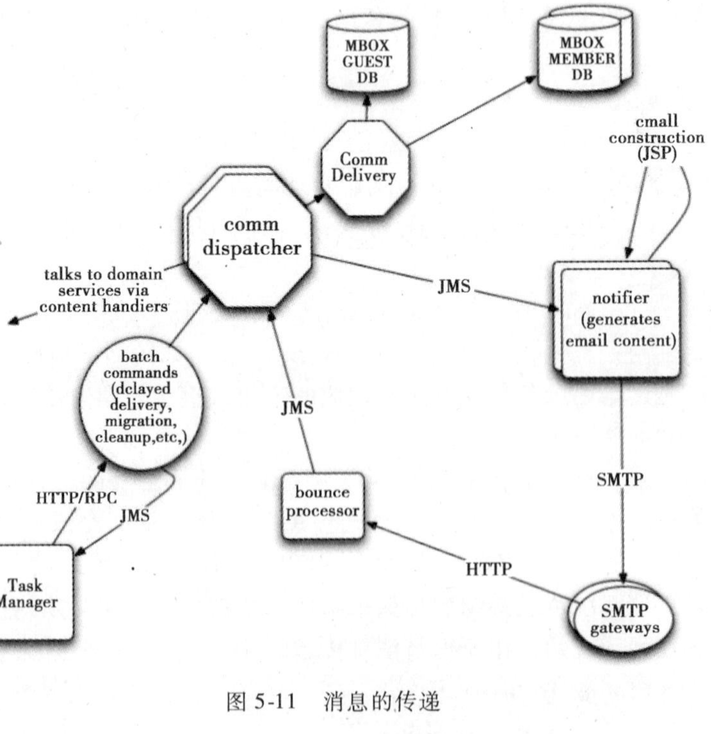

图 5-11　消息的传递

- 等级划分：用户 ID 等级、Email 等级等。
- 所有的操作都是异步的。

4. LinkedIn 的数据架构

LinkedIn 每天要处理 1.2 千亿个关系并通过高容量、低延迟的站点服务来混合大量的数据计算。下面将简要介绍 LinkedIn 的数据架构及其解决方案。

（1）三种简化数据序列范式，如图 5-12 所示：

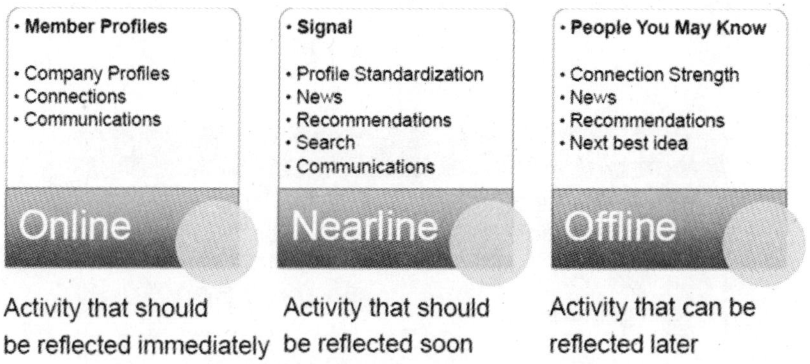

图 5-12　三种简化数据序列范式

（2）在线数据架构工具，如图 5-13 所示：

Capabilities	Systems
Key-value access	Voldemort
Rich structures (e.g. indexes)	Espresso
Change capture capability	Oracle
Search platform	Zoie, Bobo, Sensei
Graph engine	D-Graph

图 5-13　在线数据架构工具

（3）伪实时数据架构工具，如图 5-14 所示：

（4）离线数据架构工具，如图 5-15 所示：

5. LinkedIn 数据架构解决方案

（1）数据传输：

Capabilities	Systems
Change capture streams	Databus
Messaging for site events, monitoring	Kafka
Nearline processing	Coming Soon!

图 5-14　伪实时数据架构工具

Capabilities	Systems
Machine learning, ranking, relevance	Hadoop, Hive, Pig Azkaban, RDBMS
Analytics on Social gestures	Coming Soon!

图 5-15　离线数据架构工具

- Kafka：高容量、低延迟消息系统（见图 5-16）。

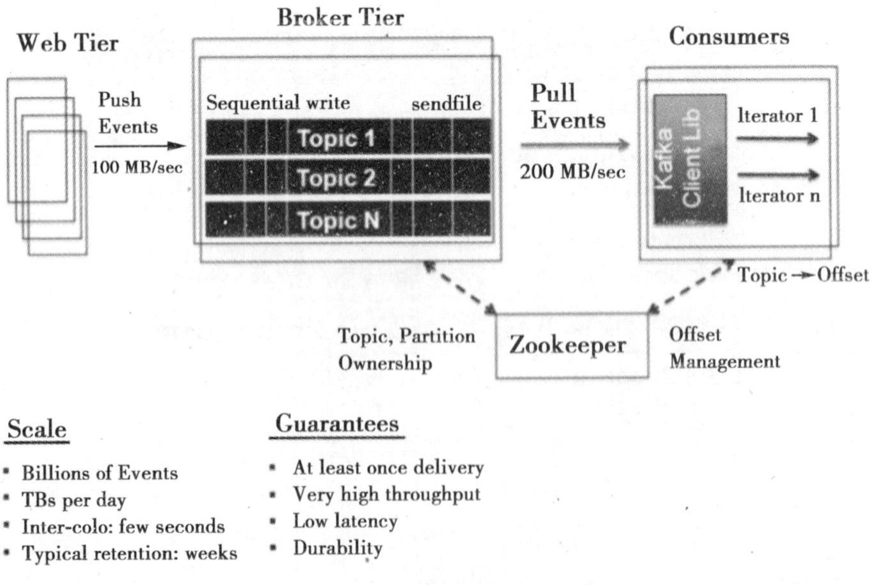

图 5-16　数据传输模式

- 数据总线：时间线一致的分布式数据更新组件（见图 5-17）。

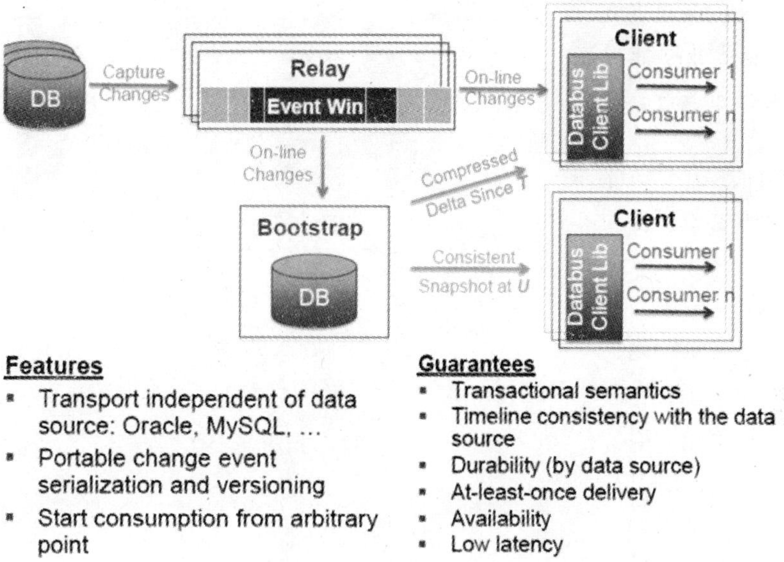

图 5-17 分布式数据更新组件

（2）在线数据存储：

- Voldemort：高度可用的分布式数据存储。Voldemort 完全是分布式且去中心化的，支持分区与容错（见图 5-18）。

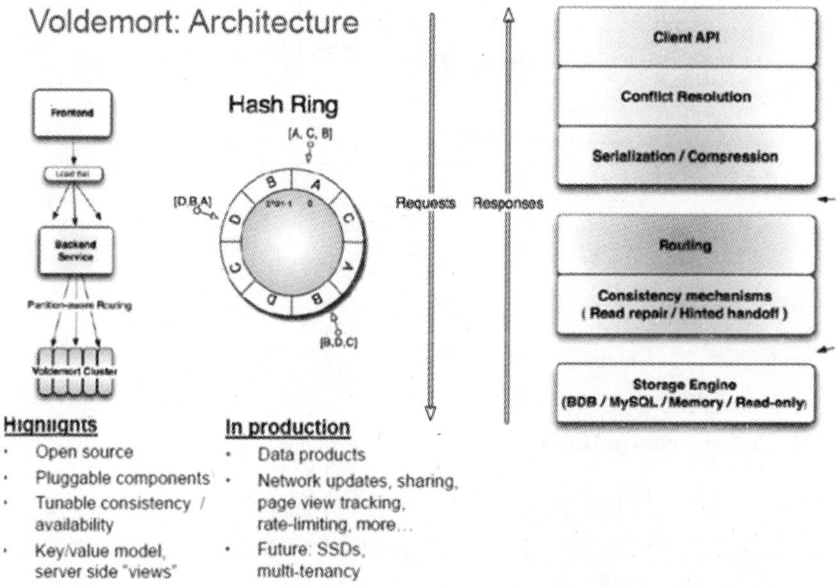

图 5-18 在线数据存储流程

- Espresso：被索引的时间线一致的分布式数据存储。

（3）分层数据模型：

- InMail、Forums、Groups、Companies。

（4）本地变化数据捕捉流：

- 时间线的一致性；
- 写后读。

（5）层次间的强大功能：

- 本地二级索引；
- 交换；
- 全文本搜索。

（6）模块化与插件化：

- Off-the-shelf：MySQL、Lucene、Avro。

（7）系统组件，如图 5-19 所示：

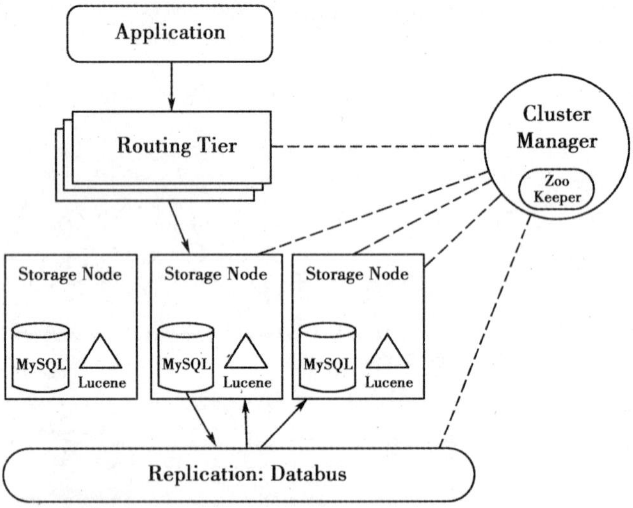

图 5-19　系统组件

5.4.3　核心技术

1. 云计算（Cloud computing）

云技术是基于互联网的相关服务的增加、使用和交付模式，通常涉及通过互联网来提供动态易扩展且经常是虚拟化的资源。狭义云计算指 IT 基础设施的交付和使用模式，指通过网络以按需、易扩展的方式获得所需资源；广义云计算指服务的交付和使用模式，指通过网络以按需、易扩展的方式获得所需服务。这种服务可以是 IT 和软件、互联网相关，也可是其他服务。它意味着计算能力也可作为一种商品通过互联网进行流通。

通过使计算分布在大量的分布式计算机上，而非本地计算机或远程服务器中，企业数据中心的运行将与互联网更相似。这使得企业能够将资源切换到需要的应用上，根据需求访问计算机和存储系统。

云安全（Cloud Security）是一个从云计算演变而来的新名词。云安全的策略构想是：使用者越多，每个使用者就越安全，因为如此庞大的用户群，足以覆盖互联网的每个角落，只要某个网站被“挂马”或某个新木马病毒出现，就会立刻被截获。“云安全”通过网状的大量客户端对网络中软件行为的异常监测，获取互联网中木马、恶意程序的最新信息，推送到Server端进行自动分析和处理，再把病毒和木马的解决方案分发到每一个客户端。

云存储是在云计算概念上延伸和发展出来的一个新的概念，是指通过集群应用、网格技术或分布式文件系统等功能，将网络中大量各种不同类型的存储设备通过应用软件集合起来协同工作，共同对外提供数据存储和业务访问功能的一个系统。当云计算系统运算和处理的核心是大量数据的存储和管理时，云计算系统中就需要配置大量的存储设备，那么云计算系统就转变成为一个云存储系统，所以云存储是一个以数据存储和管理为核心的云计算系统（见图5-20）。

Cloud是LinkedIn整个架构最重要的部分，整个LinkedIn的网络图都缓存在Cloud里面。每个Cloud包含22M节点和120M边，需要12GB RAM。从硬盘重建一个Cloud实例需要8个小时；Cloud通过数据总线（databus）实时更新，关闭时持久化到硬盘。缓存通过C++实现，用JNI调用。LinkedIn选择C++而不是Java有两个原因：尽可能地减少RAM的使用；垃圾收集暂停会杀死整个系统，LinkedIn用了最新的GC程序，也就是就是说Java的垃圾搜集性能不太好。虽然将所有信息放在缓存里面是一种限制，但是分割业务图将更麻烦。

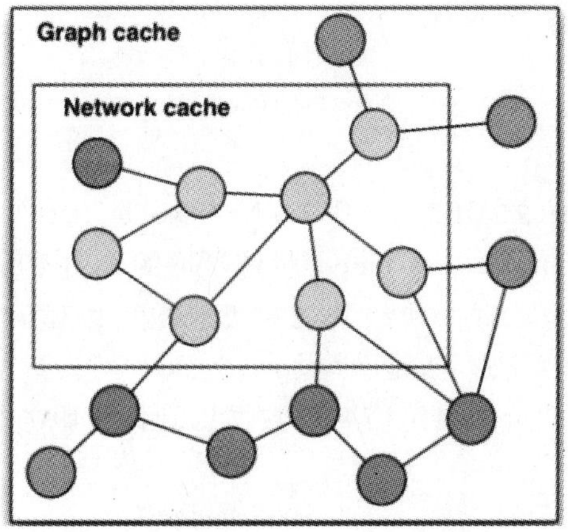

图5-20 LinkedIn的云存储网络图

2. 数据总线（DataBus）机制

LinkedIn 的前台应用服务器面向用户，中间是 DB（Oracle 10g），后台则是由计算服务器计算获得的用户关系图。如何保证数据在各个 RAM 块（也就是不同的计算服务器）中是同步的呢？一般通过两种方式来创建一个比较理想的数据总线（DataBus）机制。

第一种方式：用 Timestamp。对记录设置一个字段，标记最新更新时间。但这种解决方法有个缺陷，即 Timestamp 是 SQL 调用发起的时间，而不是 Commit 的确切时间，因而导致步调不一致（见图 5-21）。

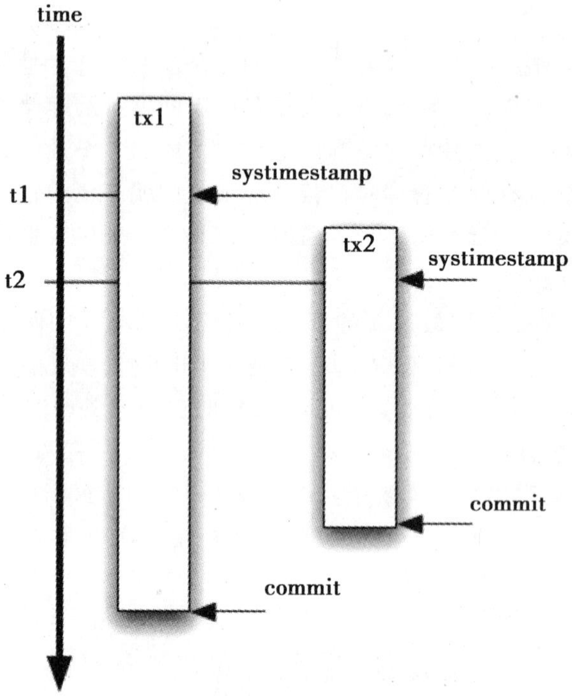

图 5-21 Timestamp

第二种方式：用 Oracle 的 ORA_ ROWSCN（Oracle 10g 的新特性）。这个伪例包含 Commit 时候的 SCN（System Change Number）是自增的，由 DB 直接实现，对性能没有影响。ORA_ ROWSCN 默认是数据库块级别的粒度，也可以做到行级别的粒度。但唯一缺点是不能索引（伪列），其解决办法是：增加一个 SCN 列，默认值就会“无限大”；然后用选择比某个 SCN 大的值就可以界定需要的数据扔到计算服务器的内存里。

3. Hadoop

Hadoop 是一个分布式系统基础架构，由 Apache 基金会开发。用户可以在不了解分布式底层细节的情况下，开发分布式程序，以充分利用集群的威力高速运算和存储。Hadoop 实现了一个分布式文件系统(HadoopDistributed File System)，简称 HDFS。HDFS 有着高容错性的特点，并且设计用来部署在低廉的(Low-cost)硬件上。而且它提供高传输率(High Throughput)来访问应用程序的数据，适合那些有着超大数据集(Large Data Set)的应用程序。HDFS放宽了(Relax)POSIX的要求(Requirements)，这样可以以流的形式访问(Streaming Access)文件系统中的数据。Hadoop可以解决许多要求极大伸缩性的问题，也是最受欢迎的在Internet上对搜索关键字进行内容分类的工具。面对巨型文件，传统的系统一般需要很长的时间，但Hadoop采用并行执行机制，因此能大大提高效率。

Hadoop是一个能够对大量数据进行分布式处理的软件框架。Hadoop是以一种可靠、高效、可伸缩的方式进行处理的。Hadoop是可靠的，因为它假设计算元素和存储会失败，因此它维护多个工作数据副本，确保能够针对失败的节点重新分布处理。Hadoop是高效的，因为它以并行的方式工作，通过并行处理加快处理速度。Hadoop还是可伸缩的，能够处理PB级数据。此外，Hadoop依赖于社区服务器，因此它的成本比较低，任何人都可以使用。

Hadoop带有用Java语言编写的框架，因此运行在Linux生产平台上是非常理想的。Hadoop上的应用程序也可以使用其他语言编写，比如C++。

(1) Hadoop架构。Hadoop由许多元素构成，其最底部是HadoopDistributed File System (HDFS)，它存储Hadoop集群中所有存储节点上的文件。HDFS（对于本文）的上一层是MapReduce引擎，该引擎由JobTrackers和TaskTrackers组成（见图5-22）。

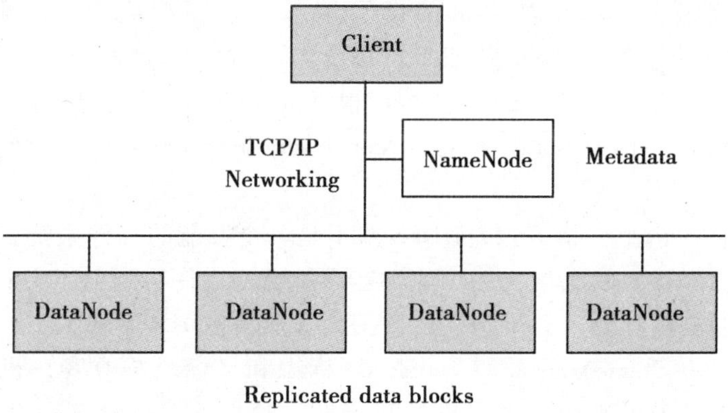

图5-22 Hadoop集群的简化视图

(2) HDFS。对外部客户机而言，HDFS就像一个传统的分级文件系统，可以创建、删除、移动或重命名文件等。但是HDFS的自身特点决定了其架构是基于一组特定的节点构建的，包括两类：NameNode和DataNode。

NameNode是唯一的，它在HDFS内部提供元数据服务，程序与之通信，然后从DataNode上存取文件。这些操作是透明的，与普通的文件系统API没有区别。显而易见，由于仅存在一个NameNode导致HDFS存在一个缺点，即单点失败。DataNode为HDFS提供存储块。存储在HDFS中的文件被分成块，然后将这些块复制到多个计算机中(DataNode)。这与传统的RAID架构大不相同，块的大小（通常为64MB）和复制的块数量在创建文件时由客户机决定。NameNode 可以控制所有文件操作，HDFS 内部的所有通信都基于标准的 TCP/IP 协议。

NameNode 是一个通常在 HDFS 实例中的单独机器上运行的软件，它负责管理文件系统名称空间和控制外部客户机的访问。NameNode 决定是否将文件映射到 DataNode 上的复制块上。对于最常见的 3 个复制块，第一个复制块存储在同一机架的不同节点上，最后一个复制块存储在不同机架的某个节点上。注意，这里需要用户了解集群架构。

实际的 I/O 事务并没有经过 NameNode，只是表示 DataNode 和块的文件映射的元数据经过 NameNode。当外部客户机发送请求要求创建文件时，NameNode 会以块标识和该块的第一个副本的 DataNode IP 地址作为响应。这个 NameNode 还会通知其他将要接收该块的副本的 DataNode。

NameNode 在一个称为 FsImage 的文件中存储所有关于文件系统名称空间的信息，这个文件和一个包含所有事务的记录文件（这里是 EditLog）将存储在 NameNode 的本地文件系统上。FsImage 和 EditLog 文件也需要复制副本，以防文件损坏或 NameNode 系统丢失。

DataNode 也是一个通常在 HDFS 实例中的单独机器上运行的软件；Hadoop 集群包含一个 NameNode 和大量 DataNode。DataNode 通常以机架的形式组织，机架通过一个交换机将所有系统连接起来。Hadoop 的一个假设是：机架内部节点之间的传输速度快于机架间节点的传输速度。

DataNode 响应来自 HDFS 客户机的读写请求，它还响应创建、删除和复制来自 NameNode 的块的命令。NameNode 依赖来自每个 DataNode 的定期心跳（heartbeat）消息。每条消息都包含一个块报告，NameNode 可以根据这个报告验证块映射和其他文件系统元数据。如果 DataNode 不能发送心跳消息，NameNode 将采取修复措施，重新复制在该节点上丢失的块。

（3）文件操作。由上分析可知，HDFS 并不是一个万能的文件系统，它的主要目的是支持以流的形式访问写入的大型文件。如果客户机想将文件写到 HDFS 上，首先需要将该文件缓存到本地的临时存储。如果缓存的数据大于所需的 HDFS 块大小，创建文件的请求将发送给 NameNode。NameNode 将以 DataNode 标识和目标块响应客户机。同时也通知将要保存文件块副本的 DataNode。当客户机开始将临时文件发送给第一个 DataNode 时，将立即通过管道方式将块内容转发给副本 DataNode。客户机也负责创建保存在相同 HDFS 名称空间中的校验 Checksum 文件。在最后的文件块发送之后，NameNode 将文件创建提交到它的持久化元数据存储（在 EditLog 和 FsImage 文件）。

（4）Linux 集群。Hadoop 框架可在单一的 Linux 平台上使用（开发和调试时），但是使用存放在机架上的商业服务器才能发挥它的力量。这些机架组成一个 Hadoop 集群，它通过集群拓扑知识决定如何在整个集群中分配作业和文件。Hadoop 假定节点可能失败，因此采用本机方法处理单个计算机甚至所有机架的失败。

（5）MapReduce 流程。Hadoop 的最常见用法之一是 Web 搜索，虽然它不是唯一的软件框架应用程序，但作为一个并行数据处理引擎，它的表现非常突出。Hadoop 最有特色的应用之一是 Map andReduce 流程，这被称为创建索引。该流程将 Web 爬行器检索到的

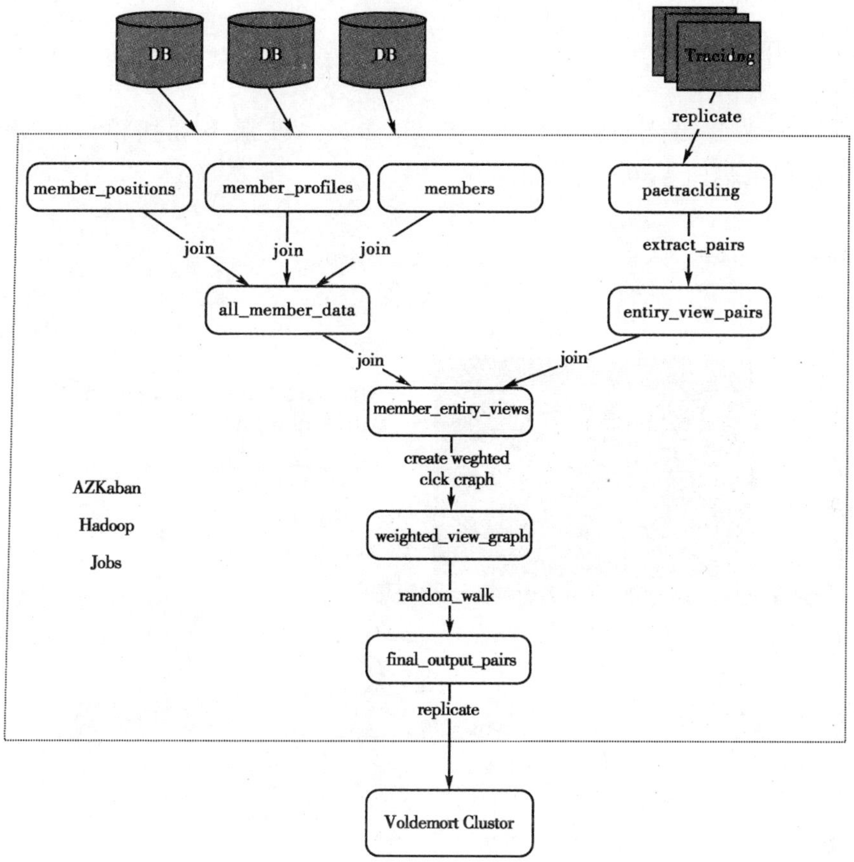

图 5-24 Azkaban 工作关系流程图

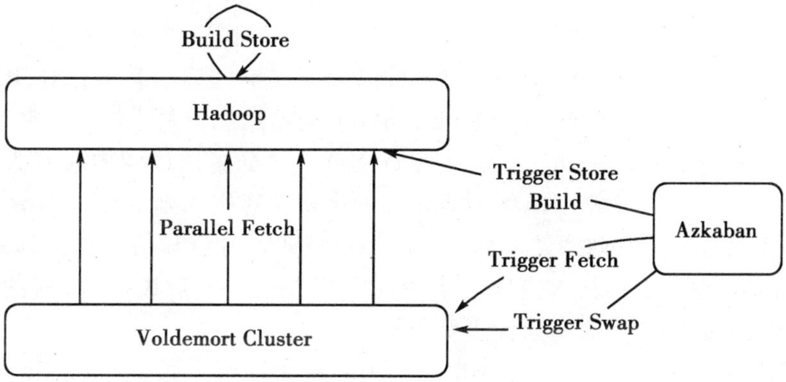

图 5-25 Voldemort 数据调度图

Hadoop 来处理大块的批数据，这样其 Hadoop 集群就需要周期性地进行升级，但 Voldemort 则永远不需要。

5.4.4 开放平台

LinkedIn 开放平台支持 OAuth 2.0、SSL 和多种 API 服务和插件，以便开发者为 LinkedIn 开发应用（见图 5-26）。

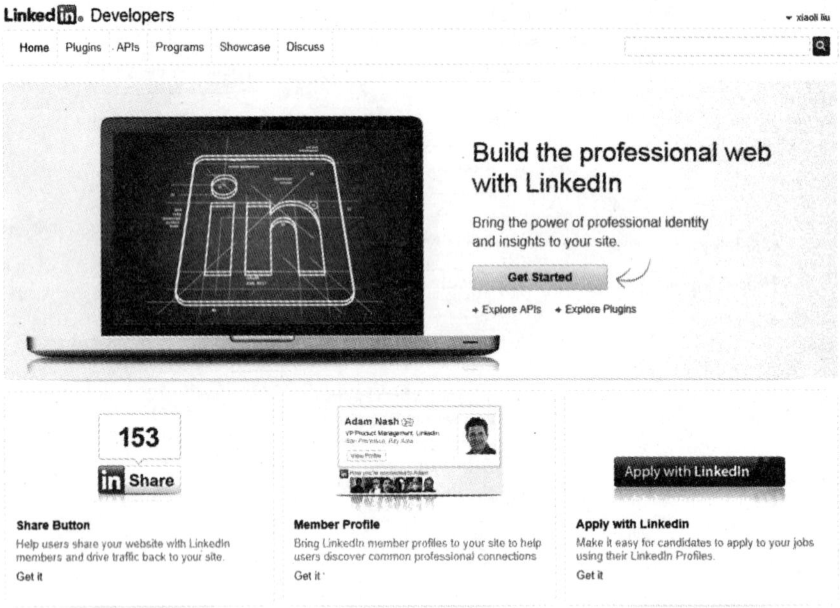

图 5-26 LinkedIn 开放平台首页

LinkedIn 开放 API 无疑能够增加 LinkedIn 在网络上的曝光率，甚至有可能带动 LinkedIn 出现新一轮增长。开放的 API 大致可以分为三类：第一类可以让用户通过 oAuth 协议登录，从而非常方便地访问自己在 LinkedIn 上的信息、资料、联系人和消息；第二类则可以给予用户一些信息编辑功能，例如发布文章、接受邀请以及向联系人发送信息等；第三类则与搜索有关，开发者可以将 LinkedIn 的搜索功能嵌入到其他应用中。

LinkedIn 还发布了一系列插件，可以帮助站长把职业身份和信息整合到网站中，比如通过"会员档案"插件告诉访客有哪些 LinkedIn 好友也访问过该网站，通过"公司局内人"显示公司相关的信息。这些插件主要包括：

- 通过 LinkedIn 登录（Sign In with LinkedIn）：允许用户通过 LinkedIn 账户登录其他网站。
- 分享（Share）：分享当前内容到 LinkedIn 的分享按钮。
- 会员档案（Member Profile）：在第三方网站上显示用户 LinkedIn 档案。
- 完整会员档案（Full Member Profile）：在第三方网站显示更详细的 Linked 资料。
- 公司档案（Company Profile）：显示公司关键信息。
- 公司局内人（Company Insider）：显示更加丰富的公司信息。

- 推荐（Recommend）：这个按钮可以让用户推荐用户的产品，给用户带来流量。

5.5 LinkedIn功能应用

5.5.1 基本功能

1. 个人资料（Profile）

用户在 LinkedIn 的个人资料中可以添加和维护一些基本信息，如照片、工作经历、教育经历、推荐信息、联系方式、个人网页、Twitter 账号等。另外，在个人资料页面还可以添加电话、通信地址、生日等个人信息，以及 Publications（发表文章）、Languages（语言）、Skills（技能）、Certifications（证书）和 Patents（专利）等信息。

值得一提的是，以上这些个人资料可以直接生成幻灯片或 PDF 文档，还可以直接打印输出，快速形成一份基本完整的个人简历。

个人资料只对联系人全部公开，保证了用户资料的安全。用户可以设置个性化的二级域名，还可以升级为付费用户，享受更多的权利（见图 5-27）。

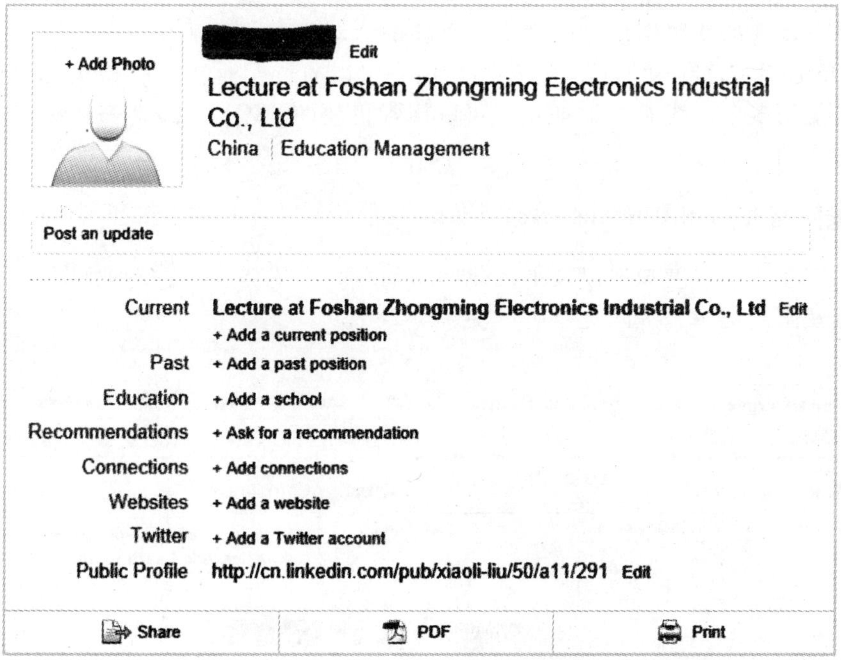

图 5-27 LinkedIn 的个人资料

2. 推荐（Recommendation）

有几个级别比用户高的人的推荐，会为用户的 Profile 加分添色。一般转换工作成功的人，都有新加的推荐信。

为特定活动而推荐的“用户可能想要结识的活动参加者”是一个新功能：它会突出显示用户可能在事业和人脉方面感兴趣的新联系人。

3. 状态更新（Update）

状态更新允许用户随时发布自己的最新状态，如最新的 Publication，参加会议的见闻，等等。用户 Network 里的人会收到更新提示，经常性的职业化的状态更新，会给人留下很积极的印象。

4. 活动（LinkedIn Events）

“活动”功能可以让专业人士找到符合自己职业兴趣的活动和会议。

用户的关系圈中任何有关活动的通知，现在都将出现在用户的 Network Update 内容流中。用户的活动主页上会显示一个不断更新的活动推荐——这是根据用户的所在地、行业和关系圈等情况做出的智能化推荐。

LinkedIn 多次更新活动的后端算法，使该功能更具可扩展性。对于用户来说，这意味着推荐将变得更具相关性。LinkedIn 更加重视用户的联系人组织或参加的活动，并且它会寻找和用户类似的人，向用户推荐他们将要参与的活动。“类似的活动”功能会显示一张地图，让用户发现那些跟用户已经确定感兴趣的活动相类似的活动。

LinkedIn 还升级了活动的搜索功能，让用户可以通过行业、地点和时间筛选活动。用户可以一次使用多个过滤器（比如用户可以搜索伦敦的 SEO 活动），一次性搜索到在不同地点发生的活动。

5. 在线问答（LinkedIn Answers）

在线问答相比于百度知道以及平民化网站而言，其优势在于：专业人士更多、更高质量的回答以及限制更少，提问更自由（见图 5-28）。

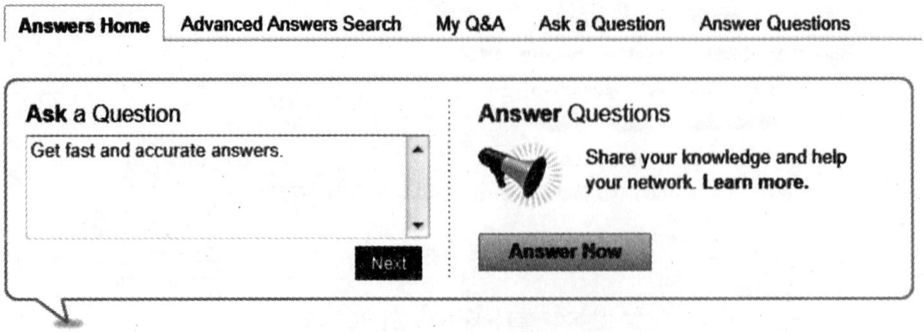

图 5-28　LinkedIn Answers

6. 工作搜索（LinkedIn jobs）

工作搜索即站内的工作搜寻，其主要优点在于：高级搜索可以让用户对工作做出更为精准的搜索和筛选；可以显示与搜索的信息相关的联系人的信息，帮助用户通过自己的LinkedIn人际网络增加求职成功的可能性；通过升级为付费账户，用户可以得到更多搜索的结果和更详细的信息（见图5-29）。

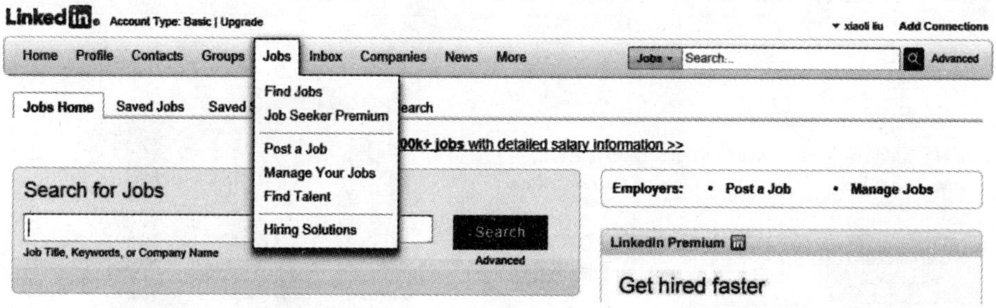

图 5-29 LinkedIn Jobs

7. 企业信息（Company）

企业信息板块又可以细分为四个小板块：（1）Careers，用户可以了解企业的招聘信息，不同职位的用户看到的信息有所不同；（2）Products&Services，用户可以了解企业的产品，以及企业的推荐人；（3）Overview，企业简介，用户可以了解各种企业的介绍及其员工；（4）Statistic，用户可以了解企业的职位状况，企业员工的职业轨迹等信息（见图5-30）。

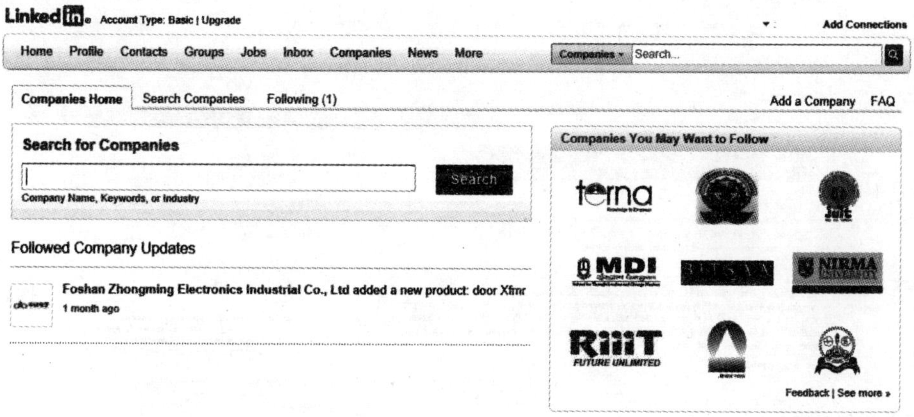

图 5-30 LinkedInCompany

8. 技能数据（LinkedInSkills）

技能数据是一种信息分享产品，它帮助用户将全部联系人的状态更新进行聚合，通过LinkedIn 特有的筛选细分，让用户对于信息显示进行归类和过滤。通过 8 个过滤分类，可满足商务人士对于信息高精度和高质量的需求（见图 5-31）。

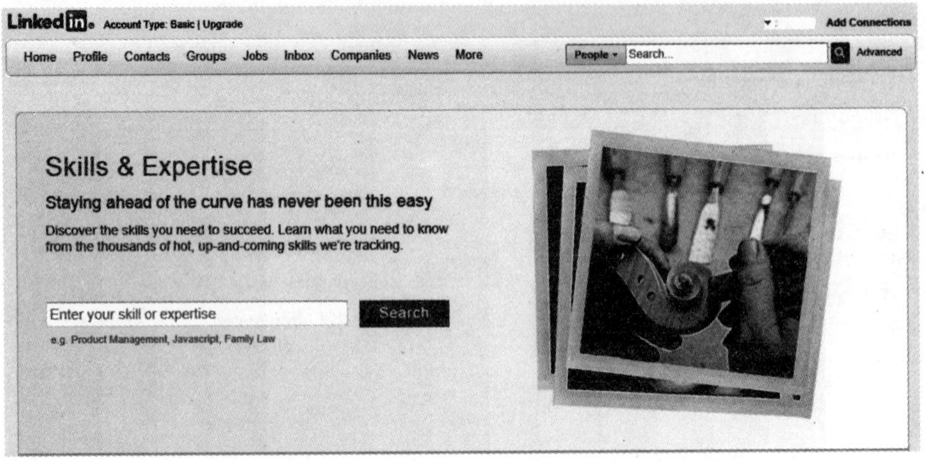

图 5-31　LinkedIn Skills

9. 博客（Wordpress）

WordPress 凭借其免费性和开源性，是最成功的开源在线文章发布系统，已经成为个人和大多数企业用户博客的首选平台。LinkedIn 的在线应用平台整合了 WordPress 这一在线应用，允许用户将 WordPress 与自己的 Profile 进行关联，完成信息的同步（见图 5-32）。

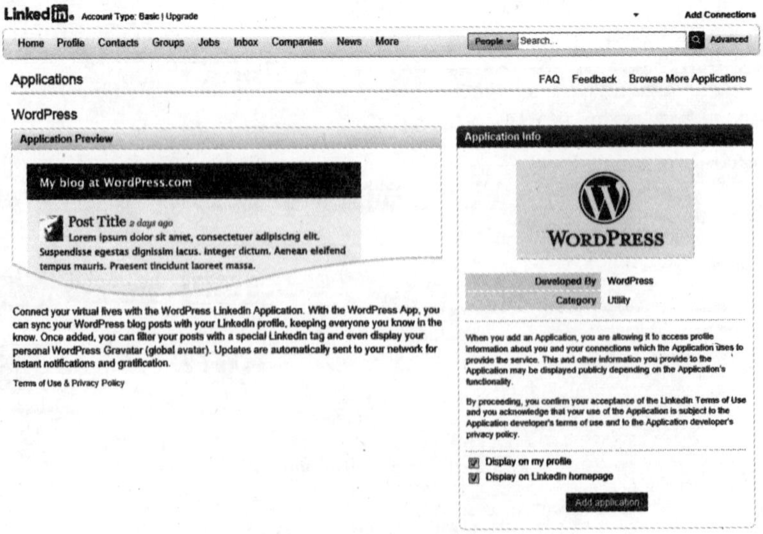

图 5-32　LinkedIn Wordpress

10. 免费幻灯片共享平台（SlideShare）

SlideShare 是国外主流的文档分享平台，主要支持 PPT 演示文稿、Word 文档和 PDF 文件（见图 5-33）。LinkedIn 已将 SlideShare 服务完善整合地到了自己的应用平台，使用户在 LinkedIn 平台就可以方便使用 SlideShare 在线应用。在 LinkedIn 中安装了 SlideShare 应用后，用户可以：

- 向用户的联系人（Connections）分享和展示用户的文档或作品；
- 企业内部部门之间分享简历，市场营销报告，会议演讲稿等文件；
- 支持格式广泛，包括 ppt、pps、pptx、odp、pdf、doc、docx、odt、Keynote、iWork pages；
- 整合 YouTube 视频，分享视频和音频文件。

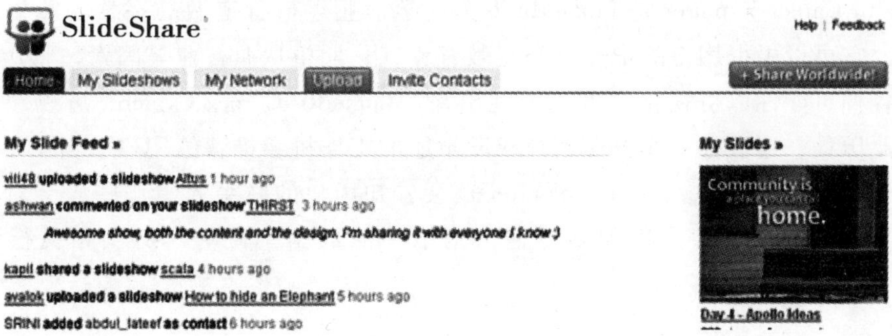

图 5-33　LinkedIn Slideshare

如果用户已经拥有一个 SlideShare 账号，用户可以在 LinkedIn 界面上将从前所上传的文件导入 LinkedIn 中。在两者中的任何一个账户内更新了文档，另外一个会被同步更新。

11. LinkedIn Labs

目前，LinkedIn Labs 的项目主要包括：Veterans、Mocha、Aid Parol、Hero Connect、SpeechIn、TextIn、Swarm、Year in Review、InMaps、Connection Timeline、DropIn、Resume Builder、Infinity、NewIn、Instant Search、Intern Hackday、ChromeIn、Signal 等。以上产品既有实用功能，又具有一定的娱乐性质。例如，NewIn 2.0 以地图的形式，实时显示全球 LinkedIn 新用户，并与 Google Earth 进行了整合。下面以 LinkedIn Signal（信息分享）为例介绍：

LinkedIn Signal 是 LinkedIn 推出的信息分享产品，可以将用户的全部 connection 的状态更新进行聚合，通过 LinkedIn 特有的筛选细分，让用户对于信息显示进行归类和过滤。不过只能查看，没有 Reply 或者 Forward 功能。下面是 LinkedIn 这项新服务的主要特色功能：

• 更强大的信息细分和过滤功能。LinkedIn Signal 拥有总共 8 个过滤分类，分别是 Network、Industry、Company、Time published、Geo/Region、School 和热点 tag，可满足商务人士对于信息高精度和高质量的需求。

• 快速人物和话题搜索功能。

• 即时信息更新。与 Google 的 Realtime Search 类似，全部更新自动完成，无需手动刷新页面。

• Trending Links 可以帮助用户找到目前行业中的最热新闻。

• 谁分享了这个链接？用户还可以查看都有谁分享了这个 trend link。

• 自定义搜索结果保存。用户可以在完成搜索后，对内容进行保存。这样 LinkedIn Signal 便获知了用户感兴趣的新闻，下次将自动为用户进行相关展示。

12. LinkedIn Career Explorer

LinkedIn Career Explorer 是 LinkedIn 专为大学毕业生量身定做的一款功能比较强大的应用程序。它可以根据用户的毕业院校、教育程度、期望从业行业等因素，将用户未来职业生涯的各种可能性以可视化的方式展现出来。LinkedIn Career Explorer 可以跟踪师兄师姐们的职业历程，还会把一些符合用户求职意愿的工作机会推荐给用户，当用户尝试获得这些工作机会时，LinkedIn Career Explorer 还会告知用户的联系人中哪些人会对用户有所帮助。此外，它还会通过收集和整理整个网络中的数据，为用户提供相关行业的薪资信息。

13. LinkedIn People Search

LinkedIn People Search 功能允许用户根据 11 个不同的参数对自己的朋友圈进行搜索。这 11 个参数包括姓名、职位、所在的公司、第几层的朋友圈、所在的产业、所在的地区、过去曾经任职的公司、学校、有多少人推荐过、会哪种语言，甚至于这个人是否正在寻找一个新工作，等等。这些参数都提供了常用选项，用户只需要勾选就可以。结果输出也可以按照用户的要求来排序，有四种排序的标准：相关度、关系的紧密度、关键词匹配度、其朋友的多少。

LinkedIn 正在逐步增加搜索的功能和提高其效果，People Search 功能正表明了 LinkedIn 已经把其拥有的用户的各种数据全部结构化，以方便检索。除此之外，LinkedIn 还提供 Reference search 功能，也就是“推荐人”搜索。比如，用户想要应聘 Intel 公司，或者想招聘曾经在 Intel 公司工作的人，则输入 Intel 以及一个时间段（比如从 2008 年到 2009 年），那么结果就会输出符合这个条件的用户的朋友，或者那些符合条件的用户的朋友的朋友。

14. 在线办公文件（Box. net Files）

在线办公文件与 Google Doc. 类似，支持用户在线编辑、查看和分享常用格式的办公文件，它方便了 LinkedIn 联系人之间进行安全快捷的文档分享。

5.5.2 专业人士社交新闻平台（LinkedIn Today）

专业人士社交新闻平台是 LinkedIn 推出的专业人士社交新闻平台，旨在增加用户的访问次数和停留时间。用户可以查看社交网络和行业内的新闻头条，创建定制化网络报纸，查看好友在阅读和保存什么文章；还可以通过 LinkedIn iPhone 应用程序查看（见图5-34）。

图 5-34 LinkedIn Today

5.5.3 工具类应用（LinkedIn Application）

用户通过 Profile 还可以连接 Linkedin Application。利用这个工具可以免费上载三个 Presentation，在 Profile 的主页就可以浏览。可以把自己做的公开的 Presentation 加在上面，让别人更多地了解自己的工作能力。

5.6 LinkedIn界面特点

5.6.1 简洁实用

LinkedIn 网站界面的设计目标就是——实用而有效。在平淡无奇的白色背景之上以黑色（旧版本）或蓝色（新版本）字体展示着联系人和职业信息，这使得 LinkedIn 网站看上去毫无吸引人之处。但正是这种简洁性使 LinkedIn 网站更加高效，没有打扰用户的信息，使其获得了成功。也就是说，LinkedIn 网站的宗旨是希望人们都尽快得到所需的信息，即告知用户怎么能快速找到所需的专业人士；怎么能迅速找到专业人士资源，让他们帮助我完成产品设计、帮助我的公司获得成功或是抓住机遇。而不是让用户花几个小时在上面，但它不能让用户变得更有工作效率（见图 5-35）。

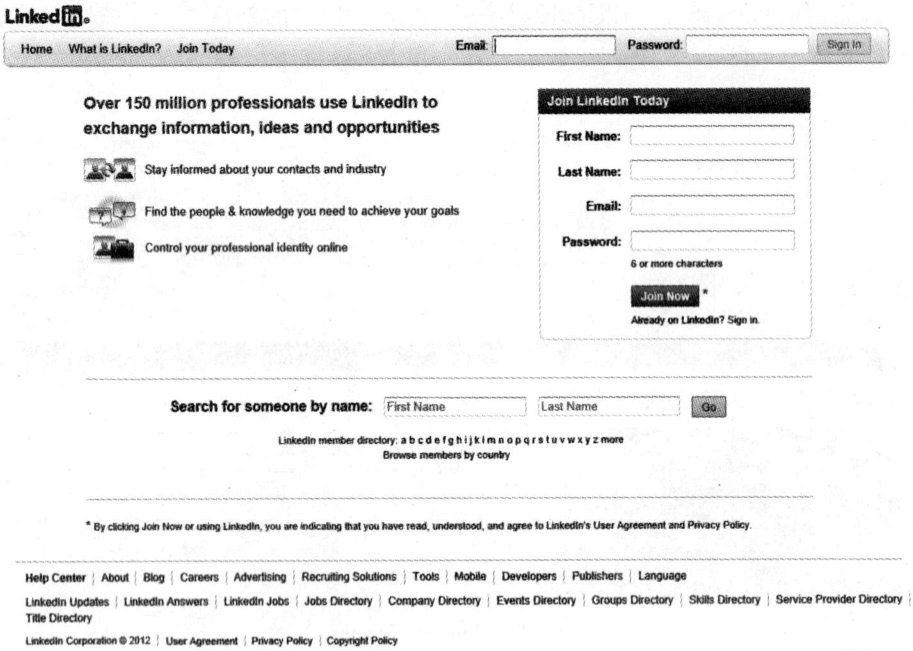

图 5-35　LinkedIn 界面

为了简化网站浏览，提供更加简洁紧凑的页面，LinkedIn 在新版本中将网站的导航栏和用户界面做了最大程度的简化，空白更多。新版 LinkedIn 的最大特色就是页面顶部的通用导航栏，其中包括档案、联系人、群组、工作、收件箱、更多等链接。点击任何一个项目都会出现一个下拉式菜单，并可以提供更多选项，浏览体验更加现代化。新界面和体验减少了页面滚动的次数。但是，在联系人和群组有更新时，页面滚动的次数和联系人数量及其活跃程度有关。还好 LinkedIn 不是那种需要天天登录的网站。此外，新主页还包括可移动、可收起的侧边栏模块，可以显示谁看过用户的档案，事件、工作列表等内容（见图 5-36）。

5.6.2　凸显广告

在旧版本中，即便是广告的投放，LinkedIn 也处理得十分艺术，右侧边栏下方几乎不会分散用户的注意力。在最新版本中，尽管广告位没有什么变化，但是更加简洁的新版界面让广告显得更加突出。现在所有内容都以黑色或蓝色文本显示在白色背景上，因而用户登录时首先映入眼帘的就是页面顶部的全彩广告。此外，导航栏下还有一个引人注目的文

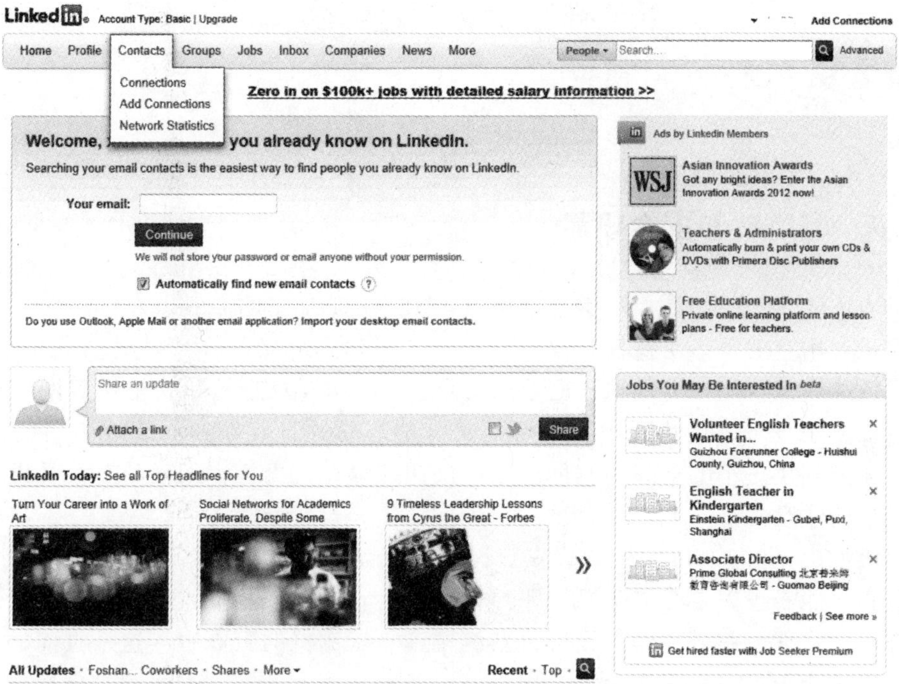

图 5-36　LinkedIn 的通用导航栏

本广告链接，并且字体为更深的加粗字体。当然这对 LinkedIn 来说是一个优点——不仅加强了广告效果，同时更好地体现了网站本身的功能（见图 5-37）。

图 5-37　LinkedIn 的广告位

5.7 LinkedIn安全机制

5.7.1 隐私和安全设置

与 Facebook 相同，LinkedIn 也是采用 HMAC-SHA1 加密的 OAuth Authentication 认证方式，来完成对用户的验证与授权。

为了进一步保护用户的隐私和网站的安全，LinkedIn 对隐私和安全设置网页进行了全面改版，以便用户可以更快地找到重要信息，更容易进行导航控制。改版后的页面更直观，可以充分利用更小的空间，有助于用户快速搜寻相关内容，但没有对会员设置或违约条款进行任何改动。

在旧版本中，LinkedIn 的账户设置页面是一个以目录形式存在的内容密集的页面，包括简介设置、隐私设置、个人信息、账户信息等。新版本将删除这个目录以及更多作为互动设置存在的功能，将各种偏好设置重新编排到易于浏览的页面中。这个页面的上半部分突出了用户的个人信息和账户信息。用户可以了解加入 LinkedIn 的时间，更换电子邮箱或更改口令，升级到付费账户。用户还可以查看服务介绍和广告宣传活动的状态等。下半部分则主要是用户的 LinkedIn 账户和隐私设置，包括与个人资料有关的设置、首选电子邮箱等内容。通过在选项卡中重新进行编排，可以更为轻松地实现这些设置之间的切换，不用再像以前那样上下滚动页面。

新版本还在页面右侧增加一个新模块，里面包含有关设置常见问题的链接，使得用户可以更为轻松地搜寻相关内容。另一大变化则是，用户在对隐私和安全偏好进行升级时，LinkedIn 不会再向他们发送一个新页面，而是令其在弹出窗口中完成这种升级，同时又不用离开账户设置页面，而点击次数更少则意味着用户可以更为快速地更改设置。

5.7.2 安全隐患与措施

1. 安全隐患

在用户输入了正确的用户名和密码并访问账户后，LinkedIn 系统会在用户电脑上创建一个名为“LEO_ AUTH_ TOKEN”的文件，充当访问该账户的密钥，大部分网站都会使用这类 Cookie。一般情况下，多数商务网站的密钥有效期都在 24 小时以内，如果用户注销账户，有效期甚至还会更短。但仍然存在一些例外：如果 5 至 10 分钟没有任何活动，银行网站通常会自动注销用户账户。Google 公司则允许用户将有效期自主设定为数周，但首先要获得用户许可。但 LinkedIn 的独特之处在于，该密钥文件要在创建一年后才能过期。

Linkedin 的超长 Cookie 有效期意味着，在长达一年的时间里，任何获得这一文件的人都可以将其加载到PC中，并轻易访问用户原始账户信息。通过这个文件，用户再次登录时，则无需输入账号密码，即Cookie保持了用户的成功登录状态。这种情况意味着，黑客可以利用常见的流量嗅探工具窃取Cookie文件，轻松登录用户账户，盗取个人信息。

为了解决该安全隐患，LinkeIn采取了一些措施来保障用户的账户安全。例如，已经支持加密套接字协议层（SSL）技术，允许用户主动借助SSL对网站的其余部分进行保护，其中包括对Cookie的加密，以防止敏感数据被黑客截留。

2. 加密套接字协议层（SSL）技术

加密套接字协议层（Security Socket Layer，SSL）是由Netscape公司设计的一个开放的协议。SSL已成为网络用来鉴别网站和网页浏览者身份，以及在浏览器使用者及网页服务器之间进行加密通信的全球化标准；支持SSL也已经成为每一个浏览器的内置功能。

SSL位于HTTP协议层和TCP协议层之间，用于建立用户与服务器之间的加密通信，以确保所传递信息的安全性。同时，SSL安全机制是依靠数字证书来实现的。对于一个TCP/IP连接，SSL提供数据加密、服务器认证、信息完整性和可选的客户端认证。

SSL基于公用密钥和私人密钥，用户使用公用密钥来加密数据，但解密数据必须使用相应的私人密钥。使用SSL安全机制的通信过程如下：用户与IIS服务器建立连接后，服务器会把数字证书与公用密钥发送给用户，用户端生成会话密钥，并用公共密钥对会话密钥进行加密，然后传递给服务器，服务器端用私人密钥进行解密，这样，用户端和服务器端就建立了一条安全通道，只有SSL允许的用户才能与IIS服务器进行通信。

SSL包括握手和记录两个子协议。这两个子协议均可以提供与应用尤其是与HTYP的连接。这种连接经过了认证和保密，可以防止被篡改。由于SSL技术已建立到所有主要的浏览器和Web服务器程序中。因此，仅需安装数字证书，或服务器证书就可以激活服务器功能了。

SSL协议的主要目的是提供相互通信的应用程序之间的保密性和可靠性，在SSL的最底层，直接位于一些可靠的传输协议（如TCP）之上的分层协议是SSL报告协议，SSL报告协议用于封装各种高层协议，一个这样的被封装的高层协议如SSL握手协议，允许服务器和客户端之间彼此认证并且在应用协议传输或发送第一个数据字节之前协商一个加密算法和密钥；SSL的一个优点是它独立于应用协议，一个较高层的协议能透明地位于SSL协议之上；SSL协议提供连接安全，它具有3个基本特性：

- 连接是保密的；加密发生在初始握手后，用来定义一个密钥，加密是对称的（如DES）。
- 对等体的身份可以用非对称算法或公共密要认证（如RSA）。
- 连接是可靠的。信息传输包括一个采用密钥消息认证码（MAC）的信息完整性检查；用于MAC计算的安全散列函数（如SHA、MD5等）。

SSL是分层协议，在每一层，消息可以包括长度、描述和内容域；SSL在传输信息时，可以对数据进行分段、压缩、认证和加密并最终传送出去；接收端可对数据解密、验证、解压缩和重新组装，然后传递到高层。

SSL同样能够与其他Internet应用一起使用，如Intranet和Extranet访问、应用安全、无线应用以及 Web 服务等。通过对离开浏览器的数据进行加密，并在其进入数据中心之后进行解密，以 SSL 实现了对 Internet 的数据通信进行保护。

5.8 LinkedIn运营模式

LinkedIn 的目标用户十分广泛，并不仅仅局限于某种类型的网民。由于它提供的服务的特殊性，所以上至公司的高层决策管理人员、人力资源管理者，下至刚刚从大学毕业的求职大学生等，可以说，只要存在于这个社会并且需要招聘工作、需要应聘工作的社会个人或公司企业，都是 LinkedIn 公司的目标客户。但 LinkedIn 又不同于 Facebook，它是一个专业的商务社交网络，因此，它的目标是那些专业人士。

5.8.1 LinkedIn 推广模式

LinkedIn 的企业愿景是“改变人们的工作方式”。公司的第一个目标是成为网络上的专业档案记录。第二个目标是成为职业洞察力的重要来源。LinkedIn 专注于基于用户的职业图、数据等，从大量的内容信息流中提取出对用户有价值的信号。LinkedIn 的第三个目标是成为跨平台的网站，用户使用手机或其他各种网络平台都能够访问。该公司将投入大量资金到开放的 API 平台中，使 LinkedIn 应用于第三方应用上。

1. 以高端商务人士为切入点，逐渐向其他用户扩展

2003 年 LinkedIn 网站刚刚启动的时候，其注册用户大部分为年收入在 4 万英镑以上的专业人士，其目标用户也是行业领域内的专业人士。而随着 LinkedIn 的渐渐发展，他也逐渐倾向于向大学生与企业搭建沟通桥梁。2011 年，以 LinkedIn 为代表的社交媒体在求职领域上发展迅速，正逐渐取代传统求职模式成为大学毕业生日益青睐的对象。LinkedIn 作为一个社交媒体能在毕业生求职方面取得卓越的成果，原因在于 LinkedIn 不断提供更多的公司与毕业生互动，同时提供毕业生公司的各项信息。大学生是社交媒体用户的主力军，LinkedIn 在为毕业生提供求职平台的同时也增加了自身的用户。

2. 开放平台战略

2009 年 11 月，LinkedIn 对外开放应用编程接口（API），以便开发者为 LinkedIn 开发应用。LinkedIn 开放的 API 大致分为三类：第一类可以让用户通过 oAuth 协议登录，从而非常方便地访问自己在 LinkedIn 上的信息、资料、联系人和消息；第二类功能则可以给予用户一些信息编辑功能，例如发布文章、接受邀请以及向联系人发送信息等；第三类则与搜索有关，开发者可以将 LinkedIn 的搜索功能嵌入到其他应用中。

3. 服务多元化战略

从 2003 年 LinkedIn 网站上线至今，LinkedIn 除了刚开始的几项基本服务外，又增加

了一些服务，例如可以查看社交网络和行业内的新闻头条，创建定制化网络报纸，查看好友在阅读和保存什么文章的 Linkedin Today 等。多元化的服务使网站更加饱满充实的同时也增强了用户的黏性，扩展了用户的数量和信息的即时性和含金量等。

5.8.2 LinkedIn 盈利模式

LinkedIn 的用户基础造就了 LinkedIn 的多元化赢利模式。2007 年至 2010 年 LinkedIn 收入结构如图 5-38 所示。

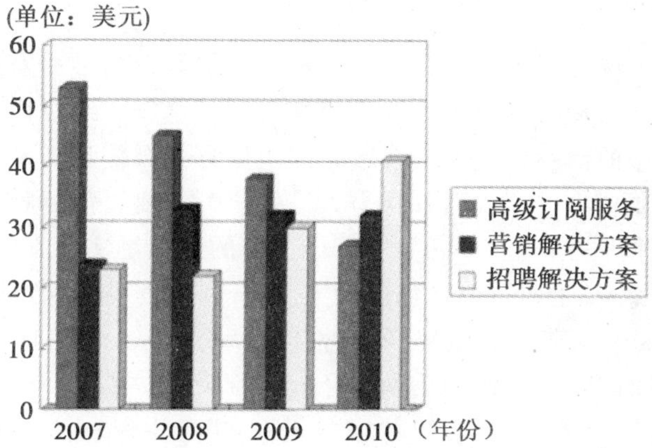

图 5-38 2007 年至 2010 年 LinkedIn 收入结构图

网络广告：网络监测机构 comScore 监测的 LinkedIn 网站用户基本情况显示 LinkedIn 网站拥有极具价值的用户。LinkedIn 把广告推销给受众，或者向合作网站提供客户以实现广告合作都是潜在的盈利模式。现在大多数社交网站难以以 CPM（千人次印象成本）1 美元出售广告，但 LinkedIn 的广告价目表显示，该网站展示广告 CPM 最低为 30 美元，最高为 76.50 美元；文本广告 CPM 区间为 12～20 美元。即使按众多广告客户接受的广告价目表通常折扣计算，LinkedIn 的展示效果也要比大多数社交网站好得多。其原因在于，LinkedIn 的用户对于广告主来说更有价值。

高级订阅服务：在 LinkedIn 早期用户的积累阶段（2008 年前），过半以上收入主要来自于个人用户付费的高级订阅服务，这与其关注用户体验和注重产品有着紧密的关联。

营销解决方案：利用 LinkedIn，用户不仅可以使用高级搜索，来寻找用户潜在的用户，还可以浏览用户的人脉网络，使用“保存搜索”以得到每周的潜在用户推荐。LinkedIn 以商务人士为主，推出营销解决方案，目的在于寻求商务合作和投资机会。

招聘解决方案：以外企职员和企业客户为主，从事求职或招聘活动。在 2008 年，随着 LinkedIn 进军国际市场，注册用户快速增长，其对产业的价值逐步凸显，除之前针对企业的营销解决方案以外，在此前针对个人招聘解决方案的基础上推出了针对企业的招聘服务，主要收入来源从高级订阅服务转向招聘解决方案。

5.9 LinkedIn成功启示

无论与如日中天的 Facebook、Twitter，还是曾经辉煌的 Myspace、Bebo 相比，LinkedIn 一直以低调稳健但内容乏味的姿态潜行。但据统计，目前 LinkedIn 注册用户规模已突破 1 亿，而且这 1 亿用户是商业社会中的金字塔尖人群。是什么原因使 LinkedIn 能达到现在的高度呢？准确的定位和极优的数据整理能力，是 LinkedIn 最终成功的原因。

1. 前端的正确定位

在招聘与求职的传统应用场景中，往往是某一名求职者与某一家招聘公司的单通路信息流通。在这个信息流通环节中，求职者简历与公司的自我介绍往往是对方唯一的信息来源。显然，这种单通路的信息含量十分有限，即使双方公布信息都是真实的，也无法对对方形成准确判断。在职场中，个人品牌比个人简历更为重要，而品牌价值往往来自于他人的推荐和评价，即“和谁在一起”。因此，LinkedIn 的定位是实名制的高端社交网站。

然而，这个定位意味着 LinkedIn 将大大区别于娱乐性为主的可以快速提升流量的 SNS。LinkedIn 缺少娱乐元素，甚至缺少分享与互动，用户之间保持着明显的距离感。这使得 LinkedIn 面临的第一个挑战就是如何达到百万用户，因为只有用户数达到这个量级，才能让一个 SNS 的信息搜索和共享的价值得到体现。然而，在所有的 SNS 中，LinkedIn 属于长期积累、慢速成长的特例。如果说在以人为核心的“碳基”互联网时代，特征是以人为节点的信息充分流动与共享，那么 LinkedIn 则是“碳基”中的另类代表。LinkedIn 这种带有“圈子文化”色彩浓烈的不充分的弱互动，正是其独特的价值所在。对于 LinkedIn 用户来说，每天都登录发帖显得毫无意义，只能说明这个人不在工作状态。

基于人际关系的 SNS 是一个天然的招聘市场。这种崭新的应用场景决定了 LinkedIn 里面不需要 Party，无需虚拟礼品，并且要严格与虚假、冗余信息绝缘。实际上，LinkedIn 不但不进行娱乐，并且还通过筛选和防御机制，严格控制着人际关系的互动，以保障信息的含金量。

例如，它对站内用户发送信息有严格的限制，基本账户可以发送的站内邀请极为有限，动辄就告诉用户发送更多的站内邀请需要付费升级账号，或让用户只能通过双方都有直接联系关系的中间人转发联系邀请。又如，系统会要求用户注明联系的类型，有“同事”、“同学”、“业务联系人”、“朋友”及“陌生人”等几个选项。如果对方填写的简历和用户的简历并未显示出是同事或同学的关系，系统会要求用户添加相应的工作和学习经历。收到站内邀请后，用户可以采取三个行动：“接受”、“存档”或标注为“我不认识这个人”。

实名、高端社交与弱互动（即有限分享），此三者正是 LinkedIn 取得成功的前端原因。这三个定位保证了 LinkedIn 可以沉淀下真实世界中最有商业价值的那部分社会关系并作为数据金矿来挖掘。

2. 后台的深度整理

Web 1.0 是“搜索，找到信息数据”，Web 2.0 是“真实的用户身份”和“真实的社交关系”，而 Web3.0 则会是“用户真实的身份和关系所产生的数量庞大的数据”。基于实名的 SNS 可以被创造出更多的商业价值，这在当下已经成为共识。而商务社交类与传统招聘网站最大的区别之一是，前者的信息可以为搜索引擎提供索引，进而产生出 SEO 优化的空间。LinkedIn 的最出色之处就在于其强大的数据处理能力。虽然同样是实名制高端 SNS，但 LinkedIn 对数据整理的算法、体系和组织形态的酝酿水平，要远远高于它的竞争对手们。这一点，从 LinkedIn 独家针对个人品牌的搭建三维坐标——经历、关系与技能——的产品创新上，可见一斑。

LinkedIn 告别了个人品牌单一战略思路，并推出企业档案。公司也能创建并管理其网页上的“职业标签”，从而为访问者及潜在求职者提供深入了解其雇佣历程的机会。求职者借此可以知道某一公司的员工曾在入职前做过什么。例如在 LinkedIn 上面，Google 公司的档案中就包括好多这种数据，于是就很容易能追踪到目前有多少 Google 公司员工跳槽到了 Facebook。前面我们也介绍了，LinkedIn 上线了专为大学生开发的 Career Explorer 应用程序，以及名为 InMaps 的可视化工具，促使用户可以通过这张网络寻找更好的工作机会、职业发展建议、获得深层信息等。另外，LinkedIn Skills 这一功能，允许用户根据某项技能对网站上的用户进行检索。

此外，LinkedIn 还会定期地为每位注册用户发送系统邮件，告知用户在刚刚过去的 1 年里，他通过 LinkedIn 结识了哪些人，朋友圈有哪些变动以及他所在的行业重大变革。这看似简单的一封邮件，背后不仅仅是 LinkedIn 庞大数据能力的体现，也是其对用户进行引导的一种手段——让用户更在意在 LinkedIn 上到底有什么收获，进而更好地经营自己的个人品牌，提供更好的内容和更有价值的互动。而且，LinkedIn 推荐给用户的联系人已经具备相当的精准度，而它可以帮助一位用户可以轻易找到他与一家公司或一个人（比如即将面试用户的考官）可能存在的关联，甚至能根据浏览会员的不同而自动显示差异化内容。

通过后台深度的数据整理和 SEO 优化，LinkedIn 实际上已经实现了对人群之间最具价值的六度分割。同时，LinkedIn 也深知自己并非全能。为此，它推出了 LinkedIn Answers，仿照 Yahoo Answers 和 Quora，帮助用户进一步实现品牌的增值。虽然没有游戏和约会，但 LinkedIn 的这种超强的数据整理和优化，便是其内部生态最佳的维护手段。最显著的证明便是 LinkedIn 放心地鼓励用户建立起联系后自行使用邮件联系，这与其他 SNS 截然相反——其他 SNS 们都在努力研发自己的 IM 和邮件系统，生怕用户转战 QQ 之类的第三方平台。

3. 严格的审核机制和长期的产品积累

LinkedIn 网站严格的审核机制和长期的产品积累使其最具备了爆发的机会。与那些为了快速扩张规模和积累用户，经常做出动辄向用户推销保险、向用户邮箱推送“用户与这些人匹配”的带骚扰性质的信息等行为的网站相比，LinkedIn 的另一个成功在于“该找的找出来，不该找的不去骚扰”。高端社交网站的“高价值有限互动”的特性决定了LinkedIn长期积累、慢速成长的成功特质。

LinkedIn的目标定位于实名制的高端社交。为了搭建一个基于“信任+分享”的职场社交网站，LinkedIn强调个人隐私保护，但这并非是其服务特色，因为它不是一个商务谈判或者存储个人隐私的地方。因此，如何有效地平衡信任与分享两者之间的关系才是LinkedIn的可取之处。基于“猎与被猎”的目的，用户在LinkedIn上面展示的各种信息是希望被联系人所看到，他们甚至是出于这个目的才使用LinkedIn，只不过需要对联系人进行关系等级评定，以体现出其对自己的品牌价值。另外，LinkedIn开放了群组功能，站外用户可以搜索群组信息。如果是公开群组，即便不是群组成员也可以查看组内讨论内容，并且还可以把群组讨论内容分享到Twitter和Facebook上。

综上所述，LinkedIn成功的真正精髓不仅仅是在于前端的实名、隐私和“弱互动”，更在于其后端对数据、算法和人际关系形态的理解和有效地组织。另外，严格的审核机制和长期的产品积累使其很好地建立了信任和分享之间的平衡关系，获得了成功的爆发点。

THE FUTURE OF MEDIA SERIES

6 搜索巨人的社交网络努力——Google+

6.1 Google+简介

Google+是由传统互联网巨头企业 Google 公司所建立的社交网站，其想法是建立一种能够由用户订制的，以用户体验为中心的信息整合型的社交网络；它希望能使得分散开来个体的搜索行为，查看 Email 的单个行为变成网上所有的线上日常体验的可渗透行为。Google 公司没有为 Google+提供专门的域名，用户必须从 Google 公司的搜索首页上点击“+您”才能登录，而且 Google+不允许非登录用户访问，确保 Google+与自身品牌的联系，也确保用户的隐私安全。但每个 Hangouts 聊天室都有一个独立的 URL 地址，这一地址是开放的，用户可以向非 Google+的其他用户提供，但那些非 Google+的用户仍然无法访问该注册用户的其他信息。

Google+是一个互联网上的分享工具。用户可以和朋友分享感兴趣的话题，上传照片和视频，或者进行视频聊天。为了方便分享，用户需要把分享对象加入用户的圈子。用户可以把朋友加入到不同的圈子里，以便选择性地与不同圈子的朋友分享不同内容，在社交的同时保护用户自己的隐私。

在图 6-1 中，我们可以看到 Google+的预想与传统模式的不同，具体为文字，则如表 6-1 所示。

表 6-1　**Google+的愿望与传统信息组织方式的比较**

	传统信息组织	Google+
网民的线上行为之间的关系	不无联系的行为	强调线上行为之间的互动，即线上的某一行为可以引起网民进行其他行为，如网友观看某一视频可能会去搜索相关内容的网站信息，或者通过即时通信将信息传播出去
网民	信息的被动接受者	信息的接受者，也是信息的发布者和传播者，同时其线上行为也是传播信息的媒介
网络媒介	向网民发送信息的媒介物	任何一种网络信息的媒介都可以发生收取信息和通过改写信息发布新信息，如 Email 这种网络工具，每个人都可以通过 Email 来获得信息，同时也可以发 Email 向其他人来发布信息

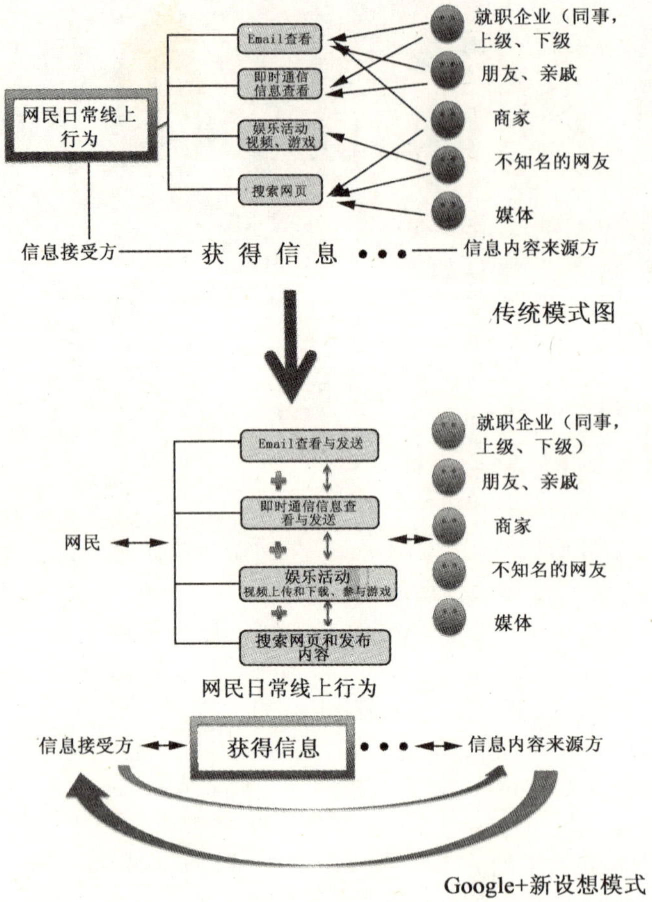

图 6-1　基于将网民日常线上行为变成可关联可渗透行为的 Google+设想

更深层次的想法是将 Google 公司这些年各项产品做一个整合，并进一步在人群中延伸下去，特别是能够借助搜索行为，打破 SNS 的封闭式格局。传统的 SNS 都是封闭的，用户要加某人为好友，至少要登录他/她的网站，而且首先要以他/她的网站为平台，中心还是在该平台上，用户资料同样存储在那儿。

Google 公司长期以来一直致力于对信息的组织，但是分散在互联网中的每条信息都来自于某个人，可能是自己以及自己认识的人，在 Facebook 等社交网络的影响下，Google 公司启动了“翡翠海项目”（Emerald Sea），该项目表达了 Google 公司迫切地希望进入社交网络的愿望，涉及公司几乎所有的产品，数以百计的工程师参与了该计划。

目前，该项目被分拆沿着一条被称为“滚雷”（Rolling Thunder）的路线低调地推出自己社交策略野心的各个组成部分——据称，Google 的日程表上有 100 多个发布计划。Google 有意识地将产品分隔开来，从而隐藏了自己的总体战略。

在发布社交服务 Google+后，Google 一周市值激增 200 亿美元。

2012 年 1 月调查机构 experian Hitwise 的数据显示，Google+上周的访问量为 179 万人次，在全美社交网络中排名第 20 位。虽然 experian Hitwise 没有计算通过 gmail、Google 公司搜索和其他 Google 公司产品上工具栏间接访问的用户，但从这些数据表明，目前它并没有在社交网络中呈现完全的领先优势，距离主流社交网站还有很长一段距离。

但该公司仍有许多优势可以利用，比如它有数以亿计的用户使用他的各项产品，其中绝大多数人信任 Google，是 Google 公司的忠实用户；Google 公司的技术领先，具有同行业领先的相关信息判定能力；丰富的现金储备也使得 Google 能够购买在特定社交网络领域中崭露头角的小公司（如 Amardvark、Picnik、Slide 等）。这使得 Google+成为未来 SNS 可能形态的新尝试的一个典型案例。

6.2 Google+发展历程

2011 年 6 月 Google 公司推出 Google+，这项服务只有通过成员邀请才能加入。直到 2011 年 9 月 21 日，Google 公司正式向所有用户开放 Google+服务，任何用户无需邀请即可注册使用 Google+服务，同时还推出新的视频聊天和搜索工具以便吸引更多的用户。

2003 年年底，Google 通过并购 Orkut，显示其对 SNS 网站的关注。但由于当时 SNS 并没有出现良好独立的个案网站，Google 公司没有足够的热情发展 SNS。Orkut 除了在巴西、印度有一定市场外，在美国，其用户规模还不及 Facebook 的 1/100。

从 2005 年起，Google 公司在基础设施上的投资成倍增长，包括投资 6 亿美元在发展中国家接入互联网，以及投资 10 亿美元扩大高速网络。这显示了 Google 公司的目标是为了增加对新用户的开发和加强用户对 Google 公司的信任度和粘着性，也可以看到社交网络与技术的密切程度。2005—2008 年，Google 公司在发展过程中，不断将 Google 公司提升成一个技术手段领先的互联网企业，这样对于用户来说，它始终存在着吸引力，它的网络服务也是多面性的，具有深度的，这为以后 Google 公司能使得用户的网上在线行为互相渗透奠定了基础（见图 6-2）。

2007 年，Google 公司推出了 OpenSocial：一个一系列多样化的应用程序接口平台，可让开发者创造和社会网络合作的可兼容的应用软件程序。因此，OpenSocial 成为 Google 公司希望尝试的 SNS 社会网络的新形态。从图 6-3 中可以看到，它并非是在单一有限的平台中，而是将整个网络都变成 Google 的平台，以达到数据货币化，通过倍数效应，甚至是几何倍数效应达到网络效应的最大化。Google 公司在发展 SNS 的最初设想中，就已经希望跳出 Facebook 的发展模式。

2008 年，Google Friend Connect 的应用使得博客用户的社交性更强。为尝试打破 SNS 封闭式格局，它首先支持多个来源的用户，除了 Google 账号可以登录之外，目前还支持 Yahoo 和 AIM 账号，以及普通的 OpenID 账号。

2009 年，Facebook 和 Twitter 的飞速增长及在互联网领域持续增加的影响力让 Google 发布了基于 Gmail 的 SNS 服务 Google Buzz，这表明，Google 无论是从思想上还是行动上都正式进入了 SNS。用户可通过 Google Gmail 邮件服务同他人分享各类信息，如图片、网络链接和其他内容，并在 Facebook 和 Twitter 中发布信息至 Gmail 邮箱中。在 Buzz 页面也自动加载好友的活动信息，并为用户自动建立相应邮件发送列表。借助 Google 的 Gmail，

图 6-2　Google+宣传中的主页设计及其主打功能

图 6-3　Google+与 Facebook 网络效应对比图

Google Buzz 获得了大量的用户，但在 Buzz 服务所发布的所有内容中，约 90% 属于已有 Twitter 账号或 RSS 新闻聚合的自动转发，原创性并不高。

随后，“翡翠海”项目启动。

2010 年 10 月深秋，“翡翠海”进入员工内测，内测邀请发送给 Google 公司的 50 名员工。通过邀请的方式，直到第二天清晨，世界各地共超过九成的 Google 员工试用了新产品，但他们对于新系统认为还需要再简单化。内测当时，并没有任何使用指南。随后，团队对产品进行线性化以及概念重构，一些功能被剥离出来，如+1 按钮，被驱逐到其他的产品，分开发布。

2011 年 4 月 10 日，Google 公司推出+1 按钮。这个功能同样将成为一个社会化推荐引擎。

2011 年 6 月 28 日（星期二），Google+上线。开放了+Circles、+Sparks、+Hangouts、

+Mobile、+Huddle。

2011 年 11 月，Google 关闭了 Google Labs（Google 公司实验室），Google+中的 Spark 组件被拿下。

2012 年 1 月 15 日，Google 关闭了基于 Gmail 的社交网络 Google Buzz，以及 Jaiku 和 Igoole 社交功能服务，代码搜索网站 Code Search 和 Code SearchAPI 也被关闭。

2012 年 2 月底，随着 Google+的解禁，中国网民纷纷开通 Google+账户，刚好在大选中利用社交网络的实名认证用户奥巴马正巧被 Google+推荐，国内网民顺势参与了此事。

2012 年 4 月，官方微博公布其用户达到 1.7 亿，并发布 Google+新页面。

6.3 Google+技术架构

6.3.1 网站架构

Google 公司的社交网络 Google+主要基于 Java 和 JavaScript 语言，而其视频会议框架 Hangouts 则采用了 C/S 方式。Google+的网站架构主要包含如下 4 个方面：

- 服务端：采用 Java 语言和 Guice。
- 客户端：基于开源的跨浏览器框架 Closure，采用了大量的 JavaScript。Closure 是一组 JavaScript 工具，方便开发人员编写 Web 应用程序。使用 Closure 类库、模板以及编译器来生成 Google+所有页面上的所有元素——包括驱动这些页面的 JavaScript。
- 后端：采用 BigTable 和 Colossus，它是 Google 的实时搜索所使用的文件系统。
- 视频会议框架 Hangouts：在线云视频会议平台，基于 XMPP、Jingle、RTP、ICE、STUN、SRTP 等，它与采用 P2P 网络的 Skype 方法完全不同。Hangouts 是 C/S 方式及云技术，主要依赖于 Google 的基础设施。所有这些都是为了提供低迟延（小于 100ms）的流畅的群组沟通。目前，Hangouts 要求与 Google Talk 相同的插件，Google 正在将其逐步迁移到 WebRTC 上。WebRTC 是视频通信的 JavaScript 框架，由 Google、Mozilla 和 Opera 提供支持的开源产品。当 WebRTC 集成到 Chrome 后，在 Firefox、Opera 或 Chrome 中运行 Hangouts 时就无需下载插件了。届时，Hangouts 将使用集成在 WebRTC 中的 VP8 编码，而不是现在使用的 H.264。

为了保证在 AJAX 应用中 URL 的美观性，添加了 HTML 5 的历史 API；另外，Closure 模板也常常在服务端呈现，从而做到在 JavaScript 代码加载前显示页面，然后 JavaScript 找到正确的 DOM 节点并挂接事件处理器等，使其响应。Closure 模板最酷的事情是它既可以编译成 Java 也可以编译成 JavaScript。所以，Google+使用 Java 服务端把模板转换成 HTML，但是也可以在客户端使用 JavaScript 动态地显示。例如，如果用户直接输入详细资料页面的 URL，Google+将在服务端呈现它，但是如果用户进入页面流中，然后导航到某人的详细资料页面，将使用同一模板在客户端使用 AJAX 技术来显示。

Google+团队十分在意页面生成速度，下面就是 Google 用来提升速度的 5 项技术：

（1）利用 Closure 模板。Closure 模板既能用于 Java 也能用于 JavaScript；生成的页面既能在 Server 端运行，也能在浏览器里运行。通过这种方式，内容总是能理解展现，还可以在后台加载 JavaScript（“修饰”页面，在页面元素上挂载事件监听器）。利用 Closure 可以在写 JavaScript 脚本时，仍然可以享用严格的类型和错误检查、死代码清除、跨模块提示，以及其他很多辅助优化便利。

（2）在正确地时间正确地使用 JavaScript。为了管理驱动 Google+的 JavaScript，把它分割成小的模块，这样可以异步分别加载它们，用户只需要下载最少的必需的模块。目前，由两种技术来实现这些：

- 客户端保存历史浏览记录的信息（URL 里的字符串信息代表着用户当前处在某个页面上），用这种方法来调配 JavaScript 模块。
- 如果 JavaScript 没有加载完成，这个页面上的任何操作都会被禁止，直到加载完成。

这种技术框架也是 Google+在客户端页面导航时避免重新加载页面的技术基础。

（3）页面之间切换时避免刷新页面。一旦 JavaScript 被加载，所有的页面内容都使用 JavaScript 生成，不需要再到服务器端去取，这样做效率更高些。Google 设置了一个全局的监听器，监听所有标记的点击事件。如果允许的话，会把点击转化成页面内部的切换。如果条件不允许，客户端会生成这个页面，如果用户在链接上使用鼠标中键或控制键的点击，浏览器会按常规链接打开这个页面。

页面上锚标记总是指向一个常规的 URL（例如，用户在 HTML5 里的历史记录里的 URL），这样，用户能轻易地拷贝/分享这个页面链接。

（4）部分（HTML）页面块刷新。一旦客户端接收到部分数据，就会立即生成这块内容，让它可见，不必等到整个页面加载后才能显示。为了实现这些，Google+团队通过以下两步来实现：

- 首次请求时，就把所有数据异步的取回；
- 只有在需要生成这部分页面数据时，才会遇到延迟现象。

这种技术也能让 Google+尽早地加载 CSS、JavaScript，图片以及其他资源，使网站更快，响应效果更好。

（5）在 iFrame 里加载 JavaScript。为了能并行加载 JavaScript，避免浏览器卡住，Google+在页面的 body 标记的顶部的一个 Iframe 里加载了 JavaScript。虽然在 Iframe 里加载 JavaScript 增加了代码的复杂度（通过 Closure，解决了这个问题），但是为了速度的提升，值得这样做。

6.3.2 开放平台

Google 在开放 API 方面称得上是开拓者和领导者，它拥有 Search API、Google Map API、Opensocial API 等一系列还在不断增长的 API 列表，更在开放平台方面发力，推出开放的手机平台 Android 和云计算平台 APP Engine 服务。其中最知名的 Google Map API 自 2005 年开始流行，成为 Google 公司地图成功的一个极为重要的原因。

图 6-4 是 Google 详细的产品业务展示。

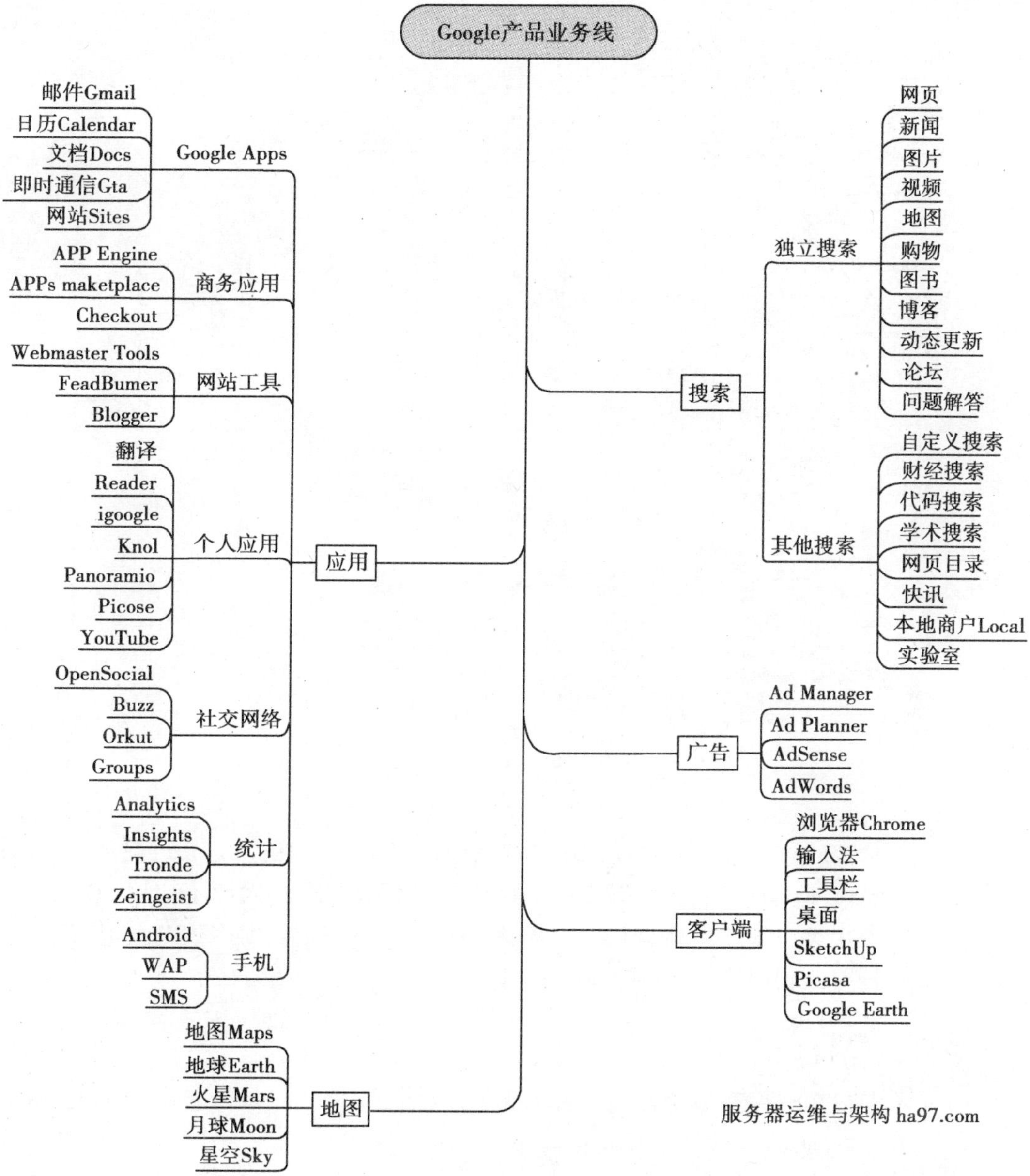

图 6-4　Google 的产品业务

1. Google APP Engine

Google APP Engine 是 Google 提供的基于 Google 数据中心的开发、托管网络应用程序的平台，每个免费账户可使用 1GB 存储空间，以及可支持每月约 500 万页面浏览量的

CPU 和宽带。APP Engine 的服务构架提供通过虚拟化达到实时的自动规模缩放的功能，目前每个用户可以免费创建十个应用（见图 6-5）。

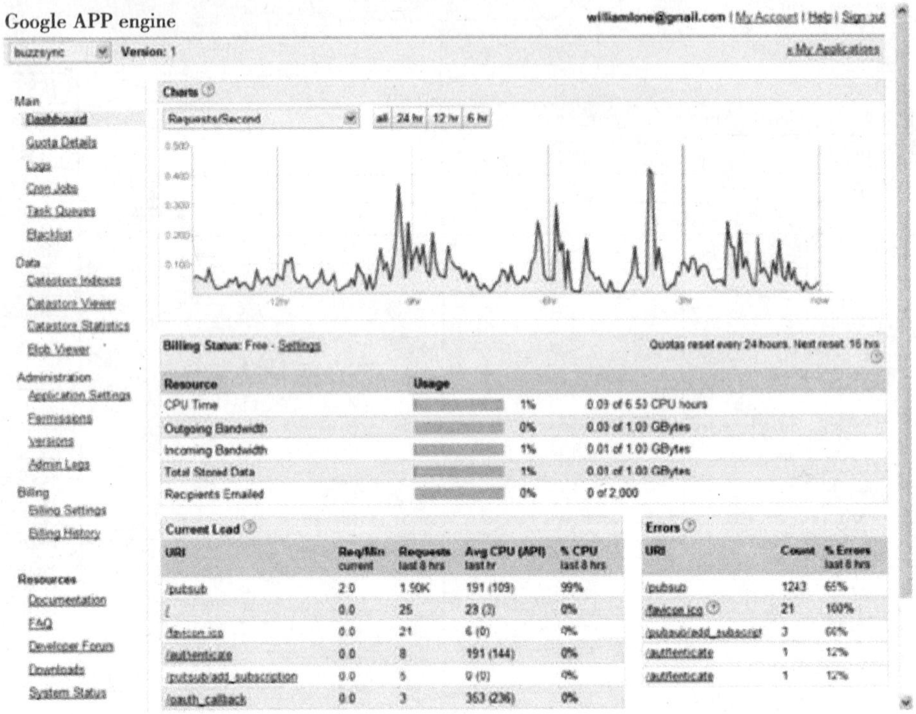

图 6-5　Google APP Engine

Google APP Engine 要求开发者使用 Python 或 Java 作为编程语言，并且只能使用 APP Engine 的 API. APP Engine。由于数据库不是传统的关系数据库，因此不使用 SQL 指定查询，用户只能使用类似 SQL 的查询语言（称为 GQL）进行查询。大多数 Web 应用程序都需要进行一定的修改才能运行在 APP Engine 上。

2. Google APPs

Google 企业应用套件是基于网络的托管解决方案，这些应用程序包括 Gmail、Google Talk、Google 日历、Google 文档、Google 协作平台等（见图 6-6）。

Google APPs 允许用户免费创建 50 个用户的邮箱，每个用户拥有 7GB 的存储空间，具有优秀的反病毒和垃圾邮件功能，其收费价格相对较高；企业内部协同可绑定 Google Talk 账号。

3. APPs Marketplace（应用商店）

Google 应用商店是 Google 为第三方开发者提供的一个销售平台，目标用户群为 2500 万 Google APPs 用户，Google 公司应用商店（Google APPs Marketplace）的分类非常明确，

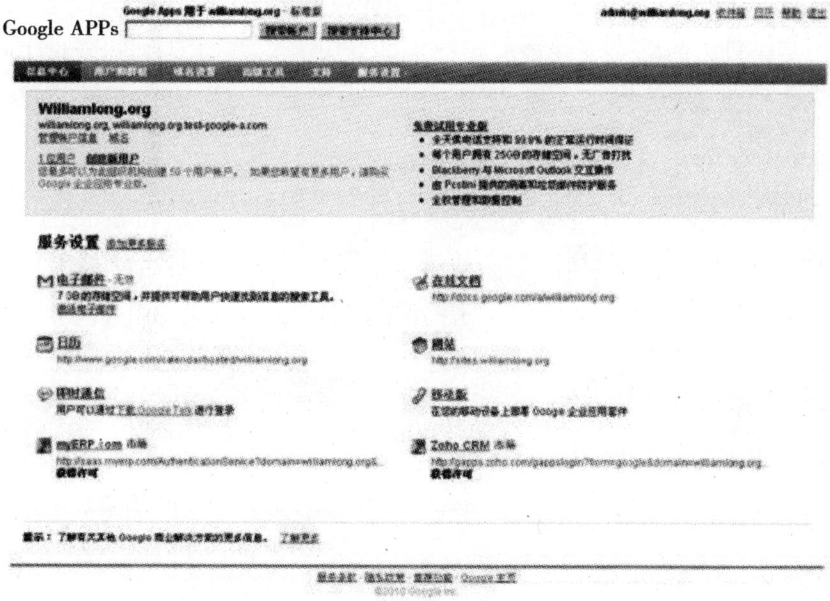

图 6-6 Google APPs

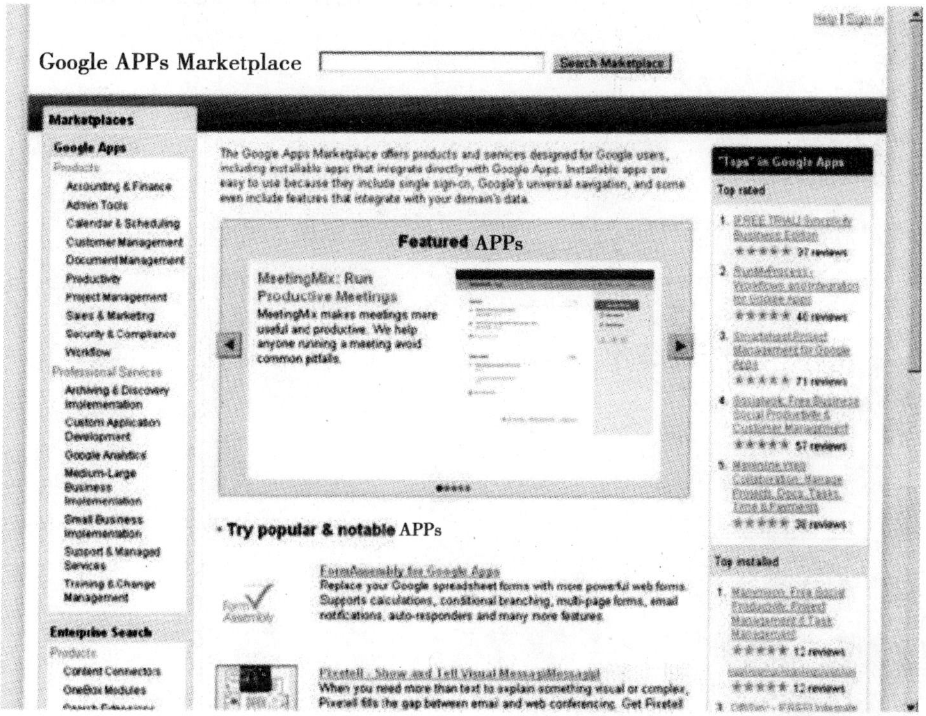

图 6-7 Google 应用商店

很适合企业用户使用。

企业如果要让自己的应用进驻该应用商店，开发者需要向 Google 支付 100 美元的一次性费用。除此之外，Google 还将获得应用销售额 20% 的分成。

4. ChromeWebStore

Google 为 Chrome 浏览器开发的应用程序商店，目标用户群为 Chrome 浏览器用户，开发者可以在 Chrome 应用程序商店销售自己的应用程序，并获得收入（见图 6-8、图 6-9）。

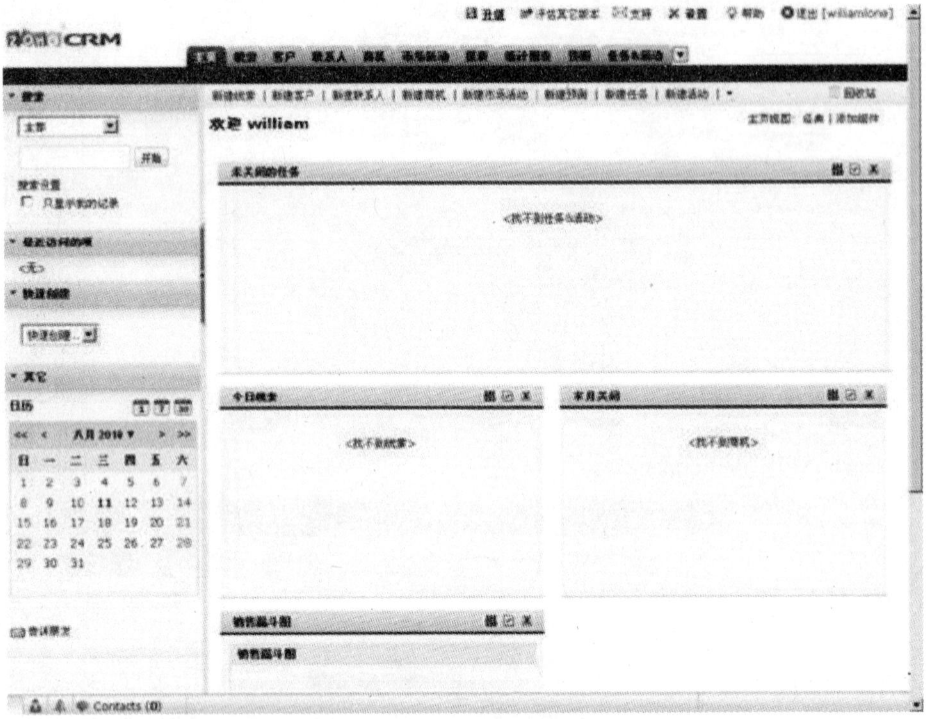

图 6-8　运行于 Google 公司应用商店的 CRM 软件

6.3.3　核心技术

1. Closure Tools

Google+的客户端采用的是客户端基于开源的跨浏览器框架 Closure，它是一组 JavaScript 工具，方便开发人员编写富 Web 应用程序。这些工具还曾用于开发 Gmail、Google Maps、Google Docs 以及其他 Google 应用程序。

Closure Tools 主要包括：Closure 编译器（JavaScript compiler）、Closure 库（Library）、Closure 模板（Templating System）和 Closure 检查器（Inspector）。

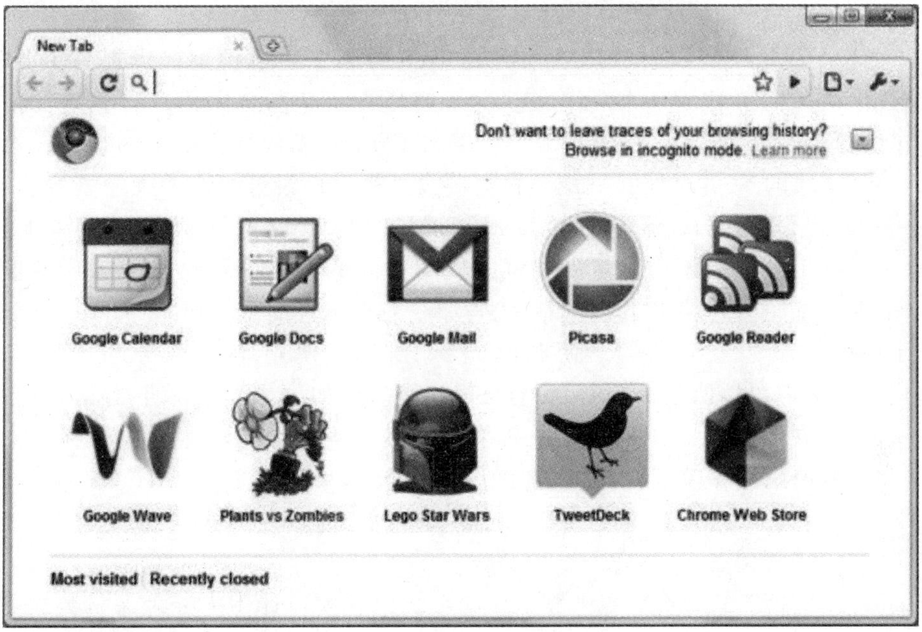

图 6-9 Chrome 应用程序商店

（1）Closure 编译器。Closure 编译器是一个 JavaScript 优化器，为 Web 应用程序生成紧凑和高性能的 JavaScript 代码。它移除了不必要的代码，并经过重写和优化，保持娇小的身材，以便在浏览器的 JavaScript 引擎上运行得更快。该编译器还能够检查语法、变量使用和类型，并对常见的 JavaScript 陷井发出警告，这些功能有助于写出 Bug 更少、更易于维护的程序。另外，还可以使用 Closure 检查器，它是一个 Firebug 扩展，主要用于调试那些难以阅读的代码。

因为 JavaScript 开发人员是一个多样化的群体，Google 还设计了许多方法来运行 Closure 编译器，同时内置了一个命令行工具。另外，Google 也提供了一个在线页面，以便将 JavaScript 代码放入该网页中的文本输入框中，让它帮用户编译，也可以调用 RESTful API 来完成编译。此外，Google 提供了著名的 Firefox 扩展 Page Speed，让开发人员可以在 Firefox 中方便地查看网页的性能。

（2）Closure 库。Closure 库是一个经过充分测试、模块化并且跨浏览器的 JavaScript Library。它不仅包括大量可复用的 UI 控件，还包括底层 DOM 操作、与服务器端通信、动画、数据结构，单元测试和富文本编辑等。Web 开发人员可以在他们的用户界面中直接通过拖拉进行复用。

JavaScript 缺乏一个类似 STL 或 JDK 的类库，Google Closure 库为用户提供了一个“标准的 JavaScript 库”，可以更容易地创建大型复杂的 Web 应用程序，这个库需要和 Closure 编译器配合使用。利用 Closure 库，一个项目可以变得更大、更复杂（使用命名空间和类型检查），也可以变得更加轻巧、快速（使用汇编）。Closure 库为普通任务提供了干净的实用工具，因此用户可以将时间花在编写应用程序上，而不用再考虑编写自己的工具和浏览器抽象。

（3）Closure 模板。Closure 模板的前身是 Web 模板，通过预编译以提高 JavaScript 效率，能够简化动态生成 HTML 的工作。Closure 模板有一套简单的语法，程序员很快就可以掌握，和传统的模板系统不一样，用户可以将 Closure 模板视为很小的组件，然后通过组装形成一个正式的 Web 页面，从此不再需要为每个页面设计一个大大的模板了。

Closure 模板是使用 JavaScript 和 Java 实现的，既可以编译成 Java 也可以编译成 JavaScript，因此用户在服务端和客户端可以使用相同的模板。因此，Closure 模板也常常在服务端呈现，从而做到“在 JavaScript 代码加载前显示页面，然后 JavaScript 找到正确的 DOM 节点并挂接事件处理器等，使其响应”。所以，使用 Java 服务端把模板转换成 HTML，也可以在客户端使用 JavaScript 动态地显示。例如，如果用户直接输入详细资料页面的 URL，可以在服务端呈现它；但是如果用户进入页面流中，然后导航到某人的详细资料页面，可以使用同一模板在客户端使用 AJAX 技术来显示。

2. BigTable

BigTable 是一个分布式的结构化数据存储系统，它被设计用来处理海量数据——通常是分布在数千台普通服务器上的 PB 级数据。Google 的很多项目使用 BigTable 存储数据，包括 Web 索引、Google Earth、Google Finance。这些应用对 BigTable 提出的要求差异非常大，无论是在数据量上（从 URL 到网页到卫星图像）还是在响应速度上（从后端的批量处理到实时数据服务）。尽管应用需求差异很大，但是，针对 Google 的这些产品，BigTable 还是成功地提供了一个灵活的、高性能的解决方案。

BigTable 的设计目的是可靠地处理 PB 级别的数据，并且能够部署到上千台机器上。BigTable 已经实现了下面的几个目标：适用性广泛、可扩展、高性能和高可用性。BigTable 已经在超过 60 个 Google 的产品和项目上得到了应用，包括 Google Analytics、Google Finance、Orkut、Personalized Search、Writely 和 Google Earth。这些产品对 BigTable 提出了迥异的需求，有的需要高吞吐量的批处理；有的则需要及时响应，快速返回数据给最终用户。它们使用的 BigTable 集群的配置也有很大的差异，有的集群只有几台服务器，而有的则需要上千台服务器，存储几百 TB 的数据。

在很多方面，BigTable 和数据库很类似：它使用了很多数据库的实现策略。并行数据库和内存数据库已经具备可扩展性和高性能，但是 BigTable 提供了一个和这些系统完全不同的接口。BigTable 不支持完整的关系数据模型；与之相反，BigTable 为客户提供了简单的数据模型，利用这个模型，客户可以动态控制数据的分布和格式。也就是说，对 BigTable 而言，数据是没有格式的，即数据没有 Schema。在读取的时候，可以把这些数据一次性读取出来。数据的下标是行和列的名字，名字可以是任意的字符串。BigTable 将存储的数据都视为字符串，但是 BigTable 本身不去解析这些字符串，客户程序通常会在把各种结构化或者半结构化的数据串行化到这些字符串里。通过仔细选择数据的模式，客户可以控制数据的位置相关性。最后，可以通过 BigTable 的模式参数来控制数据是存放在内存中，还是硬盘上。

下面重点描述 BigTable 提供的数据模型，及其设计和实现方案等内容：

（1）数据模型：

- 客户端 API；
- BigTable 底层使用的 Google 的基础框架；
- BigTable 实现的关键部分；
- 为提高 BigTable 性能采用的一些精细的调优方法。

BigTable 提供了简单的数据模型，利用这个模型，用户可以动态地控制数据的分布和格式。BigTable 是一个稀疏的、分布式的、持久化存储的多维度排序 Map，这个 Map 由 Key 和 Value 组成。Map 的索引是行关键字、列关键字以及时间戳；Map 中的每个 Value 都是一个未经解析的 Byte 数组。

假设项目组要存储海量的网页及相关信息，这些数据可以用于很多不同的项目，暂且称这个特殊的表为 WebTable。在 WebTable 里，URL 作为行关键字，网页的某些属性作为列名，网页的内容存在“Contents：”列中，并用获取该网页的时间戳作为标识，即按照获取时间不同，存储了多个版本的网页数据，如图 6-10 所示：

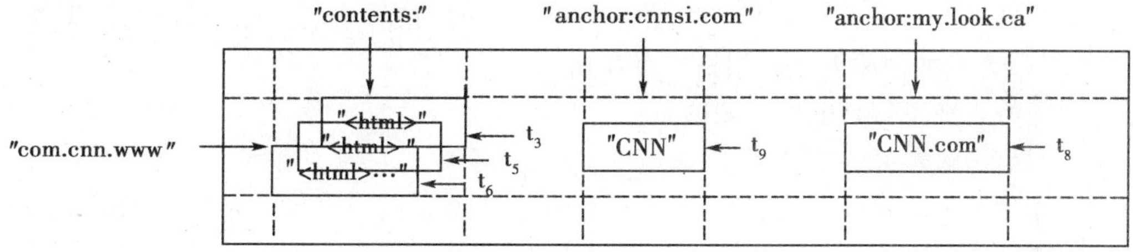

图 6-10 一个存储 Web 网页例子的表片断

“行名”是一个反向 URL。Contents“列族”存放的是网页的内容，Anchor 列族存放引用该网页的锚链接文本。CNN 的主页被 Sports Illustrater 和 MY-look 的主页引用，因此该行包含了名为“anchor：cnnsi. com”和“anchhor：my. look. ca”的列。每个锚链接只有一个版本。时间戳标识了列的版本，t_9 和 t_8 分别标识了两个锚链接的版本；而 Contents 列则有三个版本，分别由时间戳 t_3、t_5、和 t_6 标识。

①行。表中的行关键字可以是任意的字符串，对同一个行关键字的读或者写操作都是原子的（不管读或者写这一行里多少个不同列），这个设计决策能够使用户很容易地理解程序在对同一个行进行并发更新操作时的行为。

BigTable 通过行关键字的字典顺序来组织数据。表中的每个行都可以动态分区。每个分区叫做一个“Tablet”，Tablet 是数据分布和负载均衡调整的最小单位。这样做的结果是，当操作只读取行中很少几列的数据时效率很高，通常只需要很少几次机器间的通信即可完成。用户可以通过选择合适的行关键字，在数据访问时有效利用数据的位置相关性，从而更好地利用这个特性。举例来说，在 WebTable 里，通过反转 URL 中主机名的方式，可以把同一个域名下的网页聚集起来组织成连续的行。具体来说，我们可以把 maps. Google. com/index. HTML 的数据存放在关键字 com. Google. maps/index. HTML 下，把相同的域中的网页存储在连续的区域可以让基于主机和域名的分析更加有效。

②列族。列关键字组成的集合叫做“列族”，列族是访问控制的基本单位。存放在同一列族下的所有数据通常都属于同一个类型（同一个列族下的数据压缩在一起）。列族在使用之前必须先创建，然后才能在列族中任何的列关键字下存放数据；列族创建后，其中的任何一个列关键字下都可以存放数据。根据我们的设计意图，一张表中的列族不能太多（最多几百个），并且列族在运行期间很少改变。与之相对应，一张表可以有无限多个列。

列关键字的命名语法如下——“列族：限定词”。列族的名字必须是可打印的字符串，而限定词的名字可以是任意的字符串。比如，WebTable 有个列族 Language，Language 列族用来存放撰写网页的语言。我们在 Language 列族中只使用一个列关键字，用来存放每个网页的语言标识 ID。WebTable 中另一个有用的列族是 Anchor；这个列族的每一个列关键字代表一个锚链接，如图 6-10 所示。Anchor 列族的限定词是引用该网页的站点名；Anchor 列族每列的数据项存放的是链接文本。

访问控制、磁盘和内存的使用统计都是在列族层面进行的。在我们的 WebTable 的例子中，上述的控制权限能帮助我们管理不同类型的应用：我们允许某些应用可以添加新的基本数据，某些应用可以读取基本数据并创建继承的列族，某些应用则只允许浏览数据（甚至可能因为隐私的原因不能浏览所有数据）。

③时间戳。在 BigTable 中，表的每一个数据项都可以包含同一份数据的不同版本；不同版本的数据通过时间戳来索引。BigTable 时间戳的类型是 64 位整型。BigTable 可以给时间戳赋值，用来表示精确到毫秒的“实时”时间；用户程序也可以给时间戳赋值。如果应用程序需要避免数据版本冲突，那么它必须自己生成具有唯一性的时间戳。在数据项中，不同版本的数据按照时间戳倒序排序，即最新的数据排在最前面。

为了减轻多个版本数据的管理负担，我们对每一个列族配有两个设置参数，BigTable 通过这两个参数可以对废弃版本的数据自动进行垃圾收集。用户可以指定只保存最后 n 个版本的数据，或者只保存“足够新”的版本的数据（比如，只保存最近 7 天的内容写入的数据）。

在 WebTable 的举例里，Contents 列存储的时间戳信息是网络爬虫抓取一个页面的时间。上面提及的垃圾收集机制可以让我们只保留最近三个版本的网页数据。

（2）API。BigTable 提供了建立和删除表以及列族的 API 函数。BigTable 还提供了修改集群、表和列族的元数据的 API，比如修改访问权限。

客户程序可以对 BigTable 进行写入或者删除 BigTable 中的值、从每个行中查找值、或者遍历表中的一个数据子集，还可以遍历多个列族，有几种方法可以对扫描输出的行、列和时间戳进行限制。

BigTable 还支持一些其他的特性，利用这些特性，用户可以对数据进行更复杂的处理。首先，BigTable 支持单行上的事务处理，利用这个功能，用户可以对存储在一个行关键字下的数据进行原子性的“读—更新—写操作”。虽然 BigTable 提供了一个允许用户跨行批量写入数据的接口，但是，BigTable 目前还不支持通用的跨行事务处理。其次，BigTable 允许把数据项用做整数计数器。最后，BigTable 允许用户在服务器的地址空间内执行脚本程序。脚本程序使用 Google 开发的 Sawzall 数据处理语言。虽然目前基于 Sawzall 语言的 API 函数还不允许客户的脚本程序写入数据到 BigTable，但它允许多种形式的数据转换、基于任意表达式的数据过滤，以及使用多种操作符进行数据汇总。

BigTable 可以和 MapReduce 一起使用，MapReduce 是 Google 开发的大规模并行计算框架。Google 已经开发了一些 Wrapper 类，通过使用这些 Wrapper 类，BigTable 可以作为 MapReduce 框架的输入和输出。

（3）BigTable 构件。BigTable 是建立在其他几个 Google 基础构件上的。BigTable 使用 Google 的分布式文件系统（GFS）存储日志文件和数据文件。BigTable 集群通常运行在一个共享的机器池中，池中的机器还会运行其他各种各样的分布式应用程序，BigTable 的进程经常要和其他应用的进程共享机器。BigTable 依赖集群管理系统来调度任务、管理共享的机器上的资源、处理机器的故障，以及监视机器的状态。

BigTable 内部存储数据的文件是 Google SSTable 格式的。SSTable 是一个持久化的、排序的、不可更改的 Map 结构，而 Map 是一个 Key-value 映射的数据结构，Key 和 Value 的值都是任意的 Byte 串。可以对 SSTable 进行如下的操作：查询与一个 Key 值相关的 Value，或者遍历某个 Key 值范围内的所有的 Key-Value 对。从内部看，SSTable 是一系列的数据块（通常每个块的大小是 64KB，这个大小是可以配置的）。SSTable 使用块索引（通常存储在 SSTable 的最后）来定位数据块；在打开 SSTable 的时候，索引被加载到内存。每次查找都可以通过一次磁盘搜索完成：首先使用二分查找法在内存中的索引里找到数据块的位置，然后再从硬盘读取相应的数据块。也可以选择把整个 SSTable 都放在内存中，这样就不必访问硬盘了。

BigTable 还依赖一个高可用的、序列化的分布式锁服务组件，叫做 Chubby。一个 Chubby 服务包括 5 个活动的副本，其中的一个副本被选为 Master，并且处理请求。只有在大多数副本是正常运行的，并且彼此之间能够互相通信的情况下，Chubby 服务才是可用的。当有副本失效的时候，Chubby 使用 Paxos 算法来保证副本的一致性。Chubby 提供了一个名字空间，里面包括目录和小文件。每个目录或者文件可以当成一个锁，读写文件的操作都是原子的。Chubby 客户程序库提供对 Chubby 文件的一致性缓存，每个 Chubby 客户程序都维护一个与 Chubby 服务的会话。如果客户程序不能在租约到期的时间内重新签订会话的租约，这个会话就过期失效了。当一个会话失效时，它所拥有的锁和打开的文件句柄都失效了。Chubby 客户程序可以在文件和目录上注册回调函数，当文件或目录改变、或者会话过期时，回调函数会通知客户程序。

BigTable 使用 Chubby 完成以下几个任务：确保在任何给定的时间内最多只有一个活动的 Master 副本；存储 BigTable 数据的自引导指令的位置；查找 Tablet 服务器，以及在 Tablet 服务器失效时进行善后；存储 BigTable 的模式信息（每张表的列族信息）；存储访问控制列表。如果 Chubby 长时间无法访问，BigTable 就会失效。

（4）BigTable 底层使用的 Google 的基础框架。BigTable 包括三个主要的组件：链接到客户程序中的库、一个 Master 服务器和多个 Tablet 服务器。针对系统工作负载的变化情况，BigTable 可以动态地向集群中添加（或者删除）Tablet 服务器。

Master 服务器主要负责以下工作：为 Tablet 服务器分配 Tablets，检测新加入的或者过期失效的 Table 服务器，对 Tablet 服务器进行负载均衡，对保存在 GFS 上的文件进行垃圾收集。除此之外，它还处理对模式的相关修改操作，例如建立表和列族。

每个 Tablet 服务器都管理一个 Tablet 的集合（通常每个服务器有数十个至上千个 Tablet）。每个 Tablet 服务器负责处理它所加载的 Tablet 的读写操作，当 Tablets 过大时，对其进行分割。

和很多 Single-Master 类型的分布式存储系统类似，客户端读取的数据都不经过 Master 服务器：客户程序直接和 Tablet 服务器通信进行读写操作。由于 BigTable 的客户程序不必通过 Master 服务器来获取 Tablet 的位置信息，因此，大多数客户程序甚至完全不需要和 Master 服务器通信。在实际应用中，Master 服务器的负载是很轻的。

一个 BigTable 集群存储了很多表，每个表包含一个 Tablet 的集合，而每个 Tablet 包含某个范围内的行的所有相关数据。在初始状态下，一个表只有一个 Tablet。随着表中数据的增长，它被自动分割成多个 Tablet；在缺省情况下，每个 Tablet 的尺寸大约是 100MB 到 200MB。

（5）Tablet 的位置。如图 6-11 所示，Google+团队使用一个三层的、类似 B+树的结构存储 Tablet 的位置信息。

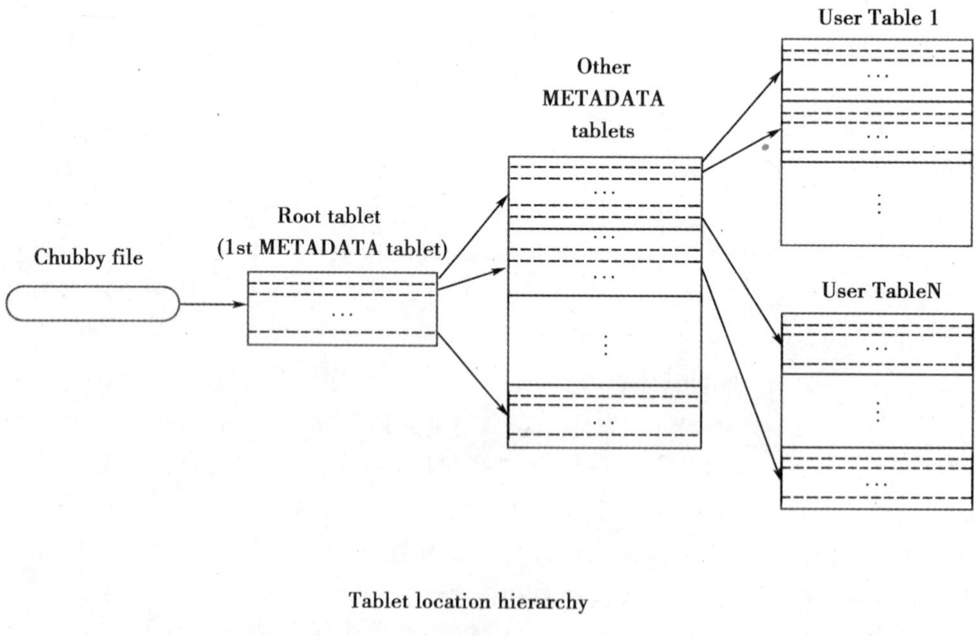

图 6-11 Tablet 的位置信息

第一层是一个存储在 Chubby 中的文件，它包含 Root Tablet 的位置信息。Root Tablet 包含一个特殊的 METADATA 表里所有的 Tablet 的位置信息；METADATA 表的每个 Tablet

包含一个用户 Tablet 的集合。Root Tablet 实际上是 METADATA 表的第一个 Tablet，只不过对它的处理比较特殊—— Root Tablet 永远不会被分割——这就保证了 Tablet 的位置信息存储结构不会超过三层。

在 METADATA 表里面，每个 Tablet 的位置信息都存放在一个行关键字下面，而这个行关键字是由 Tablet 所在的表的标识符和 Tablet 的最后一行编码而成的。METADATA 的每一行都存储了大约 1KB 的内存数据。在一个大小适中的、容量限制为 128MB 的 METADATA Tablet 中，采用这种三层结构的存储模式，可以标识 2^34 个 Tablet 的地址（如果每个 Tablet 存储 128MB 数据，那么一共可以存储 2^61 字节数据）。

客户程序使用的库会缓存 Tablet 的位置信息。如果客户程序没有缓存某个 Tablet 的地址信息，或者发现它缓存的地址信息不正确，客户程序就在树状的存储结构中递归的查询 Tablet 位置信息；如果客户端缓存是空的，那么寻址算法需要通过三次网络来回通信寻址，这其中包括一次 Chubby 读操作；如果客户端缓存的地址信息过期了，那么寻址算法可能需要最多 6 次网络来回通信才能更新数据，因为只有在缓存中没有查到数据的时候才能发现数据过期（其中的三次通信发现缓存过期，另外三次更新缓存数据）。尽管 Tablet 的地址信息是存放在内存里的，对它的操作不必访问 GFS 文件系统。但是，通常会通过预取 Tablet 地址来进一步地减少访问的开销：每次需要从 METADATA 表中读取一个 Tablet 的元数据的时候，它都会多读取几个 Tablet 的元数据。

在 METADATA 表中还存储了次级信息，包括每个 Tablet 的事件日志（例如，什么时候一个服务器开始为该 Tablet 提供服务）。这些信息有助于排查错误和性能分析。

（6）Tablet 分配。在任何时刻，一个 Tablet 只能分配给一个 Tablet 服务器。Master 服务器记录了当前有哪些活跃的 Tablet 服务器、哪些 Tablet 分配给了哪些 Tablet 服务器、哪些 Tablet 还没有被分配。当一个 Tablet 还没有被分配并且刚好有一个 Tablet 服务器有足够的空闲空间装载该 Tablet 时，Master 服务器会给这个 Tablet 服务器发送一个装载请求，把 Tablet 分配给这个服务器。

BigTable 使用 Chubby 跟踪记录 Tablet 服务器的状态。当一个 Tablet 服务器启动时，它在 Chubby 的一个指定目录下建立一个有唯一性名字的文件，并且获取该文件的独占锁。Master 服务器实时监控着这个目录（服务器目录），因此 Master 服务器能够知道有新的 Tablet 服务器加入了。如果 Tablet 服务器丢失了 Chubby 上的独占锁，如由于网络断开导致 Tablet 服务器和 Chubby 的会话丢失，它就停止对 Tablet 提供服务（Chubby 提供了一种高效的机制，利用这种机制，Tablet 服务器能够在不增加网络负担的情况下知道它是否还持有锁）。只要文件还存在，Tablet 服务器就会试图重新获得对该文件的独占锁；如果文件不存在了，那么 Tablet 服务器就不能再提供服务了，它会自行退出。当 Tablet 服务器终止时（比如，集群的管理系统将运行该 Tablet 服务器的主机从集群中移除），它会尝试释放它持有的文件锁，这样一来，Master 服务器就能尽快把 Tablet 分配到其他 Tablet 服务器。

Master 服务器负责检查一个 Tablet 服务器是否已经不再为它的 Tablet 提供服务了，并且要尽快重新分配它加载的 Tablet。Master 服务器通过轮询 Tablet 服务器文件锁的状态来检测何时 Tablet 服务器不再为 Tablet 提供服务。如果一个 Tablet 服务器报告它丢失了文件锁，或者 Master 服务器最近几次尝试和它通信都没有得到响应，Master 服务器就会尝试获取该 Tablet 服务器文件的独占锁；如果 Master 服务器成功获取了独占锁，那么就说明 Chubby 是正常运行的，而 Tablet 服务器要么是宕机了，要么是不能和 Chubby 通信了。因此，Master 服务器就删除该 Tablet 服务器在 Chubby 上的服务器文件以确保它不再给 Tablet 提供服务。一旦 Tablet 服务器在 Chubby 上的服务器文件被删除了，Master 服务器就把之前分配给它的所有的 Tablet 放入未分配的 Tablet 集合中。为了确保 BigTable 集群在 Master 服务器和 Chubby 之间网络出现故障的时候仍然可以使用，Master 服务器在它的 Chubby 会话过期后主动退出。但是不管怎样，如同我们前面所描述的，Master 服务器的故障不会改变现有 Tablet 在 Tablet 服务器上的分配状态。

当集群管理系统启动了一个 Master 服务器之后，Master 服务器首先要了解当前 Tablet 的分配状态，之后才能够修改分配状态。Master 服务器在启动的时候执行以下步骤：① Master 服务器从 Chubby 获取一个唯一的 Master 锁，用来阻止创建其他 Master 服务器实例；②Master 服务器扫描 Chubby 的服务器文件锁存储目录，获取当前正在运行的服务器列表；③Master 服务器和所有的正在运行的 Tablet 表服务器通信，获取每个 Tablet 服务器上 Tablet 的分配信息；④Master 服务器扫描 METADATA 表获取所有的 Tablet 的集合。在扫描过程中，当 Master 服务器发现了一个还没有分配的 Tablet，Master 服务器就将这个 Tablet 加入未分配的 Tablet 集合等待合适的时机分配。

可能会遇到一种复杂的情况：在 METADATA 表的 Tablet 还没有被分配之前是不能够扫描它的。因此，在开始扫描之前（步骤 4），如果在第三步扫描过程中发现 Root Tablet 还没有分配，Master 服务器就把 Root Tablet 加入未分配的 Tablet 集合。这个附加操作确保了 Root Tablet 会被分配。由于 Root Tablet 包括所有 METADATA 的 Tablet 的名字，因此 Master 服务器扫描完 Root Tablet 以后，就得到了所有的 METADATA 表的 Tablet 的名字了。

保存现有 Tablet 的集合只有在以下事件发生时才会改变：建立了一个新表或者删除了一个旧表，两个 Tablet 被合并了或者一个 Tablet 被分割成两个小的 Tablet。Master 服务器可以跟踪记录所有这些事件，因为除了最后一个事件外的两个事件都是由它启动的。Tablet 分割事件需要特殊处理，因为它由 Tablet 服务器启动。在分割操作完成之后，Tablet 服务器通过在 METADATA 表中记录新的 Tablet 的信息来提交这个操作；当分割操作提交之后，Tablet 服务器会通知 Master 服务器。如果分割操作已提交的信息没有通知到 Master 服务器（可能两个服务器中有一个宕机了），Master 服务器在要求 Tablet 服务器装载已经被分割的子表的时候会发现一个新的 Tablet。通过对比 METADATA 表中 Tablet 的信息，Tablet 服务器会发现 Master 服务器要求其装载的 Tablet 并不完整，因此，Tablet 服务器会重新向 Master 服务器发送通知信息。

（7）Tablet 服务。如图 6-12 所示，Tablet 的持久化状态信息将保存在 GFS 上，可更新操作提交到 REDO 日志中。在这些更新操作中，最近提交的那些存放在一个排序的缓存中，我们称这个缓存为 Memtable；较早的更新存放在一系列 SSTable 中。为了恢复一个 Tablet，Tablet 服务器首先从 METADATA 表中读取它的元数据。Tablet 的元数据包含组成这个 Tablet 的 SSTable 的列表，以及一系列的 Redo Point，这些 Redo Point 指向可能含有该 Tablet 数据的已提交的日志记录。Tablet 服务器把 SSTable 的索引读进内存，之后通过重

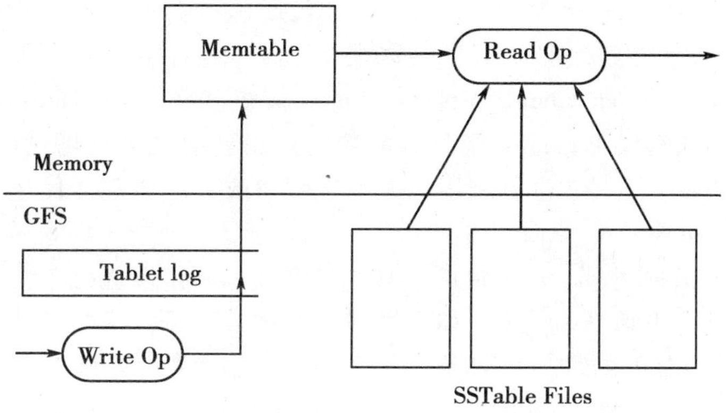

图 6-12 Tablet 表达

复 Redo Point 之后提交的更新来重建 Memtable。

当对 Tablet 服务器进行写操作时，Tablet 服务器首先要检查这个操作格式是否正确，操作发起者是否有执行这个操作的权限。权限验证的方法是通过从一个 Chubby 文件里读取出来的具有写权限的操作者列表来进行验证（这个文件几乎一定会存放在 Chubby 客户缓存里），成功的修改操作会记录在提交日志里。可以采用批量提交方式来提高包含大量小的修改操作的应用程序的吞吐量；当一个写操作提交后，写的内容插入到 Memtable 里面。

当对 Tablet 服务器进行读操作时，Tablet 服务器会作类似的完整性和权限检查。一个有效的读操作在一个由一系列 Sstable 和 Memtable 合并的视图里执行。由于 Sstable 和 Memtable 是按字典排序的数据结构，因此可以高效生成合并视图。

当进行 Tablet 的合并和分割时，正在进行的读写操作能够继续进行。

（8）空间缩减（Compactions）。随着写操作的执行，Memtable 的大小不断增加。当 Memtable 的尺寸到达一个门限值的时候，这个 Memtable 就会被冻结，然后创建一个新的 Memtable；被冻结住的 Memtable 会被转换成 SSTable，然后写入 GFS（这种 Compaction 行为被称为 Minor Compaction）。Minor Compaction 过程有两个目的：Shrink（空间收缩）Tablet 服务器使用的内存，以及在服务器灾难恢复过程中，减少必须从提交日志里读取的数据量。在 Compaction 过程中，正在进行的读写操作仍能继续。

每一次 Minor Compaction 都会创建一个新的 SSTable。如果 Minor Compaction 过程不停滞地持续进行下去，读操作可能需要合并来自多个 SSTable 的更新；否则，需要通过定期在后台执行 Merging Compaction 过程合并文件，限制这类文件的数量。Merging Compaction 过程读取一些 SSTable 和 Memtable 的内容，合并成一个新的 SSTable；只要 Merging Compaction 过程完成了，输入的这些 SSTable 和 Memtable 就可以删除了。

合并所有的 SSTable 并生成一个新的 SSTable 的 Merging Compaction 过程叫作 Major Compaction。由非 Major Compaction 产生的 SSTable 可能含有特殊的删除条目，这些删除条

目能够隐藏在旧的，但依然有效的 SSTable 中已经删除的数据。而 Major Compaction 过程生成的 SSTable 不包含已经删除的信息或数据。BigTable 循环扫描它所有的 Tablet，并且定期对它们执行 Major Compaction。Major Compaction 机制允许 BigTable 回收已经删除的数据占有的资源，并且确保 BigTable 能及时清除已经删除的数据（即回收资源。数据删除后，它占有的空间并不能马上重复利用；只有空间回收后才能重复使用），这对于存放敏感数据的服务非常重要。

（9）优化。上面描述了 BigTable 的实现，还需要实施很多优化工作，才能使 BigTable 达到用户所要求的高性能、高可用性和高可靠性。

①局部性群组。客户程序可以将多个列族组合成一个局部性群族。对 Tablet 中的每个局部性群组都会生成一个单独的 SSTable；将通常不会一起访问的列族分割成不同的局部性群组可以提高读取操作的效率。例如，在 WebTable 表中，网页的元数据（比如语言和 Checksum）可以在一个局部性群组中，网页的内容可以在另外一个群组。当一个应用程序要读取网页的元数据的时候，它没有必要去读取所有的页面内容。

此外，可以以局部性群组为单位设定一些有用的调试参数。比如，可以把一个局部性群组设定为全部存储在内存中。Tablet 服务器依照惰性加载的策略将设定为放入内存的局部性群组的 SSTable 装载进内存。加载完成之后，访问属于该局部性群组的列族的时候就不必读取硬盘了。这个特性对于需要频繁访问的小块数据特别有用。在 BigTable 内部，利用这个特性提高 METADATA 表中具有位置相关性的列族的访问速度。

②压缩。客户程序可以控制一个局部性群组的 SSTable 是否需要压缩；如果需要压缩，那么以什么格式来压缩？每个 SSTable 的块（块的大小由局部性群组的优化参数指定）都使用用户指定的压缩格式来压缩。很多客户程序使用“两遍”的、可订制的压缩方式。第一遍采用 Bentley and McIlroy’s 方式，这种方式在一个很大的扫描窗口里对常见的长字符串进行压缩；第二遍是采用快速压缩算法，即在一个 16KB 的小扫描窗口中寻找重复数据。两个压缩的算法都很快，在现有的机器上，压缩的速率达到 100～200MB/s，解压的速率达到 400～1000MB/s。

虽然在选择压缩算法的时候重点考虑的是速度而不是压缩的空间，但是这种“两遍”的压缩方式在空间压缩率上的表现也是可观的。很多应用程序通过选择合适的“行名”来将相似的数据聚簇在一起，以获取较高的压缩率。在 BigTable 中存储同一份数据的多个版本的时候，压缩效率会更高。

③通过缓存提高读操作的性能。为了提高读操作的性能，Tablet 服务器使用二级缓存的策略。扫描缓存是第一级缓存，主要缓存 Tablet 服务器通过 SSTable 接口获取的 Key-Value 对；Block 缓存是二级缓存，缓存的是从 GFS 读取的 SSTable 的 Block。对于经常要重复读取相同数据的应用程序来说，扫描缓存非常有效；对于经常要读取刚刚读过的数据附近的数据的应用程序来说，Block 缓存更有用（例如，顺序读或者在一个热点的行的局部性群组中随机读取不同的列）。

④Bloom 过滤器。一个读操作必须读取构成 Tablet 状态的所有 SSTable 的数据，如果这些 SSTable 不在内存中，那么就需要多次访问硬盘。Google+团队通过允许客户程序对特定局部性群组的 SSTable 指定 Bloom 过滤器，来减少硬盘访问的次数。使用 Bloom 过滤器可以查询一个 SSTable 是否包含特定行和列的数据。对于某些特定应用程序，只付出了少

量的、用于存储 Bloom 过滤器的内存的代价，就换来了读操作显著减少的磁盘访问的次数。使用 Bloom 过滤器也间接地实现了当应用程序访问不存在的行或列时，不需要访问硬盘的目的。

⑤Commit 日志的实现。如果把对每个 Tablet 的操作的 Commit 日志都存在一个单独的文件的话，那么就会产生大量的文件，并且这些文件会并行的写入 GFS。根据 GFS 服务器底层文件系统实现的方案，要把这些文件写入不同的磁盘日志文件时，会有大量的磁盘 Seek（搜索）操作。另外，由于批量提交中操作的数目一般比较少，因此，对每个 Tablet 设置单独的日志文件也会给批量提交本应具有的优化效果带来很大的负面影响。为了避免这些问题，Google 对每个 Tablet 服务器设置一个 Commit 日志文件，把修改操作的日志以追加方式写入同一个日志文件，因此一个实际的日志文件中混合了对多个 Tablet 修改的日志记录。

使用单个日志显著提高了普通操作的性能，但是将恢复的工作复杂化了。当一个 Tablet 服务器宕机时，它加载的 Tablet 将会被移到很多其他 Tablet 服务器上：每个 Tablet 服务器都装载很少的几个原来的服务器的 Tablet。当恢复一个 Tablet 的状态的时候，新的 Tablet 服务器要从原来的 Tablet 服务器写的日志中提取修改操作的信息，并重新执行。然而，这些 Tablet 修改操作的日志记录都混合在同一个日志文件中。对于此问题，可用新的 Tablet 服务器读取完整的 Commit 日志文件，然后只重复执行它需要恢复的 Tablet 的相关修改操作。使用这种方法，假如有 100 台 Tablet 服务器，每台都加载了失效的 Tablet 服务器上的一个 Tablet，那么，这个日志文件就要被读取 100 次（每个服务器读取一次）。

为了避免多次读取日志文件，首先把日志按照关键字（table、row name、log sequence number）排序。排序之后，对同一个 Tablet 的修改操作的日志记录就连续存放在了一起，因此，只要一次磁盘 Seek 操作，之后顺序读取就可以了。为了并行排序，Google 先将日志分割成 64MB 的段，之后在不同的 Tablet 服务器对段进行并行排序。这个排序工作由 Master 服务器来协同处理，并且在一个 Tablet 服务器表明自己需要从 Commit 日志文件恢复 Tablet 时开始执行。

在向 GFS 中写 Commit 日志的时候可能会引起系统颠簸，原因是多种多样的（比如，写操作正在进行的时候，一个 GFS 服务器宕机了；或者连接三个 GFS 副本所在的服务器的网络拥塞或者过载了）。为了确保在 GFS 负载高峰时修改操作还能顺利进行，每个 Tablet 服务器有两个日志写入线程，每个线程都可以写自己的日志文件，并且在任何时刻，只有一个线程是工作的。如果一个线程在写入的时候效率很低，Tablet 服务器就切换到另外一个线程，修改操作的日志记录就写入这个线程对应的日志文件中。每个日志记录都有一个序列号，因此，在恢复的时候，Tablet 服务器能够检测出并忽略掉那些由于线程切换而导致的重复记录。

⑥Tablet 恢复提速。当 Master 服务器将一个 Tablet 从一个 Tablet 服务器移到另外一个 Tablet 服务器时，源 Tablet 服务器会对这个 Tablet 做一次 Minor Compaction。这个 Compaction 操作减少了 Tablet 服务器的日志文件中没有归并的记录，从而减少了恢复的时间。Compaction 完成之后，该服务器就停止为该 Tablet 提供服务。在卸载 Tablet 之前，源 Tablet 服务器还会再做一次（通常会很快）Minor Compaction，以消除前面在一次压缩过程中又产生的未归并的记录。第二次 Minor Compaction 完成以后，Tablet 就可以被装载到

新的 Tablet 服务器上了，并且不需要从日志中进行恢复。

⑦利用不变性。在使用 BigTable 时，除了 SSTable 缓存之外，其他部分产生的 SSTable 都是不变的，可以利用这一点对系统进行简化。例如，当从 SSTable 读取数据的时候，不必对文件系统访问操作进行同步。这样一来，就可以非常高效地实现对行的并行操作。Memtable 是唯一一个能被读和写操作同时访问的可变数据结构。为了减少在读操作时的竞争，对内存表采用 COW（Copy-on-write）机制，这样就允许读写操作并行执行。

因为 SSTable 是不变的，因此，可以把永久删除被标记为“删除”的数据的问题，转换成对废弃的 SSTable 进行垃圾收集的问题。每个 Tablet 的 SSTable 都在 METADATA 表中注册了。Master 服务器采用“标记-删除”的垃圾回收方式删除 SSTable 集合中废弃的 SSTable，METADATA 表则保存了 Root SSTable 的集合。

最后，SSTable 的不变性使得分割 Tablet 的操作非常快捷。不必为每个分割出来的 Tablet 建立新的 SSTable 集合，而是共享原来的 Tablet 的 SSTable 集合。

目前，Google 正在对 BigTable 加入一些新的特性，比如支持二级索引，以及支持多 Master 节点的、跨数据中心复制的 BigTable 的基础构件。Google 已经开始将 BigTable 部署为服务供其他产品团队使用，这样不同的产品团队就不需要维护它们自己的 BigTable 集群了。

3. Hangouts

Google Hangouts 是 Google+最大的优势之一，目前已面向公众开放。通过 Google+视频群聊服务 Hangouts 的接口，用户可使用该应用与多个朋友一起涂鸦、画画。Hangouts 群聊首先需要一个人创建出聊天室，然后其他加入的人也可以邀请别人加入。每个 Hangouts 聊天室都有一个独立的 URL 地址，就是说用户只要把这个地址公布出去，大家就可以加入了，用户甚至可以用 Hangouts 跟在线好友一起观看 YouTube 视频（见图6-13）。

图 6-13　Google Hangouts

Skype 的通信基于 P2P 技术，而非通过服务器。这样的通信方式在两三个人同时通话时效果比较好，这也是 Skype 在五六年前就能提供非常稳定的 VoIP 服务，且不需要布置大量服务器等基础设施的原因。但当同时通话的人数增多，P2P 方式连接的问题就凸显出来了。维持 10 个人的同时视频通话会大大增加每一个通话者的带宽占用，延迟现象也愈发明显。虽然 Skype 可以支持 10 人左右的视频通话，但仍建议多人视频的人数不超过 5 个。而 Google 的视频通话使用了更传统的方式：所有的信息都通过 Google 的服务器进行中转。这对于多人通话显然是更好的实现方式。当然，这样会让提供服务的成本增高，但大量的服务器等基础设施建设恰恰是 Google 的优势所在。

Hangouts 是一个全新标准的基于云端的视频会议平台，能够在很多浏览器和所有设备下运行的标准的会议视频方案。这个平台具备高质量视频、低延迟和强大的加密，配合简单易用的网页应用，它将领导视频会议的体验潮流。

Hangouts 主要的技术特点如下：

- 完全基于浏览器和云端工作。
- CS 结构：完全发挥了 Google 强大的基础设施。
- 延迟小于 100ms，性能出色（可利用多核处理器和硬件加速）。
- 基于如下标准打造：XMPP、Jingle、RTP、ICE、STUN、SRTP。
- 完全加密：HTTPS+SRTP。

下面通过几项关键进展解析 Hangouts 的运作和发展方向。

（1）云。实现群组视频聊天需要很多资源，这就是为什么会出现用 P2P 来下载视频并在用户间以信号传递的解决方案。像 Chatrouletter 一样，Skype 就是因为这而使用了 P2P 技术。然而，P2P 可能带来一些负面影响，这些影响在用户同时和 10 个人聊天时可能会尤为明显。这就是 Google 为 Hangout 寻找另一个途径的原因。

为了支持 Hangouts，Google+团队建立了一个全新的云视频会议平台，Hangouts 运用了主从架构模式来“改变 Google 基础构架的作用”。

（2）浏览器整合。Hangouts 在现阶段需要用户下载一个和 Google Talk 里使用的一样的插件来运行。然而，Google 正在努力让 Hangouts 和 Google Talk 都能在不需要插件的情况下在浏览器中使用。这将会在五月开放源的实时交流的一个被称作 WebRTC 的新架构下完成。Google 已经开始将 WebRTC 架构整合到它的 Chrome 浏览器中。在它的项目网页上显示：“将 Google Talk 完全转变成 WebRTC 的工作已经开始。”

从这个角度来说，用户在使用 Google Talk 时可以不再需要任何插件，也就是说 Hangouts 也一样。Google+视频聊天功能和这个架构之间的联系为：Hangouts 所运用的许多技术都能用在 WebRTC 里面，为了让 WebRTC 的界面看起来更好，它贡献了许多反馈。

（3）开放编码。Google Talk 和 Hangouts 在目前都是用其向 Vidyo 的授权许可来解决视频聊天的问题。视频传输速率是 H. 264/SVC，并有 H. 264/AVC 和 H. 263 作为后备方案。尽管如此，Google 将会最终转向开放编码。

Google 开放了 VP8 视频编解码器的源代码以作为其新 WebM 视频格式，实时交流是 VP8 程序员从一开始就希望改进的内容。实际上，VP8 已经应用在 Skype 的群组视频功能里，VP8 是一个“可以运用在实时交流比如视频会议上尤为好的编解码器”。

那 Hangouts 什么时候会从 H. 264 过渡到 WebM？WebRTC 是基于 VP8 编解码器的。也就是说，H. 264 很有可能被替换下来。

（4）设备整合。Hangout 基于云的建造和它未来的浏览器整合将会最终将会为它带来一个对所有设备来说都是最佳的视频聊天体验。桌面用户可以试用全屏视频，手机用户可以实现最优的流畅性来解决带宽问题。Google 电视用户很快就可以在他们的电视上看到 Hangouts，因为 Google 电视自带全屏的 Chrome 浏览器。

6.4 Google+功能应用

2011 年 6 月，Google 公司在全线 Google. com 服务上增加了一个醒目的黑色导航条。在该导航条的第一项位置上添加了一个新的服务：+You——Google 新的社交服务，称作 Google+。

2011 年 6 月，Google+主要包含 5 大组件，：+Circles、+Sparks、+Hangouts、+Mobile、+Huddle。这形成了 Google+作为社交网站与其他 SNS 相区别的特性，但是其功能和组件仍然在不断地进行延续性的开发（见图 6-14）。

图 6-14 Google+最初介入功能的示意图

到了 2012 年 4 月，Google+公司的新页面重新上市，其主要功能组件进行了相应的调整。新导航条的位置将调整到左侧，而且条目的位置可以灵活变动，不常用的某个条目可以放到 More 里隐藏起来。当用户将鼠标放到某个条目时，会出现快速操作菜单。

这种无边界的设计也暗示着更多条目的加入。

同时，主页面中将整个信息流页面向左移，在右方产生了相当大的空白，用来放置推荐用户，和将 Google Talk 嵌入进来，方便用户和朋友在查看信息时进行实时聊天，发起视频对话等操作（见图 6-15）。

如图 6-15 所示，新的页面布局由以下基本功能组成：

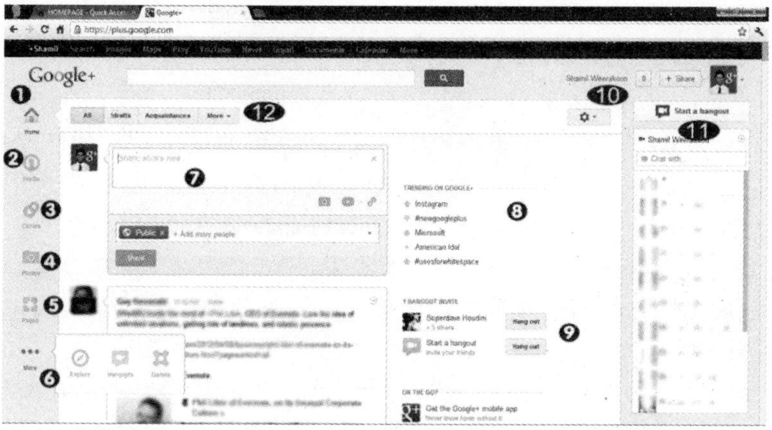

图 6-15　Google+信息流（个人首页）页面的重新布局

（1）Google 徽标和“主页”按钮，引导用户到用户的信息流页面。Google+的导航条由横版的变成竖排，这样可以通动上下拖动来创建用户想要的顺序，甚至删除它们，用户可以更容易找到自己喜欢的信息，同时这样竖排设计更方便于悬停界面。

（2）转到用户的个人资料。

（3）圈子。按用户的个人愿望管理用户的朋友，组织成朋友圈。

（4）照片。当鼠标移至照片图标时，出现悬停按钮添加新的照片，照片来源可以是用户的手机中的照片或相册。

（5）信息页按钮。将鼠标悬停在页面按钮之间切换品牌页，点击信息页可以组织自己选择的页面。

（6）更多的扩展。点击扩展会显示其余的按钮，如探索、好去处、游戏，均可以按个人喜好进行订制，排列或者删除。

探索：显示在 Google 上有什么新的+和最新热门职位。

好去处：显示生活好去处的加入，与空气的好去处观看。

游戏：引导用户到用户的游戏世界！显示游戏的通知，所有游戏名单，并在用户的圈子里的人玩过。

（7）分享盒：分享用户的感觉，以及用户感兴趣的内容。

随意将图像、视频进行链接；可以对用户的文章进行文本修改，有粗体、斜体或删除线等格式。

（8）显示趋势搜索，提示用户有哪些有趣的事并向用户推荐需要的人。

(9) 用户的姓名：点击这里显示用户的品牌页和其他 Google 账户进行切换。

(10) 点击显示用户的 Google 栏上的资料图片。

(11) 聊天：显示用户的聊天列表。

选择谁是从聊天隐私设置可见。用户可以在页面上与其他用户进行 Gtalk 的聊天，或者发起多人聊天。

(12) 列表显示用户的所有圈子，以方便查看小范围的信息流。

6.4.1 推荐用户

Google 认为在搜索领域的知识能帮助判断信息的相关度，让它的社交信息流与众不同。根据用户的使用习惯，Google+能判断哪些社交圈对用户更加重要，更多地递送这些重要圈子的消息。也就是说，Google 会让其所有产品配备用户细分的、个人化的社交信息——不是通常的社交网络，而是真实反映用户社交状况的社交信息。通过设置个性化参数，可让不同地域和语言的用户获得不同的推荐。而且，可以促进用户与志同道合的人建立联系，并围绕他们关心的主题创造出色的内容。

由此，在新改版的 Google+中，将推荐用户、帮助用户组织社交圈作为 Google+的主要任务。在图 6-16 中，可以看到，通过灰色的线条，又将“推荐用户”分为两个功能区。左边的功能区里会显示已经被用户加入 Google+中的用户，以头像的方式显示 10 名被用户添加的用户；而右边的功能区会显示 Google 通过用户的 eMAIL 帮用户寻找到的用户认识的用户。

图 6-16 Google+中推荐用户方式示意图

当用户导入了所有被推荐的用户后，信息流页面上左边的推荐板块就消失，但右边的推荐板块仍然会不定时将不认识的人推荐给用户。

6.4.2 Google+搜索

Google+还增加了搜索服务，只要用户在搜索框中输入信息，即可搜索到 Google+中的相关内容，包括文字信息、图片等。

Google 公司作为搜索巨人，它十分确定搜索在人的网上行为中的重要作用，在Google+中进行搜索，可以得到与用户联系更紧密的资讯（见图 6-17）。

图 6-17 Google+中将搜索栏放入在页面的位置

在搜索栏中输入关键词，用户就可以得到相关的搜索（包括 Google+用户和有关的信息流）。同时 Google+提供对用户搜索行为的记忆，用户可以点击红色按钮“保存该搜索”，从而以后继续关注该搜索的新信息和改变。用户可以在首页里查看该搜索的信息流，也可以在浏览里看到用户的搜索记录（见图 6-18）。

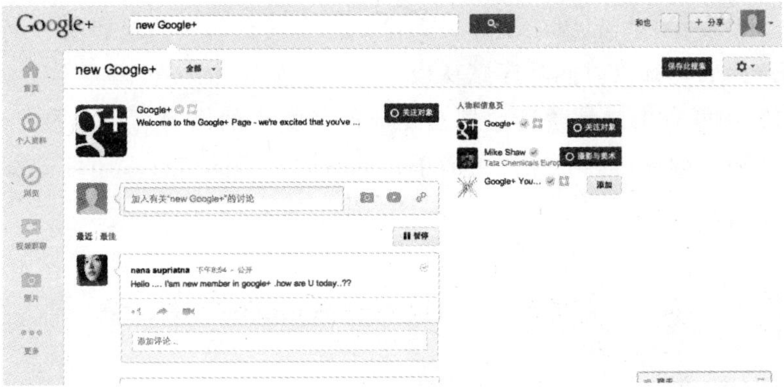

图 6-18 Google+的搜索功能的改进

6.4.3 信息流（The Steam）

Google 公司将每位客户登录进入 Google+的页面称为信息流，信息流与 Facebook 上的 News Feed 相对应，是每个用户的中心网页，主要展示其个性化内容，Google 公司希望用户能够将重心转到信息流上。在信息流上可以显示所有由用户和其联系人共同发布的内容，由评论、图片、联系人分享的最新内容组成（见图 6-19）。

在信息流中用户可以进行如下主要操作：

1. 发布内容

社交网站最主要的目的是调动网民的积极性，将网民从信息的接受者变成信息的书写

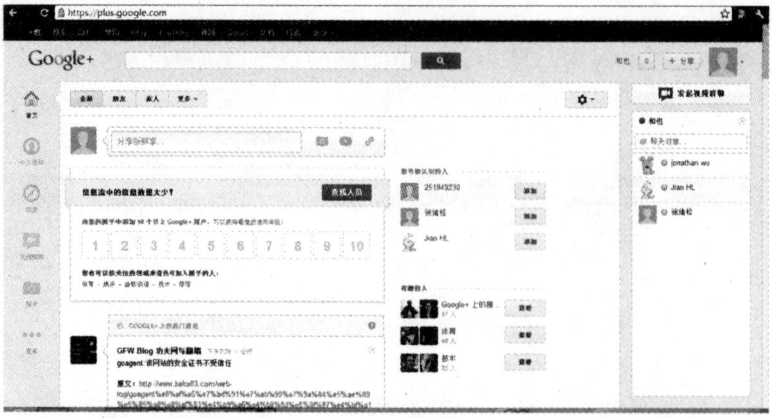

图 6-19　Google+用户初次登录信息流（个人首页）页面

者、发布者和传播者。网民书写是互联网中信息最主要的呈现方式，网民通过自行书写信息的方式订制了自己关心的内容和表达自己的个性。

自己的发布内容作为信息流的主体，无论是在选择全部，还是朋友、家人以及通过更多的其他方式选择的，都以时间顺序默认出现在每个分类中。

Google+内容的发布主要是通过信息盒完成的。发布的内容可以是文字，当发布较长的内容时不需要输入标题，因而操作更简单，同时改版后的信息盒还可以发布照片和视频（见图 6-20）。

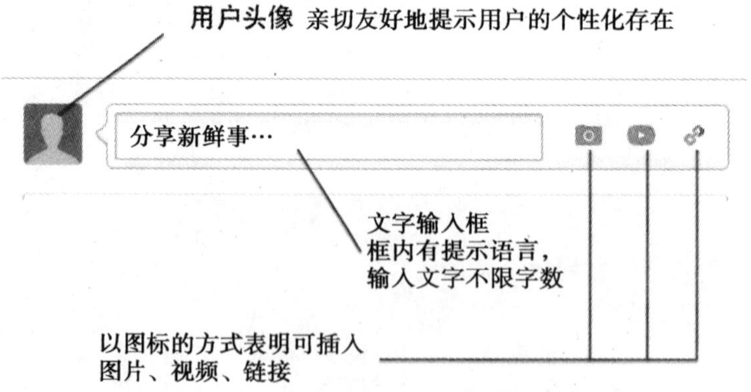

图 6-20　Google+信息流页面分享盒的剖析图

2. 指定发送

（1）指定给 Google+用户。在信息盒中，当用户点击“分享新鲜事”的文字输入框后，会弹出一个下拉窗口，上面会提示“添加姓名、圈子或电子邮件地址”，用户可以指定用户将新发布的信息发布给不是用户的好友的人（添加他的姓名，哪怕用户们并不是好友也不属于一个圈子，见图 6-21）。

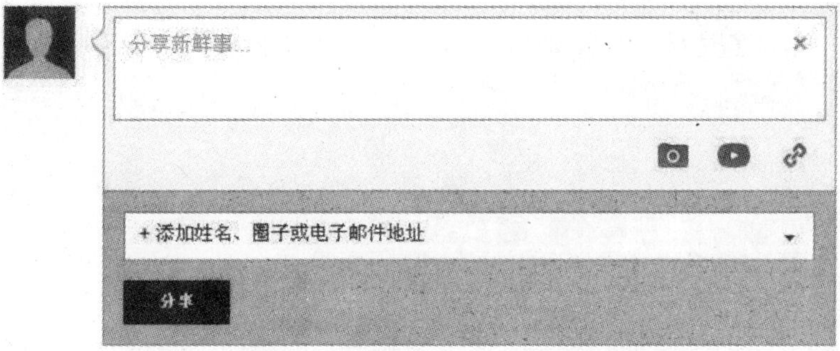

图 6-21　Google+的发布内容区域

（2）指定给非 Google+用户。Google+可以将信息通知未加入 Google 的人（通过用户已知的电子邮箱，经 2012 年 5 月 2 日测试，该功能不支持向 QQ 邮箱发送邮件通知）。此时，在用户所要分享信息的指定的电子邮箱内会收到一封信，格式如图 6-22 所示。将用户在 Google+所分享的内容通知给该电子邮箱的使用者，即便此电子邮箱的使用者未加入 Google+也可以得到该条信息。

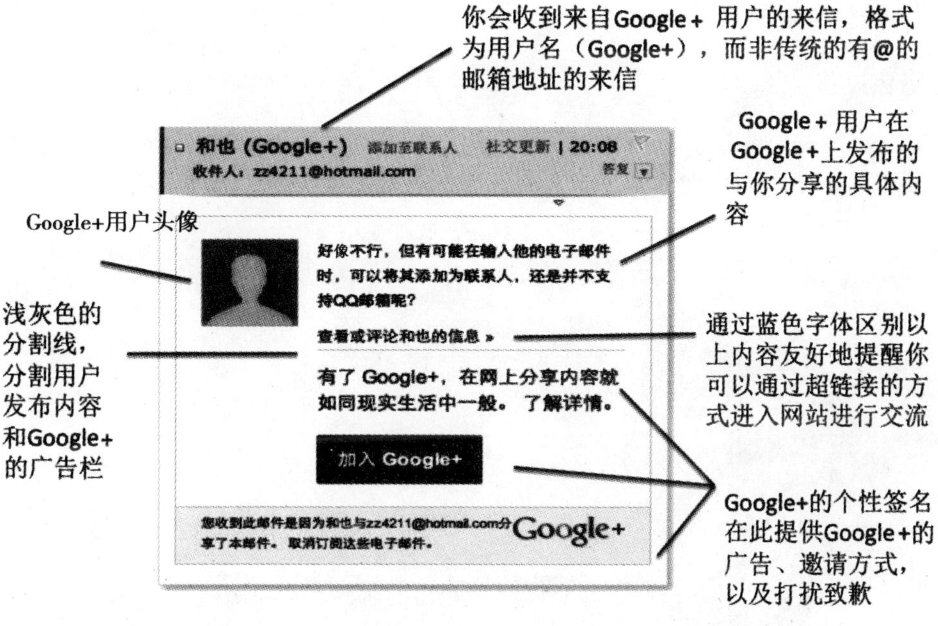

图 6-22　用户通过邮箱可以收到好友 Email 消息

这样，Google+的设计就打破了原有的封闭性的独个社交网站的运作，而使得用户可以借助 Google 公司的服务达到真正的生活中的交往，在整个网络领域内与人交流。

（3）指定给一组用户。可以通过指定“公开”（公开给所有人），也可以通过添加指定“用户的圈子”（所有的圈子），或者指定某一组或几组用户，如家人朋友等。

在这里，外扩圈子是指，只要是用户圈子里的人，他可以让该信息也被他所在的任何圈子里的人看到（见图 6-23）。

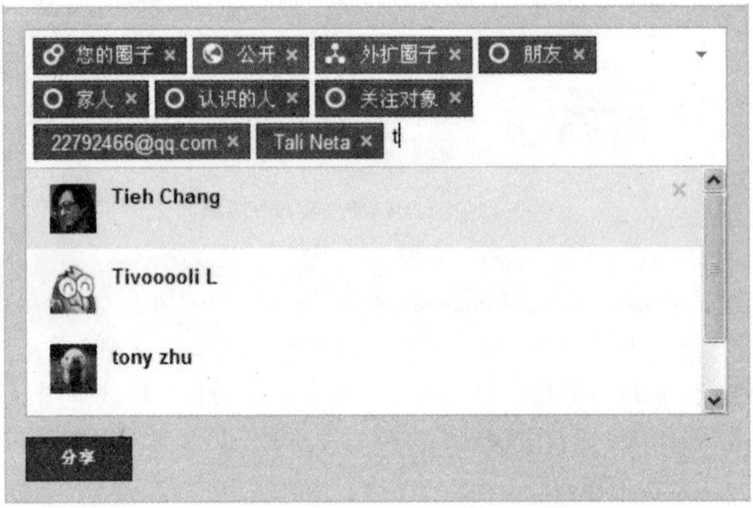

图 6-23　Google+为每组对象定义一个可识别的符号

3. 隐私设置

Google 的新个人资料页面将和 Facebook 一样，分为公共和更私人的部分，用户可以设置内容的公开对象（见图 6-24）。

图 6-24　Google+可以定义自己的内容公布范围

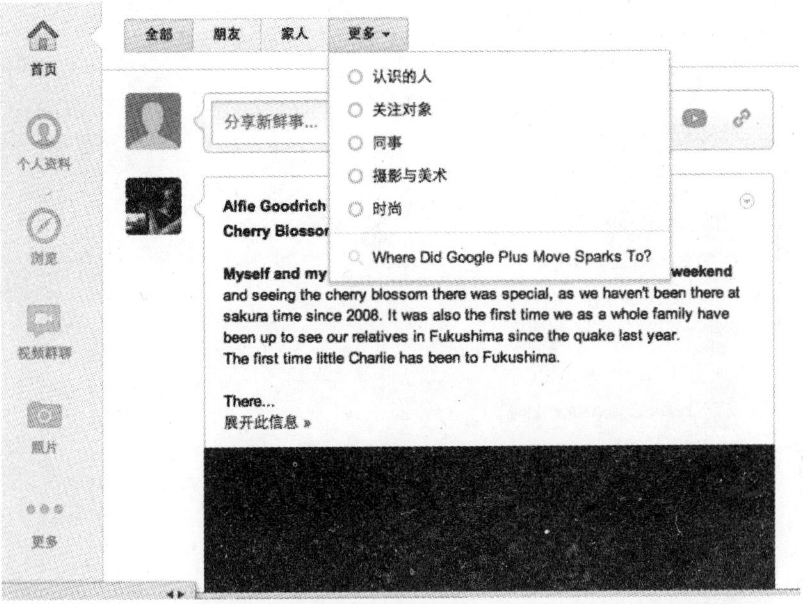

图 6-25 Google+通过预设的圈子模式从不同范围查看信息量

4. 查看信息流

可以在导航栏中进行选择，从不同范围来查看信息量，如图 6-25 所示。

Google+的信息流由一组用户信息排列而成，每条用户信息都是由显示发布人即发布人头像，以及他所发布的信息——为一个对话框组织而成。在对话框的上方提供发布人的姓名、发布时间、发布状态、发布的信息（包括文字、图片、视频和它所转载的内容）。

在对话框的下方，则有一排功能按钮以及信息提示符，如图 6-26 所示：

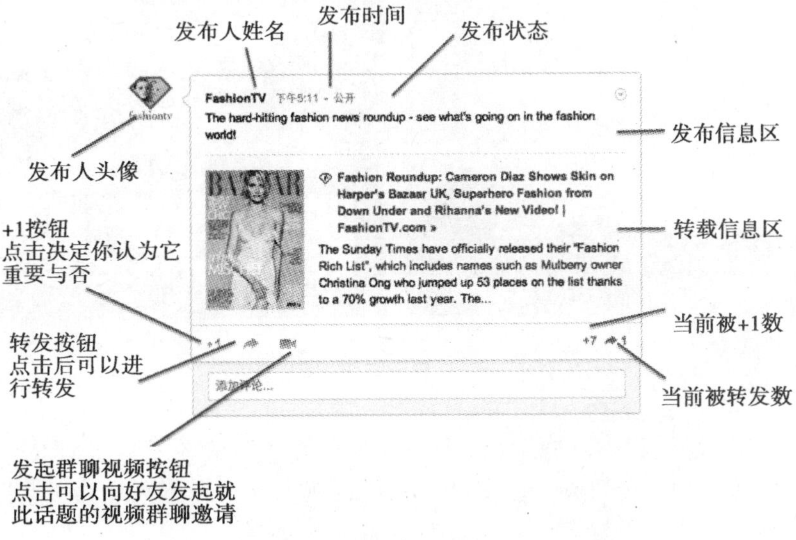

图 6-26 在查看信息流中 Google+体现的具体功能

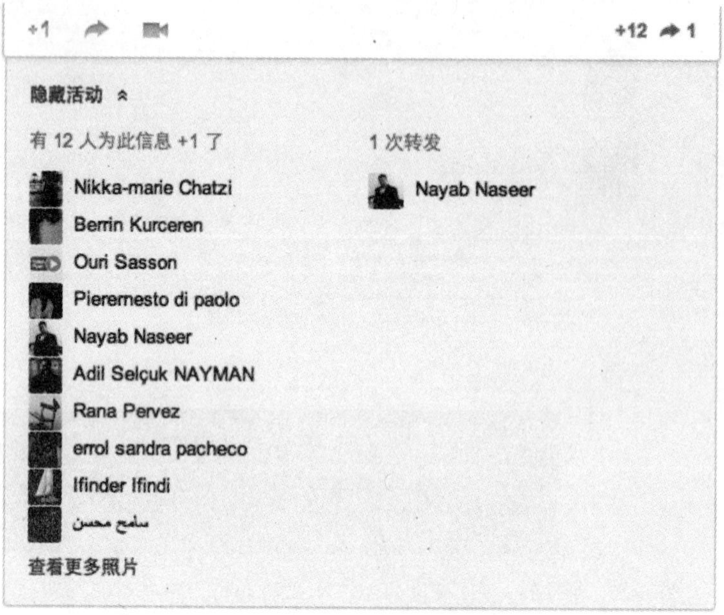

图 6-27　点击当前被转发数可显示出所有转发和对该信息按了“+1”按钮的用户

在 Google+中信息的文字内容无需字数限制，可以以展开的方式查看更多内容，在其发布的图片下方还会停靠一个小的窗口，排列显示该用户最近发布过的照片。当鼠标接近该区域后会展开，以方便浏览（见图 6-28）。

图 6-28　查看信息流中的图片信息

用户还可以查看每项发布的信息流中的评论，并进行评论。对于评论信息的整合是 Google 目前的优势，用户可以在一个页面里一次性读取到用户感兴趣的所有回复的人，从而决定用户是否需要去关注他们，而过滤掉其他人的信息。

在 Google 的设计中，通过算法的优化，不断将用户可能愿意交流的人推到用户的面前，实现了他们所说的我们会让所有 Google 产品配备用户细分的、个人化的社交信息（见图 6-29）。

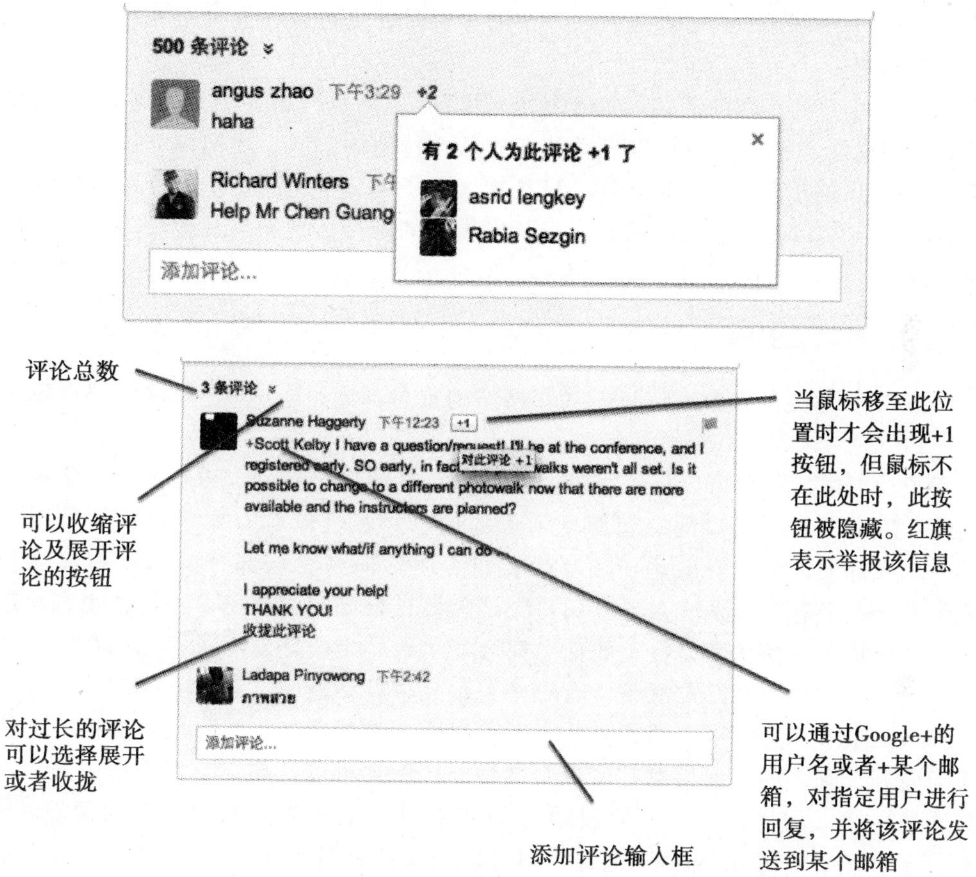

图 6-29　查看信息流中的评论信息界面

6.4.4　圈子（Circle）

1. 作为群组管理工具的圈子

（1）组织用户。圈子是一种经过改良对社交圈子的整合方式，我们会将我们相处的人划分在多个圈子，比如朋友、家庭……这样出现在通讯录上的联系人就被划分为好几个部分并对外部公众展示。“圈子”就是这样一个管理工具，对于任何社交网络都是必需的——用来整理、邀请其他使用该服务的用户的群组管理。把联系人放入不同的圈子，从而将不同的内容分享给不同的对象。用户圈的人可以知道用户是否圈了他，但无从知道用户将他放入了哪个圈子。可以在圈子的组织页面建立、删除或者重命名圈子，也可以通过简单的拖曳将联系人加到某个圈子里。同一个朋友可以被加到用户的多个圈子中。目前最多可以圈 5000 人，单个圈子没有额外的人数限制。用户的粉丝（那些加用户到他们圈子的用户）的数量没有限制。这个功能可以通过对用户的 Google 联系人和 Gmail 联系人拖拉完成。当然，一旦用户不希望某人在某个圈子中时，也可以将他拉出该圈子，或者将其拖至其他圈子中。

（2）分享共同有兴趣的话题。圈子这个功能可以让用户很好地管理关注的人和分享的话题。利用圈子功能，用户可以发送状态更新至特定的群组。比如说，用户可以创建一个喜欢音乐的朋友圈子，那么他就可以只在这个圈子内分享他刚创作的音乐录影带。

但圈子不仅仅只是局限在认识的人中，更主要的是通过搜索等其他行为，让用户能够认识更多的人。

2. 保护用户隐私的圈子

与 Facebook 这类公开个人信息的社交网站的观念不同，Google +的做法是保障用户的隐私。

在圈子功能中，用户可以任意添加朋友并按自己的想法对好友进行分类，将好友划分在不同的“圈子”内。可以随意追踪任何人的信息，不过被对方加入封锁名单应该就无法追踪了。或许大家会觉得说这样还有隐私可言吗？但其实这部分 Google 有注意到，用户发表个人状态消息时，系统会要求用户先选择信息要显示的圈子，一旦这边有设定，可以完完全全保护个人信息了，特定的信息只会显示给特定的好友圈子，比如在家人的圈子里的人并不知道该用户在好友圈子中有哪些人，充分保障隐私。

为了保护个人隐私，可以修改哪些圈子可以看到哪些个人资料。用户的姓名、性别和头像必须公开，剩下的任何信息都可以限制访问；用户也可以选择不在搜索中显示。如果用户想给另一个人发送消息，只要将对方的名字填在帖子下方的“分享对象”中即可。如果对方还未开始使用 Google+，只要将对方的电子邮件地址填在那儿即可。为了避免每次都要输入完整的电子邮件地址的麻烦，用户可以在圈子页面将他们添加为联系人。如果用户想永久链接到某个帖子，单击帖子发布的时间打开这一个帖子。然后用户可以复制浏览器中的地址来与别人分享这个永久链接。用户也可以从主题右上角的下拉菜单中选择“此信息的链接”，点击个人资料图片可以在所有用户个人资料图片之间进行切换。

3. 分享用户内容的圈子

圈子功能主要通过以下两个特点来进行用户内容的分享：

（1）单向链接。单向链接是指在 Google+当用户把某个朋友加入一个 Circle 时，并不需要对方的认可。也就是说，我可以认定用户是朋友，但是用户不需要回应。同理，我可以把一个非 Google+用户添加进来，而他不一定要加入 Google+，这使得圈子在用户添加上更为机动灵活。

（2）反向链接。和 Twitter 的单向 Follow 不同，是用户在 Google+中把一个朋友加入一个 Circle，“我”是在给“他”“接收”“我”分享的内容的权利，而不只是在追踪“他”的内容。也就是说，如果 Tom 把 Allen 加到 Tom 的 Friends Circle，那从此以后，Tom 分享给 Friends 的照片，Allen 都可以看到。但是如果 Allen 没有把 Tom 加到他的任何一个 Circle，那 Tom 是不会看到他的（非公开）内容的。同样，非 Google+用户也只能浏览用户指定给其观看的页面，我们也不用关注他们是否有其页面。

4. 直观动态的 UI 效果

在圈子的主页面中，最上方是一系列的功能键：包括与用户有单向链接的人以及与用户有反向链接的人数，以及他们与用户的相关程度在哪里。

在功能键排下方，每个被用户关注的用户都生成了一个卡片（这包括 Google+用户以及一些邮箱账号）。

在卡片下方，则是大小一致的圆圈，最前方的一个灰色的圆圈表明一个待生成的圈子，其外围用虚线表示。而已经生成的圈子是外围为实线，里面则是一个蓝色的同心圆上写明圈子的名称（见图 6-30）。

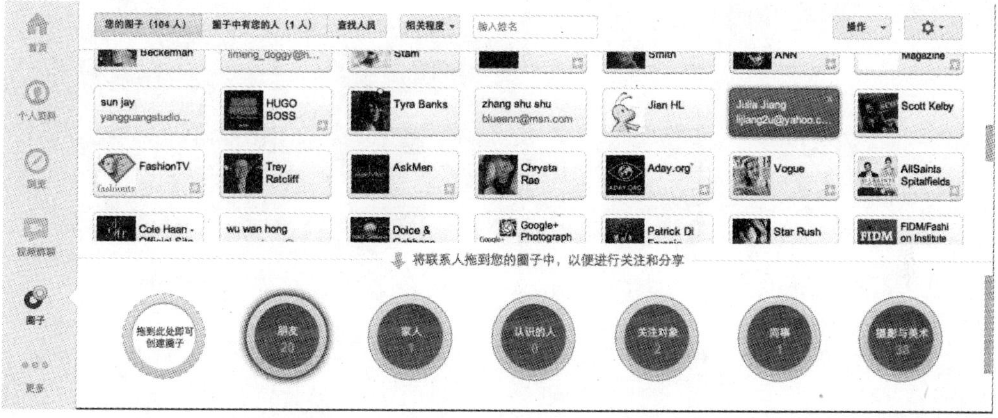

图 6-30　Google+圈子功能的主界面

当用户将某个用户拖拉加入某个圈子时，该圈子会膨胀变大，同时在圈子里还会显示出存在在该圈子内的其他成员。他们会围绕中心均匀排列，让人直观地感受到圈子所围绕着共同的兴趣或生活体验所存在。在创建一个新圈子时，新圈子也会变大（见图 6-31）。

如图 6-32 所示，当用户在 Google+可以使用 Ctrl 键选择多个用户，然后用鼠标将它们移动或拖曳时，就会出现叠加在一起被用回形针别在一起的动态效果，同时会有红白标签提示用户此次操作用户所针对的人次——图 6-32 显示三个人。

当用户准备删除某个人时，点示成员标签右上角的×，则该标签会从所排列的成员组里产生一个滑落下去的动态效果。

这种拖拉的交互的 UI 设计使得圈子在使用上更有乐趣，更加直观。

圈子系统更有利于将信息与更广泛的社会人群进行分享与交互，而不是仅仅局限在朋友圈子中。

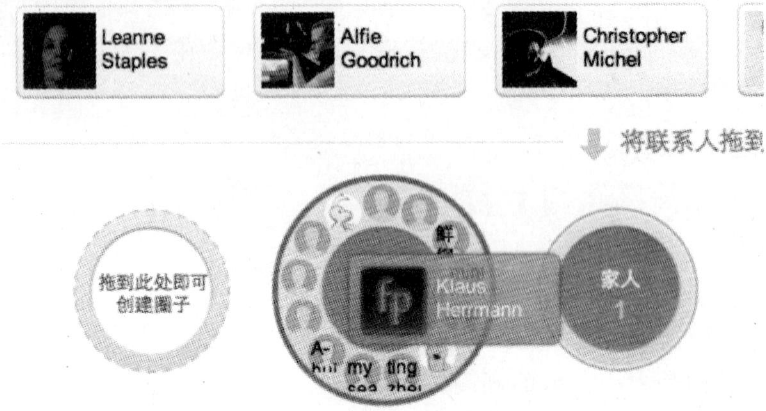

图 6-31 “圈子”的设计样式

图 6-32 Google+中有趣的动态效果——使用标签的方式

6.4.5 浏览（Explore）

Google 公司最初设计了一个被叫做火花（Sparks）的功能（又叫“分享引擎”），这一功能与 Google 公司的搜索的方式相联系。Google 公司认为人与人的聚合在于必须有“好的内容”，只有好的内容才会使人与人之间有充足可展开的对话。在 Sparks 里，客户通过搜索的方式输入自己感兴趣的东西，Google 帮用户在网上找到相关的链接，根据用户的搜索行为判断用户所感兴趣的内容并推荐给用户。链接可能是博客文章、视频或者书，只要是 Google 搜索引擎能搜索到的东西。如果找到用户喜欢的，可以直接点击“+1”图标，将它加入喜欢的列表。在“火花”系统中，Google 判断内容的重要信号是根据其新鲜度，是否有多媒体内容（视频大大加分），以及内容在互联网上是否传播广泛。

在火花这个特定区块里查看其他人所感兴趣的链接，查看全球在谈论的热门话题，它们会显示在特定区块（见图 6-33）。

火花在 2011 年 11 月就从 Google 的设计中被取消，后又重新改版，被“浏览”取而代之。其代表标志也从一枚指南针，替代了原有的火花形态的图标。但它的设想与“火

图 6-33　浏览的雏形——“火花”的页面形态

花”类似，都是希望能将信息主动推给用户，不过都是些通过传播层面上传送给用户的东西，而信息流则是通过社交层面流向用户的内容。用户要读取信息流的事物，则必须通过圈子或者用户的社交面关注对方。它更倾近一种私人的态度，但浏览却不需要如此，只要它在互联网上有足够的反响，它就会流向用户，它如同报纸、电视等传播媒体的作用，使得用户不至于局限在自己的圈子中，当然它也可能更倾向于一种短暂的瞬时的旁观的消费态度。

在浏览页面里提供推荐名人用户（这些名人用户来自于预设的八大范围，它预设的兴趣有骑行、时尚、食谱、跑车、Android 和机器人等话题），列出热门信息，用户可以通过调整一个滑栏调整热门信息在用户的信息流主页上出现的程度，它也列出用户保存下来的搜索主题（见图 6-34）。

6.4.6　照片（Photo）

1. 立即上传图片或视频（Instant Upload）

随着移动互联网的普及和 Google 所开发的 Android 平台在手机业务中的深入开展，Android 现在已经疯狂成长到一天 50 万支的量，Google + Androi 是为 Android 手机设计的一个用户端，它利用了 Android 开放的特性，开发了“立即上传图片或视频”功能；只要利用 Android 客户端摄制的照片或者视频，不用用户做任何事情，用户所拍摄的内容会自

图 6-34　目前火花功能被浏览功能替代

动上传到 Goolge+，暂存在用户的私人相册 Picasa 中。这也类似于一种云服务的方式（见图 6-35）。

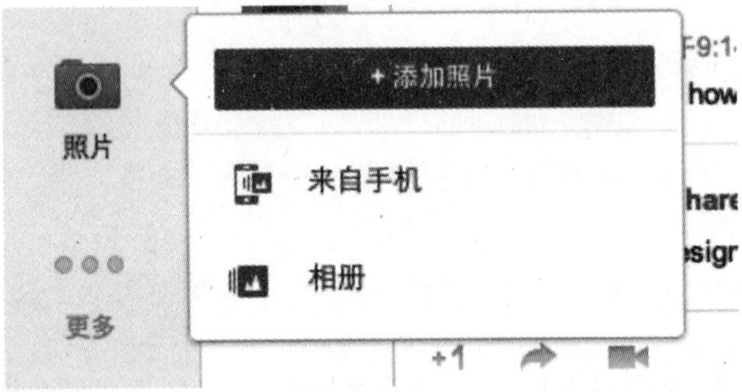

图 6-35　上传照片的功能页面

2. 整合 Picasa 相簿

刚加入 Google+会询问用户是否整合 Picasa 服务，当然用户可以选择不要，以保障用户的个人隐私。如果链接了就会在 Google+上显示相簿。这样，在 Google+中上传的图片全部会纳入 Picasa。除了新上传的照片会进入 Picasa 的相簿外，Google+也让用户很轻松地就可以把已经放在 Picasa 的照片分享到 Google+上面，这大大提升了 Google+上的初期内容和质量。

6.4.7　群信息分享体验（Huddle）

群体亲密分享是一个兴趣列表，列表将会实时更新，全球的用户都可以分享各自对于这个世界的美好片段。

用户也可以利用这一功能进行群组里的短信交流；Google 公司还增设“在附近”（Nearby）功能，点击就可以利用地理信息看到用户身边愿意用 Google+公开分享的和用户在地理位置上邻近的用户。

Google+的移动应用允许用户同时和多位朋友聊天，大家可以一起制订计划或消磨时间。

6.4.8　视讯聚会（Hangouts）

Google+视频群聊功能可以让用户最多同时和 25 个人进行免费视频聊天。在改版后，仅允许 9 个人同时聊天，在 Google 的页面设计所给出的信息中，它认为这样更适合家庭似的聊天，这也是视频聊天经常使用的对象。这使得视频聊天页面独立开来。当用户聊天时，每个交谈对象都会出现在小盒子中，说话的人则会出现在顶部的大窗口中。

通过 Google Hangouts 视讯聚会功能，可以要求多个好友同时在线视讯或语音聚会。如果用户当前在视讯或聊天的话，用户的个人状态上会显示用户正在和谁聊天，如果有权限也可以点击〔参加此视讯聚会〕就可以加入了。不过值得注意的是，如果用户把用户正在聊天那个窗口网址给别人，就算这个视讯没设权限给对方，对方依然可以通过网址进入聚会（见图 6-36）。

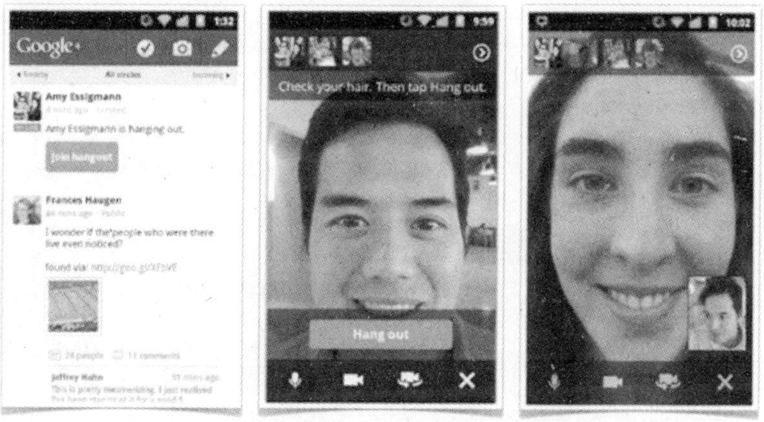

图 6-36　视频网站的界面

在高速互联网上使用视频聊天并不普及。Google+团队主要改进了存在着的社交困难，Google+团队在解决此问题时设想邻居就坐在身边。如果用户的邻居坐在那，用户会知道他们喜欢什么，从而展开对话。用户会觉得走开或者一言不发是不礼貌的。当用户正在进行视频交流时，用户的 Hangouts 上的个人状态会显示用户与圈子中的某个朋友在聊天，同在圈子中的其他人都能够获得提示。

这样，只要用户有权限，用户就可以点击“参加此视讯聚会”的按钮，加入该视频，同时用户也将用户正在加入某个视讯聚会的信息（一个网址链接）通过用户的 Hangouts

在网络中传播，这样，如果在搜索网络时看到的其他用户就算他不在最初发起视讯聚会人的好友圈子中，他也可以加入该聚会而无需获得审核。

Google+团队改进了视频聊天的技术障碍，将聊天上限人数扩大到10人。（曾经有16人同时上线）；Google+系统可以智能定焦，看谁在哪个时间段控制对话。这让对话很容易观看，看起来像是有一个幕后编辑，他可以在人与人之间切换。与Skype这样的传统视频聊天软件相比，Google+还实现了跨Android、iPhone等多平台的即时聊天功能。

Google+下一步的思路是：设想用聊天平台Google+ Hangouts替代传统的客户服务电话。在实际生活中，一些客户的需求是非常相似的。因此，让一个服务代表同时与一组客户谈话可能比传统的一对一的谈话更经济。同时，使用视频还能使技术表现得更加人性化。视频的分组设置甚至能够启动客户与客户之间的交流，帮助他们自己完成自助服务。

6.4.9 Google数据下载/资料备份

Google吸取Facebook前车之鉴，对于数据的保护更加注意，并且也提供数据下载服务，让用户在Google上的足迹可以备份下来存盘。向用户提供个人数据下载和方便地更新功能，在主流社交网络中，Google+是第一个。Google公司全新的Takeout服务允许用户从Google公司服务器上下载自己保存的数据。例如用户想在明天退出Google+，它可以在销户前方便地下载自己的状态更新信息（见图6-37）。

截至目前，Facebook和Twitter还没有提供类似的服务。

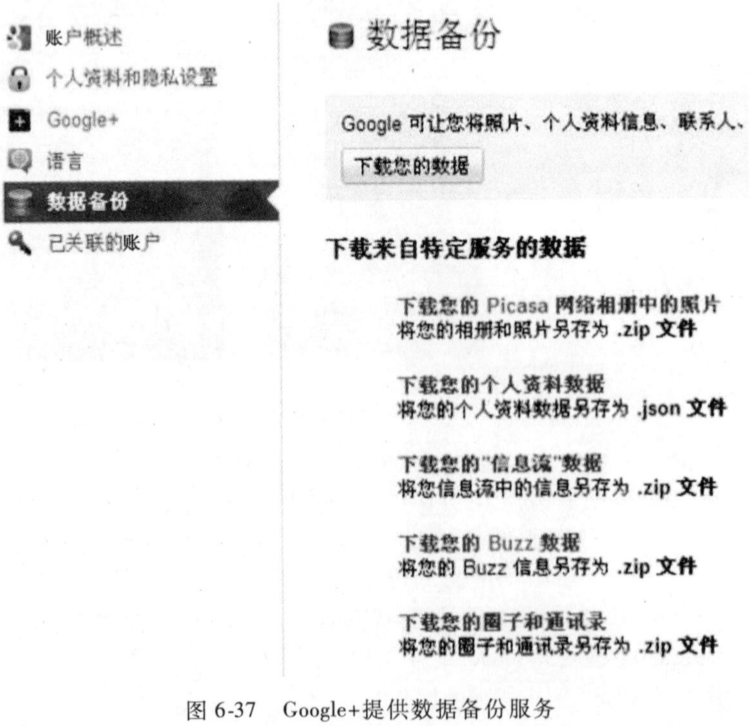

图6-37　Google+提供数据备份服务

6.4.10 与 Android 手机串连

Google+目前已经发布了 Android 和 iOS 应用，两边的应用都对移动人群进行了极好的支持。除了查看更新和观赏视频等基本功能之外，移动应用还具备名叫 Huddle 的群组聊天功能。如前文所述，和 Facebook 和 Twitter 的应用不同，Google+的移动应用允许用户同时和多位朋友聊天，用户可以一起制订计划或消磨时间。

虽然 Twitter 的移动应用也非常优秀，但其网络核心功能的限制阻碍了它在移动设备上的表现。Facebook 的移动应用拿来查看更新和发送信息还是不错的，但真的要赶上Google+的应用，还需要进行彻底的更新。

建好了 Circles，也就是分享通路，那总要有内容。Google + Android——一个设计得非常好的 Android 手机用户端，除了相当好用的界面，它还利用了 Android 开放的特性，提供了即时上传（Instant Upload）的功能，让用户拍完照片不用做任何事，在背景就帮用户上传一份到 Google + Picasa（会暂存在私人相簿）。为此，Google 还开放了 Picasa 的无限级容量。

6.4.11 创建信息页（Pages）

该功能面向企业开放，企业能够在该网页上添加自己的内容，以便客户、粉丝与之联系。

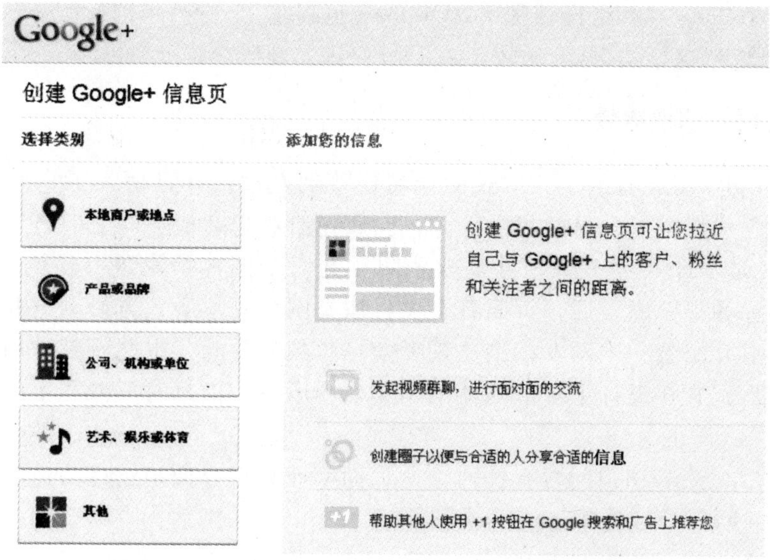

图 6-38 Google+创建信息页面的页面功能示意图

该功能和 Facebook 的专页很类似，企业和机构可以使用“Google+ Pages”开设企业页面，Google+ Pages 的主要目的是方便企业品牌和相关公司在 Google+社交网络上建立特定的企业网站页面。

在此之前，只有个人用户才能够注册使用 Google+社交网络，然而目前的现状是，企业也开始越来越频繁地使用社交服务了，例如企业会通过 Facebook 的社交网络来吸引新的用户，与他们取得联系，然后通过特价产品以及促销等手段来与忠诚客户加深关系。

由于 Google 拥有全球最大的搜索引擎，因此自从 Google+社交网络服务推出以来，注册用户急剧攀升，很多企业曾试图试水该服务。Google 因关注开发客户服务，曾在 Google+发布早期关闭了非独立用户账户。一周后，数十万企业申请试用该服务后，Google 开始测试企业账户。

用户可以很方便地通过 Google 公司搜索进入全新的 Google+企业页面，也可以直接从 Google+社交网络服务内进入。Google 公司表示，用户只要是通过 Google 引擎搜索，只需要在企业名称前加上一个加号，比如“+百事可乐”，就能够直接进入 Google+的相关企业页面。

初步使用 Google+ Page 时发现的主要问题是，和个人页面一样，Google+ Page 没有自定义地址，没有人记得住那长达二十多位的数字地址。

6.5 Google+界面特点

Google+的核心界面设计师是软件艺术传奇大师 Andy Herzfeld，他在该设计中表现得创意十足。2012 年 4 月，Google+进行了一次比较大的改版，在界面设计上远远超过其他 SNS 网站。这次 Google+首席设计师 Fred Gilbert 也提出了一些设计理念。

图 6-39 是新旧版 Google+的比较。与旧版相比，新版界面具有如下优势：

1. 界面友好，信息量强

新版的 Google+将原有的上方狭长的导航栏移到左边，并且增大了它们的尺寸。即便如此，设计中仍然保留了大量的留白部分，以避免给用户造成空间上的挤压感。

Google+页面设计参考了一些可以放置图片并对于图片信息进一步浏览的网页设计，在嵌入大量图片和视频内容后，页面看上去更像是网络图片册，方便浏览和阅读。我们在介绍信息流时也介绍到，当网友在浏览某个信息流的图片时，也能看到该用户近期内所发的其他图片，看到它在设计上考虑的就是用户在读取一个信息时所能产生的用户对新信息的捕捉。

在新界面中，众多用户同时在任何一个页面都能够很方便地进行交流，方便大家发起 Gtalk 聊天或者视频对话。

2. 简介美观，交互趋向人们生活体验

在新 Google+配色方案中，凡是属于 Google 公司的界面就使用黑白灰，少部分使用红蓝，显得大气与简洁。在此界面设计中有颜色的部分大多来自于用户（它们选择的头像）

和他们发布的内容（如文字或者图片、视频），Google 公司将展现的机会更多地让位于用户，体现出一种服务精神。

图 6-39 新旧版 Google+的界面对比

每个网站的分享模式不尽相同，但是 Google+将其简化为一个工具栏，这无疑发挥了 Google 的全能应用特性，用户可以多平台访问，PC 浏览器、手机等移动终端都适用。

在新设计中也去除了大量繁琐的超链接，改为用蓝色的文字代替，用户可以很方便地收拢或者展开来查看自己想要的信息，同时尽量使得页面中的文字被图标所取代（见图 6-40）。传统的转载不是使用图标，而是使用文字（Share），视频也不是使用图标，而是使用文字（Haugout）。

Google+的 UI 设计被视为挑战 Facebook 群组功能的好方法。我们在介绍圈子功能时就已经介绍了它很多有趣的动态设计，并且这些设计符合人们在日常生活中的行为模式和日常经验，比如卡片、回形针等。一般来说，如果在页面中放置过多的动画，会影响阅读速

图 6-40　新版的界面设计尽量使用图标去取代文字部分

度，拖慢应用。Google 公司一向不喜欢过于繁琐的设计和过场动画。但却允许 Hertzfeld 在项目中增添大量的动画。这一方面是由于随着高速互联网的发展，网速能很好地展示动画，带给用户活泼的体验；另一方面是 Google 公司希望能去除只有技术人员、计算机爱好者才关注 Google 的印象，吸引更广泛的人群。

在 Google+中 Circle 有令人愉悦的界面创新，包括当用户删除一个 Circle 时会呈现一个过场动画（圈子会落到屏幕下方并像球一样弹起，最终湮没）。整个动画给删除任务只增加几百毫秒时间；在添加一个圈子时，也会有一些过场动画，圈子的外沿会向外有一个扩展的效果。

3. 从强调外观体现核心到让位于用户

原有设计的重点是让关键图标让它反复出现。“+1”是 Google+的重要含义，同时也是推动用户在互联网上的分享等各种交际行为的重要内容。“+1”代表 Google+理念存在在 Google 公司所有产品中，如 Google 搜索以及用户在 Google 的个人信息流网站（见图 6-41）。

图 6-41　Google+新旧版所使用的“+1”符号设计

“+1”是 Google 的主要的社会化网络交际和分享符号。它被设计得简单好记，同时能反映出 Google 的企业文化（Google 的 Logo 设计刚好就是运用了多彩的颜色，所以旧版的“+1”图标上也依次选用了红蓝绿黄做成一个简单的横栏）。这也意味着它是一种交互行为，意味着它寻找到了好的内容，可以进行点击，马上进行对分享的激活。

在改版后，该图标设计得更为简单。在这里，设计师也吸取了一些网友的意见，他们感觉像是在做数学题，在某种程度上，因为反复使用也带给了网友一些强制要去使用的效果，令用户感觉不舒服；于是在新版中，去除了它的醒目性，使用灰色，改变了它的形状，使其友好性更强。正如我们前面所说的，Google+的宗旨是让位于用户体验。

虽然经过改版，“+1”在图形上变得不再醒目，但它所代表 G+的核心想法——分享的内核仍然不变，“+1”还是被捆绑在信息流分享浏览的界面设计中。

在改版后，不仅是“+1”图标，所有的图标、形状都变得更为柔和。

4. 强调 Google 文化

Google+不允许用户在各自页面中放入大量 HTML（超文本链接标识语言）内容，因此各个用户的界面风格较为统一，这使得用户在浏览其他用户的信息流和自己的信息流时，更多的还是关注在内容上。

5. 增加照片和视频的尺寸

网络新媒体是一个新的展示平台，它将人们的视线从传统的印刷文化纸质传媒以文字传播的表述方式转为综合媒介的表述，使得图像、视频的传播性得到突现，网络展示更重视内容网络上的共享。因此在改版中，扩大了一张照片的展示面积。同时增加了很多可以收拢的效果。图 6-42 为新旧比照图，后者的图片直达客户发布区的边缘。

图 6-42 改版后的设计更强调图形的展示效果

6.6 Google+安全机制

6.6.1 认证

用户要加入 Google+，就必须用实名注册，并标明自己的性别。Google 公司一旦发现用户未能使用实名，就会给他们 4 天的宽限期予以更正，否则就会让他们从这个社交网络上彻底消失。

Google+推出针对名人、公众人物以及加入较多“圈子”的人的“认证标记”，在已认证的用户姓名后有一个小的善意的灰色圆形，上面一个打钩的图标，作为验证徽章图标。Google+计划在不久的将来扩大这种个人资料页面认证系统。

Google+个人资料中显示在用户的姓名旁边的验证徽章图标，用于验证用户的个人资料确实由用户本人创建，而非其他试图假冒用户的人。验证徽章旨在为深受假冒困扰的个人、品牌和公司提供保护，以此帮助用户找到所要查找的内容。由于这主要是一种安全机制，如果 Google+认为用户或用户的信息页可以从徽章中受益，会主动对用户的身份进行人工验证；如果用户确信某份个人资料或信息页假冒了该用户或该用户的公司，请举报该个人资料或信息页并选择“假冒”选项（见图 6-43）。

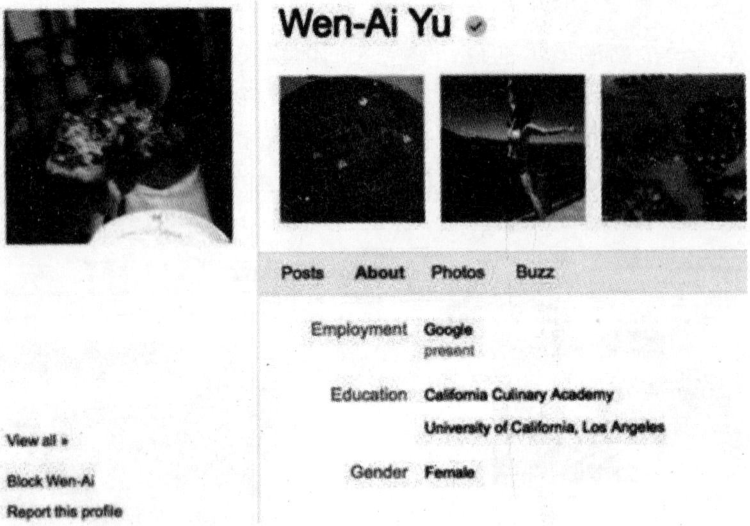

图 6-43　Google+推出用户个人资料认证标记

6.6.2　隐私设置

1. 用户可以选择公开内容和对象

设置或完善用户的 Google 个人资料就像用户是在向 Google 介绍自己，但 Google 公司允许客户保留足够的隐私，只有真实姓名、年龄及性别是必填项。Google+的新个人资料页面将和 Facebook 一样，分为公共和更私人的部分，用户可以设置内容的公开对象。

完成资料页的设置后，一个新选项会出现在全新的黑色导航条“Sandbar”上——“+”符号以及用户的名字。

2. 圈子的设置保证用户的隐私

Google+以隐私功能作为与 Facebook 的区分点，让用户在 Google+中可以创建不同的朋友和熟人圈，并只针对小圈子分享信息。

在圈子执行过程中，Google 也不参与进来（过去，Google 曾经采取由其数据判断帮助客户先行执行分组方式），而是由用户亲自在界面上通过拖曳的方式创建分组，用户根据自己的需求来进行完全自主地订制。

和 Buzz 不同的是，Google+为了保护用户的 Gmail 地址，所有用户名的链接地址都是 Google ID 的一长串数字。不过，使用 Google+之后，和当初使用 Buzz 一样，Gmail 收到了“N”多邮件通知，这些邮件通知可以在 Google+设置里取消掉。

用户如果不喜欢某个服务，可以随时关闭 Google+而不丢失任何数据；和 Facebook 一样，Google+一开始就提供了完善的数据备份功能，用户可以将自己发布的所有数据进行完整地备份，包括：照片、个人资料信息、联系人、圈子、信息流中的信息以及 Buzz 信息等，以防丢失。

6.7 Google+成功启示

首先，Google 公司将多种不同的数据媒介（网络中的文本、图片、视频、地图信息）和传播媒介（网络和移动手机等）整合后，形成“联合媒介”。

Google+是对其所有产品的整合，这使它内部的所有产品 Google 搜索①、Gmail②、Youtube③、图片 Android④ 都不在孤立存在，Gmail、Google Calendar Or Docs 等连成一个整体。在这一系统的整合行为中，Google+使得搜索这种行为具有更强的社交性。因为搜索到的信息可以迅速产生分享给其他人群的行为，并可能使用户结交到新的人。

在这一过程中，Google 采用了许多可以促使公司自身品牌得到提升的方式，比如 UI 设计中消除 Google 公司高科技的形象，采用更低调的方式，尽力给用户提供展示空间。Google 公司也向广大的用户提供出 Google 公司这种全能性社交网络的一种模式。

其次，在产品规则中体现出尽可能让用户自由做出自己的判断，即通过用户的主动行为采取某种社交方式进入某个社交圈子。会有越来越多的广告主突破用年龄、性别、地域、教育水平、所处行业、收入水平等基本属性来划分目标消费者的方式。我们越来越明显地意识到，以用户的网络行为特征以及消费行为特征等区分目标消费者可以更好地指导营销策略的制定以及获得更好的营销效果，而这些更加 social 的用户群体分类方式将在数据挖掘不分析的前提下成为可能。

再次，社交网络的出现改变了传统的企业以市场调研等方式满足客户需求的管理模式，而是围绕着社交网络，开发社会化产品。引领用户去适应或学会使用这些合适的工具（例如圈子），展开社交活动。

最后，“圈子+内容”标签的混合方案体现了一种嵌入性的社会网络观点，变成“搜索+社交”，即未来的社交工具不仅仅是管理人际网络的工具，而是管理信息、知识、技

① Google 公司的拳头产品，在互联网中将碎片的网页通过关键词的搜索聚合起来，是互联网中对信息查找的主要方式。

② Google 公司开发的电子邮箱系统。

③ 由 Google 公司收购并入 Google 系统的视频播放和上传网站。

④ Google 公司所开发的用于智能手机的平台。

术等元素与人互相嵌入的社会网络的工具。Google 的产品已经渗透到各项网络信息数据中，但所有这些仍然围绕着鼓励分享这样的人际交互行为展开。替代下滑搜索型网络的是新的“全联系”（Connect）的数字生活。以往，网络就是用超链接将网页连起来的，搜索只提供了实用型关系，以最简单的方式将用户与内容相连。一般来说，它力图只让用户点一次就找到信息，然后离开。但社交发现也建立一种关系，它通过提供社交推荐、偶然发现的环境，使消费者在有意义的环境中遇到商家。结果，这种关系更强劲，对商家也更重要；它是品牌性的。这样，“联系”意味着更多。它的意思是说网络链接我们，连接人，连接在线的每个个体；最终连接超出每一个个体，走向所有人。

与过去的网页链接不同，现在联系人有明显的不同：知道用户是谁（身份），知道用户去哪里（移动），将我们的关系和别人相连（社交），并提供不限于文本和图片的丰富体验（视频）。

这种联系型社交网是活的、移动的、主动的、个性的，而文本网络却违背现实，像是通用的参考书，很难提供个性化体验。

7 求职网站完美转型的社交网站——Mixi

7.1 Mixi简介

目前，Mixi 是日本最大的 SNS 网站，域名为 http：//mixi. jp/。Mixi 名称的由来是 Mix（交流）和 I（我）两个字合并而成，取意为“加深用户交流”。通常 SNS 网站大多依靠媒体的广告宣传，而 Mixi 的发展更多的还是依赖网络自身。Mixi 的用户界面与功能相当直观简单，主要提供 SNS 服务：写日记（Blogging）、群组、站内消息、相册、收发电子邮件、发表书评、推荐 CD 或 DVD 等，还可以为其他会员的日记写评语。免费会员有 100MB 在线存储空间，并且可以简单使用 Mixi 来搭建一个属于自己的 BBS。

Mixi 从 2003 年 12 月份开始开发，于 2004 年 2 月份开始上线运行。两个月后就注册了一万用户，日访问量超过 60 万人次。到 2005 年用户增长到了 21 万，2006 年，Mixi 网站注册用户增长到了 200 万。到 2007 年 4 月份已经增长到 370 万，并且还在以每天 1.5 万人的注册量增长。这些用户中 70% 是活跃用户（活跃用户：三天内至少登录一次的用户），平均每个用户每周在线时间为 3 个半小时。

7.2 Mixi发展历程

2003 年 12 月，Mixi 网站开始设计并开发。Mixi 创立于 2004 年 2 月，创办者最初定位本是求职网站，但由于日本经济处于低迷期，2004 年 3 月 Mixi 不得不转型为社交网站。之后 Mixi 一路走好，并于 2006 年 9 月实现了 IPO（Initial Public Offerings，首次公开募股）。目前 Mixi 市值为 20 亿美元。同年 Mixi 推出针对移动上网用户的移动版网站。在 2007 年，Mixi 总营业收入为 4600 万美元，利润 1000 万美元；而在 2008 年，Mixi 的营业收入更是达到了 9200 万美元，其中网络广告收入达到 85%，全年利润达到 3450 万美元。

Mixi 的成功之处还远不止这些，Mixi 旗下的网络招聘网站“Find Job!”也在吸引大量用户的同时源源不断地贡献利润，截至 2008 年 3 月底，“Find Job!”的销售额已经有 1160 万美元。

虽然绝对用户数量和财务数据仍无法与英美等领先的社交网站相提并论，但考虑到仅依靠日本市场生存，Mixi的业绩仍让人印象深刻。Mixi的每个用户收入（ARPU）为5.46美元，是Bebo的13倍多，是Facebook的3倍多。如果将“Find Job!”计算在内，Mixi的每户利润为1.26美元，而Bebo只有0.1美元。根据“每户网络广告支出”这一指标计算，Mixi在Techcrunch最有价值社交网站排行中名列第8位。

在骄人业绩的背后，Mixi没有丝毫懈怠，既然已经是本土市场的老大，要想进一步发展只能是进军海外了，Mixi瞄准了中国市场。2008年2月20日，Mixi正式宣布在上海成立一家子公司，并在10月发布了中文版SNS社交平台——蜜秀（Mixiu）。2008年11月，Mixi推出付费下载音乐服务。

7.3 Mixi业务架构

从网站服务的元素构成来看，和欧美同类服务相比显得相当简单，甚至是朴素。不过也包含一些特色功能，如大部分日本的BSP都会提供的一个服务，中文翻译过来叫做“脚印”，即有其他Mixi用户走过路过某用户的日记或页面，就会被完整记录，每天有类似Mixi网站界面于统计报告的邮件发送到该用户的邮箱里（见图7-1）。

Mixi的用户乐于把网络中的讨论和实际生活中的聚会、活动结合起来，当然由于其讨论组话题的种类繁多，引申到生活中的活动也相应的变得极为丰富。邀请不限量，但Mixi的邀请机制充分发挥了其作用，生活中的朋友、同学、同事、邻居，地理环境或者交际关系上的不同性质可以立体交错地形成不同的圈子，网络和生活两面的结合，形成了Mixi的一种流行趋势。

7.4 网站架构

Mixi在提供服务的初期阶段就采用开源分布式缓存服务器Memcached。随着网站访问量的急剧增加，单纯为数据库添加Slave已无法满足需要，因此引入了Memcached。此外，也从增加可扩展性的方面进行了验证，证明了Memcached的速度和稳定性都能满足需要。目前，Memcached已成为Mixi服务中非常重要的组成部分（见图7-2）。

Mixi采用开源软件作为架构的基础：Linux 2.6、Apache 2.0、MySQL、Perl 5.8、Memcached、Squid等。到目前为止，已经有100多台MySQL数据库服务器，并且在以每月10多台的速度增长。Mixi的数据库连接方式采用的是每次查询都进行连接，而不是持久连接。数据库大多数是以InnoDB方式运行，Mixi解决扩展问题主要依赖于对数据库的切分。

首先进行垂直切分，按照表的内容将不同的表划分到不同的数据库中。然后是水平切分，根据用户的ID将不同用户的内容再划分的不同的数据库中，这比较常见的做法，也很凑效。但划分的关键还是在于应用中的实现，需要将操作封装在数据层，而尽量不影响

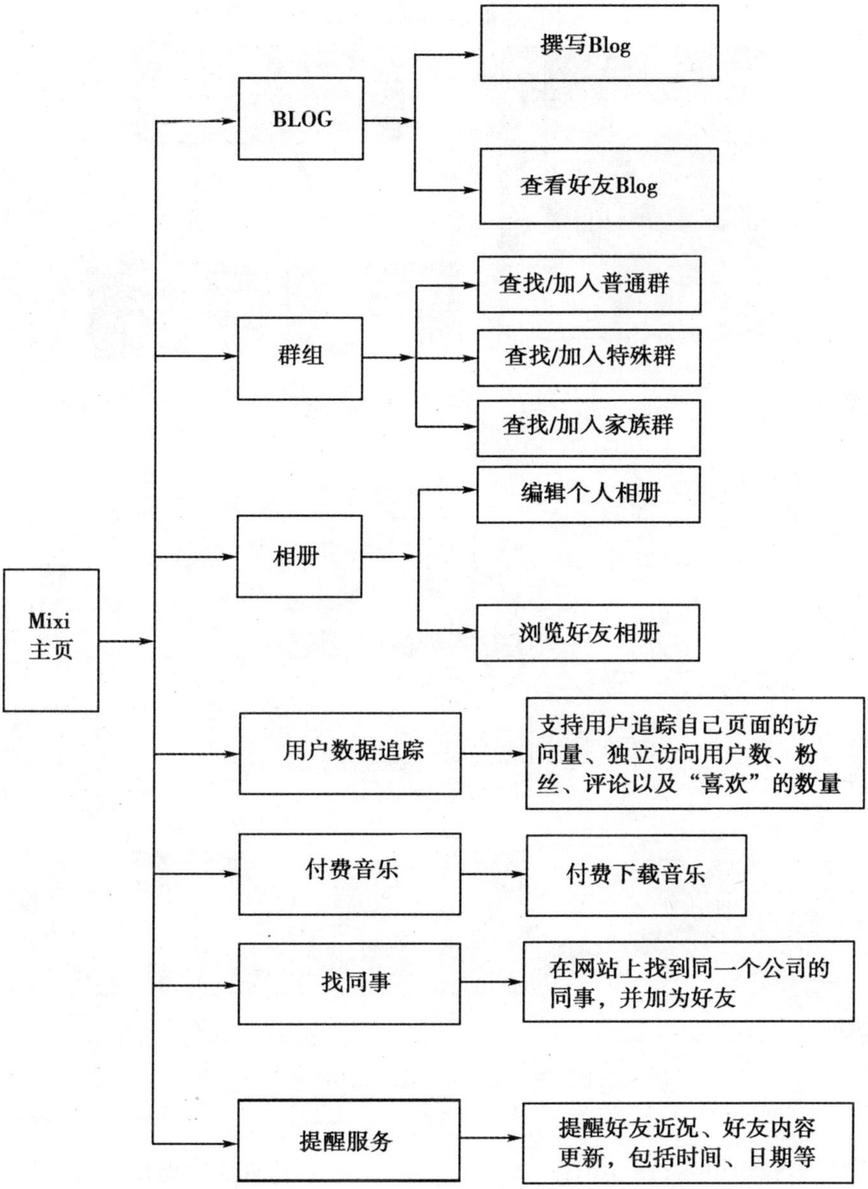

图 7-1 Mixi 业务构架图

业务层。显然，这样的处理并不能从根本上解决问题，尤其是对于像 Mixi 这种 SNS 网站，页面上往往需要引用大量的用户信息，如好友信息、图片、文章信息、跨表、跨库操作相当多。这个时候就需要发挥 Memcached 的作用了，用大内存把这些不变的数据全都缓存起来，而当修改时就通知 cache 过期，这样应用层基本上就可以解决大部分问题了，只会有很小一部分请求穿透应用层，用到数据库。Mixi 的经验是平均每个页面的加载时间在

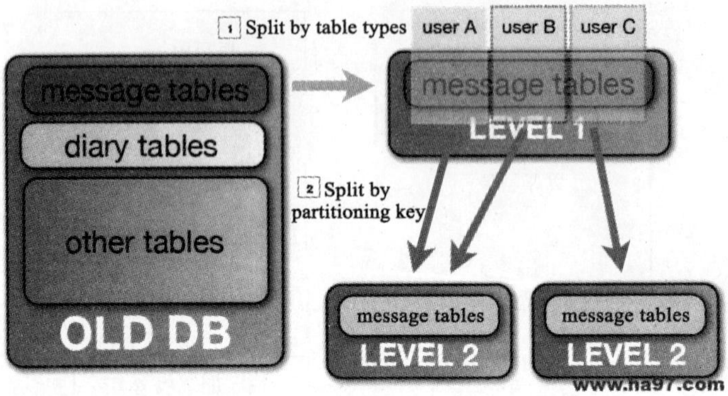

图 7-2 服务器架构图解

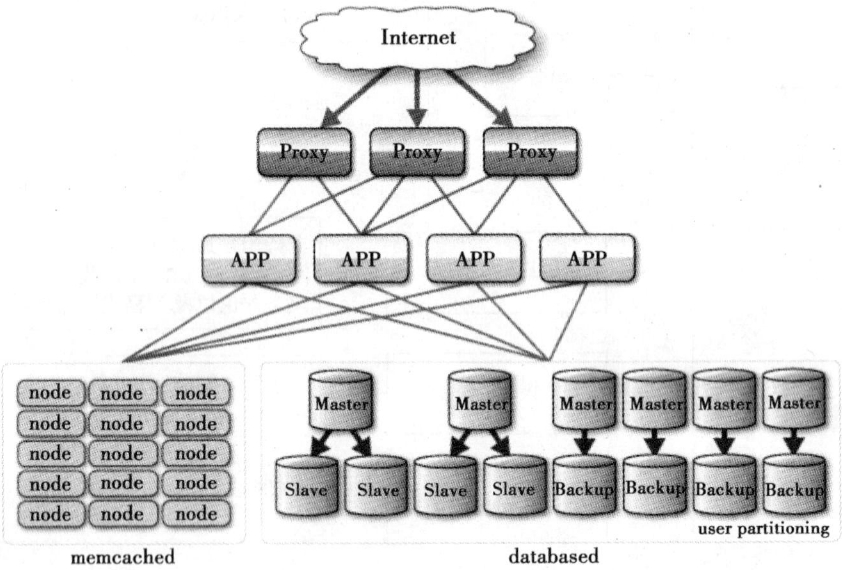

图 7-3 Mixi 的 Memcached 体系

0.02 秒左右（当然根据页面大小情况不尽相似），可以说明这种做法是行之有效的。Mixi 一共在 32 台机器上有缓存服务器，每个 Cache Server 2G 内存，这些 Cache Server 与 APP Server 装在一起。因为 Cache Server 对 CPU 消耗不大，而有了 Cache Server 的支援，APP Server 对内存要求也不是太高，所以可以和平共处，更有效地利用资源。

图片的处理就显得相对简单了。对于 Mixi 而言，图像主要有两部分：一部分是经常要使用到的，如用户头像、群组的头像等，大概有 100 多 GB，它们被 Squid 和 CDN 缓存，命中率相对比较高。另一部分是用户上传的大量照片，它们的个体访问量相对而言比较小，命中率也比较低，使用 Cache 不划算。所以对于这些照片的策略是直接在用户上传的时候分发到图片存储服务器上，在用户访问的时候直接进行访问，当然图片的位置需要在数据库中进行记录。

Mixi 使用了许多服务器，如数据库服务器、应用服务器、图片服务器、反向代理服务器等。单 Memcached 就有将近 200 台服务器在运行。Memcached 服务器的典型配置如下：

CPU：Intel Pentium 4 2.8GHz；

内存：4GB；

硬盘：146GB SCSI；

操作系统：Linux（x86_ 64）。

这些服务器以前曾用于数据库服务器等。随着 CPU 性能提升、内存价格下降，Mixi 积极地将数据库服务器、应用服务器等换成了性能更强大、内存更多的服务器。这样，可以抑制 Mixi 整体使用的服务器数量的急剧增加，降低管理成本。由于 Memcached 服务器几乎不占用 CPU，就将换下来的服务器用作 Memcached 服务器。

7.5 开放平台

自 2009 年 8 月开始，Mixi 开放应用程序接口，所有外部开发人员和企业都可以开发自己的应用程序，以供 Mixi 用户使用，而用户则可以自由选择自己喜欢的应用程序组件。开放应用程序接口成为 SNS 发展的方向。Mixi 通过应用程序的开发使 Mixi 的平台更具吸引力，内容也更加丰富，也增加整个 SNS 市场的竞争活力。在应用程序开发的收益分成模式上，通过吸引更多的 SNS 内容开发企业参与。2009 年年底，Mixi 无论在流量及会员数上都取得了令人瞩目的增长，同时该平台也诞生了让日本家喻户晓的阳光牧场。

2010 年 8 月开放了三个主要平台：媒体和设备平台、社交支持平台与社交网关平台。在媒体和设备平台方面，Mixi 希望将社交的概念带到更多的平台上去。如果将社交的改变带给其他网站、其他媒体、其他设备、其他人和物，将使整个社会变得社交化。

在社交支持平台方面，Mixi 将向其他网站提供 Mixi 的数据。具体做法是提供一个 Mixi API，让外部网站接入。这一做法类似于中国的人人链接服务。具体形式例如，在新闻页面上，这一服务形式就是出现一个小的人人网标志，显示有多少用户喜欢这篇文章，而如果用户点击了喜欢，系统就会提示用户是否共享到用户的人人网个人主页消息墙上。

在社交网关平台方面，这一平台将连接社交网络虚拟世界与真实世界。例如当用户与用户的真实好友一起玩游戏时，这种快乐是超过其他形式的游戏的。另一个例子是，如果用户同用户的真实好友一起购物，这种体验也是独自购物所不能比的。当用户与朋友一起讨论的时候，也许更好的 Idea 就会出现。这些都是 Mixi 网关平台的表现形式。

Mixi 已经建立了的开放应用平台，目前有 2000 款应用，其中需要付费的有 190 款。Mixi 不自己开发应用，跟 Facebook 类似。目前，来自中国的热酷研发的游戏阳光牧场在

Mixi 已经有 500 万用户。这些用户玩游戏需要花钱买积分，即 Point，而 Mixi 开发中心提供相关 API、插件等（见图 7-4）。

图 7-4　Mixi 开放平台

7.6 核心技术

Mixi 在提供服务的初期阶段就采用开源分布式缓存服务器 Memcached。目前，Memcached 已成为 Mixi 服务中非常重要的组成部分。每台 Memcached 服务器仅启动一个 Memcached 进程，分配给 Memcached 的内存为 3GB，启动参数如下：

```
/usr/bin/memcached -p 11211 -u nobody -m 3000 -c 30720
```

由于使用了 x86_ 64 的操作系统，因此能分配 2GB 以上的内存。在 32 位操作系统中，每个进程最多只能使用 2GB 内存。也曾经考虑过启动多个分配 2GB 以下内存的进程，但这样一来，单台服务器上的 TCP 连接数就会成倍增加，管理上也变得复杂，所以 Mixi 就统一使用 64 位操作系统。

另外，虽然 Mixi 服务器的内存为 4GB，但实际上只分配了 3GB，这是因为内存分配量超过这个值，就有可能导致内存交换（Swap）。实际上，Memcached 启动时指定的内存分配量是 Memcached 用于保存数据的量，没有包括“Slab Allocator”本身占用的内存，以及为了保存数据而设置的管理空间。因此，Memcached 进程的实际内存分配量要比指定的容量要大，这一点应当注意。

Mixi 保存在 Memcached 中的数据大部分都比较小。这样，进程的大小要比指定的容量大很多。因此，我们反复改变内存分配量进行验证，确认了 3GB 的大小不会引发 Swap，这就是现在应用的数值。

(1) Memcached 使用方法和客户端。现在，Mixi 的服务将 200 台左右的 Memcached 服务器作为一个 Pool 使用。每台服务器的容量为 3GB，那么全体就有了将近 600GB 的巨大的内存数据库。客户端程序库使用了本连载中多次提到的 Cache:: Memcached:: Fast，与服务器进行交互。当然，缓存的分布式算法使用的是 Consistent Hashing 算法，具体如下：

Cache:: Memcached:: Fast-search. cpan. org

应用层上 memcached 的使用方法由开发应用程序的工程师自行决定并实现。但是，为了防止车轮再造、防止 Cache:: Memcached:: Fast 上的教训再次发生，我们提供了 Cache:: Memcached:: Fast 的 wrap 模块并使用。

(2) 通过 Cache:: Memcached:: Fast 维持链接。在 Cache:: Memcached 的情况下，与 Memcached 的连接(文件句柄)保存在 Cache:: Memcached 包内的类变量中。在 Mod_ perl 和 Fastcgi 等环境下，包内的变量不会像 CGI 那样随时重新启动，而是在进程中一直保持。其结果就是不会断开与 Memcached 的连接，减少了 TCP 连接建立时的开销，同时也能防止短时间内反复进行 TCP 连接、断开而导致的 TCP 端口资源枯竭。

但是，Cache:: Memcached:: Fast 没有这个功能，所以需要在模块之外将 Cache:: Memcached:: Fast 对象保持在类变量中，以保证持久链接。

(3) 公共数据的处理和 Rehash。诸如 Mixi 的主页上的新闻类的所有用户共享的缓存数据、设置信息等数据，会占用许多页，访问次数也非常多。在这种条件下，访问很容易集中到某台 Memcached 服务器上。访问集中本身并不是问题，但是一旦访问集中的那台服务器发生故障导致 Memcached 无法连接，就会产生巨大的问题。

Cache:: Memcached 拥有 Rehash 功能，即在无法连接保存数据的服务器的情况下，会再次计算 Hash 值，连接其他的服务器。

但是，Cache:: Memcached:: Fast 没有这个功能。不过，它能够在连接服务器失败时，短时间内不再连接该服务器的功能。

在 Failure_ Timeout 秒内发生 Max_ Failures 以上次连接失败，就不再连接该 Memcached 服务器。此外，Mixi 还为所有用户共享的缓存数据的键名设置命名规则，符合命名规则的数据会自动保存到多台 Memcached 服务器中，取得时从中仅选取一台服务器。创建该函数库后，就可以使 Memcached 服务器故障不再产生其他影响。

7.7 Mixi功能应用

在 Mixi 上不但可以管理自己的主页、建立我的个人社群、开放网络相簿、阅读朋友的博客，还可以加入数十万个各式各样题目的主题社群。如果朋友更新了日记或新贴了照片，Mixi 也会及时提醒，让用户时时可以参加好友们的话题讨论。Mixi 还会提醒朋友生日，最近朋友在听什么歌、看什么电影，更有一个自动更新的日历帮助管理社群和好友的重要日期。虽说是虚拟社群，但感觉很有归属感，就像当初的 BBS 一样，依靠众人的力量达到知识传递的功能，社群里的人具有相同的兴趣和目标，常常会变成真实世界的朋友，而正是这种群组归属感使 Mixi 在吸引大量用户后能牢牢抓住他们。下面重点介绍一下 Mixi 的几个特色功能。

7.7.1 Mixi Voice

Mixi Voice 是 Mixi 推出不久的一个类似 Twitter 的微博功能，这个功能目前被置于 Mixi 用户主页的最顶部。但与 Twitter 不同的是：Voice 让用户输入 150 个字符，只有朋友间才可以相互关注，而不是所有人都可以关注其他人；并且，没有转播（即 Retweet）的功能，只有评论和"赞"两个互动功能（见图 7-5）。

目前，Mixi Voice 每个月产生 1 亿条微博，相当于每个人 6 条微博；每个月 2 亿条评论和"赞"，也就是平均一个微博有两条评论或"赞"。

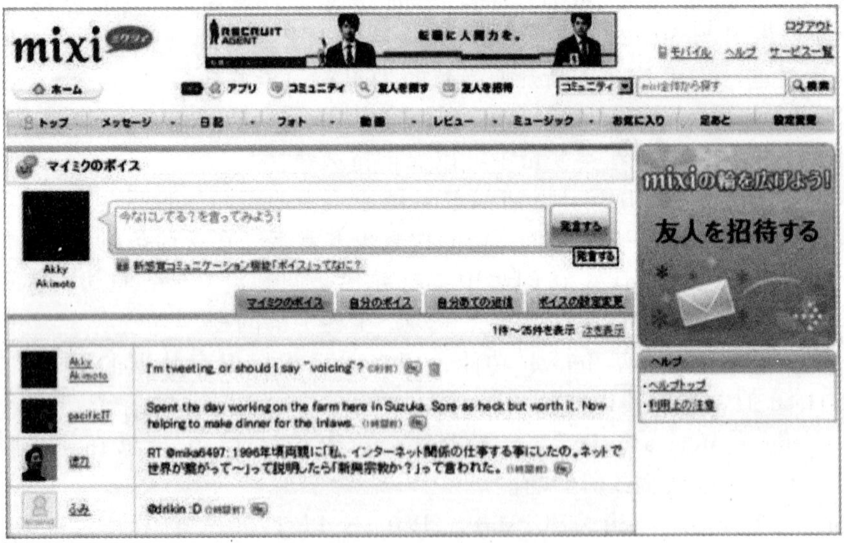

图 7-5　Mixi Voice 界面

7.7.2 Mixi Check

Mixi Check 是类似于 Facebook"赞"（Like）的分享功能，仅次于 Mixi Voice。它放在个人主页中间位置，也就是把第三方网站的内容一键分享到 Mixi 的产品。当 Mixi 在第三方网站的页面点击这个按钮后，这个内容就会被 Mixi 的所有好友看到（见图7-6）。

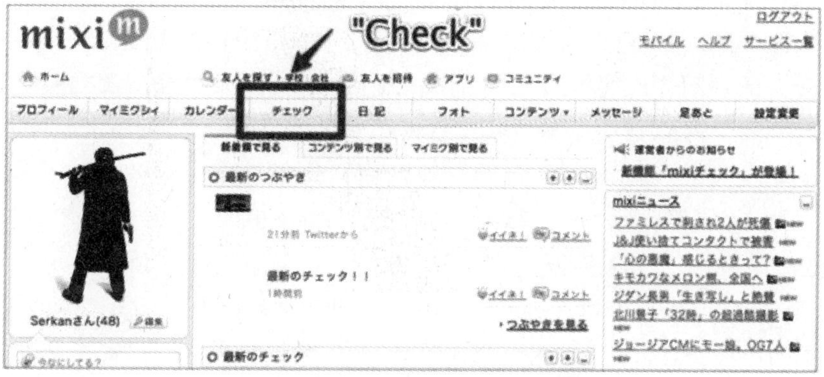

图 7-6 Mixi Check 界面

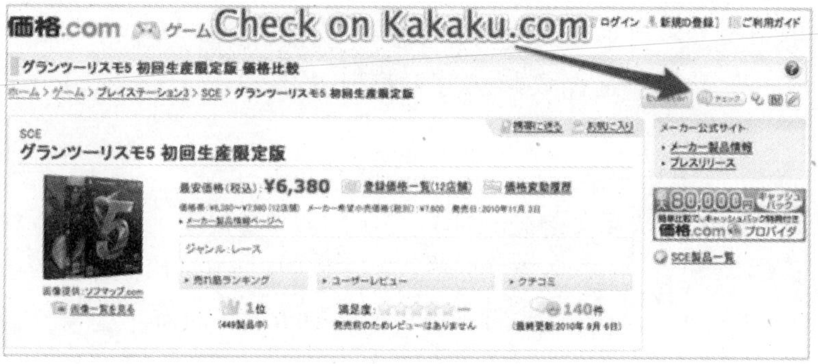

图 7-7 Mixi Check 界面

跟 Facebook 的方式一样，在第三方网站点击 Mixi Check 按钮，会将该网页分享到 Mixi(见图 7-7)。

7.7.3 Mixi Photo

目前，Mixi Photo 每天有 200 万张照片上传，会产生 150 万条关于照片的评论。由于 Mixi 拥有“脚印”服务，因此其他 Mixi 用户走过路过某用户的日记或页面，就会被完整记录，每天有邮件发送到该用户的邮箱里(知道谁来串过门了，被谁关注了)。国内搜狐网的 BSP 也有类似的功能。Mixi 的用户们比较乐于把网络中的讨论和实际生活中的聚会、活动结合起来，当然由于其讨论组话题的种类繁多，引申到生活中的活动也相应地变得极为丰富。

7.7.4 MixiAPI 应用

Mixi 周边的开发不算多，使用和衍生应用都不需什么互联网技术一类的，非常生活化。目前已知的有相册功能、短地址功能(类似于 Tinyurl)，以及一个热心网友开发的 Mixi 专用浏览器。Mixi 平台上最热门的游戏之一，是由中国公司热酷开发的阳光牧场。包括由 IVP 带去的中国合作伙伴的 SNS 游戏已成为 Mixi 四大游戏来源之一。2009 年 8 月 Mixi 开放平台上线了两款社交游戏“阳光牧场”、“动物乐园”，获得了日本用户的欢迎，用户增长速度非常快；当年 Mixi 平台游戏活跃用户排行榜中，前四名游戏有三款来自热酷，分别是：第一名“阳光牧场”、第三名“阳光小镇”及第四名“阳光深海”。

株式会社 For-sid 在 2009 年开始向 Mixi 提供 SNS 电子书应用程序 mymixi BookMate。my mixi BookMate 是世界首个可在 my mixi 用户之间共享自己所购 E-books 的服务。用户除了在 Mixi 程序中购买和阅读 E-books，还可共享书籍数据，因此，这是一种可通过 my mixi BookMate 创建各种交流的全新应用程序，用户可将 E-books 作为礼物送给朋友，或者购买 E-books 在朋友之间传阅。

在 2010 年 7 月，For-sid 通过“Mixi 应用”启动成长型 SNS 游戏“Yankee wars”的服务。“Yankee Wars”是一款在手机上玩的应用程序游戏，玩家扮演一名“美国佬”，在事业以及与其他美国人的不断竞争中逐渐成长。通过提升技能和积累资金，可成为州长，统率全国。

另外，流行的 iOS 图片分享应用 Instagram 日前进行了升级，新增了对日本极具影响力的社交网站 Mixi 的支持。升级之后，Instagram 2.2 可以直接将图片共享到 Mixi 网站上。此外，Instagram 还推出了更快速的摄像头工具，帮助用户抓取最美的图片。新版 Instagram 应用还允许用户通过资料页面更新头像，使得这一过程更为便捷。

7.8 Mixi界面特点

Mixi 创办时的理念是“mix+i”，其网站最大的特点就是用户界面与功能十分直观简单，可以收发电子邮件、写日记、发表书评，推荐 CD 或者 DVD，也可以为其他会员的日记写评语。尽管网站主页设计并不华丽，但却十分贴合用户心理，简单的页面设计，搭配适当的颜色，给用户一种愉悦的心情。并且页面布局简单合理，对于初次使用网站的用户来说，极大地方便了对网站功能的使用(见图 7-8)。

2011 年 8 月底，Mixi 启用了新 Logo，并发布了换标后 Mixi 网站的 PC 版和手机版网站界面(见图 7-9)。主要调整如下：

- 原来的标志，文字和图形混合使用；新标志将文字和图形分开，突出了图形标志。
- 将标志曲线调整为直线，使其在电脑、手机、智能终端屏幕上现实轮廓更加鲜明。
- 由于越来越多的网站使用气泡型的标志，因此调整了标志的颜色，使其能够更易和其他色彩搭配使用。

图 7-8　Mixi 的首页界面

图 7-9　Mixi 新旧 Logo 对比

7.9　Mixi安全机制

7.9.1　注册邀请码

Mixi 采用邀请注册方式进行用户的注册，首先用户要得到一个网站用户注册邀请码，这个邀请码可以由会员提供，也可以从网站进行购买。得到邀请码后，进入主页注册通道，填写邀请码后，会打开下一级注册页面，由于 Mixi 最初并未要求用户填写详细资料，所以至今有很多的 Mixi 用户账户并未实名，甚至没有联系方式和照片等。注册资料填写完成后，网站会发送一条信息至用户手机进行确认，收到信息后回复内容，便注册完成，可以开始进行网站的浏览。

7.9.2 隐私设置

1. 账号密码

- 登录加密：防止数据窃取。
- 手机绑定：校验用户身份。
- 附加联系人：防止邮箱失效，接收通知。
- 会话管理：控制当前活动的登录会话。
- 硬件设备：动态口令卡。

2. 隐私设置

- 可检索性：被资料或者邮箱搜索到。
- 资料导出：导出个人资料副本。
- 第三方数据访问权限：控制第三方可以获取的信息。
- 内容传播范围：控制 UGC 传播范围。
- 黑名单：过滤某类信息。

3. 第三方连接

- 第三方连接的管理。
- 第三方隐私控制。

4. APP 控制

- APP 应用管理。
- APP 隐私访问控制。

5. Spam 控制

- 屏蔽特定来源的信息：APP，垃圾用户。
- 屏蔽特定类型的信息：邀请，招呼。
- 屏蔽管理功能：管理屏蔽的信息。

6. Mixi 网站私人信息设定

Mixi 允许用户使用假名或昵称来隐藏真实身份。

7.10 Mixi运营模式

Mixi成功的代价正是在于扎根日本市场。尽管Myspace和Facebook分别于2006年11月和2008年5月推出了经过翻译的日文网站，但这些网站并没有实现本地化。在日本的互联网用户当中，不知道Mixi或者没有Mixi账户的人会被讥笑，目前Mixi已经成为日本的一种时尚文化，其中也会产生一些令人啼笑皆非的麻烦，比如Mixi依赖症。Mixi成为日常生活中的一部分，过度沉迷于Mixi的社群活动，也很在意自己在其中的表现，无论是Post的照片还是日记。用户会担心写得好不好，有没有人看，访问人数下滑了之类的。这也从另一方面反映了Mixi在日本当地用户中的地位。

从网站经营的角度来看，Mixi并没有多做宣传和推广，大部分依赖用户们的口口相传。Mixi的成功在于采用了整体水平化及底层垂直化发展的商业模式。在Web 2.0环境下，Mixi的获利模式就是依靠网络广告和会员选择付费双管齐下。Mixi并没有采用以直投广告为主的方式，因为Mixi简单的界面上投放过多的广告，会招人厌恶。其主要收益来自于额外的升级服务、书籍或光碟等媒体商和其他内容中涉及的产品厂商，每天的相关链接产生的固定赞助或者点击(次数计费)费用。网站结构上的简单，使得运营成本和维护上也相对简单和低廉。

例如，用户每月付费3美元即可成为付费会员，可以获得额外的存储空间、更多的博客设计工具、永久信息存档等服务。会员付费在Mixi总收入中所占比例为7%。

Mixi还通过其他渠道获取收入。借助Mixi的音频播放插件，用户可以通过iTunes共享或者购买Mixi“音乐”区中的歌曲，也可以直接访问网上零售商店订购CD。另外，Mixi还在本月推出了部分付费音乐服务“Mixi Radio”。

在Mixi的“评论”区用户针对图书、CD和DVD所发表的成千上万篇评论中，都包含有相关网络商店的链接。通过将流量导向雅虎日本的搜索服务、目标广告和文本广告，Mixi还能获得一笔额外的收入。此外，Mixi还经常与日本公司合作，在网站上举办促销活动。

从求职信息中获利也是Mixi的盈利途径之一，截至2007年9月，Mixi已经拥有1.9万家企业用户和23万注册求职者，而求职者可以免费浏览各种求职招聘广告。

目前，随着手机这一兼顾了主流和个性化的需要的私密性移动设备的广泛应用，日本的社交网站正在创造一种崭新的社交方式。在日本，超过90%的手机短信用户年龄在12至59岁之间，同时有五分之一的互联网用户是通过手机接入。手机功能的不断扩展使得超过40%的用户采用彩信和视频，其他如GPS、铃声下载、游戏和移动付费等服务也在吸引越来越多的用户。据2008年3月的统计数据显示，Mixi移动接入用户达到了60%，PC接入用户为40%，这使得Mixi不得不调整自己的经营模式，与YouTube合作推出了视频功能，并为日本第三大手机运营商软银移动提供相应内容，通过增加手机功能应用轻松俘获了大量付费用户。

7.11 Mixi成功启示

与西方社交网站相比，Mixi 没有强大的功能。但是，Mixi 却依靠针对日本网民推出的差异化服务战胜了 Myspace、Facebook 和 Bebo，使它们在日本市场无法立足。主要原因有以下几个方面：

(1)严格的会员政策，安全性较高。加入 Mixi 的会员必须满 18 周岁，这得益于 Mixi CEO 笠原健治的“清洗”政策。为了确保 Mixi 不与导致谋杀案件的在线聊天室和约会网站为伍，笠原健治坚决将惹麻烦的家伙和容易被蒙骗的青少年“驱逐出境”。Mixi 的新用户还需要从当前用户得到邀请，需要用户注册移动电邮地址，这样既满足了 Mixi 的外延业务——职介，又扩大了黏性用户以吸引更多的广告商。因为必须通过邀请才能注册，所以确保了已有用户的信息安全，也使整个社区的联系更密切，用户可以根据“足迹”功能追踪到访问过自己主页的其他朋友，然后排除掉那些散发广告或者心怀不轨的家伙。

(2)博客和通信的广泛应用。Mixi 不是关注于信息、身份升级和新闻反馈等，而是定位于日本最大的博客平台，因为 Mixi 会员使用率最高的是引用外部博客文章，其次是发表和分享所谓的“日记”，此外，该网站还提供了 250 多万个用户自建的论坛。

社区同样是 Mixi 的一大特点，在这里有 90 万个社区吸引住了大量的用户，这些社区无奇不有，比如“爱睡觉的懒虫”、“常掉东西的糊涂蛋”、“为音乐而生的乐迷”、“讨好恋人群”，前十大社区有超过 7 万个社员，简洁明了的图表和排名可以使用户很容易找到同类。相对而言，Myspace 的社区分配只是简单的娱乐、旅游和宗教，显得单调乏味。

(3)高度固化设计与结构。Mixi 几乎不允许用户自行改变网站的结构和外观，也不允许使用外部应用程序，并只提供日文版本，该网站最显著的特色就是没有特色且功能单调，对于初始用户有很大的吸引力。

(4)高度匿名。Mixi 允许用户设置为完全匿名，因此该网站采用真实姓名和照片的会员比例不足 5%。Mixi 提供的“足迹”功能对于会员非常重要，这一功能可以让用户跟踪到访用户的个人信息页面，从而增加用户的安全感。

(5)量身定做的移动版本。自 2007 年 7 月以来，用户接入 Mixi 移动版本的用户就已超过了通过 PC 接入的用户数量，借助移动运营商的收费渠道使 Mixi 在轻松解决收费繁琐问题的同时，进一步扩展了用户群。

THE FUTURE OF MEDIA SERIES

8 中国实名制社交网站的领头羊——人人网

8.1 人人网简介

人人网，原名“校内网”。校内网，创办于2005年12月，是中国较早的校园社交网络关系平台之一；2006年，校内网被“千橡互动”收购并与“5q”合并，将用户范围扩大到更多的高校；2009年更名为“人人网”，并将市场延伸至高中生、白领阶层。

校内网建立之初，一个最重要的特点是限制用户，它只能允许具有特定大学IP地址或者大学电子邮箱的用户注册，这样就保证了注册用户绝大多数是在校大学生。用户注册之后可以粘贴自己的照片、撰写日志、签写留言等。该网站鼓励大学生用户实名注册，上传真实照片，让大学生在网络上体验到现实生活的乐趣。

2006年10月，校内网被千橡互动集团收购，并与5Q校园网整合，逐步定位于发展成为整个中国互联网用户提供服务的SNS社交网站，给不同身份的人提供了一个全方位的互动交流平台，大大提高了用户之间的交流效率，降低了维护用户之间交流的成本；通过提供发布日志、保存相册、音乐视频等站内外资源分享等功能，搭建了一个功能丰富高效的用户交流互动平台。

2008年，校内网推出开放平台战略以后，校内网和大量的第三方网络公司、编程爱好者为人人网开发了大批量的网页版互联网小应用程序和网页版游戏，大量的社会化的网络游戏为用户之间的互动也提供了更多更丰富的途径，也推动了中国互联网往平台化方向的发展。

2009年8月4日，校内网官方宣布其正式改名为“人人网”，新域名renren. com与原有的xiaonei. com都可以使用。其后，人人网也更换了新的Logo。新Logo由两个抽象的人字变形，人字成圈形寓意每个人的人际圈，同时两个人字中间发生交集，由图形和域名共同组合成的新标志，象征着人人网是一个人与人的沟通、分享平台，分享真实、沟通快乐。

目前，人人网正涉足电子商务等多领域。相对于传统网络，“人人网”以其丰富的用户体验、去中心化的网络交往模式、实名制的交互体制等优势赢得了众多用户的拥护，并将用户的个性化需求作为新的尺度，以“网状结构—整合传播—及时回馈”作为新的模式。

8.2 人人网发展历程

从2005年校内网创建之初，到2011年上市并收购视频网站56网，主要大事件如表8-1所示：

表8-1 人人网大事件

日期	事件
2005年12月	校内网正式成立
2007年3月	校内成为首家开通海外大学SNS网站
2007年11月	校内正式开通白领、高中网络
2008年3月	校内手机版正式开通
2008年4月	千橡完成中国互联网行业最大一笔融资，融资总额4.3亿美元
2008年10月	校内正式发布“校内豆”支付系统对接开放平台
2008年12月	校内网启用新Logo全新定位回归SNS本质
2009年7月	校内网开放APP平台
2009年8月	校内网更名为人人网
2009年10月	人人网通过人人链接与多家优秀网站全面链接
2009年12月	人人网推出全球首家SNS移动开放平台
2010年3月	人人网推出招聘平台
2010年5月	校内推出API开放平台测试版
2010年6月	第一所“校内希望小学”正式竣工使用
2010年11月	人人网推出五款重量级产品
2011年9月	人人网以8000万美元收购56网

8.2.1 人人网的前身——校内网

2005年12月8日，人人网前身——校内网上线，最先开通的学校有清华大学、北京大学、人民大学三所学校。2006年4月，亚马逊前首席科学家韦思岸的天使投资注入资金并加盟。2006年6月，校内网向211工程全部100所重点高校开通。与Facebook一样，校内网要求只有在校大学生才能够注册，并鼓励用户采用实名注册和真实的个人信息，上传真实照片，让大学生在网络上体验到现实生活的乐趣。校内网通过提供发布日志、保存相册、音乐视频等站内外资源分享等功能为不同身份的人搭建了一个功能丰富、高效的互动交流平台，成为最大的社交网站之一。它不仅极大地提高了用户之间的交流效率，还有效地降低了维护用户之间交流的成本，满足了大学生用户全方位的社交需求。在商业运作上，校内网的主要盈利模式是广告。按照不同的学校、群落等人群适时适地地投放分类广告是大学生社交网站最大的优势，但除此之外校内网没有拓展其他盈利模式。例如，清华大学的注册用户可以在网页的左下角看到一条类似于 Google 的 Ad Words 的文字广告。

8.2.2 被千橡互动集团收购，与5Q 校园网合并

2006 年 10 月，校内网被千橡收购，并于 12 月与千橡旗下 5Q 校园网合并。

5Q 校园网具有校园博客、朋友圈、即时聊天、毕业留言册等功能，是面向大学生的综合互动交流平台。和校内网一样，提倡用户使用真实姓名和真实信息，如学校、院系、班级、入学年份、宿舍楼、宿舍，以及家乡、毕业学校等。只有个人资料正确，才可以在 5Q 校园网中轻松建立属于自己的人际网络，但用户可以自己设置个人页面的隐私程度，不必担心自己的信息会被泄露。5Q 校园网提供了强大的头像编辑工具，可以通过拖、拉，移动编辑个人头像以达到想要的效果。另外，5Q 校园网为用户提供了大容量的相册套餐(20MB)，可以让用户尽情地展示自己的才华和美丽。此外，基于提供的真实信息，5Q 校园网提供了强大搜索功能，除了按姓名搜索同学外，用户还可以通过搜索学校、入学年份、宿舍、家乡、院系、班级等关键字，来找到同学或朋友。

5Q 校园网和校内网整合后，网站继续沿用校内网的域名 xiaonei. com 和界面设计风格。校内网是中国学校 SNS 最早的实名制社区之一，在中国各重点院校中占据垄断地位，而 5Q 校园网几乎占据了中国非“211 工程”院校，5Q 校园网和校内网的合并将在中国大学生市场占据垄断地位。2007 年 3 月校内网首家开通港澳台所有大学，共计 55 所。2007 年 7 月，校内网开放海外大学，此次共开通了包括美国、英国、加拿大、新加坡等国家的 500 余所大学。

8.2.3 校内网更名为“人人网”，向校外群体扩张

2007 年 11 月 20 日，校内网宣布正式进军白领、高中市场。校内网继在中国大学生领域取得相对垄断地位之后，开始致力于成为跨行业、跨年龄的社交网络巨头。

2008 年，人人网借鉴 Facebook 经验推出基于 API 应用技术的开放平台，供第三方开发者在该平台创建和发布应用插件，从而也使得网站功能更加多元化。同年 7 月，校内网推出开放平台战略，接入第三方网络公司、编程爱好者开发的大批量的网页版互联网小应用程序和网页版游戏。

2009 年 8 月，“校内网”正式更名为“人人网”，由校园 SNS 向白领及其他市场扩张，10 月，人人网发布“人人链接”战略，通过该技术与土豆网、互动百科、大众点评网、豆瓣网等各垂直领域网站实现链接。同年 12 月，人人网正式推出“人人网移动开放平台”，包括提供基于浏览器的手机上网服务，以及着力推广移动客户端。

8.2.4 全方位飞速发展

2010年6月，千橡旗下团购网站“糯米网”(nuomi.com)正式上线。2010年12月，“千橡互动集团”更名为“人人”，旗下业务除人人网外，还包括团购网站“糯米网”，以及研发并运营网页游戏的“人人游戏”。2011年3月，人人公司联手智联招聘，合作推出商务SNS网站经纬网。2011年5月4日，人人公司(包括旗下的人人网、团购网站糯米网以及经纬网和人人游戏等核心资产)在美国纽交所上市交易，成为一家集社交网络、社会化电子商务及网络游戏等业务为一身的综合性互联网集团公司。2011年9月，人人公司全资收购了中国领先的视频分享网站56网(56.com)，实现了社交网站和视频网站的结合。

2012年4月24日，人人网全新改版，并与56网在PC端和移动端进行深度整合，为人人网的用户提供视频上传分享的功能。改版后的人人网满足了用户在沟通以及内容获得两个方面的需求，人人网作为社交网络的价值有所提升。

8.3 人人网业务架构

8.3.1 业务模式

人人网的主要业务包括新鲜事、个人主页(状态、日志、相册、留言)、好友、站内信、聊天、游戏等，这些业务都互相关联与衬托，并围绕好友关系(Social Graph)展开。

如图8-1所示，该图充分反映了人人网的核心特点：一切以用户个人数据为中心的，围绕着自己相关来进行信息罗列，事事关己。以此逐步展开和实现三个层次方面的功能：

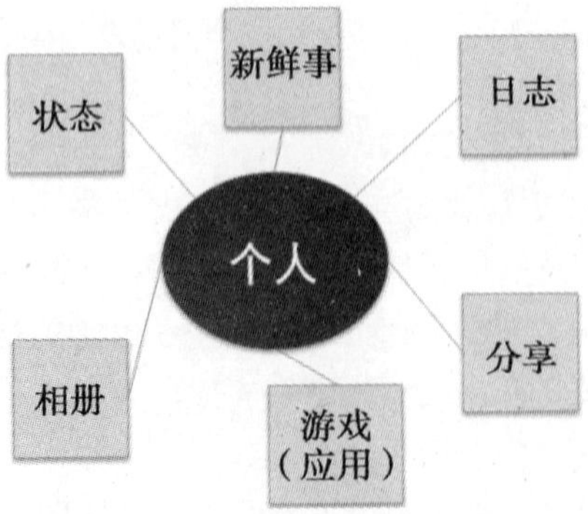

图8-1 人人网的“以个人为中心”的业务架构设计

- 社交网站；
- 找同学、好友；

• 游戏、娱乐。

人人网的“以个人为中心”的业务架构设计能使用户更加关注自己的事情，关注身边周围朋友的动态，从自身的数据出发，寻找下一步要进行的操作和关注点。

8.3.2 业务特点

纵观从“校内”到“人人”变迁的整个过程，我们可以看出：无论是其定位，还是它所具备的功能，很大程度上都是为大学生量身定做。在校园模式获得成功之后，才逐渐走向了人人。对人人网的特点进行了总结，其主要表现为以下八个特点：

1. 用户身份的真实性

人人网的广告宣传语——“人人网校内是一个真实的社交网络，因为真实所以精彩”反映了真实性是它的首要定位。校内网上线之初就限制具有特定大学 IP 地址或者大学电子邮箱的用户注册，保证注册用户绝大多数是在校大学生，为真实社区环境的打造提供了有力的保证。另外，用户可以通过设置个人页面的隐私程度，保护个人信息。

2. 社会交往的群体性和开放性

人人网是一个社交网络，与 QQ、飞信、MSN 等网络交流平台的区别在于：人人的交友模式是“找到老朋友，结识新朋友”。整个社交网络环境是开放的，因为身份注册的真实性，所以只要输入相关寻找条件就可以找到任何一个用户想要寻找的朋友或陌生人。学生可以通过一个老朋友结识一群新朋友，从而不断扩大自己的交友圈。在减少现实生活孤独感的同时，又能够在网络上找到一种近似现实的真实，避免过分依赖网络虚拟。从另一个角度来说，学生个人所获得的信息也会以相同的态势和速度剧增。人人交往的群体性还表现为：常常可以是一个群体与另一个群体同时在线交流和分享经验。这样，在最短的时间内，获得最大的信息量成为新时代学生对个人接受力的一种刺激性的自我挑战。

3. 交流方式的多样性

人人网除了具备在线聊天讨论、下线留言、Email、写日志、群聊等基本的沟通方式之外，还可以让朋友间彼此分享相片、音乐和电影，并提供“开心农场”、“阳光牧场”、“开心农民”、“泡泡鱼”、“人人餐厅”等一些开放的游戏平台。丰富的多样化交流方式能够使学生在线轻松一点就得到实现，为大学生之间的流畅交流提供了极大的便利。

4. 极为便捷的互动性

校内网出现之前，用于沟通的网络方式主要为飞信、QQ、MSN 和电子邮件。这些网络互动方式表现为一对一和一对多，而且互动过程可能会出现不对等或延迟，比如说停机、不在线等，而人人的互动方式则不一样。首先，它实现了一对多、多对一和一对一的循环及交叉的互动方式。老师可以发起一个话题供众人讨论，每个讨论者的观点都能得到及时体现和彼此之间可以进行互相评述和延伸。与 QQ 群聊不同，它是开放式的，并不只限于某个群落，只要用户想加入都可以参与。此外，除了言语的互动，还可以有很多生活上的虚拟互动，比如祝贺生日，送礼物，表达心意，等等。

5. 沟通状态的及时性

人人网的及时性表现在个人状态实时更新，且每个人都可以在最短的时间内看到好友的最新状态，也能够给予最及时的关注和互动。同时，也成为个人沉淀自我、回顾历史的珍贵记录。

6. 自我展示的个体性

与一般的博客功能基本相似，人人网允许用户粘贴自己的照片，撰写日志，签写留言等，提供了一个很好地向朋友们展示自我的平台。

7. 相互认知的全面性

正是基于上述几个特点，人人网为好友之间彼此了解提供了最为便捷的渠道和最为广阔的空间。可以通过相册了解好友现在的容貌，可以通过日志了解他的思想和生活，可以通过他的状态了解他正在做什么，可以通过他的留言签名和关注热点理清他的思想脉络，当然，更可以通过聊天和互动进行彼此的思想碰撞和情感维系等。

8. 体悟生活的现实性

生活是什么，就是一句话、一个表情。而人人网就是由无数个人的无数句话和无数个表情充实而成的。这里面，拥有很多个故事，也包含了很多人的现实生活，在彼此的交流和经历中，更加容易体悟到生活的现实。见识更多人的经历，分享更多人的思想，能够让学生更快地成长起来。

与博客、BBS相比较，在人人网的首页里，我们可以第一时间看到好友的最新动态，如更新的日志、相册、状态、分享等；人人网用户能可在看到好友更新后的第一时间里发表评论，这些评论提示也会快速体现在人人网的首页里，使得人人网用户能及时收到信息反馈，方便交流，激发我们交流的兴趣和激情。人人网作为新兴的社会性网络服务社区的代表，有其鲜明的特点。这些特点符合当今社会对新兴传播媒介的要求，因此，也从一方面折射出SNS的强大优势和在传播活动中发挥的作用。随着网络的发展，SNS成为了越来越多人的选择。

8.4 人人网技术架构

8.4.1 网站架构

人人网在初期，由于用户的数目不多，技术不强，经济不足，人人网的架构也非常简单。它和普通小网站没什么区别，数据库也是采用简单的主外键关联的表。由于技术上面的不足，造成人人网的访问效率很低。但是由于网站的不断壮大，就需要不断增强网站的技术，以解决网站高负载带来的问题(见图8-2)。目前，人人网所采用的主要技术架构如下：

图8-2 人人网站技术框架

1. 应用层缓存

(1)Memcached：是一种高性能的、分布式的内存对象缓存系统，用于在动态应用中减少数据库负载，提升访问速度。它通过在内存中缓存数据和对象来减少读取数据库的次数，从而提供动态、数据库驱动网站的速度。Memcached是基于一个存储键/值对的hashmap(哈希图)，其守护进程(daemon)是用C语言写的，客户端可以用任何语言来编写，并通过memcached协议以守护进程通信。它并不提供冗余(例如，复制其hashmap条目)；当某个服务器停止运行或崩溃了，所有存放在S上的键/值对都将丢失。人人网使用的是一个采用Java开发简单、异步、单线程的Memcached客户端，即spymemcached。

(2)ICE：一个跨语言的网络通讯框架，框架本身提供了强大的通信能力与管理工具，负载均衡方案，其跨语言能力也是一个很大的亮点。基于这个框架之上，我们选用合适的语言来提供合适的服务，比如我们使用C++来开发Cache服务，使用Java来开发一些逻辑服务。框架本身可以很重，也可以很轻，具体要看怎么用。

Memcached 和 ICE 的缓存服务区别在于：对 Cache 的操作粒度不一样，Memcached 对 Cache 对象以 binary byte 作为一个整体来操作，需要频繁地序列化和反序列化；人人网使用 ICE 提供的 Cache 服务，可以以 Cache 对象的一个或者多个字段来操作，比如一个用户对象，我们可以只更新它的姓名。

2. 框架

(1)JavaWeb 框架：校内网一开始采用 Structs 框架，Struts 最早是作为 Apache Jakarta 项目的组成部分，项目的创立者希望通过对该项目的研究，改进和提高 Java Server Pages（一种动态网页技术标准）、Servlet(一种服务器端的 Java 应用程序，具有独立于平台和协议的特性，可以生成动态的 Web 页面)、标签库以及面向对象的技术水准。它的目的是为了帮助我们减少在运用 MVC 设计模型来开发 Web 应用的时间，混合使用 Servlets 和 JSP 的优点来建立可扩展的应用。现在的人人网开始慢慢舍弃原有的框架，并自己开发了一个 Web 框架。

(2)搜索引擎框架：基于 Lucence 提供搜索人的服务。Lucene 是 apache 软件基金会 4 jakarta 项目组的一个子项目，是一个开放源代码的全文检索引擎工具包，即它不是一个完整的全文检索引擎，而是一个全文检索引擎的架构，提供了完整的查询引擎和索引引擎与部分文本分析引擎(英文与德文两种西方语言)。Lucene 的目的是为软件开发人员提供一个简单易用的工具包，以方便在目标系统中实现全文检索的功能，或者以此为基础建立起完整的全文检索引擎。

(3)网络框架：Netty 是由 JBOSS 提供的一个 Java 开源框架。Netty 提供异步的、事件驱动的网络应用程序框架和工具，用以快速开发高性能、高可靠性的网络服务器和客户端程序。主要特点有：处理大容量数据流，处理协议编码和单元测试，I/O 超时和 idle(空闲)状态检测，应用程序的关闭更简单、更安全，拥有更可靠的 OutOfMemoryError 预防。它和 apache 的 mina 类似，但比 mina 更高效，可用来提供一些小的服务。

(4)服务器系统监控：Ganglia 是 UC Berkeley 发起的一个开源集群监视项目，设计用于测量数以千计的节点。Ganglia 的核心包含 gmond(运行于所有需要被监视的节点上，负责收集本节点的 CPU 负载，内存用量，磁盘空间等系统信息)、gmetad(向管理客户端提供系统信息)以及一个 Web 前端。主要是用来监控系统性能，如 cpu、mem、硬盘利用率、I/O 负载、网络流量情况等。通过曲线很容易见到每个节点的工作状态，可对合理调整、分配系统资源，提高系统整体性能起到重要作用。

3. 服务端

(1)Web Server：Nginx，使用 Nginx 的代理能力，做跨 IDC(互联网数据交换中心)的请求代理，同时与 Java Server-Resin 搭配，解决 Resin 网络连接处理能力弱的问题。Nginx(“engine x”)是一个高性能的 HTTP 和反向代理服务器，也是一个 IMAP/POP3/SMTP(电子邮件协议)代理服务器。

(2)Java Server：Resin 替代 Tomcat 作为 Java 服务器。Resin 是 CAUCHO 公司的产品，是一个非常流行的支持 servlets 和 jsp 的引擎，速度快。Resin 本身包含了一个支持 HTTP/

1.1 的 Web 服务器，既可以显示动态内容，也可以显示静态内容。Resin 也可以和许多其他网络服务器一起工作，比如 Apache server 和 IIS 等。Resin 支持 Servlets 2.3 标准和 JSP1.2 标准。Resin 支持负载平衡(Load balancing)，可以增加 Web 站点的可靠性。

(3)代理服务器：Squid 做图片文件的反向代理缓存，Squid 是一个缓存 internet 数据的一个软件，它接收用户的下载申请，并自动处理所下载的数据。

(4)Linux 服务器集群系统：LVS(Linux Virtual Server)，使用它的 4 层的负载均衡，替代了很多硬件的负载均衡设备。LVS 集群采用 IP 负载均衡技术和基于内容请求分发技术，由负载调度器(load balancer)、服务器池(server pool)、共享存储(shared storage)三部分组成。

4. 数据层

人人网使用 MySQL，同时使用 Tokyo Cabinet(Key-value 的存储引擎，简称 TC)做一个数据冗余，从 TC 代替 MySQL 做存储。Tokyo Cabinet 是一个数据库管理系统的实现。这里的数据库由一系列 key-value 对的记录构成。key 和 value 都可以是任意长度的字节序列，既可以是二进制也可以是字符串，没有数据类型和数据表的概念。由于 Tokyo Cabinet 没有网络处理能力，需要使用 Tokyo Tyrant 以提供网络接入能力，并调用 Tokyo Cabinet 的 API 进行持久化存储。Tokyo Tyrant 主要提供 Tokyo Cabinet 的网络接口。它使用简单的基于 TCP/IP 的简单二进制协议进行通信，同时它拥有 Memcached 兼容协议并且可以用 HTTP/1.1 协议进行数据交换，采用热备份、更新日志记录、复制(replication)来实现高可用性和高可靠性。

8.4.2 开放平台

人人网开放平台创建于 2008 年 7 月 8 日，是中国最早的 SNS 开放平台，也是中国 SNS 开放平台领域的领跑者。人人网开放平台的技术架构，正处在巨大的变革之中，正逐步从旧的平台架构向新的人人网开放平台技术架构进行迁移，向着越来越标准化和通用化的方向发展(见图 8-3)。

新的人人网开放平台技术架构遵循一个清晰的分层模型，架构图如图 8-4 所示，在分层架构中，人人网开放平台提供了不同层次的功能。图中红色部分表示 2011 年 7 月前还没有提供的功能模块，需要未来由平台或开源社区来提供；黄色部分表示在旧的平台架构中已经提供但正在往新的架构中迁移的功能模块；其他颜色的是功能比较完整的功能模块。从图 8-4 中还可以看出，人人网开放平台大概分为三个层次，共同为最上层的第三方应用程序提供服务。

1. 核心服务层(Core Service Layer)

核心服务层实现了人人网对外提供的最底层 API，定义好了接口参数和调用流程，第三方或平台方可以根据这个层次的 API 在上面封装开发包。下面详细介绍核心服务层所涉及的 API。

图 8-3　人人网开放平台首页展示图

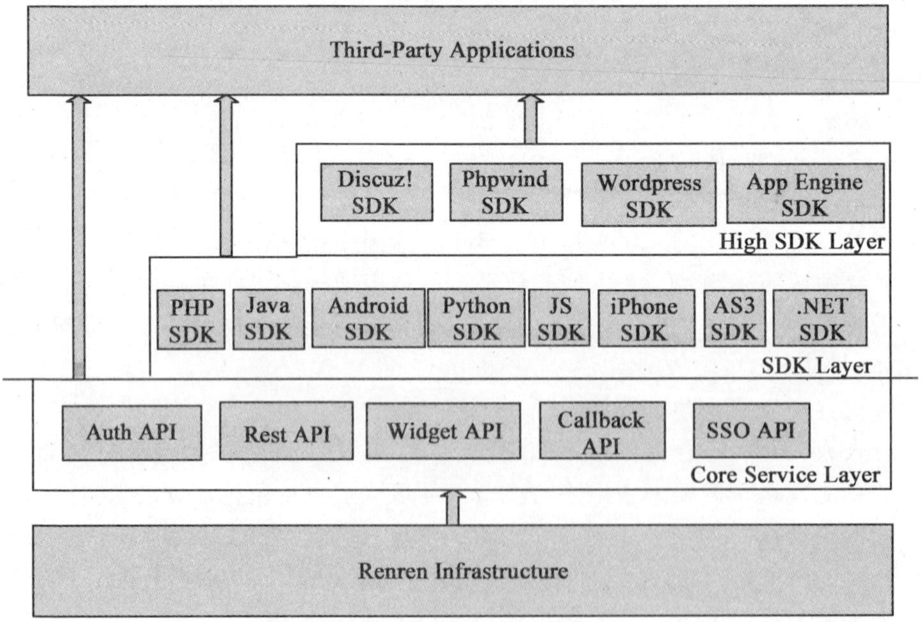

图 8-4　人人网开放平台框架

(1) Auth API——用于完成用户授权。第三方如果想调用人人网提供的 Rest API，则必须首先经过用户授权。目前，人人网开放平台进行用户授权遵循业界最新的标准 OAuth 2.0。

(2) Rest API——人人网开放平台提供的一种使用 HTTP 协议来调用的 API，需要在完成用户授权后才能调用，允许被人人网用户授予权限的第三方应用以人人网用户的身份来读写人人网的资源(例如：用户基本资料、好友关系、照片等)。

(3) Widget API——人人网开放平台提供的一种在用户控制下访问用户资源的一种 API。由于是用户控制下完成的，无需进行用户授权(但需要进行用户身份验证)。这种 API 能够支持各种不同的运行环境，如 Web、mobile、桌面编程环境等。一个 Widget 可以拥有多种视图，每一种视图能够适应某个特定的运行环境。Widget 可以在 Web 浏览器中运行，或嵌入到一个原生程序(Native Application)中，或嵌入到一个对话框中。根据通常的用途，Widget 大致可以分为两类：Dialog 和 Plug-in。

①Dialog。Dialog 通常被用于弹出窗口或弹出对话框，具有比较简单的用户界面。一般在默认情况下，一个 Dialog 不会在第三方应用中显示出来，而是由某个用户动作触发弹出。目前，已上线 Dialog 有 Feed Dialog、Request Dialog、Status Dialog、Like Dialog、Friends Dialog、Gossip Dialog、Message Dialog 等。下面以 Feed Dialog 和 Request Dialog 为例说明。

Feed Dialog 提供的功能是通过弹框等方式在用户确认后发送新鲜事到人人网。可以支持 Web/wap 网页(Web/wap 网站以及站内应用)、移动客户端、桌面客户端等多种运行环境。新版 Feed Dialog 具有如下优点：

- 不再依赖新鲜事模板；
- 不再依赖用户授权(旧版的自定义新鲜事需要用户授权才能使用，是一个错误的流程)；
- 为更多终端显示提供支持。

Request Dialog 提供的功能是通过弹框等方式在用户确认后给好友发送应用邀请或礼物，支持“一对一”或“一对多”两种方式。可以支持 Web/wap 网页(Web/wap 网站以及站内应用)、移动客户端、桌面客户端等多种运行环境。

②Plug-in。Plug-in 是相对 Dialog 更为高级的 API，通常在第三方应用中被用做一个嵌入的模块或 Box，默认为显示。Plug-in 具有比较复杂的用户界面，功能更为丰富，为应用添加社会化属性，在人人网内加速传播方面给予了强有力的支持。Plug-in 一般是以 iframe 的形式嵌入在页面中，但这种用法并不绝对，也可以将 Plug-in 嵌入在弹框中来实现。目前，Plug-in 列表主要有：人人喜欢、Like Box 、Comment Box、Live Stream Box、好友派等形式。

- 人人喜欢：用户在第三方应用看到喜欢的内容可以点击“喜欢按钮”，同时将内容发送到人人网新鲜事。如果内容有对应公共主页，用户同时可以成为该公共主页的“粉丝”，接收到来自该主页的最新动态。
- Like Box：一个为公共主页拥有者提供的社会化插件。公共主页拥有者可直接将此 box 嵌入自己的应用(目前只支持 Web 网站和 Web 站内应用)，用户可在第三方网站上点击喜欢成为该主页“粉丝”，并浏览该主页新鲜事及现有的关注者。在新版 Like Box 上线之前，可以使用旧的“粉丝”小部件。新版的 Like Box 支持新鲜事浏览；不再依赖 APPID (旧的“粉丝”小部件错误地依赖 APPID 参数，导致只能为应用的公共主页创建“粉丝”小部件)，从而可以用于人人网任何公共主页。

• Comments Box：一个社会化插件，便于人人网用户在第三方应用(目前只支持 Web 网站和 Web 站内应用)中发表评论、相关文档地址。

• Live Stream Box：可以让用户在第三方应用(目前只支持 Web 网站和 Web 站内应用)中针对某一热点话题进行实时讨论，用户的评论以人人网状态的形式发送到人人网主页。

• 好友派：在第三方应用(目前只支持 Web 网站和 Web 站内应用)中显示好友头像列表的社会化插件，与好友进行交互，以增强社交属性。

• 值得注意的是，Dialog 和 Plug-in 之间的区别并不是严格的技术上的区别，而只是用法上的区别。在实际技术上，两者的用法可以互换。例如，通过用户的触发再弹出一个窗口来显示 Plug-in 也是可行的。

(4)Callback API：

• Iframe callback：用于第三方开发 Web 站内应用，在 Canvas 页(即 http://apps.renren.com/yourapp)与人人网深入整合。Frame 类型的应用的接入方式，是在 Canvas 页通过 Iframe 嵌入一个第三方的页面，在 Iframe 的 src 中传递一些参数给第三方服务器。第三方服务器解析和验证这些参数，取得用户的标识，然后调用 Rest API，以获取更多的用户信息，从而产生一个动态页面。

• XNML callback：用于第三方开发 Web 站内应用或 Wap 站内应用，在 Canvas 页与人人网深入整合。XNML 类型的应用的接入方式，是当用户访问在 Canvas 页时，由平台服务器代理用户的请求，平台服务器向第三方服务器发送 Post 请求。在这个 Post 请求中，传递一些参数给第三方服务器。第三方服务器解析和验证这些参数，取得用户的标识，然后调用 Rest API，以获取更多的用户信息，从而产生一个动态页面。由于安全原因，这个动态页面不能是普通的 HTML 页面，只能使用由人人网开放平台定义的 XNML 代码来组装页面，返回给平台服务器。最后平台服务器将 XNML 代码解析渲染成普通的 HTML 代码，返回给浏览器。

• Real-Time API：一种高级的 API 形式，使用方式是：第三方应用可以订阅用户在人人网的一些信息变化(如收到提醒、好友关系变化、个人信息变化等)，由人人网服务器在订阅信息发生变化时主动将消息推送给第三方，从而可以完成一些实时消息提醒之类的高级功能。

(5)SSO API——人人网开放平台提供的一种高级 API。SSO 是 Single Sign-on 的简称，SSO API 用于实现在移动终端的环境下的单点登录功能，在多个应用系统中，用户只需要登录一次就可以访问所有相互信任的应用系统。

2. 开发包层(SDK layer)

开发包层由第三方或平台方提供的针对各种开发语言或开发环境的开发包。

3. 高级开发包层(High SDK layer)

高级开发包层是构建在核心服务层或开发包层之上的开发包层，例如 Discuz SDK 就是基于 JSSDK(Javascript 和 Jscript)来封装的。

4. 第三方应用程序

第三方应用程序可以使用任意三个层次提供的 API 进行开发。

SDK 是对 Rest API、Widget API、Single Sign-on 等平台底层功能的封装。为了方便第三方开发者更方便地接入人人网，进而促进开放平台领域的发展，人人网开放了平台倡导开源精神，集中开源社区的力量，对有利于第三方开发者进行开发或接入的代码进行开源管理。

新的经过清晰分层的人人网开放平台技术架构，有利于促进开放平台领域的社会化分工。新的分层架构具有如下优点：

(1)通用性。更好地支持 Web、Mobile、Desktop 等运行环境，提供了多种形式的 API。即提供了需要授权才能使用的 Rest API，也包括无需授权即可使用的 Widget API。

(2)标准化。新的架构的一个很重要的特点就在于它的分层架构和明确定义的 API 接口，这有利于第三方获得稳定清晰的编程环境。

(3)行业分工的清晰化。在旧有模式下，第三方应用开发者所使用的所有 API，大部分由开放平台官方提供，包括各种开发 SDK。而经过架构分层，底层的 Core Service Layer 提供的 API 被清晰地定义，就可以将底层接口的开发和 SDK 的开发明确的区分开来。这样带来的好处是：开放平台集中精力提供底层的接口，致力于增加接口种类，而上层的 SDK 封装工作可以由第三方开发者自己或开源社区来进行。

(4)易维护和易理解。清晰的分层模型和明确定义的接口规范有利于降低平台方的维护成本，也有利于第三方对平台架构的理解。

(5)扩大开放范围，提供更多新特性。某些出于安全考虑而无法通过 Rest API 开放的功能，如加好友功能，可以由新的 Widget API 来提供。

8.4.3 核心技术

从 2006 年至 2010 年，人人网技术架构发展演变过程如下：

2006 年：Resin Pro+MySQL InnoDB 主从结构+单 Storage+Squid。

2007 年：LVS Resin Web 集群+ Memcached+中间层(基于 ICE MySQL 集群，垂直分区)+简单分布式 Storage+Lucence 搜索。

2008 年：开放 API，SOA+MySQL 集群，水平分区+加强监控和安全+DFS，龙存。

2009—2010 年：紧耦合到松耦合的发展，SOA+Graceful degradation+MySQL≥NoSQL+多数据中心，可扩展，灾备+关注 TCO。

目前，人人网采用的核心技术主要有 Nuclear 和 Rose。

1. Nuclear 存储系统

Nuclear 存储系统是人人网下属 UGC 团队在遇到海量的 UGC 数据存储需求情况下，开发的在高性能、高可靠、可扩展方面有着优良表现的海量数据存储系统。Nuclear 参考了 Dynamo 设计文档，分析了现存开源 NoSQL 系统的优劣，分析了 Cassandra、Voldemort 代码，在此基础之上，加入了自动平衡机器负载、简单切换底层引擎等特色而适用的功能，还有相关的附属功能，可以使一个系统从普通的数据库将数据移到 Nuclear 集群中来。

(1)NoSQL 系统的优点：

- 只有高效的查询可用，性能是可想象的。
- 容易分布到集群。
- 可以很容易增加缓存层用来加速读操作。
- 逻辑和存储清晰分离(出于性能考虑，关系型数据库鼓励将商业逻辑和存储操作混在一起)。

(2)NoSQL 系统的缺点：

- 没有复杂的查询过滤器。
- 所有的联合查询必须在代码实现。
- 没有外键的结构。
- 没有触发器和视图。

(3)Nuclear 对 Key-Value 系统的改进。人人网的关系型数据库使用的是 MySQL，Key-Value 存储使用的是 Tokyo Cabinet。在 key-value 并需要持久存储的场景下，Tokyo Cabinet 比 MySQL 更有效；Cabinet 本身只是一个存储引擎，没有网络处理能力，更好的做法是用 Cabinet 作为系统的下层存储引擎，并搭配 Tokyo Tyrant 使用。Tokyo Tyrant 的目的是为 Tokyo Cabinet 提供网络接入能力，即 Tokyo Tyrant 处理网络连接，协议解析，然后调用 Tokyo Cabinet 的 API 来完成持久化存储。

Nuclear 系统的一大特点是改进了普通的 Key-value 系统在存储模式上的固定形态，将上层的存储协议和底层的存储引擎完全分离，以便在不同的应用场景选择更合适的存储引擎。例如，当底层存储使用 MySQL 时，可以支持 key→list 结构的弱结构化读取；当底层存储只使用内存时，那无疑便是一个分布式缓存系统了。

(4)缓解数据分布与迁移压力。Nuclear 是一个分布式的 Key-Value 存储系统，那么 Key 对应的数据分布在什么节点上，需要遵守一定的规则。在 Nuclear 中，数据分布在 $0 \sim 2^{64}$ 的哈希环(HashRing)上，Nuclear 集群初始化的时候，根据节点数均分整个哈希环。假如有 A、B、C 三个节点，Key 的分布如图 8-5 所示：

如图 8-5 所示，箭头方向表示复制的方向，假设 N=3，表示复制三份，如图上的情况也就意味着每个节点都有三份数据，以此类推。

因为数据有多份，所以存在着数据的自动迁移和恢复。一旦一个节点宕机后恢复，迁移程序势必须以最快的速度将原来需要的数据通过网络从其他节点复制过来。这样的数据导出导入必然会对对应的节点造成一定的冲击，如果这时此节点开始提供服务，极有可能达到系统的临界点，反而将刚刚恢复的节点冲击宕机。为了避免类似情况发生，而且能快速地完成迁移的过程，在 Nuclear 中，所有的数据迁移过程都会提前判断操作系统当前的负载情况，根据系统负载来暂停和重启迁移数据的线程。人人网使用 Java 开发语言，在 JDK 提供的 Java. lang. management 包中，直接使用许多监控系统负载

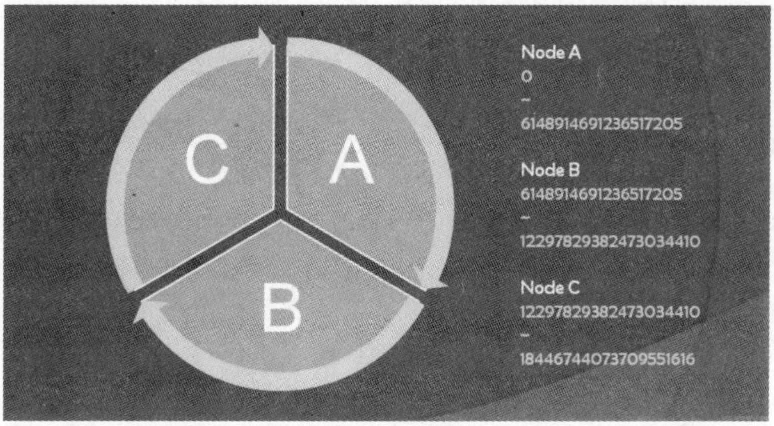

图 8-5 key 分布在三个节点的示意图

的方法，方便实用。

(5)系统架构和瓶颈分析。整个 Nuclear 系统构建于 Java 之上，其系统架构如图 8-6 所示：

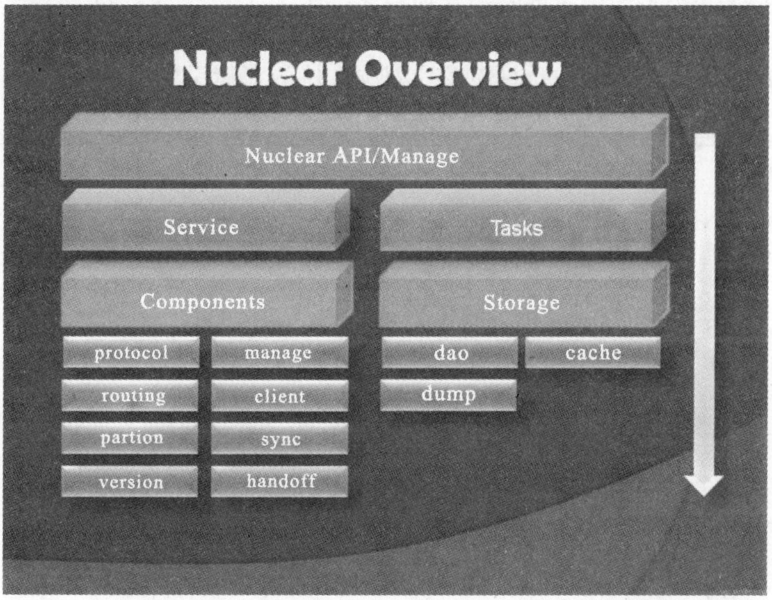

图 8-6 Nuclear 系统构架图

图 8-6 列出了 Nuclear 中的各个组件及简单的层次关系。处在最上层的是对外的存储 API，提供 put、get 等操作；接下来一层分成两个部分，一部分是正常的节点部分，一部分是后台运行的定时任务；下面都是组件化的模块，共同搭建了整个系统的稳定服务。

整个系统中最大的瓶颈出现在并发任务处理和数据传输上，为此，人人网大量使用了 NIO、并发编程，充分发挥了多核 CPU 多线程处理的优势，尽量将网络传输导致延迟缩小到最小，使得即使在高并发的情况下系统中也不存在阻塞点。

另一个更为直接的瓶颈，就是磁盘的I/O瓶颈。在读写比为8：1且高并发压力的情况下，如果底层的存储引擎表现不佳，大部分原因都是过多依赖了硬盘的读写，很容易就达到了硬盘I/O的瓶颈。此时，Cache层的作用就显得尤为重要，有效的做法是将大多数的数据留在内存中。

(6)Nuclear系统特性。

- 高可拓展性：一个Nuclear集群支持1到n(n<2^{64})个节点(Node)的规模，每台服务器(Server)支持部署多个节点。当集群资源达到瓶颈时，可以通过增加新的节点来扩展。在增加新节点的过程中，系统服务无需停止，无需人工干预迁移数据。Nuclear理论上可以无限Scale-Out。
- 高可靠性：单个节点的crash永远对系统的运行造成影响，不存在单点风险。数据的写入参考Dynamo的W+R>N理论，简言之，例如设置系统每一份数据都存储在3个节点上(N=3)，那么读的话必须成功读到两个节点上的数据才认为读成功(R=2)，写的话必须成功写到两个节点上才认为写成功(W=2)。系统永远可写入(Hinted HandOff)。
- 高性能：在Xeon E5405 CPU的服务器上，单节点每秒最高2.5w req/s。整个集群的性能取决于一致性级别、N、W、R数及底层存储引擎的选择。
- 数据存储：Nuclear本身的数据存储是基于Key-Value形式的，Value的形式可以是富数据模型，也可以是List；如果底层的存储引擎是关系型的，那么Nuclear还提供弱结构化的查询功能。下面是Nuclear目前及计划中支持的存储引擎。

存储引擎	Key→Object	Key→List	结构化查询
MySQL	√	√	√
Memory	√	√	×
Cassandra	√	√	√
TC	√	√	√
Redis	√	√	√

2. Rose portal 框架

Rose是人人网和糯米网释出的、开源的JavaWeb开放框架，是一项基于Rose框架(也就是Servlet容器)下的服务端Portal技术。Rose portal是一种Web应用，用来提供个性化、单点登录、聚集各个信息源的内容，并作为信息系统表现层的宿主。

(1)Rose基本原理。Rose是一个基于Servlet规范、Spring“规范”的Web开发框架。

Rose框架通过在Web.XML配置过滤器拦截并处理匹配的Web请求，如果一个请求应该由在Rose框架下的类来处理，该请求将在Rose调用中完成对客户端响应；如果一个请求在Rose中没有找到合适的类来为它服务，Rose将把该请求移交给Web容器的其他组件来处理。

Rose使用过滤器而非Servlet来接收Web请求，这有它的合理性以及好处。

Servlet 规范以“边走边看”的方式来处理请求，当服务器接收到一个 Web 请求时，并没有要求在 Web. XML 必须有相应的 Servlet 组件时才能处理；Web 请求被一系列 Filter 过滤时，Filter 可以拿到相应的 Request 和 Response 对象；当 Filter 认为自己已经能够完成整个处理时，它将不再调用 chain. doNext( )来使链中下个组件(Filter、Servlet、JSP)进行处理。

使用过滤器的好处是，Rose 可以很好地和其他 Web 框架兼容。这在改造遗留系统、对各种 uri 的支持方面具有天然优越性。正是使用过滤器，Rose 不再要求请求地址具有特殊的后缀。

为了更好地理解，可以把 Rose 看成这样一种特殊的 Servlet：它能够优先处理认定的事情，如无法处理再交给其他 Filter、Servlet 或 JSP 来处理。这个刚好是普通 Servlet 无法做到的：如果一个请求以后缀名配置给它处理的时候，一旦该 Servlet 处理不了，Servlet 规范就没有提供机制使得可以由配置在 Web. XML 的其他正常组件处理(除 404、500 等错误处理组件之外)。

一个 Web. XML 中可能具有不止一个的 Filter，Filter 的先后顺序对系统具有重要影响，特别是，Rose 自己的过滤器的配置顺序更是需要讲究。如果一个请求在被 Rose 处理前，还应该被其他一些过滤器过滤，需要把这些过滤器的 mapping 配置在 Rose 过滤器之前。在大多数情况下，filter-mapping 应配置在所有 Filter Mapping 的最后。不能将 FORWARD、INCLUDE 的 dispatcher 去掉，否则 Forward、Include 的请求 Rose 框架将拦截不到。

Rose 框架内部采用“匹配→执行”两阶段逻辑。Rose 内部结构具有一个匹配树，这个数据结构可以快速判断一个请求是否应该由 Rose 处理并进行，但没有找到匹配的请求交给过滤器的下一个组件处理。匹配成功的请求将进入“执行”阶段。“执行”阶段需要经过 6 个步骤处理：“参数解析→验证器→拦截器→控制器→视图渲染→渲染后”的处理链。

(2) Rose poral 的主要特性。Rose portal 是 Rose 的一个插件，不是基于 JavaEE 的 Portlet 技术，也不是基于 AJAX 的客户端 Portal 技术，只需要使用标准的 Servlet 容器即可实现。它基本上覆盖了人人网 Web 网站，包括首页、个人主页状态、日志、分享、公共主页、开放平台。该框架具有以下主要特性：

- 能够将一个页面分为多个窗口；
- 开发者使用一个主控制器，在主控制器中不断通过 portal. addWindow 方法，将请求并发转发给多个窗口；
- 每个窗口有单独的控制器处理逻辑，可以返回独立视图，就像一个 Web 请求一样；
- 框架能够处理并发转发、并发逻辑处理、并发渲染，并最后统一返回把 HTML 输出给浏览器；
- 提供了“整体超时控制”手段，使得某个窗口因一时服务能力下降时不影响整个页面的输出。

8.5 人人网功能应用

人人网的目标在于给不同身份的人提供一个相互交流的平台，核心在于交流。其主要功能有：主导航、应用、头像、对用户操作、用户状态、访客和好友、分享、好友分布、个人信息、相册、日志、涂鸦板、加入的班级、留言板等，更有“人人论坛”、“人人活动”等。总体而言，分为首页和个人主页。其中首页可以看到许多新鲜事情，而个人首页主要针对个人而言，这样就有利于实现多种功能的不同应用，如图 8-7 所示。

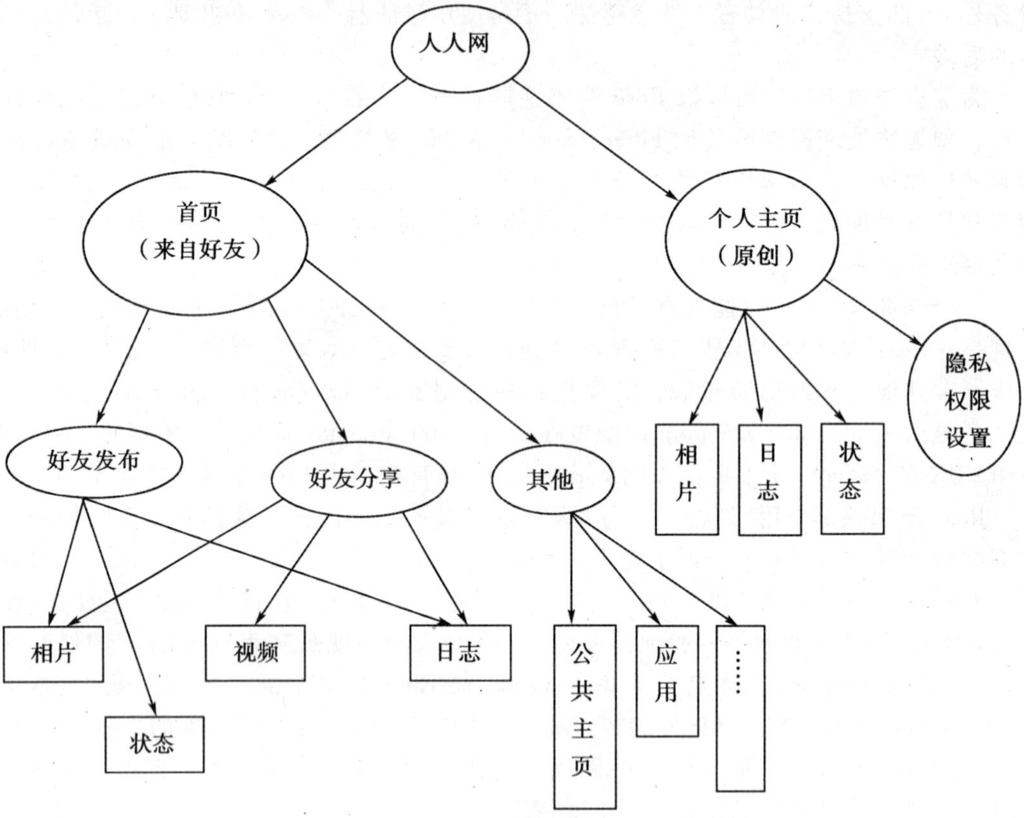

图 8-7　人人网功能应用

从功能来看，人人网不仅提供其类似于 Facebook 的交友功能，而且采取了灵活的页面代码自定义功能，使个人的页面丰富多彩。而且用户可以在上面添加许多应用程序，同时也可以方便地卸载，这就丰富了网站的功能。

8.5.1　PCWeb 版基本功能

1. 主导航

主导航部分简洁明了，旨在为用户提供一个快捷方式，方便用户点击查找。主导航栏包括首页、个人主页、好友、探索，右侧的三个按钮分别为提醒、请求和通知，以及搜索框和账号快捷下拉菜单(见图 8-8)。

图 8-8 人人网 PC Web 版主导航

2. 我的应用

2008 年人人网推出开放平台战略后，人人网和大量的第三平台战略和第三方网络公司、编程爱好者为人人网开发了大批量的网页版互联网小应用程序和网页版游戏，大量的社会化的网络游戏为用户之间的互动也提供了更多、更丰富的途径，也推动了中国互联网往平台化方向发展。如图 8-9 所示，“我的应用”不仅为用户提供了“新鲜事”和“与我相关”两项固定应用，还提供了可选择性的应用服务。

图 8-9 人人网“我的应用”

3. 头像

与好友互动或发布新状态、日志等时与名字一起显示的图像。用户可以上传照片，拖动图像以调整小头像位置设置为当前头像，也可从头像相册里选择照片设置新头像(见图 8-10)。

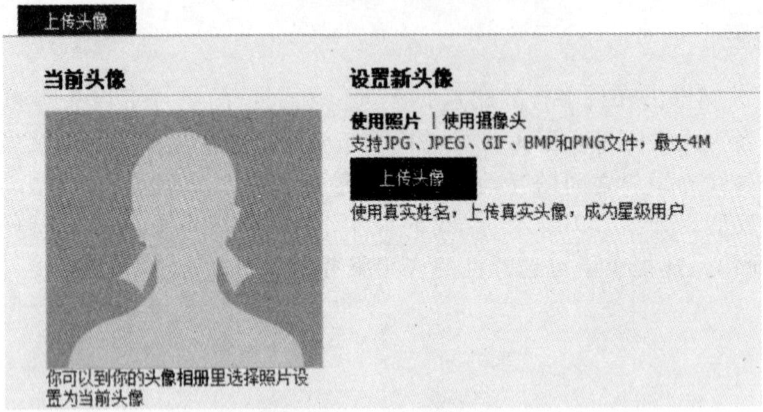

图 8-10　头像设置

4. 用户状态

状态，让用户向他们的朋友和人人社区显示他们现在在哪里、在做什么。在用户好友列表的“新鲜事”区，显示了这些状态(见图 8-11)。

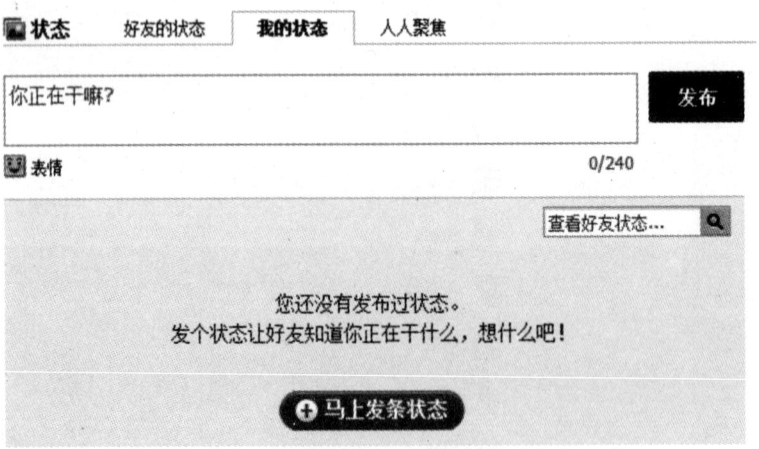

图 8-11　用户状态

5. 访客和好友

访客——最近浏览了用户主页的人人网用户。

好友——在人人网社区中相互添加的朋友。用户发布的状态、日志，上传的头像、相册等可以及时显示其所有好友的新鲜事栏(见图 8-12)。

图 8-12　访客和好友

6. 分享

通过分享功能，用户可以将人人网日志、照片、相册、群帖子、活动、个人页面以及站外链接分享给好友。

7. 好友分布

点击好友档案，可以查看好友分布地图，可以按大学、省份、年龄、男女比例、星座等分别制图(见图 8-13、图 8-14)。

8. 个人信息

个人信息是展示个性的一个方面，因此用户注册须填写的个人真实信息，包括联系方式、学校信息、个人信息和工作信息等。基本信息填写真实，这样可以找到老乡、同月同日生。通过学校信息，用户的小学、初中、高中和大学同学都可以更方便地找到。目前，联系方式只会向用户的好友公开。

9. 相册

点击相册，可以查看好友最新上传的照片，也可以自己上传照片。星级用户可以无限制创建，每个相册照片上限 120 张，可以把照片移动到其他相册。

图 8-13 好友档案

图 8-14 好友分布

另外，新版相册还具有批量操作、排序、美化照片等新功能，浮层式的浏览方式不仅充满设计感且大大提高了点击效率，新鲜事中的图片也变成了大图。

10. 日志

点击日志，可以查看好友最新发表的日志，也可以自己发布日志。日志用于记录用户生活的点滴，方便好友了解最新的生活状态、身边发生的事情等。

11. 新鲜事

显示好友的状态、日志、相册、分享，公共主页内容等最新内容。

12. 加入的班级

现在变为“群”，在群中，用户讨论的话题、照片，只有群里的用户可以分享、参与，可以创建班级群、宿舍群、闺蜜群、系排球队群、同事群等，群就是特定用户的小天地。

13. 留言板

其他人给用户的留言，用户可以永久查看、编辑留言板内容。

14. “探索”频道

“探索”频道是新版人人网增加的一个全新社交形态，目的是打破之前单纯的“社交圈子”，让用户根据自己的兴趣去随意浏览喜欢的日志、相册、视频等，享受挖掘内容的乐趣。探索频道采用目前最流行的瀑布流展示，可以根据用户兴趣订制个性化的话题，鼓励用户挖掘自己喜欢的内容(见图 8-15)。

图 8-15 “探索”频道

8.5.2 手机 Android 版功能

人人网 Android 客户端共分为首页、个人主页、好友和站内信 4 大部分，主要针对 Google 手机软件系统，下面我们就对以上四大功能进行详细解读。

1. 登录

首先运行手机上的人人网软件，打开登录页面。如果用户是未注册用户，请先点击注册，然后进行注册。如果是已注册用户，填写用户的人人网账号和密码，点击登录即可转人首页。

进入首面后按手机上的“Menu”键会出现4个菜单：①刷新是指刷新当前页面。②设置是对通知提醒方式的修改设定。③注销是将现在的登录用户注销，可以用另一用户登录；同时注销也可以避免别人误用用户的手机时看到用户的信息和好友，注销后会回到登录页面。④退出是退出人人网软件，但如果再次打开仍是登录状态，不能保护信息，暂时退出可以用此功能，退出后回到手机桌面。

2. 首页

首页包括新鲜事、新消息、好友申请和生日提醒4大板块。Android系统有个通用的触屏功能，在对象处长按会弹出相关的功能操作列表。在这里用户可以长按用户新鲜事条目，选择查看他的个人主页或相册。点击手机上的后退键即可退出(此功能在任何出现自己或好友头像时都可以使用)。

3. 个人主页

个人主页是自己所有状态、应用、留言板、相册和最近来访的完整记录(在个人主页的板块栏，可以左右拖动以查看和进入各板块)。

4. 好友板块

在好友列表中，可以看到所有好友。点击好友头像可进入好友个人主页。按手机的“Menu”键，会出现4个菜单，注销与退出在上文已经介绍过，这里介绍搜索和更新好友列表：点击搜索，在文本框中输入好友姓名即会马上出现，或点击放大镜图标。这里的搜索只限好友列表的范围内，无法搜索出陌生人；还可以点击更新好友列表刷新列表。

5. 站内信板块

在站内信页面按下手机“Menu”键，可以进行刷新、注销和退出。在站内信板块可以查看系统或好友与用户在人人网上的交流信件，点击信件可以查看信件完整内容并回复好友。

8.5.3 手机Symbian版功能

手机人人Symbian以全新的界面、流畅的操作流程，集人人网最核心的新鲜事、状态、相册、日志、应用等多项功能，让用户更加方便地与好友自由沟通。其功能特点如下：

- 全新UI界面，操作更方便；
- 集成应用，随时随地玩游戏；

- 通讯簿找人，看看用户的手机中有谁在人人网；
- 拍照上传功能，随时随地与好友分享用户的色彩；
- 快捷发状态，分享心情更简单；
- 更快更省流量。

1. 新增功能

手机 Symbian 版新增了如下功能：全新 UI，全新架构，提升用户体验；支持带位置的状态，带位置的照片的发布与展示；支持地点评价，上传地点照片；可以查看状态、日志、相册、照片、分享的链接等。

2. 功能修复

手机 Symbian 可进行如下操作：修复图片显示错误的问题；增加接入点选择(登录前可以选择)；增加定位缓存策略，定位更快体验更佳；修改上下翻页样式；增加更多表情的支持。备注：本版支持全触屏(360 * 640)，支持站内信、好友生日。

8.5.4 APP 应用及其应用排行

截至 2012 年 3 月 3 日，人人网十大受欢迎应用(游戏类和社交类)的排名如图 8-16 所示：

图 8-16 人人网十大受欢迎应用(游戏类和社交类)

8.6 人人网界面特点

用户体验并不是指产品本身是如何工作的，而是指产品如何和外界联系并发挥作用，也就是人们如何“接触”或者“使用”它。

Web 中的用户体验是指用户在访问平台的过程中的全部体验，它包括平台是否有用，疑惑或者 Bug 程度，功能是否易用、简约，界面设计和交互设计是否友好等方面。用户体验的核心是 UCD，即“以用户为中心的设计”。

交互设计是关于创建新的用户体验的问题，目的在于增强和扩充人们的工作、通信及交互方式，使他们能够更加有效地进行日常工作和学习。

用户界面设计，在很大程度上就是在探讨如何让产品的界面更加具有可用性，如何让用户有更良好的体验。这是一种优化后的界面，通过这种界面，用户能更方便地完成任务，获得良好的感觉(见图 8-17)。

图 8-17 人人网界面

基于以上分析，人人网在界面设计过程中遵循了以下几项原则：

(1)就近设计原则。

(2)对功能进行恰当的分类和组织。

(3)帮助用户探索和尝试。

(4)允许用户犯错误，允许撤销动作；在执行具体的破坏性操作中要求用户确认。

(5)提供实用的帮助。

(6)帮助用户高效地完成操作；支持批处理操作，提高常用操作的效率。

(7)设置订制功能或自适应调整策略，使界面符合用户的使用习惯。

(8)通过减少用户记忆的负担；自然匹配和预设用途；尽可能采取一致性的设计等策略，减少用户在使用时出现错误。

(9)减少用户的等待时间。

8.7 人人网安全机制

8.7.1 注册

人人网现阶段向所有互联网用户开放，用户需要经过以下步骤才能注册成为正式用户。

(1)到注册页面，填写用户的真实姓名、Email 和设置密码。选择用户的身份，人人网将根据用户的身份来决定用户的注册方式和资料填写。根据要求填写相应的注册信息，用自己的 Email 或者手机号码作为账号注册。

(2)到用户的注册邮箱查收来自人人网的激活信，点击邮件里的激活链接激活用户的账号。

(3)激活成功后通过验证即可成为正式用户。

8.7.2 OAut 认证

开放平台的核心问题在于用户验证和授权。因为对于服务提供者来说，一般不会希望第三方直接使用用户名和密码来验证用户身份，除非双方具有很强的信任关系，所以就需要验证和授权。只有经过验证授权后，才允许第三方通过调用“开放 API”为用户提供更多应用及更好的服务。OAuth2.0 协议正是为了解决服务整合时“验证和授权”这一问题而产生的，它将成为未来开放平台领域标准的授权协议(见图 8-18)。

2011 年春，人人网开放平台 OAuth2.0 验证与授权服务正式上线。OAuth 2.0 验证授权流程，同时支持网站、站内应用、手机客户端、桌面客户端、家庭设备等，同时也支持更加安全的 HTTPS 协议。

对于用户登录，人人网开放平台支持 3 种不同的 OAuth 2.0 验证与授权流程：

• 服务端流程(协议中 Authorization Code Flow)：适用于在 Web 服务端调用 REST API 的应用。例如：Web 站点、有 Server 的客户端等。

• 客户端流程(协议中 Implicit Flow)：适用于在客户端调用 REST API 的应用。例如：后端无 Web Server 支持的手机客户端和桌面客户端，运行于浏览器内部的 JavaScript、ActionScript 应用(浏览器插件、纯 Flash 应用)。

• 用户名密码流程(协议中 Resource Owner Password Credentials Flow)：适用于无法使用浏览器发起服务端和客户端验流程的应用。

无论用户使用那个流程，人人网 OAuth 2.0 都会涉及以下 3 个步骤：

• 用户验证：确保用户是谁。

• 应用授权：确保用户知道他授予什么样的数据和权限给用户的应用。

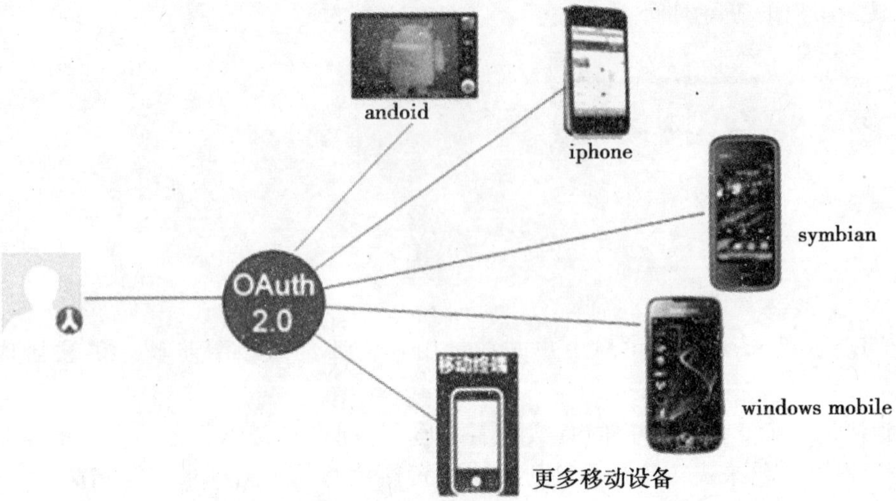

图 8-18　OAuth2.0 验证与授权服务

- 应用验证：确保用户授予权限的应用是用户的应用，而不是其他应用。

当完成这些步骤后，用户的应用可以获得一个用户的 Access Token。使这个 Access Token，用户的应用可以获取这个用户的信息，并可以以这个用户的身份做出相应的动作（发状态、上传照片）。

对于公共主页登录，每一个公共主页都有若干个管理员，只有公共主页的管理员授予应用'admin_ page'权限，应用才能以管理员的身份管理公共主页（发状态、上传照片等）。管理员授予应用权限后，应用可以使用管理员的 Access Token 调用公共主页类 API。

另外，跨站请求伪造（CSRF）常常通过伪装来自受信任用户的请求来利用受信任的网站。为了防止 CSRF 攻击，在请求人人网 OAuth 2.0 Authorize Endpoint 的时候，需要使用 state 传递一个用户的唯一标示，这个标示在调转到 rediret_ uri 时会被原样返回。人人网强烈推荐使用这种方式来保持用于的状态，以防止 CSRF 攻击。

8.7.3　隐私设置

人人网非常重视对用户隐私权的保护，采取了相关隐私权的保护措施，承诺不会在未获得用户许可的情况下擅自将用户的个人资料信息出租或出售给任何第三方。例如，用户在人人网可以设置好友确认制度；可以对个人的主页、日志、照片设置浏览权限；还可以通过黑名单制度，向他人屏蔽自己的消息，等等，来保障用户作为真实个体的隐私。

人人网的用户大多使用真实信息，为了保护用户的隐私，凡是涉及用户具体信息的操作，都得登录以后才能执行。进入人人网首页，在邮箱里输入用户注册时的邮箱地址，然后输入密码点击登录即可。可能会出现登录不成功的页面，分析原因可能用户的账号还没有被激活。先激活用户的账号，查收人人网寄给用户的信，点信内的链接，就可以激活账号了。若用户的注册 email 或密码输入错误，比如不小心输错了大小写。如果试过好多次，还是账号密码错误，试一下取回密码。人人桌面的登录方式还可采用邮箱账号或 ID，密码相同。

(1)怎么设置个人主页隐私？

用户可以依据个人需要设置隐私，具体操作如下：点击页面右上角设置→隐私设置→个人主页设置。根据用户的实际情况作出相应的设置，保存即可。

(2)隐私设置有哪些方面的保证？

- 个人访问权限控制；
- 留言板关闭或开启；
- 个人的各项详细介绍资料的访问权限设置；
- 用户在人人网的新鲜事，是否通知给用户的好友(设置方式：应用设置→某应用→新鲜事→是否勾选)；

以上设置均可点击设置→隐私设置进入。一些应用(如照片)也在其功能页面中提供进一步的相应访问权限设置。

(3)如何阻止某个人查看我的资料？

用户可以与此人解除好友关系，并将主页访问权限设置为“仅好友可见”，必要时还可将此人拉入黑名单。

(4)遇到他人盗用我的资料注册账号怎么办？

遇到他人冒充用户注册，请用户及时提交用户的身份证明及申诉材料，发至 admin@renren. com(点击为邮件发送)，工作人员会尽快为用户处理。

(5)怎么举报违规用户呢？

如果发现了任何有违规行为的用户、照片或留言，都可以在相应页面上找到举报链接，点击链接后页面跳转到填写具体信息的举报页面，需要根据不同情况说明举报原因及描述违规用户的行为。管理员会在第一时间处理用户的举报信息，处罚违规用户。

如果需要提供截图等相关证据，用户可以发送邮件到 admin@ renren. com 说明情况，管理员收到邮件会及时处理。

8.8 人人网运营模式

人人公司依托 2006 年收购校内网，成为中国 SNS 领域重量级玩家；2009 年 8 月改名人人网，向校外领域扩张；2010 年注册用户数突破 1 亿，自称已是“中国最大的实名制 SNS 社交网络”。如果把社交网络看成一个正在成长中的新互联网入口，那么就可以把人人看做是小一号的腾讯。因为坐拥入口、用户和流量的人人，除了通过 SNS 网站人人网获取广告及增值业务收入外，还通过导入用户流量发展团购、游戏业务获取收入。

8.8.1 人人网推广模式

人人网通过用户与用户间的口口相传来达到宣传目的。例如很多刚进高校的新生会通过学长学姐或身边已经在用人人网的同学介绍，加入注册人人网，建立与新老同学的联系，从而以自身作为一个新的出发点，再次向外传染式宣传。

1. 网络营销

2009年11月，千橡互动集团宣布，旗下人人网已通过“人人连接”技术实现与56网、互动百科、大众点评网等网站的数据互通，用户能够使用人人网账户登录上述合作伙伴网站。通过人人连接技术，人人网当前可以和几乎所有网站实现数据互通，用户还能够找到已经在该站点上的人人网好友，并和他们取得联络，同时还能够邀请他的人人网友加入该站。反向来看，通过与众多网站的垂直链接，人人网也在这些网站上通过比较隐蔽的方式植入了资金的广告。一键分享的小图标并不是一个方便链接这么简单，人们在浏览这些网站的同时，也看到了人人网的logn，了解到有这样一个SNS网站的存在，看到了其普及率及影响力，这也不失为一种有效的宣传手段。同时，在这些合作网站的用户中，使用过人人网站的用户在交流中很可能会给未使用过人人网的用户做出无意识宣传，虽然这种方式的可操作性比较小，产生效果比较微弱，但也不失为一种通过垂直连接达到的宣传效果。

2. 与网络即时通讯工具合作

人人网合作网络融合了传统的Blog、BBS、Email、即时聊天等形式，同时又添加了各种应用程序，既继承了传统网络的优势，又形成了具有自身特质的网络文化生态系统。如：人人网与MSN合作，在校内头像下方，出现MSN绑定字样，增强了即时通信效率。MSN的使用以商务为主，此举增加了白领们的关注度，占据了更具消费潜力的白领阶层市场，且迅速壮大。人人网依靠邮箱和即时通信软件进行病毒式扩张，其中MSN就成为吸引白领们的一个主要的渠道。

3. 邮件传送方式

人人网其中一种传播途径就是邮件传送方式，一方面向人人用户发出自己空间的最新动态，让用户即时登录页面去查看，增强了用户对人人网的关注度，同时也增强了与用户的互动性。另一方面，通过邮件向用户好友发送邮件，发出申请，让更多的人了解并参与其中，以熟人推荐方式，增强了品牌的信任度，使其传播呈网状发散结构向外扩张，增强了口碑传播效应。

8.8.2 人人网盈利模式

目前，人人网的主要盈利方式包括：在线游戏(增值服务)、虚拟物品出售、无线服务和网络广告等。

1. 在线游戏(增值服务)

人人网开通了网页版的游戏，给人人的用户提供了更好的上网选择，大大增加了用户的黏性。在游戏中在添加相应的增值服务，这自然是人人的盈利之源。

2. 虚拟物品出售

人人网从2007年10月25日上线Gift礼品中心服务以来，用户可通过在线充值购买虚拟货币，即人人豆(1人人豆=1元人民币)，使用校内宝在礼物中心购买可以传情达意的Gift。人人网目前比较热门的“鲜花物语”、“酒店大亨”、“狗狗”等，另有个人主页的VIP服务，虚拟物品的销售受人以及主页装扮可以通过“人人豆”来进行。锁定收益人人网第三方按比例分成。人人网开发第三方支付平台人人豆，这是人人网通用的虚拟货币，可支付人人网上各项增值服务，已与各大银行、网银支付渠道以及第三方网络支付平台支付宝等合作，建立了完善的网上支付系统。

- Vip会员。人人世界内高贵身份的象征，拥有装扮、音乐、域名、爱购、娱乐等众多特权。
- 礼物商城。全部礼物的大超市，分类清晰，可方便、快捷地选择心仪的礼物。
- 人人礼物。好友间感情传递的高质量载体，在人人的世界里传递祝福礼物是必不可少的。
- 人人礼券。人人世界里的代金券，有了它，购买礼物、装扮更方便。
- 人人生活汇。现实生活特权的大集汇，及时提供购物、娱乐、时尚等各方面的优惠资讯。
- 人人装扮。装扮自己的风格，让主页展现主人的内心世界。
- 装扮商城。各种装扮的集中营，具有购物车功能，可一次满足装扮主页的所有需求。

3. 无线服务

手机校内是人人网2008年年初正式推出的，手机校内以及与诺基亚维信、UCWeb等达成合作关系，并正在探索更多方式扩大手机校内在无线领域的发展，2008年年底校内无限版日活跃度就高达160万。

4. 网络广告

覆盖全国2000余所高校，注册用户8000万人，日浏览量超过4亿的人人网的广告价值显然值得肯定。人人网的广告价值非常巨大，广告主要在这些完整投放广告，企业品牌就会曝光在千万大学生的视野中，学生的互动和群组传递更会让其品牌加速传播。

人人网已经走出了页面展示广告和电机广告的窠臼，探索了包括虚拟物品派发、Google公司流量分成、虚拟物品销售等多项盈利渠道。人人网后援支持网站开通，为人人网提供涂鸦板代码，背景音乐等内容。除此之外，2009年12月，人人网与淘宝网携手推出合作购物平台“人人爱购”，可以说是SNS社区网站与电子商务网站结合的一次新尝试，虽然现在的"人人爱购"仍有不少值得改进的地方，人人网能将电子商务平台发展成为一个有效的盈利手段还需要更长时间的观察，就目前而言，以上三种是人人网最主要的盈利手段。

5. 其他盈利模式

人人网每天有超过30%的用户通过手机登录，SNS新的盈利模式也将建立在SoLoMo①的基础上。例如，人人网旗下的团购网站糯米网并不是简单地依托人人网的用户资源，而是有效地利用用户的位置地点，可以提供更加贴近用户的服务。又如通过人人网的移动客户端，到了某一地区，人人网就会告诉附近有哪些糯米网的团购信息，用户可以在手机上实施这种购买，这是SNS网站向移动商务发展的方向。

8.9 人人网成功启示

8.9.1 成功经验

1. 战略得当

一个网站能否发展起来，很重要的一个原因是战略和定位，人人网之所以能成功，因为定位于中国高校。中国高校区相对集中，大学生数量大，同时大学生课余时间多，上网条件和时间充足，大学生对交友积极性高，所以人人网能够快速发展起来。对于网站定位，要成功，更需要独特的战略眼光，比如定位商务交友的有"忙否"，定位于家庭生活交友的有"我家我秀"，定位于专业人士的有"海内"，定位于年轻人士的有"51"等。有些网站没有明确定位，或者说定位太广泛了，导致网站模糊不明确，如一起网和蚂蚁网，这样的网站比较迷茫，大多是在跟风。

2. 靠先机

垂直行业SNS站点往往因为需要突出专业性而不愿意推出太多娱乐性功能应用，所以在前期的发展推广更需要依靠在相关领域的人脉关系来聚拢第一批优质的专业用户，以营造专业化的站点氛围来吸引和留住新用户；同时注重站点话题的讨论深度，以突出其用户群体的专业性。这类站点往往属于慢热型，用户规模扩展较慢，用户通常都是真正有专业交流需求的优质用户，因而忠诚度都很高。人人网就是在前期通过大量对在校大学生做推广来拉动人气和保证社区话题质量，效果明显。

---

① SoLoMo，这个新概念由硅谷创投教父、美国KPCB风险投资公司合伙人约翰·杜尔在2012年2月份第一次提出。他把现今最热的三个关键词整合在一起：Social（社交）、Local（本地化）和Mobile（移动）。

8.9.2 建议

1. 提高功能和完善技术

技术和功能在SNS网站几乎不分春秋，不过由于经验等原因，在功能和易用性以及UI等方面，差别还是比较大的。人人网要想在众多SNS网站中取胜就需要增强其易用性和人性化，在技术和功能方面占据优势。

2. 做好网站内容

垂直行业SNS站点最重要的是用户要把自己的站的内容做好，只有内秀，才能长久。只有做到既拥有资金、创新团队、技术，同时又有好的行业资源，专注于本行业，突出专业特色才能长久留住用户。做网站就像做人，一定要踏踏实实，这点很重要。人人网唯有把内容做好，给用户带来价值，才能立于不败之地。

9 超级桌面占有率的社交网站——Qzone

9.1 Qzone简介

QQ空间(Qzone)是腾讯公司于2005年开发出来的一个个性空间，具有博客(Blog)的功能。QQ空间分为主页、说说、日志、音乐盒、相册、个人档、个人中心等。在QQ空间上可以书写日记，上传自己的图片，听音乐，写心情，通过多种方式展现自己。除此之外，用户还可以根据自己的喜爱设定空间的背景、小挂件等，从而使每个空间都有自己的特色。QQ空间还为精通网页编程的用户还提供了高级的功能——可以通过编写各种各样的代码来打造自己的空间。

9.2 Qzone发展历程

Qzone于2005年6月6日正式上线，开发者是原“QQ秀”团队，他们在创造了QQ秀成功的奇迹后，开始研究各种个人空间网站的成功模式，Qzone的前身——QQ家园(home. qq. com)也应运而生。QQ家园是腾讯公司在国内首次推出的可装扮的、易用的、多媒体格式化个人主页服务。用户可以利用家园商城中出售的或免费的地板、门窗等物品来个性化装扮自己的家园，还可在装扮好的私人房间里与访问者聊天(个人聊天室)。QQ家园的各个子模块，基本是现在Qzone各个主要功能的前身：如心情日记、留言本、相册等。不过当时的QQ家园偏向于装扮功能，根本无法为用户提供真正的展示自我的平台。

2006年，QQ家园开发团队丰富了QQ家园的功能，添加了“我的论坛”模块，用户可以在上面写日志，查看留言。自此，QQ家园便升级为Qzone1.0。不过，那时的Qzone网页格式幼稚，功能也极不完善。作为博客网站，Qzone1.0是“不够资格”的。随后不久，Qzone升级到2.0，在2.0版本中，新增了养植物的功能，通过植物指数作为访问人气的指标。而Qzone3.0是Qzone网站发展的里程碑，在3.0版本里，其博客功能得到了极大的丰富，具有主页、日志、音乐盒、留言板、相册、互动等模块，而原来的奠基石——QQ家园则作为子模块，以“迷用户屋”的形式融入到空间主页里。2007年，Qzone在原来的基础上再进一步发展，升级到4.0版本。在4.0版的Qzone里，腾讯公司重磅推出全屏模式，网页的显示范围更广，用户可发挥的地方更多。更值得一提的是，4.0 版新增的日志所见即所得编辑器和制作视频日志，前者让用户编写日志更快捷便利，降低了写博客的入门门槛，后者则丰富了博客日志的形式与内容。

2008 年，Qzone 更上一层楼，Qzone5.0 的博客网站的性质更加鲜明，用户可以把近期日志包括内容都放在首页，一目了然，非常醒目。另外，5.0 版本的最大特色就是用户在“个人中心”中可自由添加的应用，这些插件在加载完毕后即可在 Qzone 网页中使用，此创举实现了博客网站功能的多样化。伴随 SNS 的发展，腾讯不断追求信息传播和分享的产品核心。个人中心的发布宣布 Qzone 开始正式实现了从传统个人空间向 SNS 社区的转变。继 SNS 社区改造后，Qzone 在应用层面和基础体验上全面发力，手机 Qzone wap2.0 和个人中心 2.0 相继发布，首个娱乐应用“好友买卖”发布后，又推出了首次与第三方网站合作的“豆瓣读书”应用，随后国民级应用“QQ 农场”发布。空间已经不再是 QQ 用户的一个博客这么简单，已经变成了用户的一个分享自己心情和朋友交流的社交场所。

2011 年，QQ 空间开发了一个全新 Qzone6.0 版本。新的版本将人做了细分，这仿佛让人回到了最原始的 SNS 时代，每个人都拥有自己新的空间，不一样的网络生活，人和人之间既能保障隐私，却又相互交融。新版除了具备生活理念之外，其还具体表现为为用户提供了更大自由配置的组合空间，新增加 400 多款应用方面，全方面的应用组建配置不仅将开放平台的理念发挥得淋漓尽致，更将 QQ 空间为用户提供更加自由便利的空间配置提供了依据。

9.3 Qzone业务架构

9.3.1 业务模式

Qzone 采用了 SNS 典型三层架构。如图 9-1 所示：

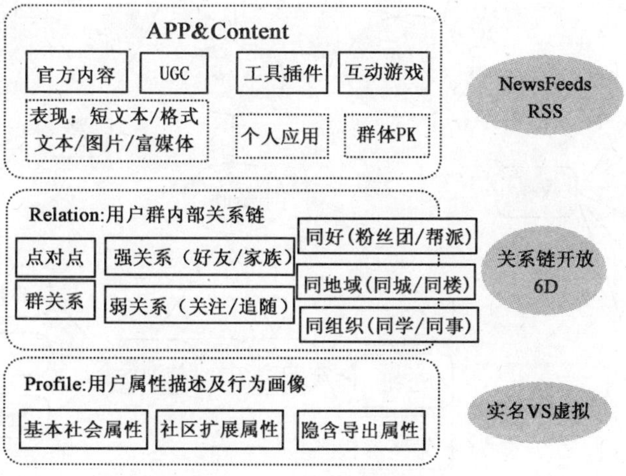

图 9-1　Qzone 的三层架构

APP&Content、Relation 和 Profile 之间存在着相互的依赖关系。内容(Content)是核心，产生于应用(APP)，可反映到 Profile 中。内容是聚集人气的核心，下两层是基础设施，一个聚气，一个黏住人气；APP 依赖下两层，本身具有独立业务逻辑，但需要调用 Profile 并利用关系链展开。如通过利用投票、抢车位等应用关系(Relation)网络不断稳固、拓展。可通过 APP 活动维系及稳固朋友关系链来提高黏性。各元素之间的依存关系如图 9-2 所示：

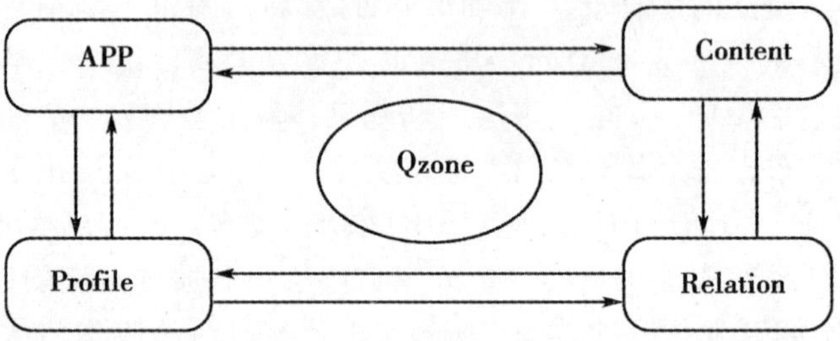

图 9-2　APP&Content、Relation 和 Profile 之间的依赖关系

其中，用户生产内容(UGC：User Generated Content)等基础功能包含：心情记录与分享、获取好友动态、照片分享、CLICK 阅读、个人档和留言板等。APP 的类型及相关关系如图 9-3 所示：

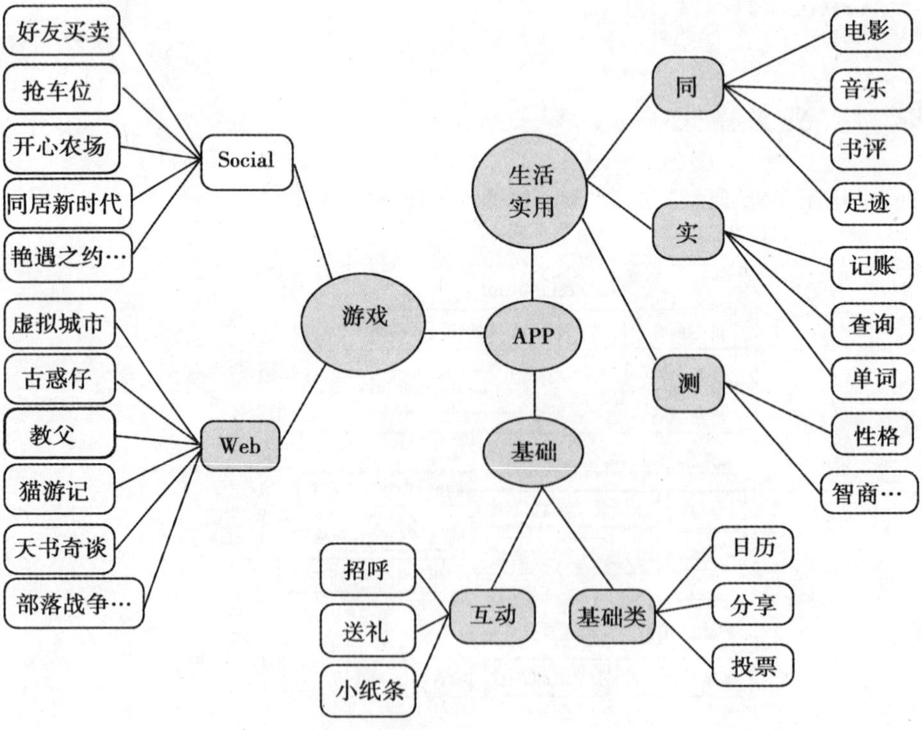

图 9-3　APP 的类型及相关关系

在游戏应用方面，通过自主研发及第三方引入，拓展游戏与社区整合(见图9-4)。

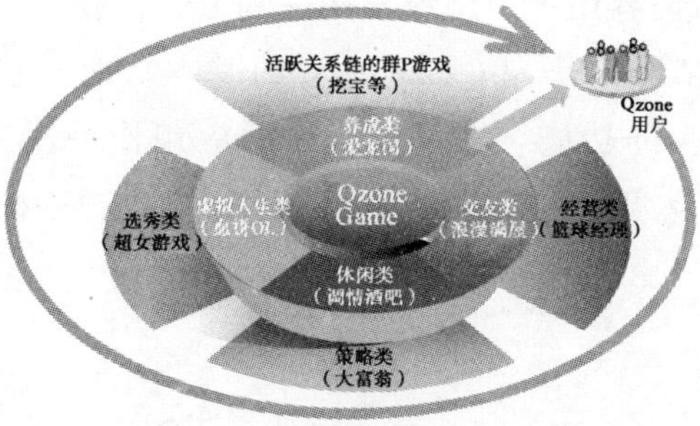

图9-4　游戏类APP

Qzone业务框架包括了“平台功能、应用、管理”，“消息”是平台各个地方产生的新消息汇总与通道；“社区”作为第三方的信息接入；“个人中心”是聚合各个地方的最新动态(见图9-5)。

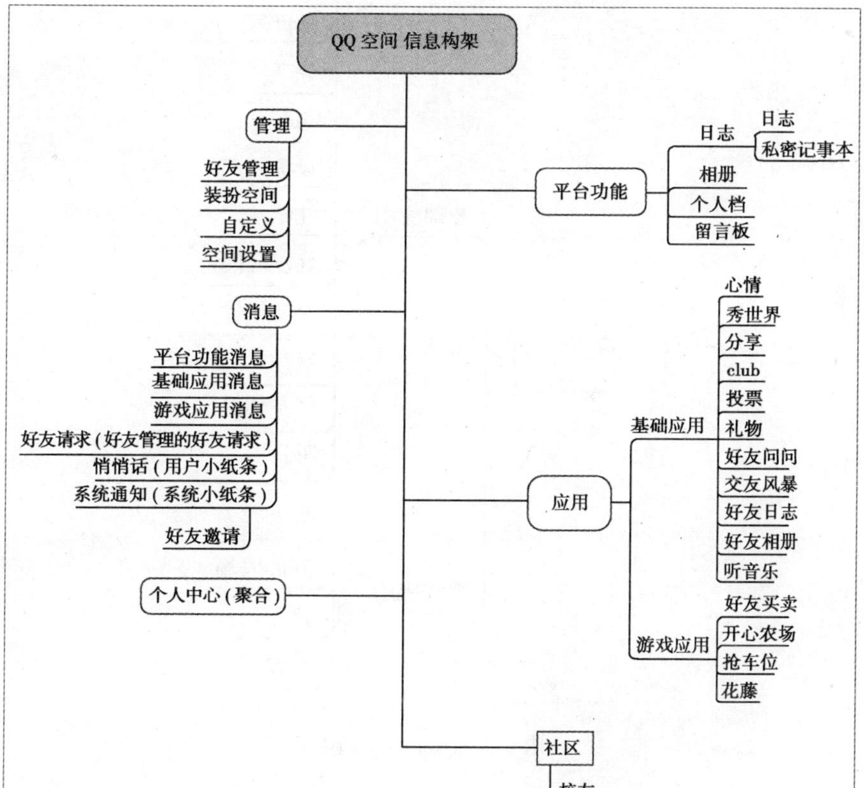

图9-5　Qzone的业务框架

9.3.2 业务特点

Qzone的内容很多，将内容用一个层级结构去划分，使得复杂的网站结构可以更简单清晰地变现出来。日志、相册等作为Qzone平台的基本功能，它们一直依赖于平台而存在，同时也是平台不可缺少的功能。把目前众多的应用作一次分类"基础应用、游戏应用"，是为了让平台后续接入更多应用的时候，区别对待。"基础应用"是更重要的功能，而"游戏应用"的自由度可以由用户去控制(见图9-6、9-7)。

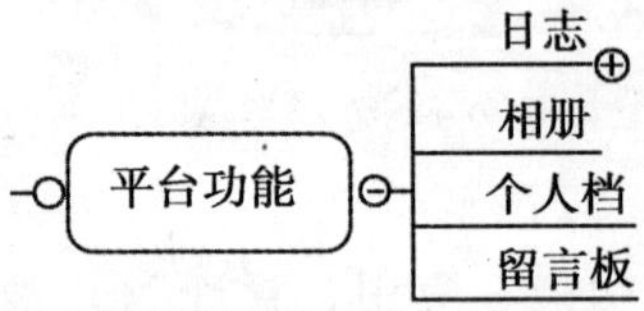

图9-6　Qzone的平台功能

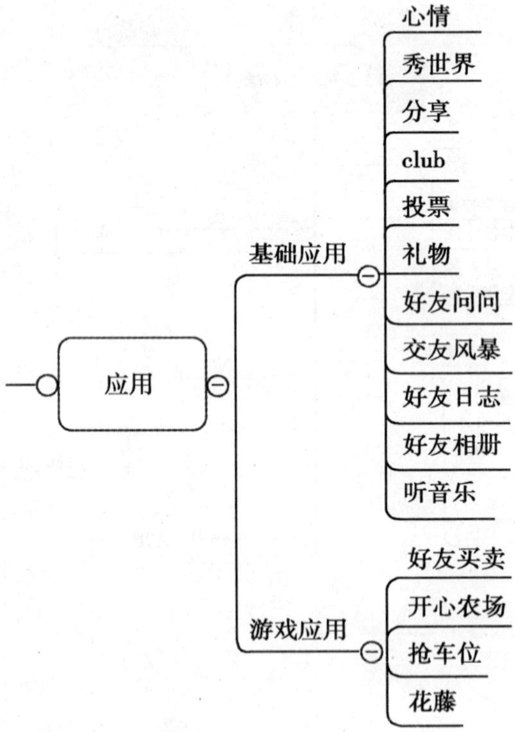

图9-7　Qzone的应用

在构架上，"基础应用、游戏应用"是"应用"的下级。应用是指用户之间交流、游戏互动的内容。好友管理、空间设置，不属于Qzone的应用，而是对空间设置操作类，因此单独把它们划分为“管理”类别下；其中也包括了装扮空间、自定义(见图 9-8)。

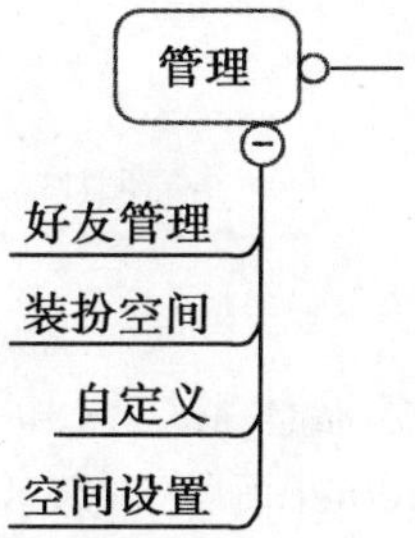

图 9-8　Qzone 的管理

个人中心，是一个新消息的聚合。起初尝试在个人中心下划分一个层级，存放“消息”内容。然而发现，Qzone 本身是一个内容很复杂的平台，里面包括的所有内容都有可能会产生大量的“消息”提醒，单纯把“消息”都堆积到个人中心下，会使得个人中心变得庞大。重新尝试把个人中心下的“消息”再单独划分为一个内容。而个人中心更应该是一个主人的首页，只聚合最新的“消息”，而想查看更多的“消息”内容，需访问“消息”栏目(见图 9-9)。

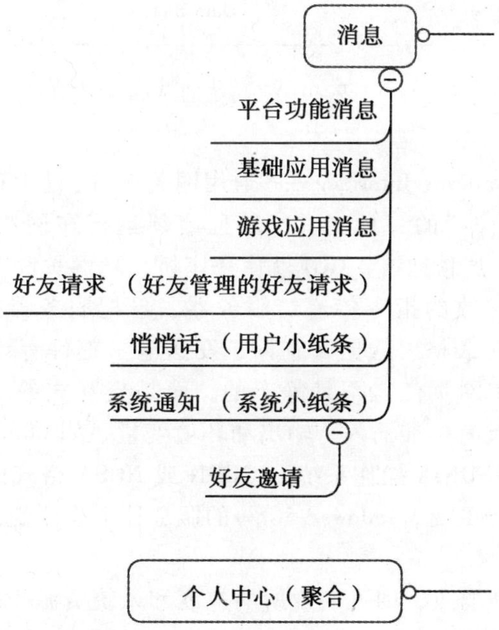

图 9-9　Qzone 的消息

9.4 Qzone技术架构

9.4.1 网站架构

自1995年末引入三层客户/服务器体系结构和CGI技术后，Web发展成为一种交互性的媒介，并逐渐形成一种基于Internet的Web模型。CGI与Web几乎是同时出现，当时是提供Web交互性的唯一方法，几乎所有的Web服务器软件均支持CGI。Qzone也不例外，也采用了Apache+CGI+Cache+DB系统架构，如图9-10所示：

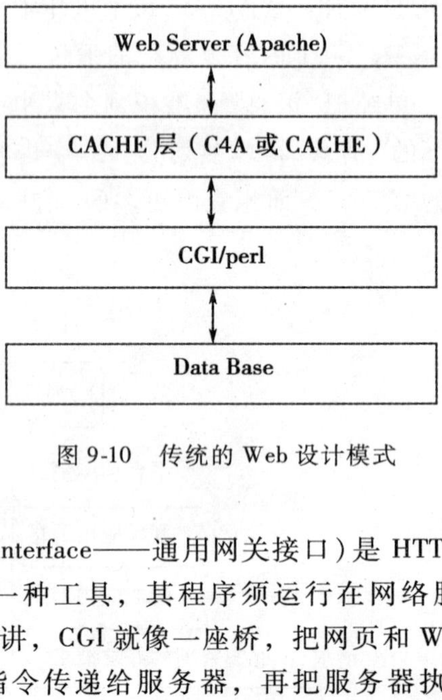

图9-10　传统的Web设计模式

CGI(Common Gateway Interface——通用网关接口)是HTTP服务器与用户的或其他机器上的程序进行“交谈”的一种工具，其程序须运行在网络服务器上。它提供同客户端HTML页面的接口，通俗地讲，CGI就像一座桥，把网页和Web服务器中的执行程序连接起来，它把HTML接收的指令传递给服务器，再把服务器执行的结果返还给HTML页；用CGI可以实现处理表格、数据库查询、发送电子邮件等许多操作，最常见的CGI程序就是计数器。CGI使网页变得不是静态的，而是交互式的。CGI可以用任何一种语言编写，只要这种语言具有标准输入、输出和环境变量、如php、perl、tcl等。

CGI程序最初在UNIX操作系统上CERN或NCSA格式的服务器上运行；在其他操作系统(如：Windows NT及Windows 95等)的服务器上也广泛地使用CGI程序，同时它也适用于各种类型机器。

CGI的最大致命弱点，即人们说所的速度和系统资源。的确，它在这个方面有很大的不足。我们知道一般CGI每一次启动都要启动一个进程，如果有2万人同时在一个聊天室里聊天，那么就会产生2万个进程，再强大的中央处理和再大的内存都很难处理如此之多的进程。为此，引入了CGI的增强版本——FastCGI(Fast Common Gateway Interface：快速通用网关接口)，它把原来的CGI进行优化，即原来2万的用户聊天的时候，只启动一个进程，这样大大节省了系统资源。

FastCGI是和语言无关的、可伸缩架构的CGI开放扩展，其主要行为是将CGI解释器进程保持在内存中并因此获得较高的性能。众所周知，CGI解释器的反复加载是CGI性能低下的主要原因，如果CGI解释器保持在内存中并接受FastCGI进程管理器调度，则可以提供良好的性能、伸缩性、Fail-Over特性等。

FastCGI致力于减少网页服务器与CGI程式之间的互动，从而使服务器可以同时处理更多的网页请求。由于FastCGI程序并不需要不断产生新进程，可以大大降低服务器的压力，并且产生较高的应用效率。如今，流行的Java语言Servlet技术，在设计上就是参考FastCGI技术。

然而，FastCGI也存在如下一些潜在的问题：

(1)所有的子目录(/home/USERNAME/public_ HTML/php. ini)只有一个可用的php. ini文件，这是优化网站代码所必需的。如果需要多个php. ini文件以适应不同的脚本需要，可以在任何子目录禁用PHP的快速CGI，而其余的地方则继续有效。

(2)对PHP环境做的任何升级(如php. ini文件的改变)都有几分钟的延迟。这是因为为了获得更快的速度，php. ini文件已经被载入内存，而不是每次需要时再从存储器重新读取。

LAMP(Linux-Apache-MySQL-PHP)网站架构是目前国际流行的Web框架，该框架包括：Linux操作系统，Apache网络服务器，MySQL数据库，Perl、PHP或者Python编程语言，所有组成产品均是开源软件，是国际上成熟的架构框架，很多流行的商业应用都是采取这个架构，和Java/J2EE架构相比，LAMP具有Web资源丰富、轻量、快速开发等特点，和微软的.NET架构相比，LAMP具有通用、跨平台、高性能、低价格的优势，因此LAMP无论是性能、质量还是价格都是企业搭建网站的首选平台(见图9-11)。

对于大流量、大并发量的网站系统架构来说，除了硬件上使用高性能的服务器、负载均衡、CDN等之外，在软件架构上需要重点关注下面几个环节：使用高性能的操作系统(OS)、高性能的网页服务器(Web Server)、高性能的数据库(Databse)、高效率的编程语言等。

随着Qzone的客户访问的剧增，传统的Web应用模型服务器压力骤加，响应速度变慢，并且前台页面不够友好。页面只能整页更新，一方面加重服务器的负担；另外一方面用户等待时间较长。对Web各个方面的改进也意味着Qzone面临新的性能考虑。尽管DSL和宽带为其提供了对Internet上更多内容的高速访问。Qzone对加载时间和响应的期望也在发展，希望在页面上执行操作后能立刻得到结果。QQ空间努力使前台页面HTML做出很好的效果，这需要很好的美工功底和JS等前台技术，因而Qzone全面推广使用AJAX(Asynchronous JavaScript and XML)技术。AJAX的出现让开发人员能在Web应用程序中提供像桌面程序一样的体验，不再需要响应事件前加载整个页面，其优势非常明显。现代的Web页面已经不再是页面了，它们都是事件驱动的应用，信息会通过这些应用流转。

Qzone对传统的Web应用模型进行优化，动态数据实现合并和静态化，由简化的Web

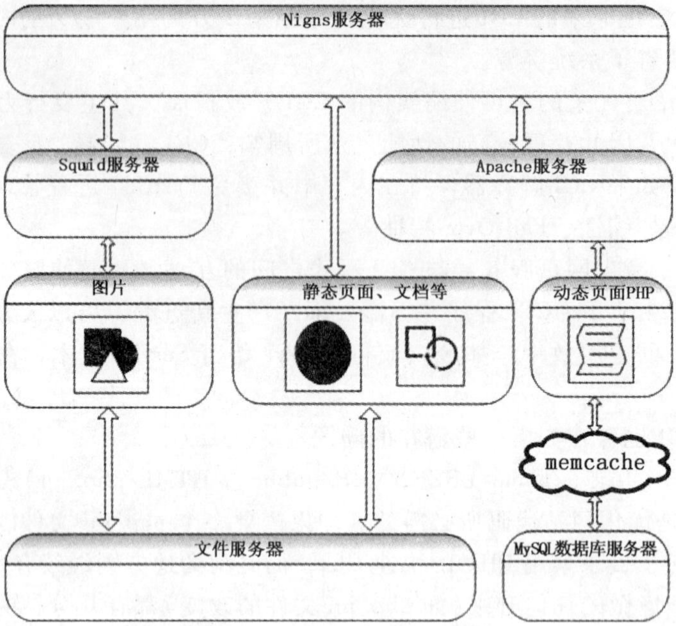

图 9-11　LAMP 网站架构图

应用模型和动态 CGI 应用模型两部分组成（见图 9-12、图 9-13）。简化的 Web 应用模型提供高性能的静态页面访问，但不支持 CGI 等动态数据；动态 CGI 应用模型支持动态数据异步访问。

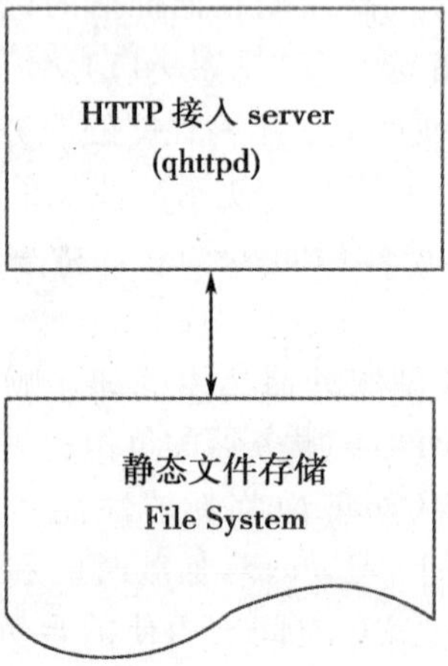

图 9-12　简化的 Web 应用模型

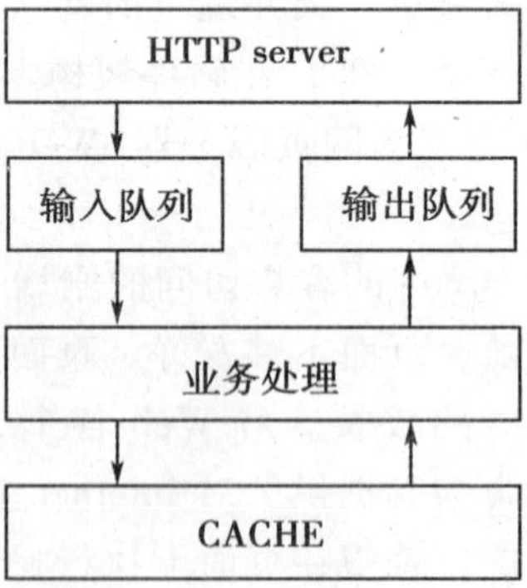

图 9-13　优化的 Web 应用模型

另外，为了减轻服务器的负担，按号段进行多机路由选择跳转到不同的服务器。跳转服务器和首页服务器按 QQ 号对 10000 进行取莫划分成 10000 个号段，根据用户号段进行路由到不同的跳转服务器，然后在根据号码段跳转到不同的首页服务器。从而把服务器的压力分摊到多个服务器，也方便进行服务器的扩容和升级(服务器架构如图 9-14 所示)。

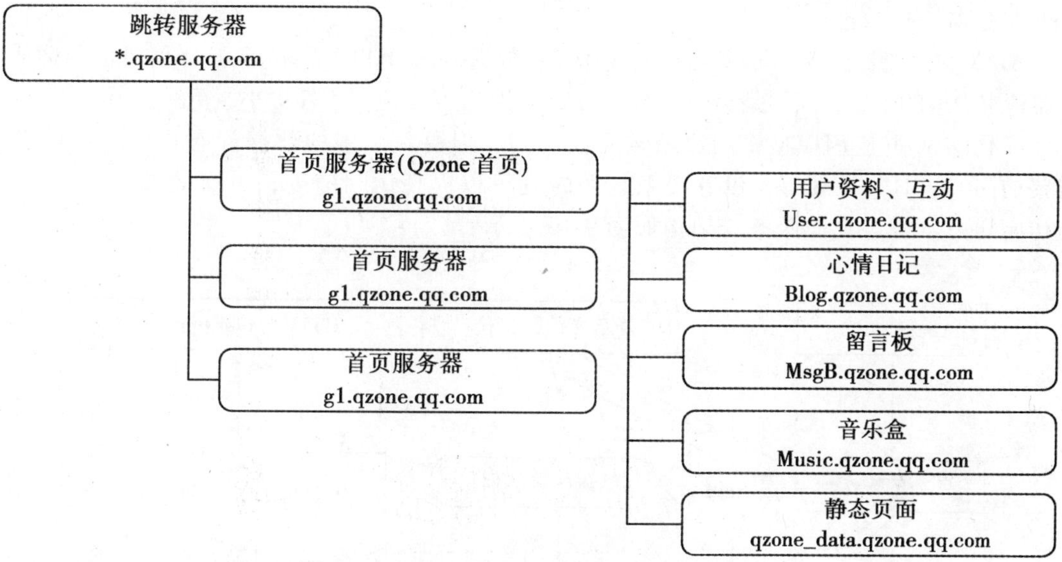

图 9-14　Qzone 的服务器架构

动态 CGI 应用模型大量利用 AJAX 技术减少请求服务器的信息，AJAX 其实就是使用 HTML+JavaScript+XML 技术框架，服务器对用户的响应返回的数据格式为 XML 文件格式，前台获取 XML 文件有 JavaScript 完成展现，从而减少了 CGI 的开发工作，无需为页面的调整修改 CGI。CGI 也无需 open 模块等操作，减少了内存泄露的风险，并且前端可对数据做充分的重用。技术架构如图 9-15 所示：

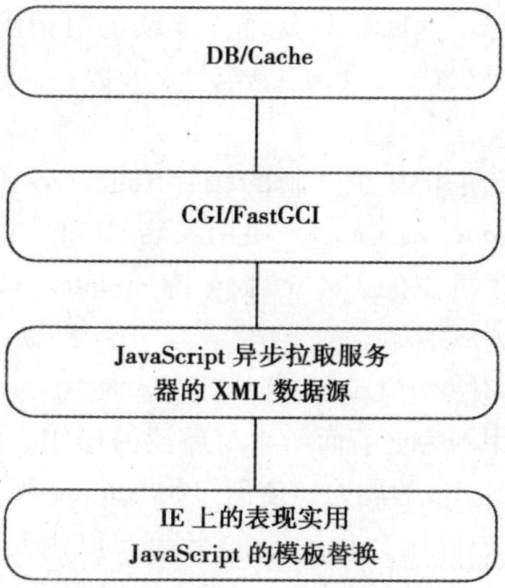

图 9-15　CGI 技术架构

AJAX 不是一种新的编程语言，而是一种用于创建更好更快以及交互性更强的 Web 应用程序的技术。通过 AJAX，用户的 JavaScript 可使用 JavaScript 的 XMLHttpRequest 对象来直接与服务器进行通信。通过这个对象，用户的 JavaScript 可在不重载页面的情况下与 Web 服务器交换数据。

AJAX 在浏览器与 Web 服务器之间使用异步数据传输（HTTP 请求），这样就可使网页从服务器请求少量的信息，而不是整个页面。AJAX 可使互联网应用程序更小、更快、更友好。

简化的 Web 应用模型将用户经常需要访问，但更新不多的数据静态化。用户请求不需要访问 CACHE、DB 等，没有慢系统的时延可以提高访问速度，也有效减轻了 CACHE 的访问压力。静态页面服务器架构如图 9-16 所示：

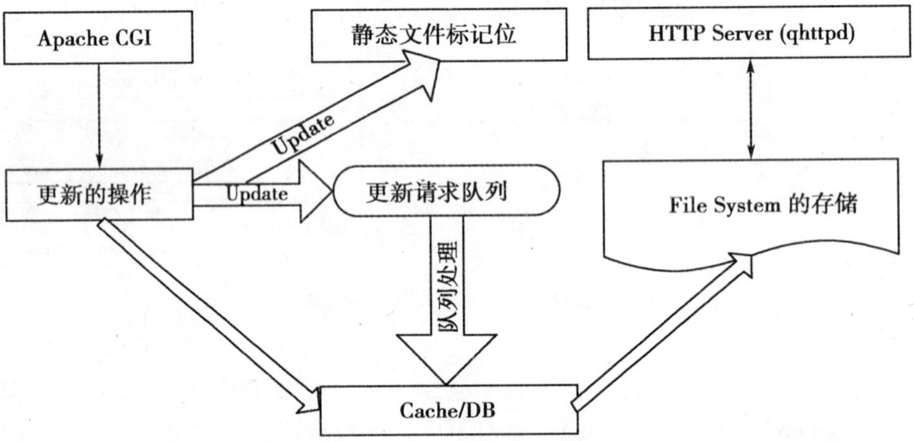

图 9-16　静态页面服务器架构

当用户直接访问静态文件系统时，如果数据有更新，Apache 服务器会对文件进行更新操作；并对静态文件进行分类，每个类型文件的更新状态由静态文件标记位进行记录。该标记在首页中通过页面的变量返回。只要合并连续的写请求并生成队列，而不是每个请求到达就进行更新，就可以减少静态页面生成的请求数。JavaScript 根据标记位进行判断访问静态页面还是 CGI。

Qzone 的数据量比较大，使用内存机制的缓存 Cache 容量小，需要使用大量的机器，才可以提高命中率，比如 Qzone user cache 使用 4 台 4G 内存服务器，仍然只能达到大概 94% 的命中率。并且使用内存机制的 Cache 不支持 update/delete/insert 操作，如果有更新操作，C4A 采用删除节点的方式，理论命中率会有一个上限，并与业务类型有关。

为了解决上述问题，需要对专用 Cache 进行改进。使用硬盘作为中间存储介质，支持在 Cache 中直接更新数据，而不用因为更新而产生写后读的操作。但是无法到达该性能的并发请求了，因为目前只可达到 400 次/秒的能力。使用多块 NoRaid 硬盘可以分担读写的 I/O 压力。

近几年，伴随着 Web 2.0 和社会化网络的兴起，以满足特定的用户与业务需要，将来自不同站点的数据源和 Web 服务（Web Services）加以混合与集成，以此构建一个新的应用。前台对不同业务模块数据做混聚（mash-up）。Qzone 以数据源（Feeds）、API、Web

Services 等方式提供可编程扩展，鼓励第三方开发者与用户以创新的方式重组这些已有资源，构建混聚作品。此外，一些公司如 Google、Yahoo、Microsoft、IBM 等纷纷推出针对不同技术层次用户的混聚开发工具。

Qzone 利用 CGI 系统架构，从开始到现在总共经历了 4 代。在 CGI 的开发实践中，通过不断地系统重构，完成了一个基于配置的 CGI 系统。在一般情况下，系统中添加一个传统意义上的 CGI 请求，只需要进行几个配置文件的少量修改即可完成，而不需要进行编码工作。通过驱动模块的扩充可以使系统不断增加新的功能。该系统具有良好的扩充性，可以基于点的控制也可以基于流程的控制。利用中间件的技术，使接口在上层表现出一致的特点。这个系统避免了重复性的工作，系统的规模控制使变更的影响范围在合理的范围内进行。CGI 系统是个全配置的系统，在配置上很注重细节，做到了基于模板的配置和默认值选取，使一次新的配置也许只是个别字段的修改(见图 9-17)。

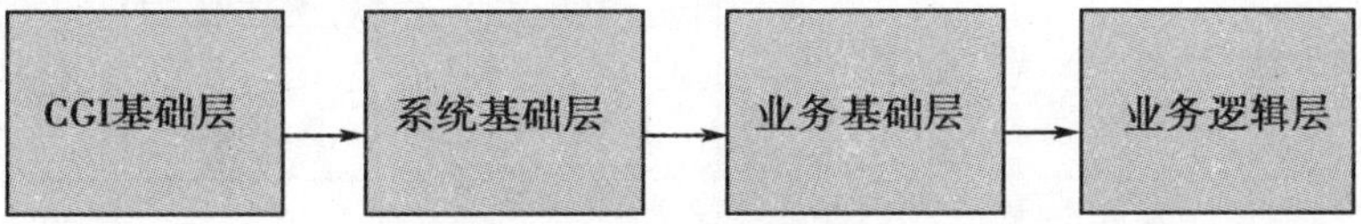

图 9-17　CGI 系统层次结构

CGI 基础层负责完成一个 CGI 完整的逻辑封装，和所有与外部应用系统无关的封装。还提供基于中间件的驱动接口、可以重载的流程接口、二次开发接口和配置项管理的接口。

系统基础层负责完成所有公司、系统级别的可重用性的封装。包括提供类似 CGIex 的 Web 方式 CGI 访问，对 TLib、TBase 及其他公司、部门相关基础库的功能封装；提供公用数据源接口的驱动封装，如 TTC、mysql、c4a、支付 portal 等；还可以进行相关的业务统计、运维统计、告警操作等。

业务基础层负责完成所有业务级别的可重用性的封装。包括业务级别的检查，如用户注册的检查、黑名单检查等；业务公用信息的获取，如用户的性别、城市、时间戳、个人账户等；可配置的数据读取和操作如读取高级用户状态和好友资料。

业务逻辑层则负责对特殊业务逻辑的处理和统计点、监控点的添加。

CGI 基础层完成所有与外部应用系统无关的封装，包括参数处理，模板管理，操作管理，驱动管理，项目、模块管理和对系统的配置。CGI 基础层组织结构如图 9-18 所示：

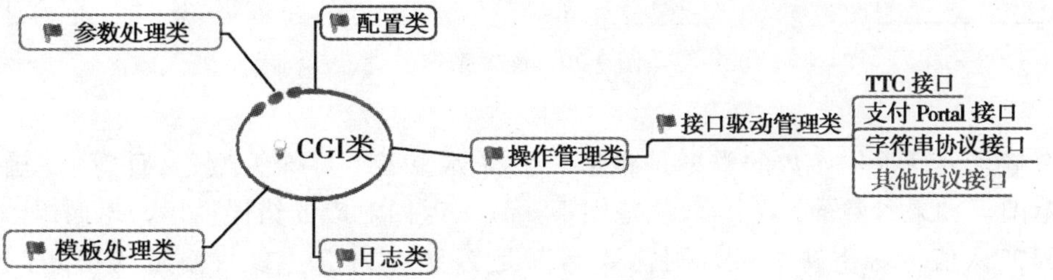

图 9-18　CGI 基础层

CGI处理流程如图9-19所示，首先用户输入URL地址进入参数处理页面，进行参数的输入，结合环境变量列表，操作模块对输入参数进行处理，然后驱动模块、数据模块对参数输入参数列表进行一系列操作，操作模块再对输出参数进行处理，基于模板安全返回结果。结果类型可能为HTML、XML、图片文件等。

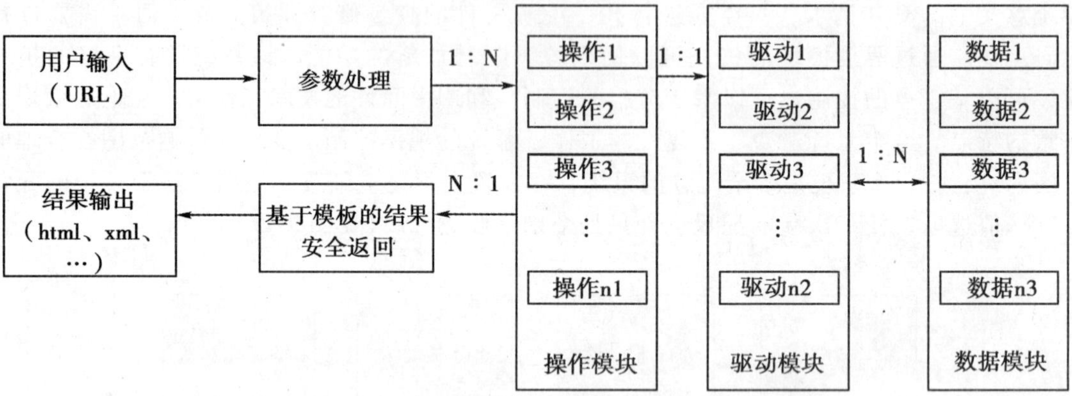

图9-19　CGI处理流程

基础层的配置系统包括有参数管理、项目管理、操作管理和驱动管理，如图9-20所示。项目管理、接口描述(CGI. ini)按照一定规模组织的外部接口(CGI)的集合，接口包含以下描述：输入特性、输出特性、操作列表、全局的检查点和公共功能。

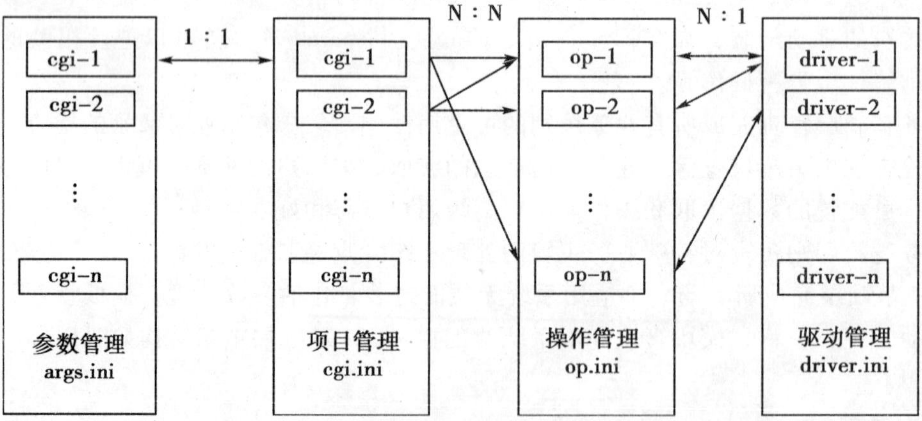

图9-20　配置系统

参数输入处理根据参数的类型是整形、字符类型还是特殊类型(文件等)，确定参数的取值范围。如果参数的输入与取值范围不一致，返回对应的错误描述，返回码。某些参数设定为默认值，若空缺参数，则需要判断是否允许为空。参数输出的格式是多样的(Web支持的各类格式)，如XML、HTML、图片文件等。返回类型也是多样的，如参数出错的错误返回、正确返回和基于模板的返回。对输出参数的处理可以设置是否记录执行结果的多样性，进行日志记录、告警和统计等。参数中心类(CGIArgCenter)可以对XML、HTML、js、url等字符进行编码，也可以根据指定的模板类型进行字符编码。根据不同的错误代码、某一个字段的返回值取不同的模板，支持各种格式模板和自动转译，也可以基于操作名替换模板。参数中心类还可以对参数检查，如整形大小，字符串长度等，以及设置输入输出参数的缓冲区大小。

操作管理可以对参数进行变换，输入参数和返回结果参数。一个参数处理对应多个操作模块。操作的类型包括：查询、修改、删除、新增、赠送、抽奖等。操作模块还可以原子级地对一个驱动接口进行访问描述，也可以获取服务器相关信息。

驱动管理是对外部接口的统一封装，它是一致性的接口，系统启动时注册到操作管理器中；驱动的加载方式包括动态和静态两种。

CGI系统除了以上的功能外，还具有以下一些高级应用：扩充新的驱动、建立业务级别的操作、建立操作之间的衔接和处理、数据源-基于模板的配置、流程的特殊处理。系统具有一些系统级别、公司级别和业务级别的公共模块，其中系统级别的公共模块有：GET/POST方法检查、参数相关、模板相关和生效时间、结束时间。公司级别的公共模块有：社区登录态检查、脏话过滤、验证码检查、增值中心位判断和功能性tips发放。业务级别的公共模块有：物品管理(赠送、购买、限制)、包月业务购买、动态用户群判断、加锁与频率限制模块、兑换规则、业务统计数据上报和模块间调用监控告警。

9.4.2 核心技术

1. Web模型——CGI技术

绝大多数的CGI程序被用来解释处理来自表单的输入信息，并在服务器产生相应的处理，或将相应的信息反馈给浏览器。CGI技术的机制是：每次当客户请求一个CGI的时候，Web服务器就请求操作系统生成一个新的CGI进程；当CGI满足要求后，服务器就杀死这个进程，并且服务器对客户端的每个请求都要重复这样的过程。

CGI应用程序的工作原理如下：

- 浏览器通过HTML表单或超链接请求指向一个CGI应用程序的URL。
- 服务器收到请求。
- 服务器执行指定所CGI应用程序。
- CGI应用程序执行所需要的操作，通常是基于浏览者输入的内容。
- CGI应用程序把结果格式化为网络服务器和浏览器能够理解的文档(通常是HTML网页)。
- 网络服务器把结果返回到浏览器中。

2. Web模型——FastCGI技术

FastCGI技术的机制为：FastCGI程序一旦产生后，它可以持续工作，一直保持满足客户的请求直到自己被明确终止。如果希望通过协同处理来提高程序的性能，可以请求Web服务器运行多个FastCGI应用程序。它的工作原理是：

- Web Server启动时载入FastCGI进程管理器(IIS ISAPI或Apache Module)。

- FastCGI进程管理器自身初始化，启动多个CGI解释器进程(在任务管理器中可见多个php-CGI. exe)并等待来自Web Server的链接。

- 当客户端请求到达Web Server时，FastCGI进程管理器选择并链接到一个CGI解释器。Web server将CGI环境变量和标准输入发送到FastCGI子进程php-CGI. exe。

- FastCGI子进程完成处理后将标准输出和错误信息从同一链接返回Web Server。当FastCGI子进程关闭链接时，请求便告处理完成。FastCGI子进程接着等待并处理来自FastCGI进程管理器(运行在WebServer中)的下一个链接。在正常的CGI模式中，php-CGI. exe在此便退出了。

在上述情况中，可以想象CGI通常有多慢。每一个Web请求PHP都必须重新解析php. ini、重新载入全部dll扩展并重初始化全部数据结构。使用FastCGI，所有这些都只在进程启动时发生一次。一个额外的好处是，持续数据库连接(Persistent database connection)可以工作。可以对FastCGI的优点总结如下：

- PHP脚本运行速度更快(3～30倍)。PHP解释程序被载入内存而不用每次需要时从存储器读取，极大地提升了依靠脚本运行的站点的性能。

- 需要使用更少的系统资源。由于服务器不用每次需要时都载入PHP解释程序，可以将站点的传输速度提升很高而不必增加cpu负担。因为dll文件不再每次都载入了，那么数据库的持久连接也将可以起到它设计初的效果。

- 不需要对现有的代码作任何改变。

3. Web模型——LAMP架构

Linux操作系统有很多个不同的发行版，如Red Hat Enterprise Linux、SUSE Linux Enterprice、Debian、Ubuntu、CentOS等，每一个发行版都有自己的特色，比如RHEL稳定、Ubuntu易用。基于稳定性和性能的考虑，操作系统选择CentOS(Community ENTerprise Operating System)是一个理想的方案。

CentOS(Community ENTerprise Operating System)是Linux发行版之一，是RHEL/Red Hat Enterprise Linux的精简免费版，和RHEL有同样的源代码。不过，RHEL和SUSE LE等企业版，提供的升级服务均是收费升级，无法免费在线升级，因此要求免费的高度稳定性的服务器可以用CentOS替代Red Hat Enterprise Linux使用。

(1)Web服务器、缓存和PHP加速。Apache是LAMP架构最核心的Web Server，开源、稳定、模块丰富是Apache的优势。但Apache的缺点是有些臃肿，内存和CPU开销大，性能上有损耗，不如一些轻量级的Web服务器(例如Nginx)高效；轻量级的Web服务器对于静态文件的响应能力来说远高于Apache服务器。

Apache作为Web Server是负载PHP的最佳选择，如果流量很大的话，可以采用Nginx来负载非PHP的Web请求。Nginx是一个高性能的HTTP和反向代理服务器，Nginx以它的稳定性、丰富的功能集、示例配置文件和低系统资源的消耗而闻名。Nginx不支持PHP

和 CGI 等动态语言，但支持负载均衡和容错，可与 Apache 配合使用，是轻量级的 HTTP 服务器的首选。

Web 服务器的缓存也有多种方案，Apache 提供了自己的缓存模块，也可以使用外加的 Squid 模块进行缓存，这两种方式均可以有效地提高 Apache 的访问响应能力。Squid Cache 是一个 Web 缓存服务器，支持高效的缓存；可以作为网页服务器的前置 cache 服务器缓存相关请求，以提高 Web 服务器的速度。把 Squid 放在 Apache 的前端可缓存 Web 服务器生成的动态内容，而 Web 应用程序只需要适当地设置页面实效时间即可，如访问量巨大则可考虑使用 memcache 作为分布式缓存。

eAccelerator 是一个自由开放源码 PHP 加速器，使用优化和动态内容缓存，提高了性能 PHP 脚本的缓存性能，使得 PHP 脚本在编译的状态下，对服务器的开销几乎完全消除。它还可对脚本起到优化作用，以加快其执行效率，使 PHP 程序代码执效率提高 1 ~ 10倍。

具体的解决方案有以下几种：

- Squid + Apache + PHP + eAccelerator ——使用 Apache 负载 PHP，使用 Squid 进行缓存，HTML 或图片的请求可以直接由 Squid 返回给用户；很多大型网站都采用这种架构。
- Nginx/Apache + PHP(fastCGI) + eAccelerator——使用 Nginx 或 Apache 负载 PHP，PHP 使用 fastCGI 方式运行，效率较高。
- Nginx + Apache + PHP + eAccelerator——此方案综合了 Nginx 和 Apache 的优点，使用 Apache 负载 PHP，Nginx 负责解析其他 Web 请求，使用 Nginx 的 Rewrite 模块，Apache 端口不对外开放。

(2)数据库。在开源的数据库中，MySQL 在性能、稳定性和功能上是首选，可以达到百万级别的数据存储；网站初期可以将 MySQL 和 Web 服务器放在一起，但是当访问量达到一定规模后，应该将 MySQL 数据库从 Web Server 上独立出来，在单独的服务器上运行，同时保持 Web Server 和 MySQL 服务器的稳定连接。

当数据库访问量达到更大的级别，可以考虑使用 MySQL Cluster 等数据库集群或者库表散列等解决方案。

总的来说，LAMP 架构的网站性能会远远优于 Windows IIS + ASP + Access(例如月光博客)这样的网站，可以负载的访问量也非常大。

综上所述，基于 LAMP 架构设计具有成本低廉、部署灵活、快速开发、安全稳定等特点，是 Web 网络应用和环境的优秀组合。

4. AJAX 技术

AJAX 基于下列 Web 标准：JavaScript XMLHTML CSS 在 AJAX 中使用的 Web 标准已被良好定义，并被所有的主流浏览器支持。AJAX 应用程序独立于浏览器和平台，AJAX = 异步 JavaScript 和 XML，由此 Web 应用程序较桌面应用程序有诸多优势。

通过在后台与服务器进行少量数据交换，AJAX 可以使网页实现异步更新。这意味着可以在不重新加载整个网页的情况下，对网页的某部分进行更新。传统的网页(不使用

AJAX)如果需要更新内容，必须重载整个网页面。AJAX能够涉及广大的用户，它们更易安装及维护，也更易开发。

在AJAX中，JavaScript主要被用来传递用户界面上的数据到服务端并返回结果；XMLHttpRequest对象用来响应通过HTTP传递的数据，一旦数据返回到客户端就可以立刻使用DOM将数据放到网面上。

XMLHttpRequest是AJAX的基础，用于在后台与服务器交换数据。XMLHttpRequest对象在大部分浏览器上已经实现而且拥有一个简单的接口允许数据从客户端传递到服务端，但并不会打断用户当前的操作。使用XMLHttpRequest传送的数据可以是任何格式，虽然从名字上建议是XML格式的数据。

开发人员应该已经熟悉了许多其他XML相关的技术。XPath可以访问XML文档中的数据，但理解XML DOM是必需的。XSLT是最简单而快速的从XML数据生成HTML或XML的方式。许多开发人员已经熟悉Xpath和XSLT，因此AJAX选择XML作为数据交换格式是有意义的。XSLT可以被用在客户端和服务端，它能够减少大量的用JavaScript编写的应用逻辑。

为了正确地浏览AJAX应用，CSS是一种AJAX开发人员所需要的重要武器。CSS提供了从内容中分离应用样式和设计的机制，虽然CSS在AJAX应用中扮演至关重要的角色，但它也是构建跨浏览器应用的一大阻碍，因为不同的浏览器厂商支持各种不同的CSS级别。

服务端不像客户端，在服务端AJAX应用还是使用建立在如Java、.Net和PHP语言基础上，并没有改变这个领域中的主要方式。

(1)AJAX应用首先需要创建XMLHttpRequest方法。XMLHttpRequest类首先由Internet Explorer以ActiveX对象引入，被称为XMLHTTP。后来Mozilla、Netscape、Safari和其他浏览器也提供了XMLHttpRequest类，不过它们创建XMLHttpRequest类的方法不同。

(2)发送请求。可以调用HTTP请求类的open()和send()方法，如下所示：

XMLhttp_ request. open('GET', URL, true);

XMLhttp_ request. send(null)。

open()的第一个参数是HTTP请求方式——GET、POST或任何服务器所支持的用户想调用的方式。按照HTTP规范，该参数要大写；否则，某些浏览器(如Firefox)可能无法处理请求。第二个参数是请求页面的URL。第三个参数设置请求是否为异步模式。如果是TRUE，JavaScript函数将继续执行，而不等待服务器响应。这就是“AJAX”中的“A”。

(3)服务器的响应。这需要告诉HTTP请求对象用哪一个JavaScript函数处理这个响应。可以将对象的onreadystatechange属性设置为要使用的JavaScript的函数名，如下所示：
XMLhttp_ request. onreadystatechange = FunctionName。

FunctionName是用JavaScript创建的函数名，注意不要写成FunctionName()，当然我们也可以直接将JavaScript代码创建在onreadystatechange之后。

(4)处理从服务器得到的数据。有两种方式可以得到这些数据：

- 以文本字符串的方式返回服务器的响应；

• 以 XMLDocument 对象方式返回响应。

5. Mash-up 技术

混聚应用的系统结构包括数据提供站点、混聚站点与用户端三个部分。

(1)数据提供站点。数据提供站点是混聚作品开发的基础，它们通常以特定的 Web 程序接口(API)和元数据标准(如 RDF、RSS/Atom)等方式提供用于混聚的应用服务与数据源，以方便开发者搭建新的逻辑与业务流程。目前，已有大量的站点开始提供 Web API；至于 RSS/Atom 形式，几乎已是所有主流站点的内容发布策略之一。甚至，对于那些没有提供现成 API 接口的站点，混聚开发者可以应用一种被称为"屏幕抓取"(Screen Scraping)的技术，依据特点的应用需求，编写特定的页面内容分析程序进行捕获。

(2)混聚站点。混聚站点是整个应用架构的核心，也是设计者整合多个数据来源，并进行特定的数据操作实现业务流程的关键部分。开发者既可以使用动态网络开发语言在服务器端进行混聚，也可以使用客户端脚本(如 JavaScript)或 Java Applet 等在用户端运行环境(浏览器、Widget 引擎等)中实现。目前，在浏览器中进行客户端集成是混聚开发的主流，借助 AJAX 等呈现技术，这类作品可以提供很好的用户体验；而服务器混聚在流程设计与内容处理上有更大的灵活性，因而前景一样非常吸引人。

(3)用户端。用户端用于呈现混聚应用的客户端运行环境，也是用户交互的界面，其核心是 Web 浏览器，但除了浏览器外，还可以以 Widget(如 Yahoo Widget 引擎)方式直接在操作系统中运行。

对混聚进行分类有助于理清其发展脉络与应用现状，依据应用程序的外显特征，目前的混聚作品可分为地图类、视频和图像类、搜索和购物类和新闻类 4 种。由于混聚是一种对原始数据服务的创意拼接，其应用形式千姿百态，因而具体的混聚程序在形态上未必严格对应于以上分类，并且也有理由相信将来会有新的混聚形态出现。

根据 Web 程序中混聚技术的应用层次，则可以将混聚分为以下 5 种，显然这一分类对了解其应用形式与实现方法更有参考价值。

• 表现层混聚(Presentation Mashup)：这是最浅层的混聚形式，仅仅是将不同来源的数据和信息(甚至是简单的 HTML 内容)放置在一起。当前很多 AJAX 应用和组织门户站点都采用了这一模式。

• 客户端数据混聚(Client-Side Data Mashup)：将来自远程 Web 服务、数据源等混聚在一起，并对起进行客户端程序编写，使之按特定需求以特定的形式呈现，比如将信息发布者的地址信息转换为地理信息并在地图上显示。

• 客户端软件混聚(Client-Side Software Mashup)：这种混聚方式是在浏览中通过客户端程序设计，使不同的 Web 应用程序组接(wire)到一起，构建成全新的基于浏览器的应用软件。

• 服务器端软件混聚(Server-Side Software Mashup)：指那种在构建 Web 应用程序使用外部站点的 Web 服务的混聚方式。使用当前开放的大量公共 API，开发者可以使用一些它们来构建一些外围应用，而将主要精力集中到核心业务设计上。

• 服务器端数据混聚(Server-Side Data Mashup)：这一层次的混聚主要解决的是在来

自不同厂商的数据库产品及不同站点间提供数据的混聚。在当前，使用语义 Web 技术(如 RDF、RSS、Atom)用元数据对数据进行增强，从而使数据变得有意义，最终使数据变得适合进行自动化、集成、推理和重用，是一种很好的解决方式。

混聚程序的开发一般包括资源收集与逻辑流程设计、资源混聚与流程架构、调试与发布三个步骤。

9.4.3 开放平台

自 2008 年人人网和淘宝网推出自己的开放平台开始，到 2010 年，新浪微博、百度、盛大、开心网、腾讯、360 等国内互联网巨头都推出了自己的开放平台，互联网开放时代拉开了帷幕。腾讯开放平台依托强大的用户基数，依次开放了微博、空间、朋友以及 Q+平台，并跃居开放平台榜首。

QQ 互联是腾讯公司为第三方网站、媒体和终端提供的开放平台，QQ 互联主要包括 QQ 登录、分享、关注等社交组件，以及开放 API 等。在 SNS 社区飞速发展的阶段，QQ 互联以 QQ 空间、朋友网、腾讯微博三大腾讯社区平台为基础，积极推行互联开放战略，为网站、媒体和终端打造了全新的社会化营销工具和搜索系统，成为国内网媒和网站流量增长的主要动力。

近期 QQ 互联 OpenAPI 分享接口全面开放，实现了用户动态一键分享到 QQ 空间、朋友网、腾讯微博三大社交平台，迅速形成了口碑效应，提升了品牌知名度，为网站和应用真正导入社会化流量，快速带动了其人气的提升。作为腾讯开放平台的重要组成部分，QQ 互联将随着开放的推进不断整合内部和外部资源，为用户提供更加便捷和丰富的网络服务体验，同时致力于为合作伙伴创造实实在在的价值。

QQ 登录是 QQ 互联的重要接入方式，它的优势就在于便捷性，可帮助合作网站、手机应用最大限度地降低用户登录成本，解决账号注册与管理的问题，并形成用户黏度。这也意味着依托于亿万腾讯用户的 QQ 登录将为合作网站带来海量的用户群与流量。目前，QQ 空间月活跃用户超过 5.369 亿，朋友网注册用户超过 3 亿，腾讯微博注册用户 3.1 亿，每个用户都可以成为传播渠道，通过同步 API 或分享组件，网站内容通过用户好友关系链的多次分享后，将会获得多次生命，为网站带来大量的访问量和品牌曝光。

目前与 QQ 互联合作的网站，涵盖了门户、新闻、视频、购物、婚恋交友、旅行、点评等互联网的绝大部分领域，其中包括搜狐、优酷、淘宝、58 同城、大众点评、百合网、音悦台、芒果网、美团、美图秀秀等大中型网站及热门手机应用。目前已有 120000 家网站/手机应用已接入，已经有 5 千万人使用过 QQ 账号登录外网。

腾讯空间开放平台的主要用户群体是 qq 用户，因而其数量也是巨大的。由于开放接口提供了丰富的互动 API，并且相比于其他平台，这些 API 都是特有的，所以用户之间的互通也是最强的。但平台针对的用户主要是 20 岁之下的学生，所以平台应用主要以游戏类应用为主，目前还没有明确的与开放者分成的规则。

近期 QQ 互联最新推出 OAuth2.0，不再局限于 Web 网站的接入，且提供了移动/C 端的解决方案。OAuth(开放授权)是一个开放标准，允许用户授权第三方网站访问他们存储在另外的服务提供者上的信息，而不需要将用户名和密码提供给第三方网站或分享他们数据的所有内容。对于用户相关的 OpenAPI(例如获取用户信息、动态同步、照片、日志、分享等)，为了保护用户数据的安全和隐私，第三方网站访问用户数据前都需要向用户征求授权。QQ 登录 OAuth2.0 采用 OAuth2.0 标准协议来进行用户身份验证和获取用户授权，相对于之前的 OAuth1.0 协议，其认证流程更简单和安全。

QQ 空间 OAuth 认证基于 OAuth2.0 协议，为了保护腾讯 QQ 空间用户的数据，所有第三方网站都需要通过 OAuth 认证机制来获得用户的授权。QQ 互联为开发者提供了多样化的接入方案，使网站主可以根据自身的要求选择适合的合作方案。

- 需要快速接入的网站可使用 QQ 互联社交组件，包括：分享、关注、赞、签名档、评论等组件，以实现网站的社交化。
- 网站还可以接入 QQ 登录，QQ 登录使网站可以免除注册的流程，并充分利用庞大的 QQ 用户群来实现快速传播。
- 此外，QQ 互联提供了丰富的 API，已经接入 QQ 登录的网站可以申请 API 调用权限。结合腾讯公司各大平台充分的资源，网站可以更深入的了解用户信息，进行内容传播、品牌推广，沉淀 UGC 内容，等等。

网站可根据自身需求，按照如下顺序依次接入 QQ 互联，增加人气，以吸引更多的用户与流量。

1. 社交组件

不需要注册验证，网站只需简单地添加几行 HTML 代码，就可以使用 QQ 互联的社交组件：将网站内容进行广泛的分享；增加网站的关注度；展示用户与其好友在网站上的动作，从而增加归属感与停留时间。

2. QQ 登录

网站接入 QQ 登录后，用户只需要使用 QQ 账号密码就可登录，简化用户注册流程，更有效率地提高转化用户流量；同时可借助 QQ 的用户基础，获取到网站所需的用户资料及传播资源。

(1)提交接入申请。接入 QQ 登录前，网站需首先进行申请，获得对应的 appid 与 appkey，以保证后续流程中可正确对网站与用户进行验证与授权。

(2)接入方式。QQ 登录使用国际通用的 OAuth2.0 协议进行验证与授权，网站可通过两种方式接入：

- 使用 QQ 互联提供的 SDK 包，用户体验统一，只需要修改少量代码，不需要理解验证授权流程，需要快速接入 QQ 登录的应用可选用此方法。
- 根据 QQ 登录 OAuth2.0 协议，自主开发，此方法自定义程度较高，需要与现有系统进行整合的网站可选用此方法。

(3)接入流程概述。QQ 登录接入流程主要包括如下几个步骤，如图 9-21 所示：

①网站上设置 QQ 登录入口——网站主可以在自己的网站首页入口和主要的登录、注册页面上放置“QQ 登录”标识(见红色方框标记处)：

图 9-21　QQ 登录入口

网站需要下载官方提供的“QQ 登录”按钮图片，并按照 UI 规范将按钮放置在页面合适的位置。

②用户登录验证和授权——用户点击 QQ 登录按钮之后，弹出 QQ 登录窗口，在登录窗口中将显示网站自己的 Logo 标识、网站名称以及首页链接地址。此时网站向 Qzone 发送 request，请求临时 token，Qzone 接受请求，返回未授权的临时 token。如果用户已登录 QQ 软件，也可以一键快速登录，如图 9-22 所示：

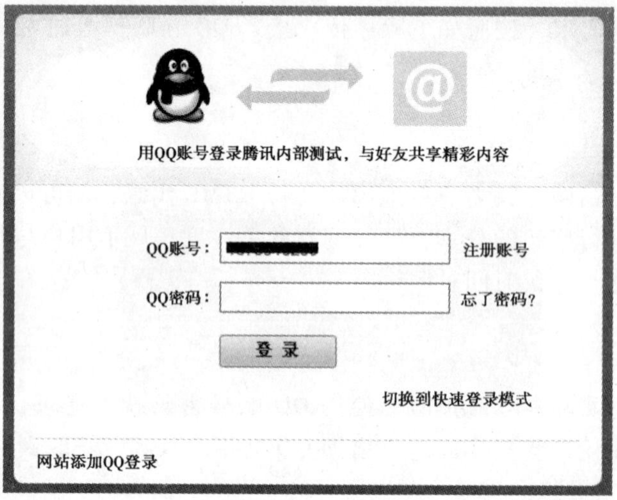

图 9-22　用户登录验证

点击“登录”按钮后，网站向 Qzone 发送 Request，请求已授权的临时 Token。成功登录后，弹出授权框引导用户授权（仅在第一次成功登录，以及第一次访问某个未授权的 OpenAPI 时会出现授权页），如图 9-23 所示：

授权框中的授权列表由网站自行配置，建议控制授权项的数量，只传入必要的接口名称，因为授权项越多，用户越可能拒绝进行任何授权。

③登录和授权完成后，跳转回网站——如果用户成功登录并授权，Qzone 返回已授权的临时 Token，并跳转到指定的回调地址，该回调地址由第三方网站自行配置（在上一步的请求中传入），回调地址建议设置为网站首页或网站的用户中心。

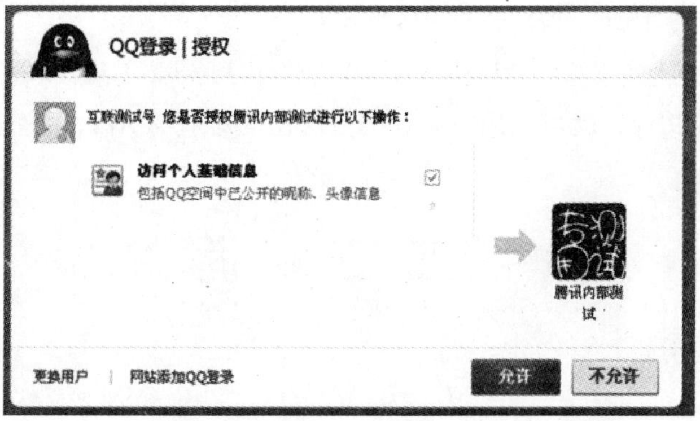

图 9-23　用户授权

④获取并存储 access token 以及 openid——成功登录后，即可发送请求来获取 access token 以及 openid，这两个参数在调用 OpenAPI 访问和修改用户数据时必须传入，网站需自行绑定或存储：

- access token 用来判断用户在本网站上的登录状态，具有 3 个月有效期，网站需实现防过期策略，并在过期后提示用户再次授权；
- openid 是此网站上唯一对应用户身份的标识，网站可将此 ID 进行存储便于用户下次登录时辨识其身份，或将其与用户在网站上的原有账号进行绑定。

⑤在网站上显示用户登录昵称与 QQ 头像。建议网站调用 get_ user_ info 接口，在首页或顶部显示用户通过 QQ 账号的登录状态，使用户体验一致，包括用户昵称、QQ 头像，如图 9-24 所示：

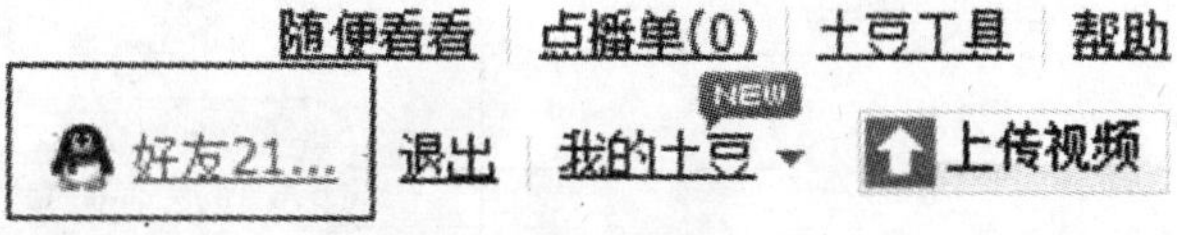

图 9-24　QQ 账号的登录状态

3. API 与 JS SDK

已经成功接入 QQ 登录的网站，可以使用 QQ 互联提供的丰富的 API 资源：借助 QQ 庞大的用户资料库更详细深入地理解用户；同步用户动态，借助 QQ 空间、朋友网、腾讯微博三大 SNS 平台对网站内容进行传播；获得腾讯三大 SNS 平台能力，借助关系链增加网站上的用户活跃度；增加网站对应认证空间的粉丝。

(1)QQ 互联提供了各种 OpenAPI 给开发者，网站可以调用这些 API 来实现所需要的功能，使登录用户在网站上即可访问和修改 QQ 空间受保护的资源。API 共分以下几类：用户信息、同步动态、UGC 内容传播、品牌推广。

(2)为方便网站快速使用这些 API，QQ 互联提供了 JS-widget，JS-widget 是 JS 封装的 SDK，只需要在网站引入 JS 文件，就可以用封装好的方法访问对应的 API，开发简单(见图 9-25)。

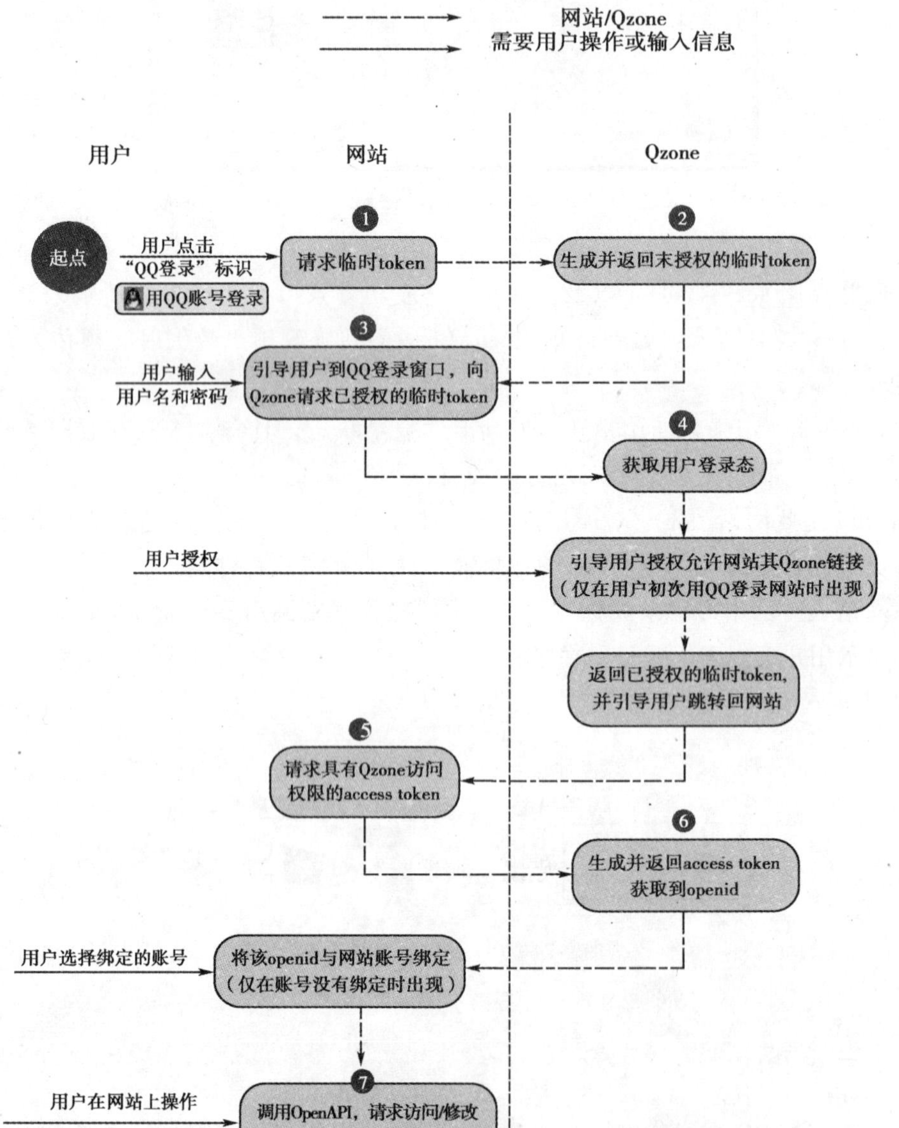

图 9-25　QQ 登录接入及 API 调用流程

4. 集成插件

社区类站点可以使用集成插件快速接入 QQ 登录。

5. WAP 网站接入

上述文档主要是针对 Web 以及 XHTML 格式的网站。WAP 网站接入 QQ 登录可基于 OAuth1.0 协议和 OAuth2.0 协议，其开发文档可以登录腾讯社区开放平台(http://opensns.qq.com)来获取。

SNS 和微博的迅速发展引爆了互联网的社会化趋势。各种各样的营销模式充斥市场，让操作者眼花缭乱。但从根本上来讲，社会化营销的效果取决于社交平台的规模和影响力。QQ 互联充分整合腾讯三大社交平台的优势，连通无数第三方网站，构成了一个庞大的沟通生态圈，使得社交传播效果获得无限放大。目前，社会化平台产业链已初步形成，商业生态也在不断完善，社会化营销将成为社会化平台的重要盈利模式。QQ 互联所代表的沟通生态圈，将充分引发用户与品牌、用户与用户之间关于品牌的对话，推动中国社会化营销浪潮的到来。

9.4.4 应用集成

应用型开放平台是用户最常见的开放平台，它指的是基于某一个基础的应用模式，然后开放自身平台供第三方开发者扩展。腾讯社区开放平台提供了丰富的、特有的、可互动的、强关系链的 API 接口，拥有所有应用开放平台中最好的应用传播渠道。QQ 空间与朋友网、腾讯微博做到了信息互通和同步更新，使得一个应用的二次传播的几率极高，用户转化率也极高。在开发者营收方面，游戏类应用已取得了很好的收益和表现，培养出了恺英、胡莱、热酷等大型开发者；新型应用程序的盈利模式在探索中刚起步。

腾讯开放平台集成了多种创新应用，包括游戏类应用、非游戏类应用、实用工具、生活服务、内容、时尚、电子商务等。

游戏类应用：以娱乐为主要目的的包括但不限于角色扮演、动作角色扮演、大型多人在线角色扮演类游戏、动作游戏、策略游戏、音乐游戏、生活模拟、养成游戏、棋牌、益智、网页游戏等游戏应用。

非游戏类应用：除游戏类应用以外的包括但不限于工具类、生活类等的应用。

实用工具：图片处理、学习工具、趣味设计、姓名艺术、杀毒工具等。

生活服务：票务、旅游、交友等。

内容：资讯、电子书、视频、图片等。

时尚：星座、明星、服饰等。

电子商务：团购、垂直购物等。

腾讯社区开放平台为第三方开发的社交应用提供开发接入入口，提供软件与硬件全方位服务，让开发和运营流程更简单、更易用、更安全。腾讯社区开放平台旨在与广大开发商分享腾讯海量用户资源，分享产品运营经验，实现收入共享、经验分享双赢。应用接入流程如下：

第一阶段：创建并提交应用。

公司或个人注册成为腾讯社区开发者，成为腾讯合作伙伴后，在腾讯社区开放平台上创建应用。开发者开发应用程序，需要在应用程序中调用腾讯提供的 OpenAPI 实现读取用户信息，获取好友关系链，实现好友互动等逻辑，并在应用测试环境中调试应用，以验证逻辑以及应用在平台 iframe 框架下的表现。应用开发完成后，使用腾讯提供的调试工具进行调试，最后提交应用给腾讯审核。对于通过审核的应用，开发者可以进入控制台申请接入内测区(见图 9-26)。

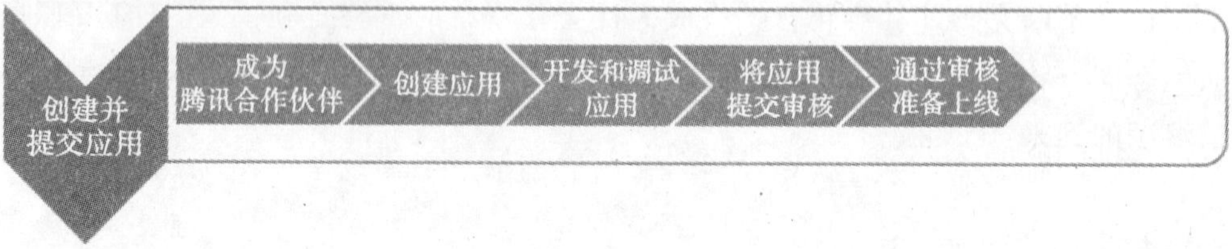

图 9-26　创建并提交应用

第二阶段：上线内测区。

应用通过审核后(审核标准见应用审核规范中的初审和复审标准)，可以上线任意一个或多个平台(腾讯朋友、QQ 空间等)的内测区(见图 9-27)。

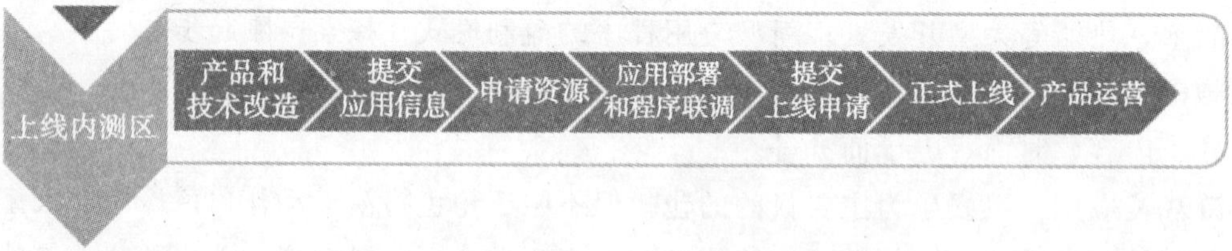

图 9-27　上线内测区

开发者需要按照应用审核规范，对应用设计、应用内容，以及安全性等方面进行自评和改造，这样可以避免应用被重复打回修改，可加快上线的速度。在进行产品改造和技术改造后，对未上线应用申请接入到 QQ 空间、朋友网或腾讯微博平台，提交包括调试者 QQ 号、应用高度、应用图标、应用预览图和背景图等应用信息后申请接入到相应平台。腾讯处理完该申请单后，将发送邮件到开发者注册的邮箱中通知开发者进行资源申请和域名绑定操作。其中资源申请包括开发者可以申请 CEE 作为 Web 接入服务器，申请 CDB 作为 DB 服务器，申请 CMEM 作为缓存服务，申请 CDN 服务上传静态文件。完成资源申请和域名绑定后，腾讯将在后台为该应用开通 OpenAPI 的权限。

开发者需要在服务器上部署联调通过后的应用程序，OpenAPI 需要替换为正式环境的 IP。non-hosting 的应用部署在开发者自己的服务器上，hosting 的应用部署在上一步中申请的服务器上。开发者还需要在测试环境中进行联调，以保证测试通过。联调完成以后，即可提交上线申请。上线申请审核通过后，腾讯将打开入口，并设置放量策略。在平台的应用中心中可见到新上线的应用。产品运营期间，开发者可以在本地进行业务逻辑代码的改动和自测。应用如果部署在腾讯服务器上，则必须在腾讯服务器上进行联调和发布。

第三阶段：升级为推荐。

应用内测区应用上线后，可发送邮件至 opencontract@ tencent. com 进行申请，升级为一个或多个平台(腾讯朋友、QQ 空间或者腾讯微博)的推荐应用(见图 9-28)。

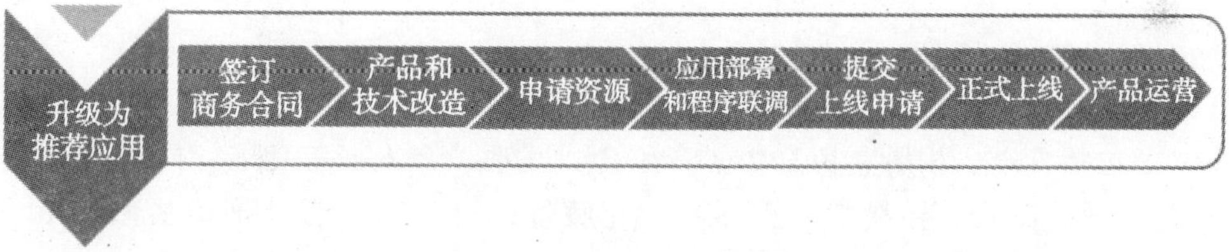

图 9-28　升级为推荐应用

符合升级条件的应用将收到腾讯发出的邮件通知，开发者根据指引联系腾讯方，签订电子商务合同，将应用升级为推荐应用。由于内测应用升级为推荐应用的标准只是是否签订了商务合同，因此在产品和技术上，其要求仍然是和内测应用保持一致的：

- 如果应用要上线多个平台(QQ 空间、腾讯朋友等平台)，则需要根据腾讯开放平台应用数据互通规范进行数据互通的改造。
- 应用需按照第三方应用开发安全规范中的 checklist 对应用进行安全检查以及漏洞修复。
- 应用需按照产品上线前优化表对产品进行自检。
- 应用可根据腾讯提供的 SNS Game 优化原则进行性能优化，以提升应用的访问速度、稳定性以及用户体验。

由内测应用升级为推荐应用以后，由于可以接入支付、营销等平台，可带来预期的用户量的增长，因此应用需要进行预期性的对 Web Server 以及存储服务器进行适当扩容。对于 Hosting 应用，其资源的申请与扩容与内测区并无区别，都是在开发者管理系统的“托管服务”下进行。

由内测应用升级为推荐应用不需要进行额外的应用部署和联调工作。但是需要注意：

升级为推荐应用后不允许进行删档，需要考虑用户数据的保存问题，选择合适的数据存储方案，实施数据迁移。联调完成以后，即可提交上线申请。开发者提交上线申请后，腾讯方会受理该申请单，主要进行如下验证和配置：

- 开发者已经将确认过的电子商务合同寄回至 opencontract@ tencent. com。
- 将应用的统计数据从内测区移动到推荐应用区。
- 将应用状态改为已经上线××平台推荐区，并调整放量策略。

目前，除了支付、营销、和客服平台外，腾讯开放平台的其他渠道以及子系统都是对内测应用开放的。因此升级为推荐应用后，即可开始接入支付、营销和客服平台，这些平台都可以自主接入。

9.5 Qzone功能应用

9.5.1 平台功能

Qzone 中包括日志、相册、留言板、音乐盒、互动、个人档等功能，同时有大量装饰物品如首页动画、皮肤、导航栏、漂浮物、花藤等，但几乎所有装饰需要用 Q 币付费。腾讯针对 Qzone 的用户推出了黄钻业务，黄钻用户可以独享 Qzone 装饰免费或折扣、大容量相册、个性域名申请等大量特权。

1. 日志

QQ 空间日志是腾讯公司开发的一款与博客相似的新产品，QQ 空间日志又分为公开日志与私密日志两种。空间日志具有批量管理日志的功能，可以批量移动到私密日志里、改权限等功能。日志的权限分为：公开(所有人可见)、QQ 好友可见、指定好友可见、私密记事(只有自己可见)。

为方便客户找回误删的 QQ 空间日志，QQ 空间 2011 提供了日志回收站的功能：日志回收站中的内容从删除当篇日志起为用户保存 14 天的时间，过期后即将被清除。在 14 天内回收站中的内容，可以进行恢复和清空；但是在启用回收站功能之前删除的日志不会保存在回收站内。

2. 相册

QQ 相册是 QQ 用户的个人相片展示、存放的平台，相册除了上传照片、创建相册等基本功能外，QQ 相册为客户提供了多达 28 种丰富功能。这些功能在持续优化，并且日益强大，为客户提供了简洁方便的相册体验。从性能体验方面看：QQ 相册可创建 256 个相册，每个相册可存放 512 张照片；普通用户拥有 1GB 基本相册容量，还可通过各类渠道获取更多相册容量；黄钻和会员用户根据等级不同拥有 5 ~ 50GB 不等的相册容量；新上传的照片不压缩质量，上传后的照片和原图一样清晰，最大可上传宽为1280像素的大图（使用极速上传不选择自动压缩）。

从QQ相册操作体验方面看：

(1)功能集成：小小工具条集所有功能于一身，提供强大功能的简单集合，查找功能更方便。

(2)表现丰富：动感影集、个性相册、幻灯片、大头贴，用多种方式表达用户的照片。

(3)批量操作：相册管理模式下实现对各类照片信息的一次性批量编辑。

(4)分类清晰：各类功能相册形成独立导航，查找方便无干扰。

(5)交流顺畅：评论回复功能，你来我往，沟通更便捷。

相册设置为公开、密码访问、不公开三种权限需求：公开——任何人都可以浏览此相册。密码访问——用户可以对该相册设置访问密码，只有知道密码的人才可以浏览此相册。不公开——只有用户自己才能浏览此相册。用户可以在相册管理模式里随时修改自己的相册显示设置。

圈圈是相册推出的全新功能，用户可以在相片中添加丰富的好友圈圈标签，通过在相片中框选的方式圈出自己的好友，并添加好友标签。其他用户在浏览该相片时即可通过指向相片中的人像得到其名字提示，并可直接点击进入其空间。用户照片上的好友信息被一次聚合，使照片内涵更丰富、展现更炫酷。

同时，在被圈用户的相册与互动模块中，也会有专门的"我被圈的照片"相册展示该用户在他人相册中被圈的相片，其他用户在浏览的时候也可以通过点击其照片直接进入相片主人空间。用户和所有好友的合照一次全展示。

动感影集是QQ相册推出的另一新功能，通过动感影集，用户的照片可以配上精美的相框、小饰物，加上动听的背景音乐，组成一段动感炫丽的视频影集；让用户的照片动起来，让用户的分享更精彩。

3. 个人档

Qzone个人档可分为权限设置、空间设置和个人资料。个人资料包括个人基本资料、我的爱好、空间资料、头像形象和实名认证。其中个人基本资料包括昵称、性别、生日、血型、现居住地、星座、感情状况、对象和周年纪念日等。感情状况有7个选项状态，分别是：单身、恋爱中、订婚、已婚、分居、离异和保密。其中的恋爱中、订婚、已婚还可以填写对象和纪念日；恋爱对象必须是主人的QQ好友；纪念日必须在填写完恋爱对象后才能填写。我的爱好里面有所喜欢的明星、音乐、影视、运动、游戏和书籍等；在空间资料里面可以设置个性化的空间名称和空间说明；头像形象里面可以制作自己喜欢的QQ秀头像和形象；实名认证里面有个人的真是基本资料，包括姓名、性别、现居地和故乡等。

空间设置包括同步设置、动态发布、个人中心、基础应用和通知和提醒。在个人心中里面可以设置自己喜欢的QQ空间布局。同步设置可以将空间说说与朋友说说同步显示，也可以同步到QQ签名，日志、照片、说说和分享可以同步到我的微博。动态发布可以把QQ空间动态发布到绑定的MSN。基础应用里面可以进行设置日志列表模式、主页模块篇数、访客权限、空间说说与QQ签名、朋友说说及微博的同步，还可以设置是否在客户端展现接收到的礼物及送礼权限。通知和提醒可以设置日志和照片更新是否显示在QQ面板上，空间动态有更新时或者“与我相关”动态有更新时进行数字提醒。当有人评论、回复或留言给我时或有人转载我的日志时，QQ客户端会弹窗通知；同时，还可以设置登录空间时默认显示的页面为个人中心还是个人主页。

权限设置可以对空间访问权限、评论回复权限、黑名单和QQ登录进行设置，在本文隐私设置里会详细论述。

4. 留言板

留言板是用户和到访的好友交流的地方，用户可以签上寄语，欢迎到访自己空间的访客。到访的好友可以在空间里面对空间主人进行留言。主人可以对访客的留言进行回复、引用或者删除，也可以给该访客送礼或者举报，甚至加黑名单禁言。留言板可以设置为开启或者关闭状态，并且可以限制指定的好友可以在空间里面进行留言。

9.5.2 基础应用

1. 说说

为了给用户提供更优质的服务，QQ空间的“心情”已更名为“说说”。QQ空间2012版本的目前对所有用户开放，用户可以随意转发好友的说说。转发成功后，好友的该条说说内容就会显示在用户自己的QQ空间。说说可以让玩家随时发表自己的心情随想。说说最多发表字数为140个。说说的具体功能优化有：

(1)说说功能优化：

- 点击“@好友”，会弹出好友选择的界面；
- 点击“投票”，会弹投票界面，可以直接在此窗口添加投票。

(2)说说里的内容中支持插入图片、视频、链接、转发：

- 图片可以上传或者从空间相册中选择照片；
- 可以将视频分享，支持特定的视频网站；
- 支持超链接网络地址功能；
- 支持输入：@后成接某个QQ好友昵称、QQ号码、备注；
- 可以转发自己或好友说说内容。

(3)支持搜索：目前在搜搜上可以搜索到加密QQ空间用户的说说，腾讯将尽快完善加密，QQ空间的说说将不会进入搜索结果中，敬请期待！

(4)说说支持短URL网址：

- 在发表框里输入的URL网址以及添加的URL网址，都支持点击并转义为短的URL

网址；

- 说说输入的 URL 网址同步到 QQ 签名的也显示短 URL；
- 从 QQ 签名过来的 URL 网址在 QQ 空间说说 J 里也显示短的 URL 网址，并支持点击；
- 在发表说说时，输入的 URL 网址统一按 20 字来计数，字数包括发表框、转发。

(5)支持截屏控件：

- 若未安装截屏控件，则点击后安装(目前截屏仅支持 IE，不支持其他浏览器)；
- 非 IE 浏览器不显示截屏，只显示上传及空间相册选择。

(6)“提到我的”：是指说说里内容与我有关的信息聚合页，例如：我对好友说说的评论、我回复过的、转发我的说说等，主要是广大用户聚合其重要的信息。

2. 秀世界

秀世界是 QQ 空间上私人空间图片化的展示平台。目前秀世界下设立迷用户屋、花园。迷用户屋有自己的商城，用户可以在这里选择物品搭配方案。花园是鲜花在秀世界平台下的一个应用，以花园场景装扮为主线，实现用户间的互动操作，包括访问、留言、送花、浇花。

3. 分享

“分享”功能可以通过 QQ 空间、微博等各种形式把一款软件的信息分享给好友。可以通过“快捷操作”进行分享操作，也可以在应用的详情页找到“分享”按钮。QQ 空间中支持分享的栏目有：日志分享、相册分享、照片分享、网页分享、视频分享、商品分享、新闻分享、微博分享和音乐分享。若设置了权限“仅对好友公开的日志”和“密码相册”，则不能被分享，其他未设置权限均可分享。单个 QQ 空间的分享条数上限为 600 条，但在 QQ 空间中同一内容不能连续 2 次分享。进入 QQ 空间可以按照自己的分享、好友分享和热门分享来查看所分享的内容。

4. Club

Club 是 QQ 空间内属于空间主人的小圈子，用户可以在里面呼朋唤友，畅所欲言。QQ 空间 Club 给用户的特殊化体验。创建真正属于自己的 Club，与 QQ 空间一体，引来超旺人气。在 Club 中发表的文章同时可备份到自己的 QQ 空间，使文章得以保存。可通过空间短消息与 QQ 邀请他人加入 Club，或订阅自己加入 Club 的更新提醒；可设置专属自己 Club 的积分升级体系与活动，以实现自己管理社区的梦想。

Club 功能包括页面基础功能，如：Club 基本信息建设与管理(管理 Club 名称/分类/权限/介绍/图片等)；Club 成员管理(审批加入/设置管理员/设置黑名单等)；Club 版面与文章管理(建设与修改版面/删除与移动文章/置顶与加精文章)，文章支持多媒体写入与展现(同 QQ 空间日志功能)；高级功能在自己 QQ 空间首页设置 Club 模块，Club 的更新信息将显示在 QQ 上，可通过短消息邀请他人加入 Club，也可通过短消息订阅加入 Club 的更新提醒。在 QQ 空间中 Club 搜索，就可直接输入关键字进行搜索。在 Club 中发表的文章同时可保存到自己QQ空间，也可转载Club中的文章到自己的QQ空间。

5. 投票

投票首页会显示好友的投票、好友参与的投票、精彩投票以及我发起过的投票，如果其中某一个类型没有内容的时候，会自动隐藏。

通过投票首页，用户可以方便地查看最近用户自己和好友在投票里的动静。只要点击投票的标题或者“去投票”，就可以轻松参与到投票中去。

(1)发起一个投票。只要点击“发起投票”，就可以开始发起投票，用户只需要进行如下操作：

- 填写一个标题；输入选项，设置单选还是多选；发起投票。然后，就能够发起一个投票了。当然，还支持填写详细描述的功能，只要点击“添加描述”，就可以输入详细的描述了。发起投票后，用户就会发现自己发起的投票出现在列表中。

(2)参与一个投票。进入一个投票的详情页面后，用户就可以参与投票了。用户可以有多种选择：

- 投票，并且留下用户的评论；
- 只是投票；
- 直接查看结果，然后再投票。

投票后，用户的选择和评论就会添加在统计结果下面，每个主题用户只能投票一次。

当用户投过票后，再次进入这个投票时，就会直接显示结果，不能继续进行投票，但是可以回复其他人的投票。

(3)回复其他人的投票。当用户看见其他人对这个投票的选择，想要对他说些什么的时候，只需要点击右侧的“回复”按钮，就可以展开回复。在展开的回复中，用户就可以对这些好友们进行回复，与他们交流。用户也可以删除自己的回复，如果用户是投票人，那么用户也可以删除其他人对用户的回复。

需要提醒的是：删除自己对投票的评论，会连所有回复一起删除。

6. 礼物

空间礼物是用户参与活动得到的，用户可以选择礼物或者DIY礼物赠送给自己的好友，对于不喜欢的礼物可进行删除。

7. 好友问问

好友问问是腾讯推出的一个用户交流平台，用户在这里可以提出想了解的问题，也可以用自己的知识和经验来帮助想要了解某些问题的问友。在这个过程中用户可以得到系统给的积分和经验。

当用户满足如下任意一个条件时问问图标将被点亮：

- 用户的问问等级大于等于1，问问图标将自动点亮。
- 在用户与QQ好友聊天窗口的右侧，以及QQ好友的头像TIPS上会显示用户的好友最近的提问。用户可以点击转载按钮，当问题转载成功且用户的问问等级大于等于1

时，用户的问问图标就点亮了。

当用户满足以下条件中的任意一条问问图标将被熄灭。

- 当用户的问问等级小于1级时，用户QQ客户端中的问问图标将被熄灭。
- 当用户超过(含)30天没有登录问问社区，用户QQ客户端中的问问图标将被熄灭。

如果用户想要关闭问问图标，那么在个人中心常规选项中选择“关闭”，点击确定，问问图标就会自动熄灭。

8. 交友风暴

交友风暴是向用户推荐志趣相同的新朋友的一个应用。通过“交友风暴”，用户可以寻找到与用户惺惺相惜的那个人。根据用户与网友QQ空间个人档资料里，所在地区、年龄、性别、兴趣爱好进行综合参考算出的趣味交友指数。QQ空间交友风暴中的内容是根据用户填写的QQ空间个人档资料匹配及选取推荐产生的，若用户想更新交友风暴内显示的信息，只需更改用户空间个人档里的资料即可。

9. 好友日志

好友日志在表现上类似于查看日志功能，但却支持在QQ校友里查看好友或同学的日志摘要或全文，而无需进入该好友或同学的QQ空间查看。可以在QQ空间个人中心的好友日志中选择感兴趣的好友日志，点击日志摘选下方的“阅读全文”。如果没有添加好友日志功能，可以登录QQ空间的个人中心，点击应用列表右边的“添加”；在添加应用列表内找到“好友日志”应用，点击右边的“添加该应用”即可。

10. 听音乐

QQ空间听音乐应用是一个由QQ音乐推出的、QQ空间用户专属的、免费的网页在线听歌服务。在此，最新的大碟、最热的排行榜、最受欢迎的歌手、QQ音乐的百万曲库免费向用户开放。

11. 存储应用

腾讯提供了一系列的网络存储产品，如QQ网络硬盘、QQ网盘、QQ旋盘、Q盘等。不过同为存储产品，在不同场合使用时的称呼也会有所不同，QQ空间最新上线的存储应用称为文件夹。

9.5.3 游戏应用

目前网络游戏增速放缓，但是SNS游戏发展强劲，腾讯从娱乐、生活、关爱、情感四方面来成就其SNS游戏。娱乐是互联网用户的基本诉求。腾讯SNS应用和SNS游戏建设中注重在这种休闲和快捷的娱乐应用，一直在发展SNS应用集群。从抢车位、好友买卖，延展到QQ牧场、QQ餐厅，腾讯发挥整合作用，形成了一个SNS应用的集群。能促成SNS游戏成功第二个动力是生活元素。比如QQ空间里有一款叫吃喝玩乐的游戏，旨在帮助用户寻找生活信息，下载优惠券，下载生活类的点评消息。促成 SNS 游戏成功第三个因素是人际和情感。人际和情感是 SNS 固有的 DNA，但是 SNS 游戏给了这个 DNA 一个新的、完全崭新的表象。促进 SNS 游戏成功的第四个动力是关爱。除了上诉四点外，平台将成就 SNS 游戏，主要包括平台渠道和平台用户。

1. 好友买卖

好友买卖(Friends For Sale)起源于著名社交网站 Facebook，此插件一经推出就获得了广大用户的青睐。风靡后国内社交网站开始模仿跟风，国内最早见于开心网。现在又还有买卖的社交网站有开心网、同楼网、腾讯、人人网，四千万等网站。

在游戏中，用户可以把好友当做奴隶进行买卖，奴隶的身价会因此上升，用户自己也能靠买卖好友赚取更多的现金。在游戏中，只能买 QQ 好友中已开通 QQ 空间的用户。只要自己的现金大于好友的身价，就能买他为奴隶，无论他当前的主人是谁，都把他买下。在买好友的同时，好友的身价会自动提高，而好友从自己手上再次被卖走时，除去人口交易税，奴隶自己的收益之外，大部分的获利就归自己了。自己的总资产等于用户的现金+拥有奴隶的身价总和。

2. QQ 农场

QQ 农场是以农场为背景的模拟经营类游戏。在游戏中，玩家扮演农场的经营者，完成从购买种子到耕种、浇水、施肥、除草、收获果实再到出售给市场的整个过程。游戏趣味性地模拟了作物的成长过程，所以玩家在经营农场的同时，也可以感受“作物养成”带来的乐趣。在游戏中，玩家可以对自己的作物实施的大部分动作，都同样可以对好友的作物实施。QQ 农场是由“五分钟”团队开发，嵌入在 QQ 空间和 QQ 校友平台中的应用程序游戏。

QQ 农场会不定期地开展各类有趣味性的活动，不断地改善和加强游戏玩家的可玩性和趣味性，不定期地会有意想不到的场景和画面令各位“农友们”眼前一亮。

3. 抢车位

抢车位是一款免费的娱乐小游戏。在游戏中客户可以通过停车、贴条赚取收入。获得收入后用户就可以购买自己的“梦想汽车”。新进入游戏马上获得系统随机赠送的一个酷炫停车场。停车场有三个停车位和一个爱心车位。同时系统还赠送用户一辆二手汽车，外加 Qzone 社区虚拟爱心基金会发放的 1000 金的生活补助费。

赚钱为了购买梦想之车，QQ 用户需要先通过自己的努力赚到钱。赚钱的方法如下：邀请好友加入游戏，每成功邀请一个好友奖励 1000 金。把自己的车子停到好友家的车位，每分钟根据车的盈利能力来赚钱。连续停车 12 小时后，收入不再增加。当用户把车从车位挪走后，此笔收入才加入用户的现金总额里。如果用户发现用户的车位被别人占用了，用户可以给那辆车“贴条”，由用户选择没收该车全部或者一半收入。停车用户的车只能停在好友的车位里。用户自家的私家车位是用来赚钱的。

4. 花藤

所有空间用户都可以领养花藤。用户领养花藤后，将根据现有的分数，按照规则确定花藤等级。用户在种植花藤过程中，可以随意更换花的品种，而花的四项指数和花的等级保持不变。花藤是 Qzone 人气指数的具体化，花藤的成长由四项属性值决定，即爱心值、阳光值、雨露值、营养值，每一项都和博客的重要参数直接挂钩。

(1)阳光值。用户的 Qzone 每有 1 个访客(不包括未登录的访客)光临，其阳光值就增加 1 分，每位用户也可以用访客的身份在当天为自己的空间增加阳光指数 3 分。

(2)爱心值。用户每发表一篇日志(包括彩信日志)，其爱心值增加 5 分。新增一个非 QQ 个性签名的心情，爱心值增加 3 分，添加一音乐增加 1 分。相应地，删除一篇日志扣 5 分，删除一个心情扣 3 分，删除一首音乐扣 1 分。

(3)雨露值。日志、心情和留言板每增加一个非用户自己的回复增加 2 分，阅读一个新小纸条增加 2 分。每篇网络日志每被转载一次，原创作者的雨露值增加 3 分；而删除日志评论及留言不会扣除雨露值。

(4)营养指数。用户每在个人空间商场花费 1 元钱(手机消费除外)就能给 Qzone 当前的植物的营养指数增加 8 分；黄钻贵族用户将每月获得额外的营养指数。

另外，Qzone 的花藤也具有其等级成长体系，用户在提升花藤等级的时候将获得一定的虚拟物品作为奖励。当 Qzone 的阳光值、爱心值等达到一定的数值后，花藤等级会自动提升，用户的 Qzone 等级也随之提升。Qzone 的等级可显示在个人主页、个人签名档、其他用户留言板等位置。

5. 胡莱三国

胡莱三国又是一款第三方开发网页游戏，其最吸引人的莫过于众多的名将了，胡莱三国前期很重要的一个过程就是要选出重点培养的武将。

武将的成长有 3 个属性，分别为攻击力，防御力，生命力。每个属性又分为五个档次，从高到低依次为：卓越(橙色)>杰出(紫色)>优秀(蓝色)>良好(绿色)>普通(白色)。一般来说，拥有一个卓越属性的武将就是不错的将。如果没有卓越的属性，那么一杰出双优秀也是上等的。武将的成长属性好，不仅初始属性高，每次升级带来的属性提升也更高；也就是说，等级越高差距越大！关于初始属性，是随机的，同一个名字的将领，初始属性都会不一样，以攻击力来说，按照最后一次内测的经验，初始攻击力达到 65 的就是好将，70 以上就算极品。用户还可以在自己的或好友的武馆招募武将。

9.5.4 Qzone Open API 及其应用排行

腾讯开放平台推出升级版 OpenAPI V3.0，支持全平台统一接入，对于同一功能，第三方应用不再需要根据不同的平台调用不同的接口。采用新的接入协议，请求中必须包含签名值，因而更加安全。参数和返回码尽量和老版本接口兼容，开发者如果想升级到新版本 OpenAPI，代码改造工作量较小(见表 9-1、表 9-2)。

表 9-1 **业务级 OpenAPI**

分类	接口功能说明	接口详细文档	朋友	空间	微博	类型
用户信息	获取用户信息	v3/user/get_ info	√	√	√	REST API
	批量获取用户信息	v3/user/get_ multi_ info	√	√	√	REST API
	验证用户是否安装了应用	v3/user/is_ setup	√	√	×	REST API
	获取登录用户是否黄钻级别	v3/user/is_ vip	√	√	√	REST API
	验证登录状态 &openkey 续期	v3/user/is_ login	√	√	√	REST API
好友关系	验证是否平台好友	v3/relation/is_ friend	√	√	×	REST API
	获取安装了应用的好友	v3/relation/get_ app_ friends	√	√	√	REST API
平台基础功能	上传照片到 QQ 空间相册	即将发布	√	√	×	REST API
	选择 QQ 空间相册中的照片	fusion2. dialog. selectPhoto	√	√	×	JS API
	发表说说	fusion2. dialog. tweet	√	√	×	JS API
推广	邀请好友开通	fusion2. dialog. invite	√	√	√	JS API
	应用分享	sendStory fusion2. dialog. sendStory	×	√	×	JS API
		应用内分享 fusion2. dialog. share	√	√	√	
	发送请求或赠送礼物	fusion2. dialog. sendRequest	√	√	×	JS API
页面导航	跳转到个人首页	fusion2. nav. toHome	√	√	√	JS API
	跳转到好友主页	fusion2. nav. toFriendHome	√	√	×	JS API
画布/窗口尺寸	调整画布高度	fusion2. canvas. setHeight	√	√	√	JS API
	大窗口/全屏显示应用	fusion2. control. showFullWindow	√	√	√	JS API
支付	显示 Q 点充值弹框	fusion2. dialog. recharge	√	√	√	JS API
	显示 Q 点查询弹框	fusion2. dialog. checkBalance	√	√	√	JS API
	确认购买后跳转到支付弹框	fusion2. dialog. buy	√	√	√	JS API
	Q 点 Q 币直购道具	v3/pay/buy_ goods	√	√	√	REST API
安全	获取验证码图片	v3/csec/captcha_ get	√	√	√	REST API
	校验图片验证码	v3/csec/captcha_ verify	√	√	√	REST API
	过滤敏感词	v3/csec/word_ filter	√	√	√	REST API
腾讯微博	腾讯微博相关 OpenAPI	腾讯微博相关 OpenAPI 列表	×	×	√	REST API
SOSO 地图	SOSO 地图相关 OpenAPI	SOSO 地图相关 OpenAPI 列表	√	√	√	REST API

表 9-2 系统级 API

功能分类	接口说明	接口
分布式消息队列（CMQ）	发送一个消息到指定队列	/msgqueue/send_ msg
	从队列中接收一个消息	/msgqueue/recv_ msg
	从队列中删除指定消息	/msgqueue/delete_ msg
统一数据接入（DC）	通用日志数据上报接口，用于经营数据分析，安全等数据的上报	统一数据接入 API 说明

继朋友网推出应用分类热门排行榜后，QQ 空间应用中心也推出了热度排行榜。根据游戏、工具、生活休闲及便民服务四类应用，分别按周/月列出排名前 10 的应用，还以分值的形式显示该应用的评分情况，量化地展现用户的使用评价（见图 9-29）。

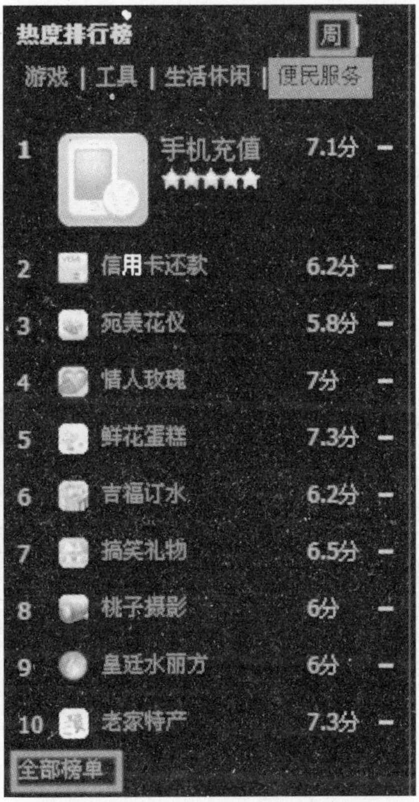

图 9-29 热度排行榜

除了排名前 10 的榜单应用，还可以在热度排行榜下方点击“全部榜单”按钮，即可分类查看所有应用的排行情况（见图 9-30）。

除了热度排行榜之外，整个应用中心的设计都有焕然一新的变化，其中最明显的一项

图 9-30　全部榜单

更新就是注重对应用的推荐。页面最显眼的游戏推荐广告位，自上而下的栏目分别是：精品聚焦、最近热门、不同性别和阶层的应用最爱、最新上线等(见图 9-31)。

图 9-31　游戏推荐广告位

9.6 Qzone界面特点

QQ 空间新的版本将人做了细分，仿佛回到了最原始的 SNS 时代，每个人都拥有自己的空间，人和人似乎间隔开来。只是QQ空间让用户的好友对自己有了更清晰的认识，实际上用户与其好友是相互交融的。

QQ强调通过针对不同用户的细分兴趣，为用户的不同需求提供了切实可行的解决渠道，这是空间在“轻”理念方面的最佳诠释。比如，喜欢摄影的用户可选择摄影主题空间，喜欢写字的用户可选择日志风格。就目前的情形来看，这种能满足细分用户需求的产品属性，更容易让用户寻找到纯正的需求方案。

目前QQ空间除了具备生活理念之外，其还具体表现为为用户提供了更大自由配置的组合空间，特别是QQ空间6.0新增加400多款应用组件，全方面的应用组建配置不仅将开放平台的理念发挥得淋漓尽致，更将QQ空间为用户提供更加自由便利的空间配置提供了依据。

QQ空间的组件和应用中心非常轻快，和“轻空间”理念搭配相得益彰，只要用户愿意，完全可以通过这400多款空间应用组件打造出一个全新的“空间花园”。除此之外，用户借助空间可以轻松地享有腾讯其他产品之间的互通互联，例如喜欢摄影的用户可以和相册无缝对接，喜欢社交的用户可以和腾讯微博、说说等内容同步……在关联如此紧密的强大资源覆盖下，QQ空间的意义早已超越了单一的产品功能，而是为用户准备的一场SNS网络生活盛宴。

9.7 Qzone安全机制

9.7.1 信息安全方案

腾讯在安全工作方面一直很重视，主要有三大系统：日志及图片发表审核系统、日志差异化系统和垃圾留言打击系统。日志及图片发表审核系统主要保证发布的日志内容健康，日志评论及留言的内容不涉及色情、政治，也不是垃圾留言，还为其他模块的内容提供保证。日志差异化系统，保证外网高访问量日志能及时审核。垃圾留言打击系统，保证用户不受垃圾留言骚扰。这三大系统有效保证了Qzone的信息安全，Qzone的信息安全整体方案如图9-32所示。

Qzone在内容审核方面不断完善，最初对敏感词用星号进行过滤，从而过滤了日志中出现大量的广告、不健康内容。后来，有些正常的日志也会出现很多星号，从而影响阅读。由此，内容审核采用了关键字命中审核系统，如果日志中出现设定的关键字，有Qzone工作人员进行审核，可以有效地过滤掉不健康的日志，也不会误删正常的日志。但是审核周期有三天，比较长。为保证用户能够及时的发表日志，目前采用“评分式”的新审核系统，根据日志内容的关键词出现次数，敏感程度对该日志进行打分，从而保证新发布的日志及图片得到及时的审核。

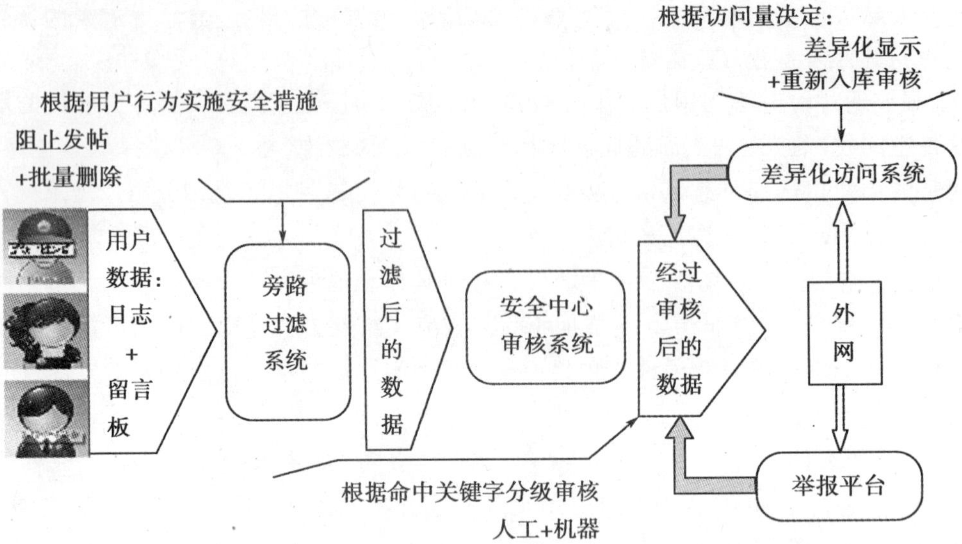

图 9-32　Qzone 信息安全整体方案

根据用户的来源、身份不同，提供的日志访问服务也不同；Qzone 的日志差异化访问系统设置黑名单和白名单，以此来提供不同的服务。为了避免敏感文章被大量恶意传播，对日志设置访问量阈值，对日志的访问量不能超过这个阈值。不同时期对于非法文章的判断标准也不同，还对日志设置了审核过期时间，以便过期后重新进行审核。日志差异化访问系统的系统结构如图 9-33 所示：

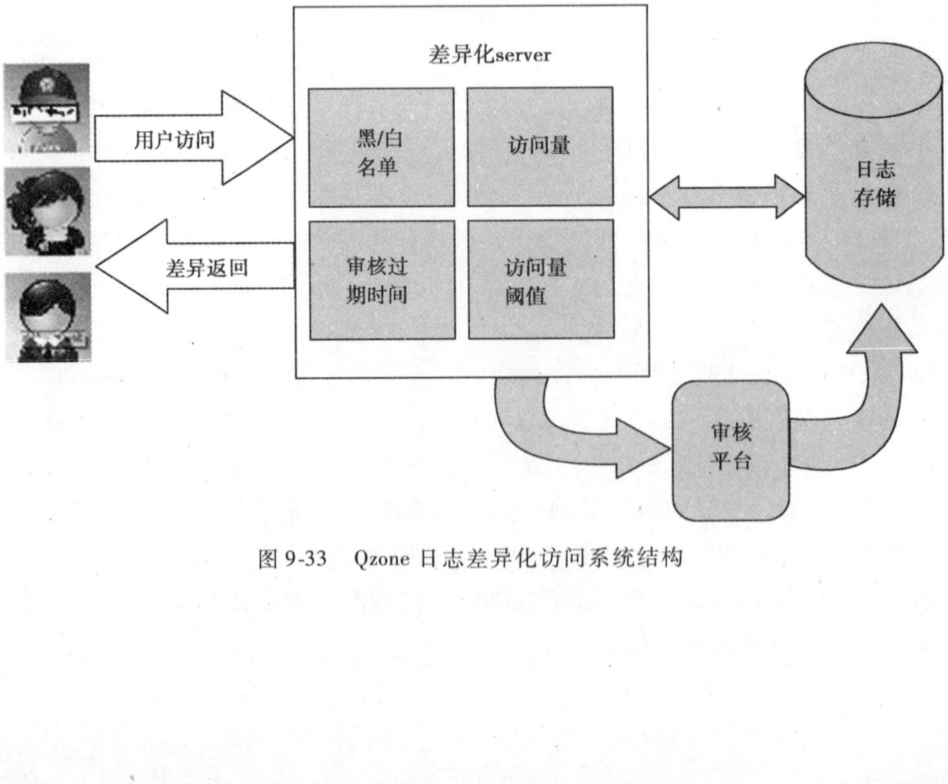

图 9-33　Qzone 日志差异化访问系统结构

日志差异化访问系统工作流程如图 9-34 所示。用户访问日志，首先根据用户的来源、权重和日志的访问数来计算访问量，判断访问量是否超过访问量阈值。如果未超过访问量阈值，正常显示日志内容；如果超过了访问量阈值，进而判断最后审核日期是否失效，如果未失效同样可以显示日志内容。如果最后审核日期已经失效，需重复对该日志进行审核，以提示用户日志处于审核中或者直接屏蔽日志。

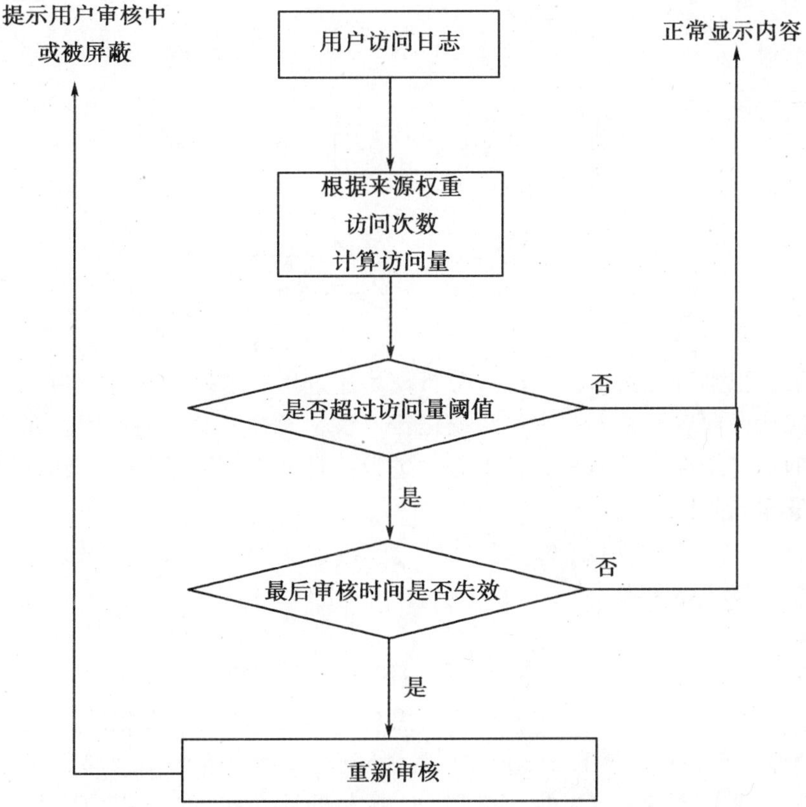

图 9-34 日志差异化访问系统流程

面对 Qzone 的空间小纸条、留言板、日志/评论和个人资料出现的欺诈信息，Qzone 最初使用验证码进行校验，同时也给用户带来了不便。为了解决保护安全用户，打击恶意行为，又方便用户使用，Qzone 开发了旁路系统，该系统可以覆盖 Qzone 各个模块进行全面保护，支持 Qzone 平台下高并发，同时不影响用户使用的性能(见图 9-35)。对于新增的恶意信息能初步自我学习，避免过多地人工干预。可以精确打击恶意用户，对正常用户尽量影响最小。

留言板、日志回复、转载空间、小纸条、滔滔心情、相册评论、Q 吧、Qzone 投票、校友、QQ 交友等接入的信息，旁路安全引擎首先对信息进行预处理，通过关键字分析信息中是否存在敏感词汇，对信息样本频率分析该信息是否频繁出现，再通过信息发布的行为模式分析该信息的意图；预处理后判断信息为恶意信息进行删除，并对信息发布的特殊

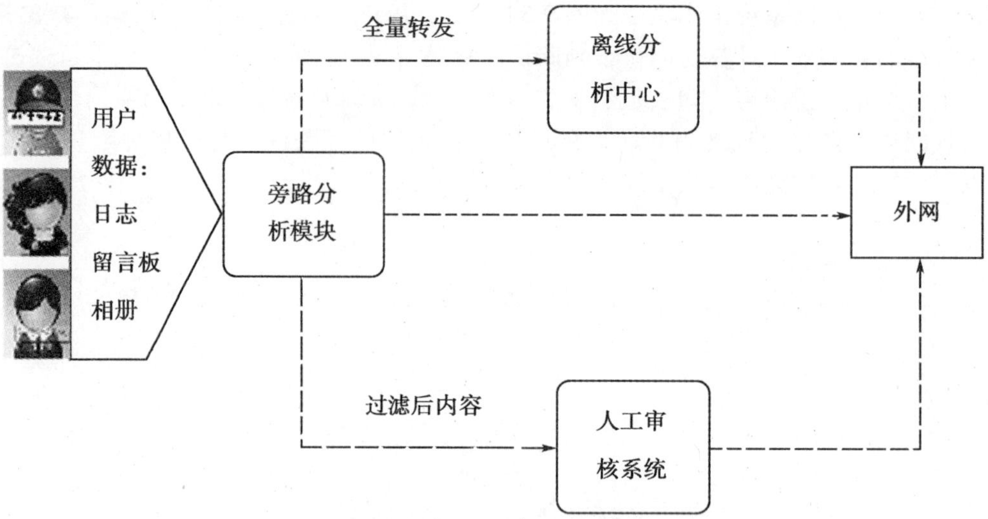

图 9-35　Qzone 旁路系统架构

地区进行记录，识别可疑信息；最后，分析模块通过用户信用度进行行为分析。经过旁路分析模块过滤后的内容经过人工审核系统进行审核，通过后发布到外网。并且旁路分析模块把处理后的信息全部发到离线分析中心，进行信息分析和可以信息自动识别学习，并把正常的信息发布到外网。

9.7.2 隐私设置

QQ 空间最隐私设置可分为对空间访问权限的设置，用户对日志、相册、说说、留言板的评论回复和留言的评论回复权限设置，黑名单的设置和 QQ 授权的网站访问权限的设置。其中对 QQ 空间的访问权限有三个级别，分别为对所有人可见、部分人可见和仅自己可以访问空间。部分人可见可以指定全部 QQ 好友可见或者 QQ 分组中的某一个组或某几个组的好友可见，同时还可以指定某些 QQ 号码可以访问自己的空间。除了指定用户可见外，还可以设置密码问题，其他人通过回答密码问题也可以访问好友的空间。密码问题最多可以设置三个，只要回答出来一个就可以进入好友空间进行访问。对评论回复的设置可以限制有访问权限的人，能对自己的空间内容进行评论、回复、留言、赞等动作。也可以限制为自己的 QQ 好友，或者指定 QQ 号码的用户，甚至只能自己进行评论或回复。

9.7.3 网站安全隐患

QQ 浏览器与 QQ 电脑管家合作，为用户提供了安全保护功能，保证了用户的浏览和账号安全。当浏览器检测到用户正在访问恶意网址时，将屏蔽当前网页。某些网站借用 QQ 空间页面欺骗用户输入 QQ 号码及密码，从而盗取账号。针对这类安全隐患，如果检测到用户在未经腾讯安全认证的 Flash 内输入 QQ 号码，浏览器将提示用户并建议关闭当前网页，同时上报网址和Flash信息以确认恶意Flash；如果用户在非腾讯网站内输入QQ号码，为了确认恶意网址，提供更好的安全保护，浏览器将上报网址信息。如果页面内包含已确定为钓鱼内容的恶意Flash，浏览器将直接屏蔽该Flash，帮助用户避免可能的损失。

另外，在QQ隐身的情况下，对方是不能获取IP地址信息的。如果是QQ会员，还可以选择“QQ登录设置”里的“QQ会员VIP登录”，直接使用腾讯官方的HTTP代理服务器。通过代理服务器上网，不会出现IP地址信息。

9.8 Qzone运营模式

9.8.1 Qzone推广模式

腾讯的QQ空间依托QQ这个中国最强的人际交流聊天软件，坐拥8.6亿QQ注册账户，使得QQ空间拥有着其他国内SNS网站所无法比拟的超广泛人际交互网络，而拥有QQ这个强有力的后盾，也使得QQ空间不至于和其他SNS那样，过分担心短期网页游戏体验过后，新鲜感消失所带来的大量用户流失。

腾讯在SNS上的脚步也并没有因为早前的成功而停滞，继2009年1月发布校园SNS产品实名社区QQ校友初试啼声，于当月又发布了QQ2009beta版。这个QQ新版本新增了“好友印象”等强化QQ“SNS特质”的功能，这其实就是一个将QQ空间、网页游戏进行全面捆绑的战略，而这就将腾讯的网页游戏可开发的潜在用户群体扩展到了8.6亿QQ用户之上，较之普通SNS站点用户群体大多为白领阶层这一指向，有了极大的攀升，同时也将原本校内网、开心网上的那些网络娱乐进一步的渗透进了网络生活之中，而这也势必让腾讯的网页游戏有了极强的人气积淀。

这种网页游戏的人气飙升则将进一步带动了QQ空间的朋友交互吸引力，加上QQ空间一直以来擅长于在人性上进行把握，因此在这种看似模仿Facebook的网页游戏组件模式上，又加入了新颖的“抢滩登陆”等特色组件，既摆脱了国内SNS网站中网页游戏一大抄的尴尬局面，又有效地将SNS以人为中心的人本主义特色巧妙发挥出来，腾讯原本就在QQ聊天软件上建立了良好的人性关怀，而这些网页游戏组件的加入，则让腾讯用户群体之间的沟通不在仅仅局限在聊天和空间日志访问之上，通过游戏这个诞生于人类发展初期的娱乐活动，以全新的现代主义元素重新演绎，从而通过网络生活互动，打破了现代钢筋混凝土结构下的人际隔阂。而这种建立在QQ用户上的SNS，其黏合度和聚合力是其他SNS网站所无法比拟的。

尽管腾讯在网页游戏组件的加入上入手较之其他网站为晚，然则后手先机，在观察了网页游戏和SNS之间的起落之后，反而依托自己在用户群体上的绝对优势和空间博客领域的强悍盈利能力，一出手，就将网页游戏这个本来属于办公室白领阶层的游戏类型，变成了一个QQ好友之间的群体盛宴，使得自己的SNS拥有了更广的六度交友链条和更加不可捉摸的交友领域，加上每个QQ网页游戏组件的使用者都可能拥有的数以千计的好友群体，这都大大突破了传统SNS交友网站交友面窄、交互性不强、即时信息沟通不变的局限，从而将传统SNS网站和即时通信软件的双重优势在网页游戏中完美结合起来。在另一方面，此消彼长之下，单纯模仿Facebook的中国SNS站点，出现大面积用户流失，也很容易理解了。

腾讯SNS+网页游戏的战略其实破解了国内SNS发展的一个迷局，即将SNS定位于白领以上高端人群，单纯希望依靠网页游戏来增加SNS人气，则势必在后期无法遏制用户的大面积流失。而唯有通过实用化、多功能服务为核心，打破Facebook简单的人际交互网站的局限，用各种各样网页游戏组件融入SNS之中，放开SNS群体限制，拓展其人气，使之尽可能多地转化为SNS网页游戏用户，再以不断更新的网页组件来凝聚SNS上的用户聚合力。才可以最大限度地吸引多渠道、多层次的用户群体加入其中，更便捷地享受SNS网上交友的乐趣。这种多层次的SNS、多层次的盈利模式，腾讯SNS可以说在互联网上是一个低调的奇迹。

9.8.2 Qzone盈利模式

Qzone最初是在QQ秀团队的合作下开发出来的，而QQ秀团队成功的秘诀——有偿虚拟增值服务模式——也因此引入Qzone的经营理念中。总而言之，Qzone的盈利最主要的还是靠提供有偿的虚拟服务，出售虚拟商品，下面详细分析主要盈利模式。

1. 有偿增值服务模块

Qzone的有偿增值服务盈利模块最典型的案例是黄钻贵族服务。黄钻贵族式Qzone在1.0版本就推出的一种有偿的增值服务，用户通过到代售点购入实体卡或手机话费代缴的形式进行缴费和开通，在开通黄钻后，用户即可获得与Qzone相关的VIP特权。黄钻贵族用户与一般用户相比享受到的服务更优质、自由度更大。黄钻贵族用户所拥有的特色功能都比较实用，用户若想把自己的Qzone主页设计得有声有色，只能通过购买黄钻服务来实现。

Qzone黄钻贵族服务采用了别具一格的“成长体系”理念。鼓励用户持续购买服务，累计实用服务时间越长，所拥有的特权也就越多。这种成长体系的收费模式，在国内尚属少数。

2. 等级成长系统模块

等级成长系统，即用户通过达成特定任务，满足特定条件，提升自己虚拟服务的等级，获得更佳的虚拟体验和个人成就感。等级的提升并不是一蹴而就的，而是需要相当长时间的历练，是一个成长的过程，而且等级越高，往上提升的难度也越大。

等级系统虽然不是腾讯公司首创的，但是腾讯公司却把这一系统的魅力发挥得淋漓尽致。等级成长的理念也贯穿在Qzone网站经营的始终。下面以Qzone等级和黄钻等级为例阐述Qzone等级成长系统盈利模块。

Qzone 等级是评价 Qzone 博客优劣的重要指标。其等级越高，代表该博客越多人关注，博客活跃程度越高。具体来说，Qzone 等级是通过花藤系统来体现的。

黄钻等级系统也是 Qzone 成长体系的一大亮点。用户开通黄钻后，每日均可获得定额的经验值，经验值累计到一定水平即可提升等级。黄钻等级越高，其享受特权越多，如更大的相册容量，更多的免费虚拟礼物，购买商场的特供品具有更优惠的折扣等。然而，等级越高所提升下一级所需的时间也越长。为了鼓励用户长期使用黄钻服务，腾讯公司退出了“黄钻直通车计划”，只要一次购买一年的黄钻服务，便可获得 1.5 倍的成长速度，提升黄钻等级越容易，获得下一级的特权也越快。

3. 其他增值服务模块

Qzone 经营成功的第二大法宝就是出售与其相关的装饰品。黄钻贵族用户可以免费装饰空间，而对于不愿意购买黄钻服务而又想美化其 Qzone 的用户，腾讯公司则采用了向他们出售虚拟装饰品的经营策略。在 Qzone 商场里，用户可以自由选购任意的空间主页装饰品，不过要通过腾讯公司的虚拟货币（Q 币、Q 点等）来支付。每件虚拟装饰品价格从人民币几毛钱到几元钱不等，要把 Qzone 装饰得精致美丽的话，一般要花费二三十元。而且这些装饰品也有使用期限，一般为六个月，那就意味着在六个月以后用户购买的虚拟装饰品会到期消失，用户若想保留那些物品，只能够续费或者重新购买。腾讯公司依靠加大直接购买物品和黄钻免费获得物品的成本差距，吸引用户长期购买黄钻贵族服务，从而获得持久的盈利。

除了销售装饰品外，Qzone 还与腾讯旗下增值服务实现了联合，如绿钻贵族服务中的 Qzone 背景音乐。很多用户喜欢在自己的博客网站设置背景音乐，而在 Qzone 中背景音乐这一项是具有限制的，一般用户只能使用网络歌曲（即外部链接），而网络歌曲则具有版权不明、稳定性差、链接容易被封的缺点，用户如要获得良好的 Qzone 背景音乐体验，只能购买腾讯旗下的另一项虚拟增值服务——“绿钻贵族”。绿钻贵族用户可以在 Qzone 自由地上传本地音乐作为其背景音乐，并具有专用服务器，播放远比网络音乐要流畅。这项功能吸引了相当一部分用户购买绿钻贵族服务。

另外，如上文所述，Qzone 自 5.0 版本后开设了“个人中心”模块，在这个模块中，腾讯公司精心为用户准备了不少带有游戏性质的应用程序，或将原来独立的网页游戏植入 Qzone 中，如好友买卖、抢车位则是新增的应用程序，而原来 QQ 校友的独有的网页游戏 QQ 农场、QQ 游戏中的欢乐斗地主也顺理成章地移植到 Qzone 中。这样的改变，一方面方便了用户，另一方面可以附带性地出售一些应用程序中的增值虚拟商品。例如，在 QQ 农场中，玩家希望自己的“农作物”获得比别人更快的成长速度，则必须用人民币购买“化肥”；在欢乐斗地主中，如果玩家希望在赌本代币——“欢乐豆”消耗完后继续游戏，则只能购买游戏商城的物品，获取物品附送的欢乐豆。在 Qzone 植入游戏模块，即可向用户宣传推广腾讯公司旗下其他的产品，也扩大了虚拟商品的销售渠道，实现了 Qzone 和附带应用程序双赢的局面。

4. Qzone 的广告营销

自从博客网站问世以来，在网站上植入广告进行营销，作为传统的网站盈利模式，是一般博客网站的主要收入来源，虽然 Qzone 另辟蹊径，让出售虚拟服务、商品成为盈利的主要模式，但这并不意味着它放弃了广告营销这一领域。相反，Qzone 运营团队利用自身的特殊优势，因地制宜，把网站广告营销搞得有声有色。腾讯与农夫山泉合作，在 Qzone 平台上发起的"梦幻爱情世界"活动就是一个很好的例子：农夫山泉在推出"茶饮料"后，迫切地需要将这款产品在饮料市场中推而广之，引发目标消费者和网友与农夫山泉品牌产生互动，为新产品上市造势。不过以矿泉水见长的农夫山泉要在雄霸茶饮料市场多年的康师傅、统一等劲敌手上分一杯羹，显然不是易事。农夫山泉公司根据茶饮料消费群体均为青少年的特点，与腾讯公司合作，搭建了一个企业 Qzone"梦幻爱情世界"。博客内容包括网友上传照片，分享与农夫山泉的点滴故事、与农夫山泉相关的 flash 小游戏，参与活动获得的积分可兑换虚拟或实物奖品等。活动在 Qzone 用户中掀起了一股不小的旋风，在活动推出后短短的几天内，就有 120 万名用户在该 Qzone 中进行互动和交流，吸引了 3000 多万次的浏览量。400 多万人因此而购买尝试了农夫山泉的茶饮料，广告营销取得了完满的成功，实现了与目标用户群的顺畅沟通，培养了一大批潜在的消费者。

Qzone 的广告与传统的网络广告投放的效果相比较，明显更胜一筹。与传统网络广告的直接灌输不同，Qzone 采用了娱乐化的手法，将品牌以交流、娱乐的形式进行推广，让用户在潜移默化中接受广告而不易产生厌烦、抵触情绪，让品牌深入人心。

当然，Qzone 的发展也会面临瓶颈时期。由于其定位的原因，它面对的用户群会不断流失并注入新鲜血液，所以其用户总量会达到一个平衡状态。并且，现在 Qzone 的盈利多是利用用户的感性消费，但用户总有一天会达到一个理性消费的程度，那么到时候，Qzone 恐怕就要寻找其他盈利模式了。

5. QQ 互联

QQ 互联是腾讯公司为第三方网站、媒体和终端提供的开放平台，QQ 互联主要包括 QQ 登录、分享、关注等社交组件，以及开放 API 等。在 SNS 社区飞速发展的阶段，QQ 互联以 QQ 空间、朋友网、腾讯微博三大腾讯社区平台为基础，积极推行互联开放战略，为网站、媒体和终端打造了全新的社会化营销工具和搜索系统，成为国内网媒和网站流量增长的主要动力。

QQ 登录是 QQ 互联的重要接入方式，它的优势就在于便捷性，可帮助合作网站、手机应用最大限度地降低用户登录成本，解决账号注册与管理的问题，并形成用户黏度。这也意味着依托于亿万腾讯用户的 QQ 登录将为合作网站带来海量的用户群与流量。目前，QQ 空间月活跃用户超过 5.369 亿，朋友网注册用户超过 3 亿，腾讯微博注册用户超过 3.1 亿，每个用户都可以成为传播渠道，通过同步 API 或分享组件，网站内容通过用户好友关系链的多次分享后，将会获得多次生命，为网站带来大量的访问量和品牌曝光。

近期 QQ 互联 OpenAPI 分享接口全面开放，实现用户动态一键分享到 QQ 空间、朋友网、腾讯微博三大社交平台，迅速形成口碑效应，提升品牌知名度，为网站和应用真正导入社会化流量，快速带动其人气提升。作为腾讯开放平台的重要组成部分，QQ 互联将随着开放的推进不断整合内部和外部资源，为用户提供了更加便捷和丰富的网络服务体验，同时致力于为合作伙伴创造实实在在的价值。

目前与 QQ 互联合作的网站，涵盖了门户、新闻、视频、购物、婚恋交友、旅行、点评等互联网的绝大部分领域，其中包括搜狐、优酷、淘宝、58 同城、大众点评、百合网、音悦台、芒果网、美团、美图秀秀等大中型网站及热门手机应用。目前已有 12 万家网站/手机应用已接入，已经有 5 千万人使用过 QQ 账号登录外网。

SNS 和微博的迅速发展引爆了互联网的社会化趋势。各种各样的营销模式充斥市场，让操作者们眼花缭乱。但从根本上来讲，社会化营销的效果取决于社交平台的规模和影响力。QQ 互联充分地整合腾讯三大社交平台的优势，连通无数第三方网站，构成了一个庞大的沟通生态圈，使得社交传播效果获得无限放大。目前，社会化平台产业链已初步形成，商业生态也在不断完善，社会化营销将成为社会化平台的重要盈利模式。QQ 互联所代表的沟通生态圈，将充分引发用户与品牌、用户与用户之间关于品牌的对话，推动中国社会化营销浪潮的到来。

9.9　Qzone成功启示

Qzone 从无到有，从有 QQ 家园演化而来的一个半路出家的博客网站到今天中国乃至全球空间社区的霸主，究竟是什么的力量推动它取得如此巨大的成功？笔者认为原因可归纳为以下几点：

1. Qzone 的运营符合未来中国的博客网站的发展趋向

根据中国互联网信息中心（CNNIC）在 2008 年 7 月 24 日发布的最新的《第 22 次中国互联网网络发展状况统计报告》显示，中国 25 岁以下网民几乎占据了总网民人数的半数（49.9%），特别是 18 ~ 24 岁的网民在网民年龄构成中占据最大比例（30.3%），是上网人群最集中的年龄段。网民年龄持续下降，年轻群体占主流已成为不争的事实。网民的年轻化也意味着他们对博客网站的要求是新鲜的、活跃的、多功能的。因此博客网站的发展趋向也是根据青少年的具体需要而定。而 Qzone 顺应潮流，努力将其网站打造成一个生动活泼、注重分享、功能齐全的空间，使之成为年轻人张扬个性、展现自己的平台。Qzone 的运营策略顺应了主题网民的需要趋势，其成功也是在情理之中。

2. Qzone 的营销策略很好地把握了消费者的心理

Qzone 的主要用户群是年轻人，这群年轻人喜欢展示自己的与众不同，喜欢尝试新鲜事物，喜欢张扬个性，它充分利用了用户的心理，因此它凭借漂亮的页面，以及音视频支持，为用户提供了很好的体验。

Qzone 黄钻贵族用户可自由地美化自己的空间，享有专属的特权，这一点远远优于普通用户。黄钻贵族用户具有鲜明的黄钻标识，其博客页面也与普通用户有明显差别，这样会使黄钻用户产生自豪感而激起普通用户的购买欲。黄钻贵族所包含的服务也比较实用，要让空间与众不同就非买黄钻不可。另外黄钻贵族的支付渠道多，用户很容易抱着“试一试”的心理选择购买黄钻贵族服务，一旦购买，大多数用户都会对黄钻贵族服务感到满意，再加上其独特的成长体系，用户很容易上瘾，愿意长期购买黄钻服务。

关于 Qzone 独有的成长体系在前面已经提到过。成长体系，顾名思义，必须慢慢地培养，这需要用户长时间的投入时间和金钱。腾讯别出心裁地引入了“升级”这一概念，黄钻贵族有等级，持续购买经验值会持续增长，黄钻等级提升，相对应的特权也增大，等级越高享受越多的福利，如用户中途取消黄钻贵族，不仅会一下子丧失了全部原来具备的特权和装饰品，空间“打回原形”，而且原来获得的经验值也会渐渐减少，黄钻等级会退级，需要重新开通才能继续获得经验，这让用户欲罢不能，一旦购买服务后，便不舍得轻易取消。另外 Qzone 本身也具有等级成长系统，黄钻用户升级快，一般用户升级慢，存着着较大的差异。有差异就有攀比，黄钻用户的主要群体——青少年较注重黄钻带来的特权，渴望高人一等，与众不同，黄钻贵族服务正投其所好，符合了他们的需要，再加上我国国民平均收入的增长，黄钻贵族每月 10 元钱的消费对于经常上网的用户来说也支付得起，使得他们可以长期购买。

3. Qzone 饰品符合当代青少年审美观

Qzone 的饰品均是由一个庞大的团队开发制作，该团队成员绝大多数是与用户一样的年轻人，其设计理念、创作技巧也完全符合 QQ 空间主要用户——青少年的审美观。其开发出的一些特殊风格的空间饰品（如 LOMO 风格、非主流风格、另类风格）完全迎合了相当一部分年轻网民的口味。反过来，这种风格的博客也成为这类网民交谈议论的焦点。另外 Qzone 也鼓励其用户自己动手设计饰品进行投稿，投稿已经采用作者便会获得丰厚奖励，其他用户也可以在商城购买到该用户自行设计的饰品。这种“取之于民，用之于民”的做法既丰富了虚拟饰品的来源，也增强了 Qzone 的草根性和互动性，更让其深入人心。

4. Qzone 的多种功能适应用户不断增长的需求

在网络和多媒体迅速发展的今天，单一功能的博客网站显然不能满足用户日渐增长的需要，用户需要的是丰富多彩而且不断更新的博客网站，花最少的工夫，体验最多的功能，而功能齐全的 Qzone 正适应了各位用户的需要。新的功能、插件与 Qzone 不断地融合。现在，Qzone 不只是一个写日志、发照片的地方了，用户还能在这里听音乐、玩网页游戏、进行网页投票和心理测验、给好友送虚拟礼物等，而且这些功能还在不断地强化与更新中，可以说，具有的强大功能的 Qzone，已经远远超出了传统的博客网站的范畴，代表着今后中国 SNS 网站的发展大趋势。

5. 不与搜索引擎结合

Qzone 将内容框定在框架中，不像其新浪博客、百度空间那样与搜索引擎结合。这就意味着如果用户想让自己的 Qzone 受关注，很大的因素在于页面的美观，而与关键词、个人知名度无关了。这就为 Qzone 的增值服务盈利提供了条件。

THE FUTURE OF MEDIA SERIES

10 社交网络服务的市场现状与发展趋势

10.1 社交网络的用户现状

10.1.1 用户基本状况

1. 访问人数

目前，所有网络共有15亿用户。2011年10月，全球约有12亿用户访问了社交网站，占据了全球网民总数的82%。随着社交网络的竞争越来越激烈，各大网站都专注于提升网站的用户数。

2. 用户参与度

用户的在线时长对社交网络、网站和在线营销人员最看重的指标，其重要性超过了PV，用户与网站互动的时长总是衡量用户沉浸度的首要指标。

目前平均每月每个美国互联网用户在社交网络上花费的时间将近6个小时，比一个美国人每周花费在他们所钟爱的黄金时段剧集观看上的时间还要高50%。如图10-1所示，网民的网络线上活动依次为：浏览门户网站、社交网络，娱乐，查看电子邮件以及查看新闻。目前社交网络是美国第二大应用网络，仅低于网络门户。

全球网民平均在互联网上花费5分钟，就有近1分钟花费在了社交网络当中。

2012年1月，用户在Facebook上平均花费405分钟。社交网络超级新星Pinterest用户数增长不错，其用户使用时间同样也在高速增长。Statista通过comScore的数据显示，2012年1月，用户花在Pinterest上的时间和Tumblr一样，平均每用户为89分钟；用户在LinkedIn网站上平均花费17分钟时间(见图10-2)。

3. 全球各个国家和地区社交网络用户所占网民的比例

由comScore网站提供的2011年11月的数据表明，北美洲以加拿大和美国为主，美国网民中有98%会登录社交网站，加拿大网民中94%会登录社交网站。拉丁美洲、欧洲各国登录社交网站的网民也在90%左右，太平洋地区的差异较大，中国网民中登录社交网

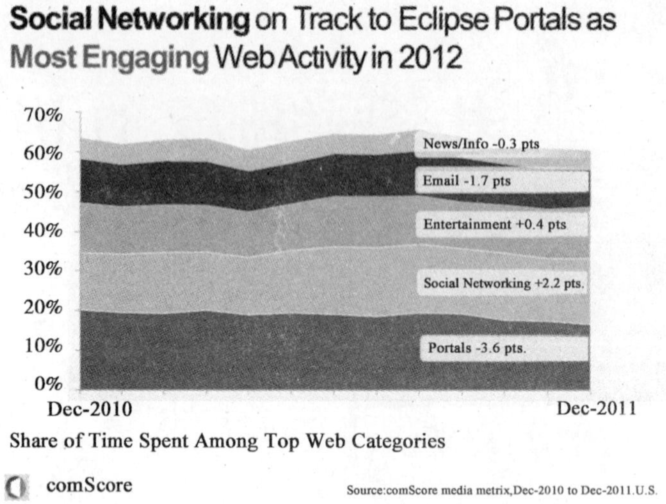

图 10-1 2012 年由 comScore 提供的网民线上活动内容

图 10-2 2012 年 1 月 Statista 网站提供的全球社交网站的用户平均在线时间

络的用户仅为所有网民的 53%，日本也仅为所有网民的 58%，是社交网络用户所占网民比例较低的国家(见图 10-3)。

4. 用户的年龄特性

根据 Pew 2011 年发布的研究，年龄在 18～29 岁的成年人使用社交网站已经非常流行，他们几乎自社交网站开始成立以来就使用。2005 年 2 月和 2006 年 8 月间，18～29 岁的青少年和成年互联网用户使用社交网站从 9% 跃升至 49%；在同一时期，30～49 岁这个年龄段使用社交网站的人数基本上保持不变。截至 2011 年 5 月，年龄 18～29 的互联网用户中有 83% 的人数使用社交网站，30～49 岁这个年龄段的网民中有 70% 的人使用社交网站，50～64 岁的网民中使用社交网站占这个年龄段总人数的 51%，以及年龄在 65 岁以上的网民人数中的 33% 使用社交网站。用户比例最大的人群年龄在 23～35 岁。

青壮年最有可能使用社交网站，互联网用户在其他年龄组使用社交网站的人数也在以极快的速度增长。在过去的几年中，社交网站之间的互联网用户年龄在 65 岁及以上的用户已增长了 150%，从 2009 年 4 月的 13% 增长至 2011 年 5 月的 33%。同样，与此同时，

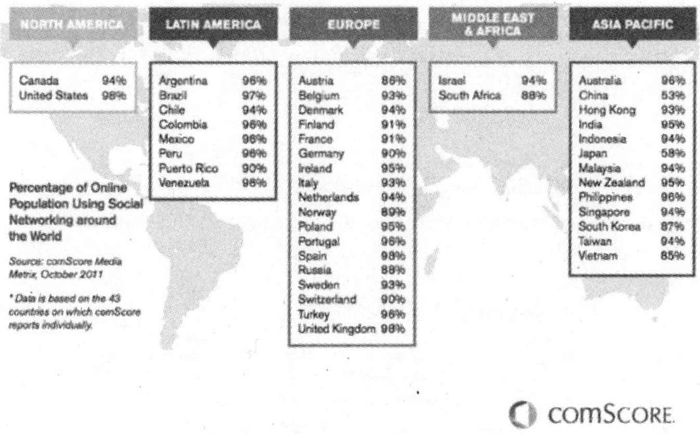

图 10-3 全球各个国家和地区社交网络用户所占网民的比例

由 50～64 岁的互联网用户从 25% 至 51%。这使得社交网站在未来不再完全是小孩子玩的，正逐渐延伸到年长人群，并在各年龄段获得广泛的使用(见图 10-4)。

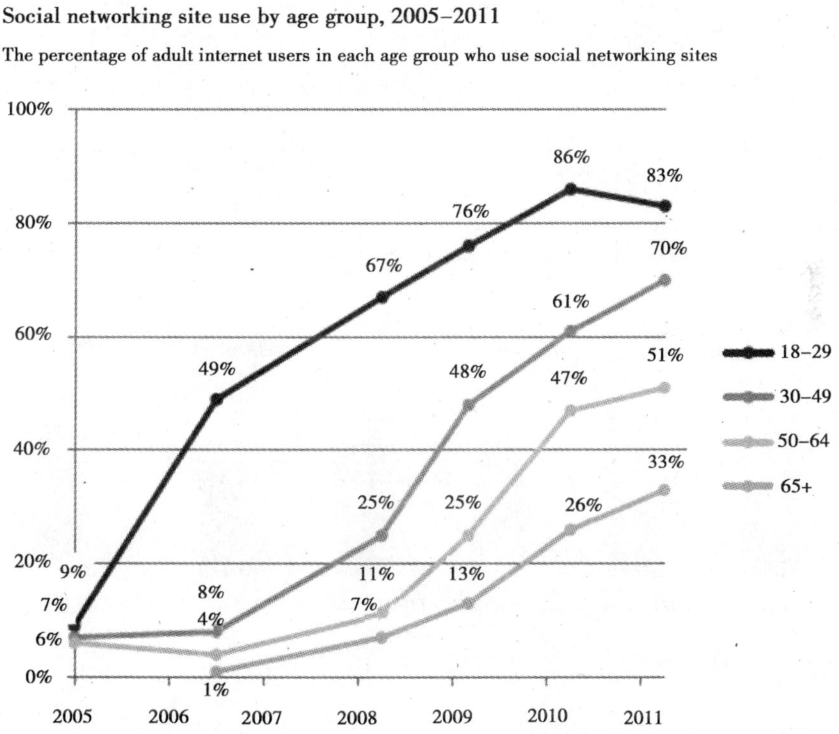

Note: Total for internet users age 65+ in 2005 was<100, and so results for that group are not included.
Source: Pew Research Center's Internet & American Life Project surveys: February 2005, August 2006, May 2008, April 2009, May 2010, and May 2011.

图 10-4 Pew 2011 年发布的网络用户增长数据图

由 comScore 网站 2011 年 10 月提供的分析数据表明，从 2007 年至 2011 年，随着网络用户的增长社交网络用户也在增加。2010 年 7 月至 2011 年 10 月的数据表明，各个年龄层的用户都在增加，55 岁以上用户增长比例高于年轻人的增长比例(见图 10-5、图 10-6)。

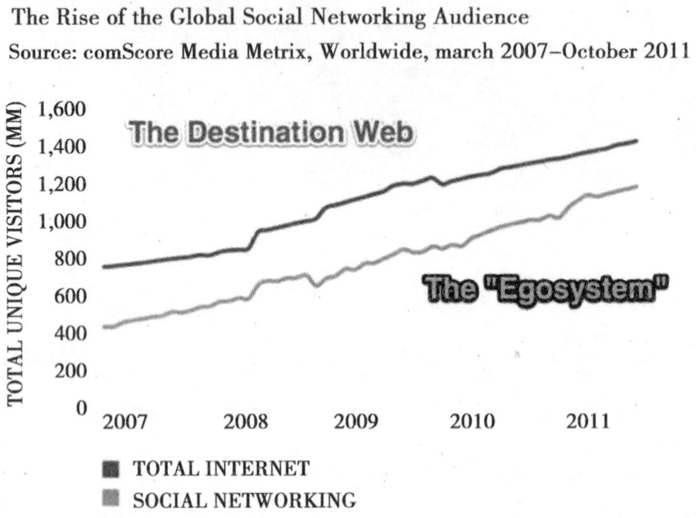

图 10-5　2007—2011 年网民与社交网络用户数量增长对比图

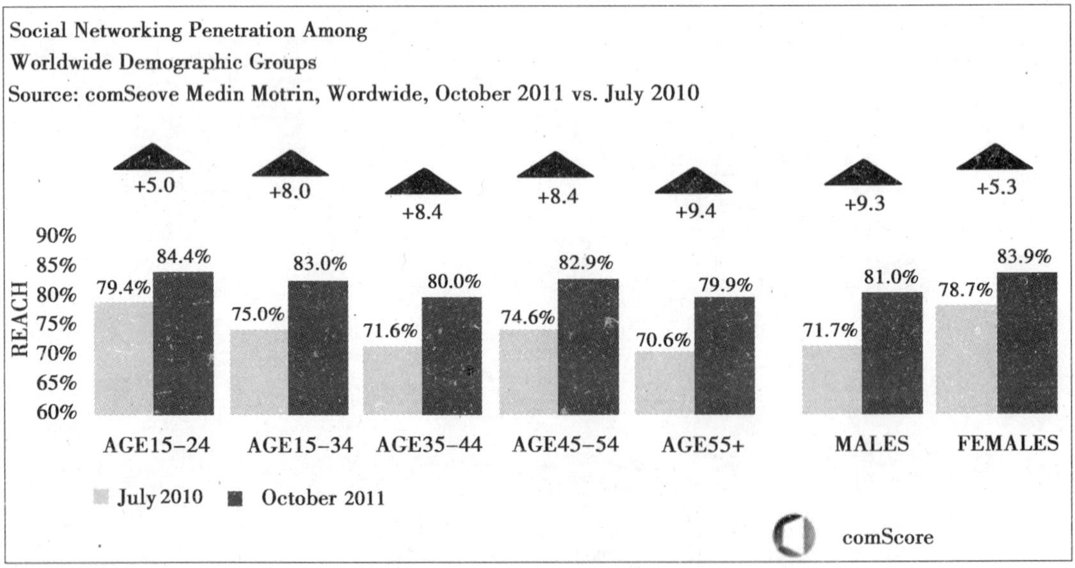

图 10-6　各年龄阶段社交网络用户所占网民的比例

根据 Pew 2011 年发布的研究，在"典型的一天的使用模式"中。年轻的成年网民之间的社交网站的使用频率稳定，在过去的一年，61% 的美国在线 SNS 在 18～29 这个年龄组；与一年前的 60% 相比，基本持平。在同一时间，那些年龄在 30～49 这个年龄组在 SNS 网站的使用频率，在过去一年中稳步增长，从39%升至46%。年龄50～64岁之间的中年段的互联网用户，有一个比较大的飞跃，从20%升至32%。年龄在65岁及以上的用户，对SNS的使用频率在过去的一年没有显著增加(见图10-7)。

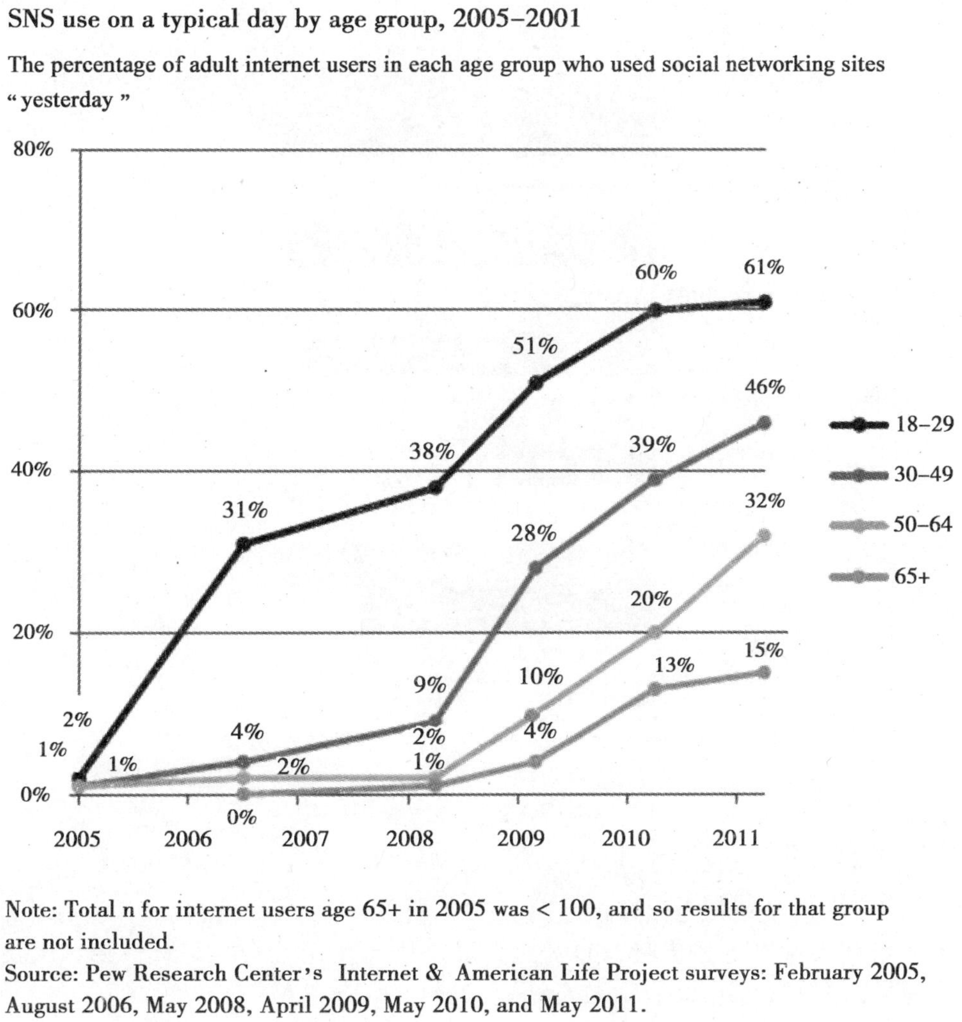

图10-7 Pew 2011年发布的2005—2011年的数据变化情况

5. 用户的性别特性

目前，女性使用社交网络要多于男性，当然LinkedIn除外，LinkedIn上63%的用户是男性。用户的性别特征往往会影响他们对社交网络的使用状况，比如Zone Alarm指出仅有11%的社交网络用户经常忘了自己发布的内容是什么，男性用户遗忘发布内容的比例为15%，女性用户则是8%。但随着社交网络，特别是整合视频等更多在线应用的使用，男性使用社交网站的比例也在高速攀升，男女之间的差异有可能会显著缩小(见图10-8)。

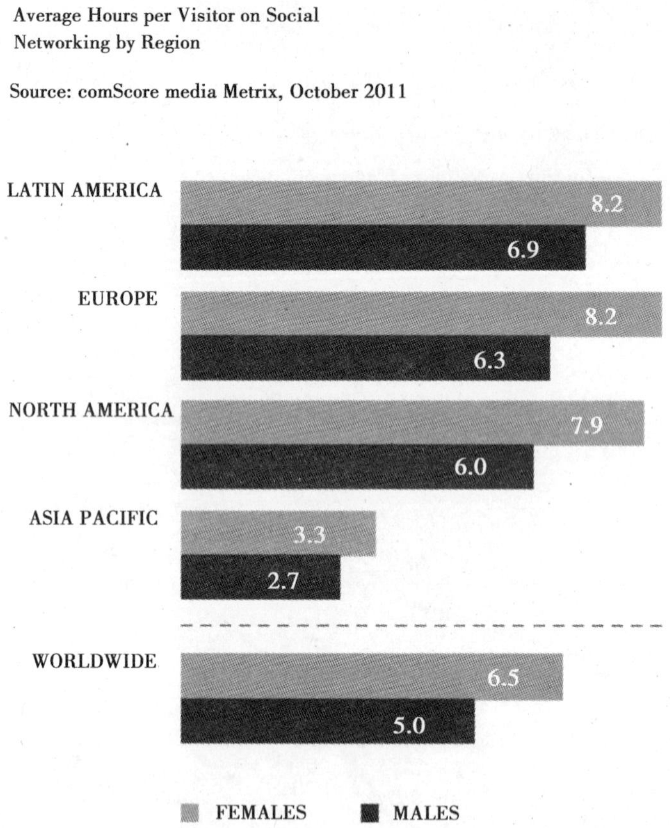

图 10-8 全球各地男女每小时访问社交网络的人数状况

6. 用户教育程度方面

60% 的高中学生使用社会化媒体，而有 72% 的大学生使用社会化媒体。另外，社会化媒体的使用在大城市更加流行，69% 的大城市居民使用社会化媒体，郊区人民只有 64%，农村居民为 57%①。

10.1.2 用户的社交网络体验

1. 用户交友行为分析

(1)恋爱。由 Lab42 组织的网络调查针对 18 岁以上的 500 名社交网络的用户进行个人调查，问卷内容涉及是否会会见别人、欺骗活动以及各种交流行为。

① 数据来源：http://www.iimedia.cn/27711.html，2012-12-19。

在网恋中，人们最关注的是家族责任感，占20%以及个性的相似性，占21%，关注异性的政治意见，宗教信仰、职业、出身，财务状况，可靠稳定性这些一共占23%，有32%的男性有过网恋，23%的女性有过网恋。有42%的男性认为如果没有被抓到的可能，自己会说谎，而在没有被抓到的可能下，女性说谎的人远远低于男性，只有24%。提出第一次约会的邀请，有24%的人愿意使用Facebook这样的社交网站提出，为所有方式之冠（打电话的人为16%，11%的人使用短信，5%的人使用电子邮件，见图10-9）。

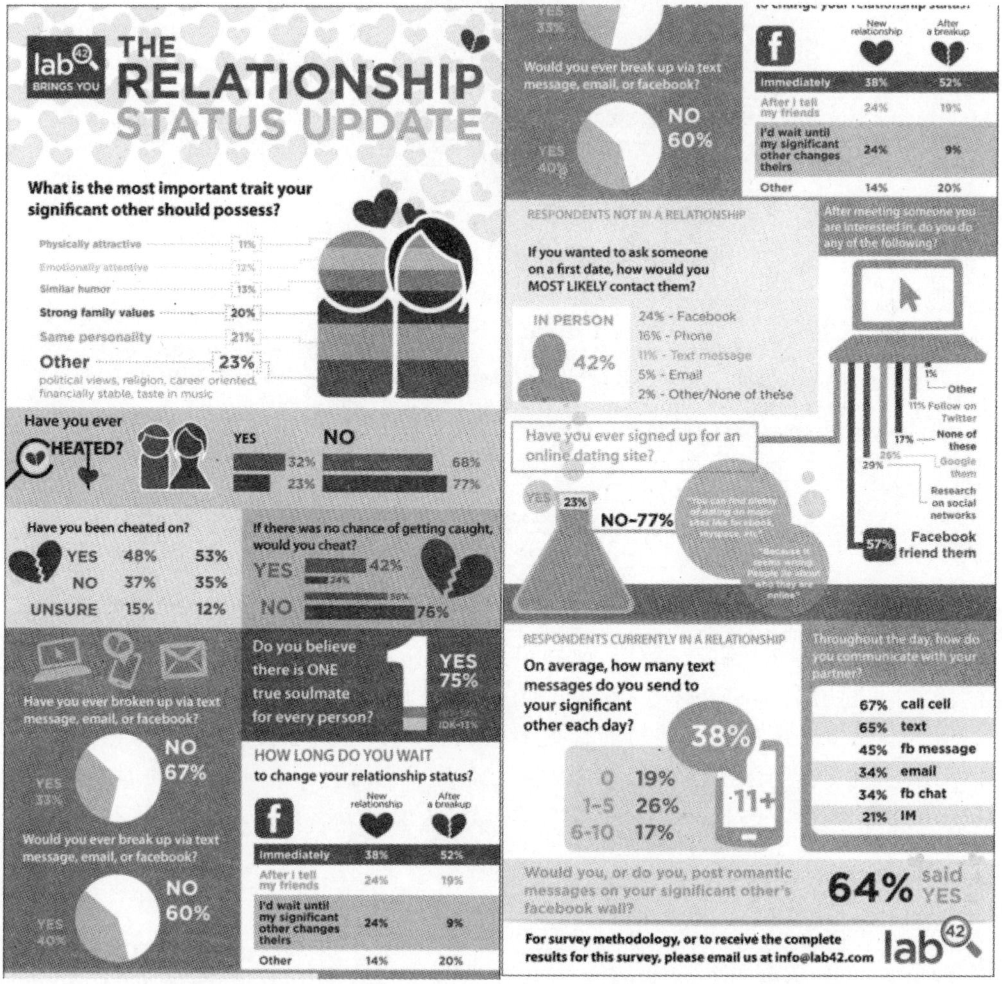

图10-9　Lab42组织的对于用户交友行为的网络调查数据

（2）交友行为及SNS用户眼中的用户。根据Pew 2011年发布的研究，Facebook上的用户中平均有7%的好友从来没有见过面，有3%的好友只见过一次面，89%的好友属于有过现实接触的（见图10-10）。

IResearch艾瑞咨询根据Pew Research Center 2012年2月9日发布的数据整理发现，85%的美国互联网用户认为社交网络是友善的；5%的用户表示不清楚，视情况而定；5%的用户认为社交网络中人与人交流是不友善的，应该提高警惕。其中，69%参与调研的青

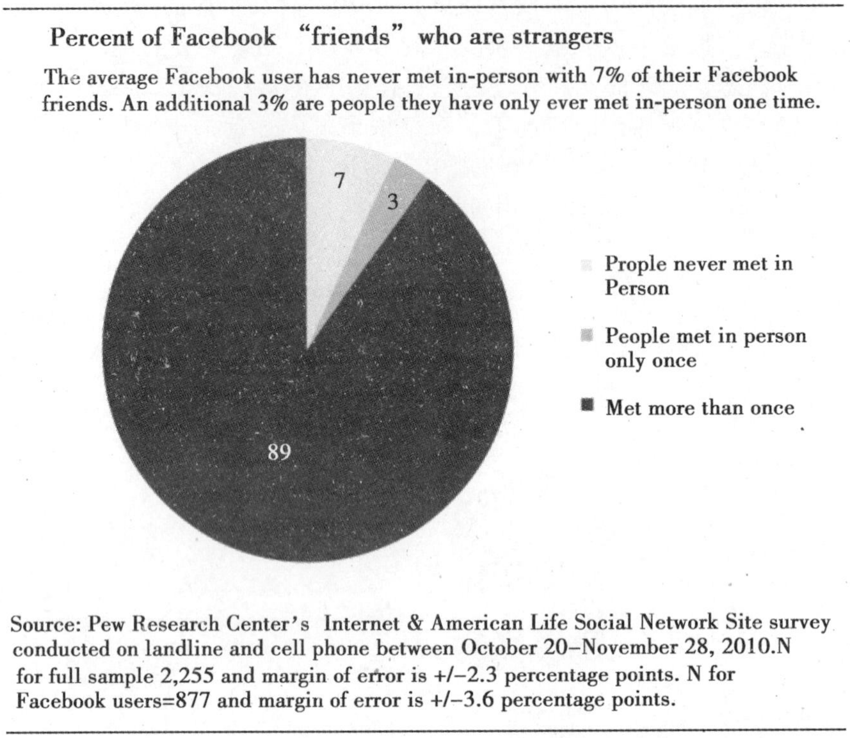

图 10-10　数据表明人们在社交网络中的朋友多数在现实生活中联系

少年也认为社交网络是友善的(见图 10-11)。

研究发现，Facebook 用户相对其他用户更加信任他人。通过分析发现，在觉得多数人值得信任方面，使用 Facebook 一天多次的用户比其他互联网用户高 43%，比非互联网用户高 2 倍。Facebook 用户也更容易拥有更多的亲密的关系和获得更多的社交支持。另外，Facebook 用户也更容易激活潜在的社交关系。只有 7% 的 Facebook 用户的朋友是那些他们从没见面的人，因此 Facebook 用户倾向于与他们认识的人交往。

2. 用户话题

(1)电视节目。Trendrr. TV 发布的报告显示，2012 年 2 月美国“社交电视”的情况如下：周日和周一是用户在社交网络上讨论电视节目(包括转载等活动)最热的时候。比起 Facebook 等其他社交网络，人们更热衷在 Twitter 上讨论电视节目(见图 10-12、图 10-13)。

(2)政治意见。在政治活动方面，LinkedIn 用户是最活跃的政治参与群体。79% 的 LinkedIn 用户参与过投票或注册去投票，36% 的人还试图影响他人的投票。图 10-14 是不同社交网站的政治参与情况。Pew 还研究了社会化媒体用户对不同声音的开明程度，他们称之为换位思考，他们发现 Myspace 用户更可能对不同声音持开放态度。

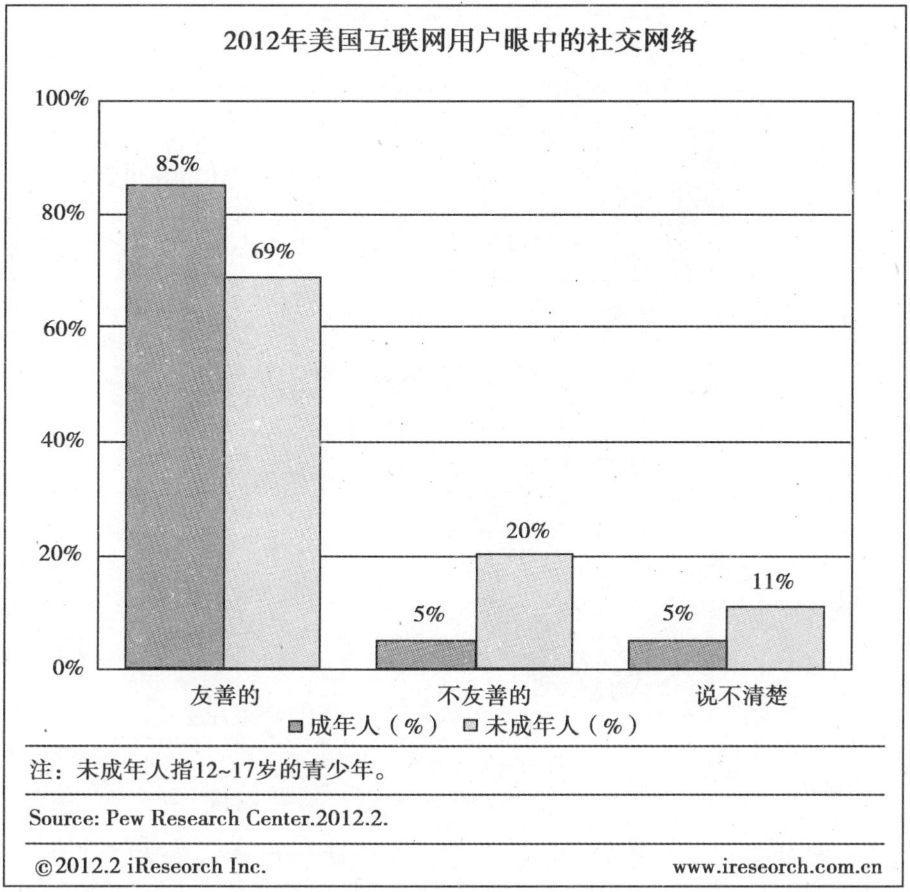

图 10-11 2012 年 IResearch 公司的数据公布美国互联网用户眼中的社交网络

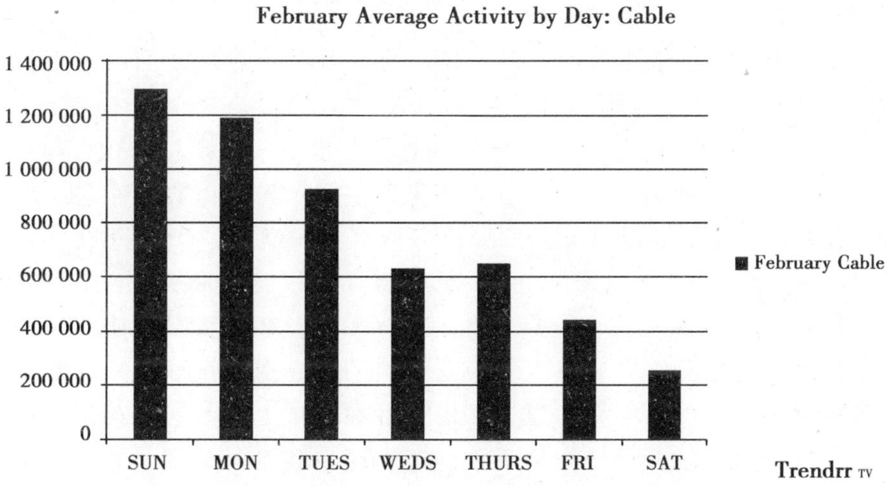

图 10-12 在社交网络中对电视节目讨论的频率

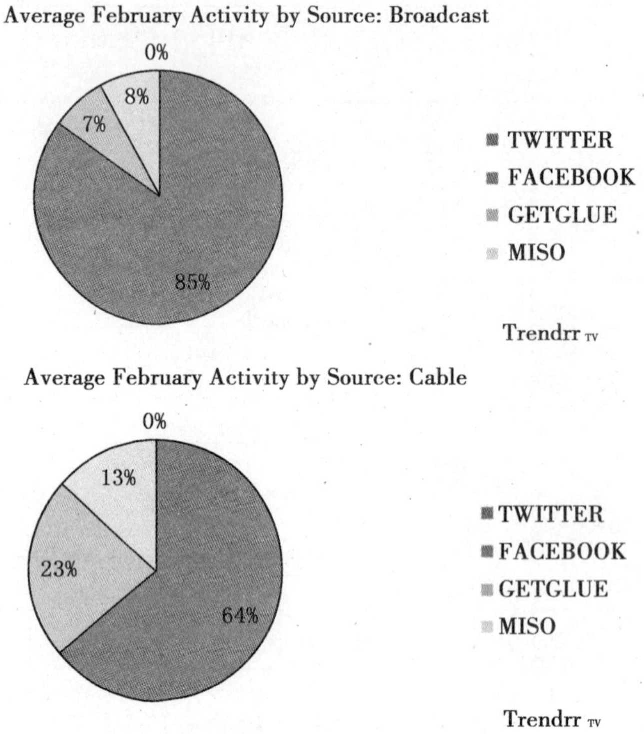

图 10-13　各社交网站对于电视广播节目的反馈程度

当社交网络的用户看到他们的朋友发表的关于政治观点时，让他们大吃一惊。将近 2/5 的用户通过好友的文章发现好友的政见与他们不同。

3/4 的社交网络用户称他们的好友时不时在社交网络中发表过至少一些和政治相关的内容，在成年人群中该比例则为 40%。

对有些用户来说，政治是谈论禁区，22% 的 SNS 用户表示他们决定不发表和政治相关的言论或链接，因为他们担心这会激怒他人。

(3)突发事件，发布新闻。随着传统新闻媒体与数字一代渐行渐远，越来越多的用户通过 Twitter 或 Facebook 那样的社会化媒体渠道了解世界正在发生什么。超过 50% 的人通过社会化媒体而不是通过官方新闻渠道获取到突发新闻，2012 年在线新闻的收入将超过纸媒收入。自 2009 年以来，新闻网站来自社会化媒体的流量增长了 57%。

目前，每 10 个互联网用户中就有一个 Twitter 用户，2011 年比 2010 年增长了 59%。微博已不仅仅是朋友之间的交流工具。2011 年，Twitter 成为全球或地区热点事件的传播中心，很多全球的大事件都率先通过平民百姓在微博上爆料，从英国皇家婚礼到音乐家惠特尼 · 休斯顿去世；从中东到日本地震海啸，到本 · 拉登、乔布斯去世，微博成为人们的话题中心(见图 10-15)。

在 SNS 曝光平台中，Facebook 作为一种强有力的爆料媒体在所有爆料中占 59.5%，其次为 Twitter。Facebook 网站上每天的评论达 32 亿条，每天新上传的照片数量达 3 亿张。

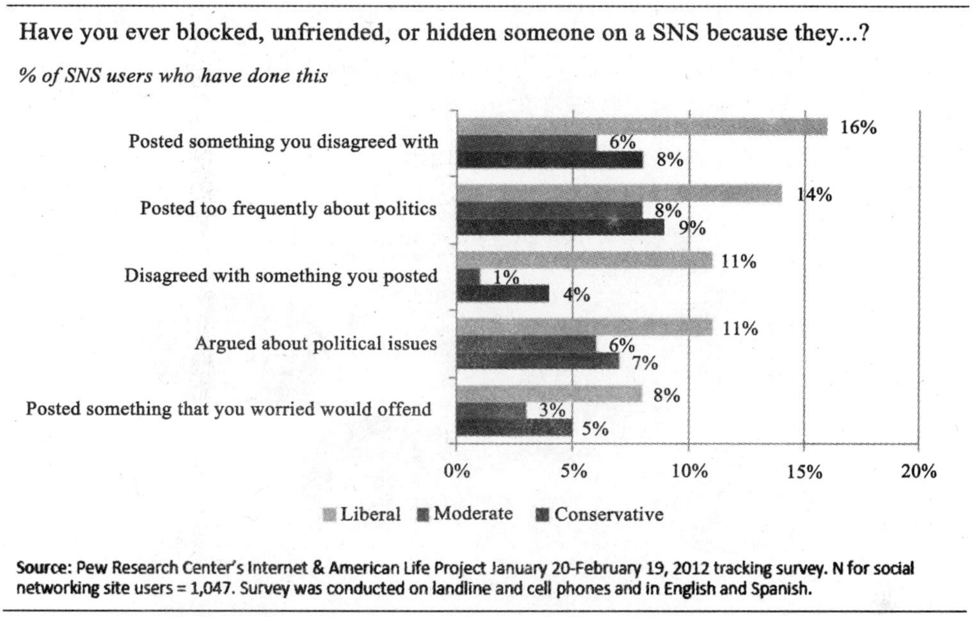

图 10-14　Pew 所做的调查对与用户政见不同的人所采取的措施

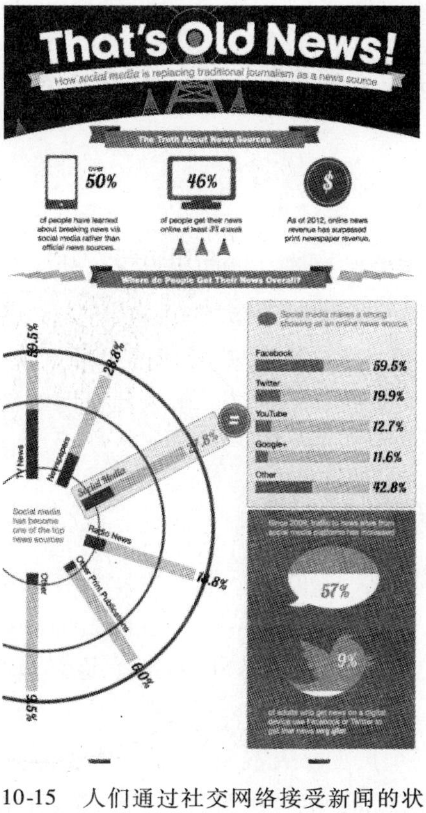

图 10-15　人们通过社交网络接受新闻的状况

对于社会化媒体支持者和反对者观点激烈对碰，支持的人认为社会化媒体及时、人人都是新闻记者、信息传播快、手机可以出入任何场合成为报道工具；而反对者则认为Twitter 140 字的故事容易断章取义；不准确，信息丢失；记者专业性受到削弱；业余群体报道新闻可能会造成伤害(见图 10-16)。

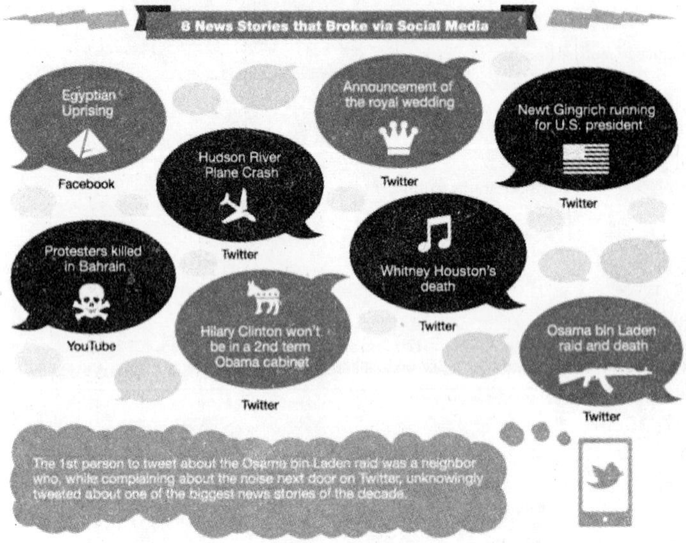

图 10-16　2012 年在社交网站上广为传播的新闻故事

3. 用户的隐私行为

女性用户更喜欢自己设定隐私权限，男性用户则多使用公开隐私设置。将自己的隐私设置为“公开”状态的男性用户占 26%，女性仅占 14%；设置为“部分公开”的男性占 23%，女性占 16%；设置为“仅好友可见”的男性占 48%，女性占 67%。

年轻用户更新隐私设置状态的频率更高，多数社交网站用户认为设置隐私状态并不困难(见图 10-17)。

4. 用户的社交行为对职业的影响

根据 harmon. ie 提供的数据，将近 60% 的工作分心时间是因为人们使用像 Email、社交网络、短信、即时通信软件或者在不同的程序窗口之间切换。实际上，45% 的员工只能在没有打扰的情况下连续工作 15 分钟，53% 的员工每天至少花费 1 小时浪费在这些分心上。

harmon. ie 得出结论：每个员工每天浪费的时间导致企业每年 10375 美元的损失，如果平均每小时按 30 美元工资计算的话。如果是一家 1000 员工的企业，这些分心时间每年浪费 1000 万美元。

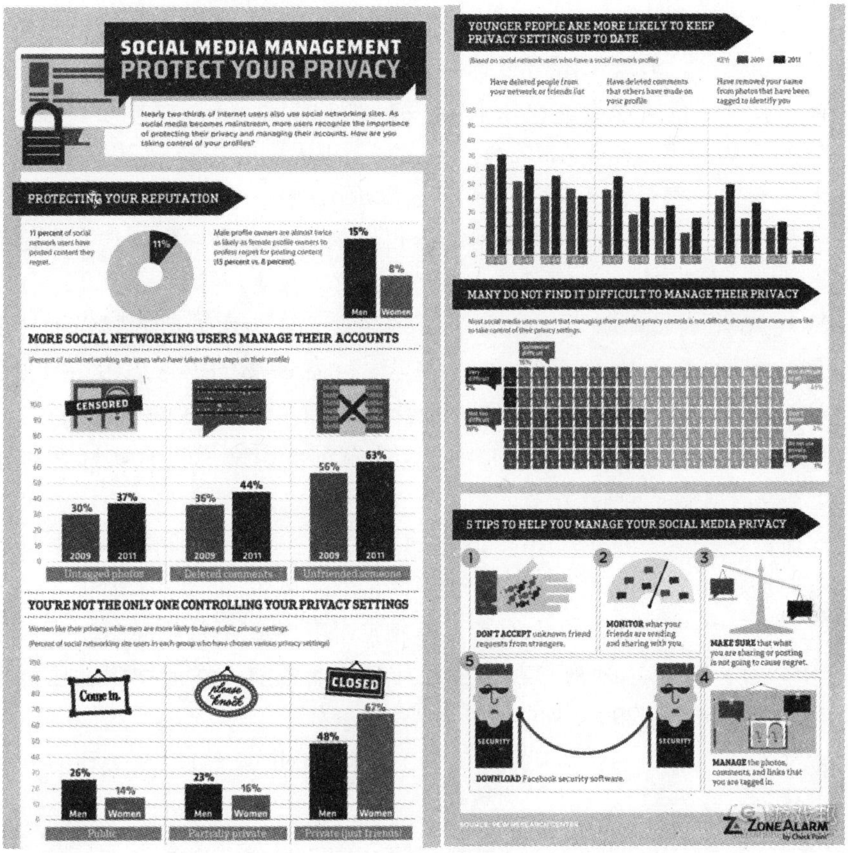

图 10-17　用户对于自己隐私管理的态度

根据对超过 500 美元员工的调查，查收 Email 是最大的分心，达到 23%。在不同的程序之间切换占 10%，个人社交比如 Facebook 占 9%，即时通信工具占 6%，短信占 5%，使用 Google 搜索占 3%。

5. 搜索行为

(1)本地搜索及线上评论行为。在 2011 年 12 月，由 Localeze 及 15miles 公司进行的本地搜索用户研究、comScore 公司整合数据及制作发表，调查样本为：4 000 名在线用户以及 100 万名同意对他们的在线行为进行不具名调查的用户。

在 2012 年 2 月，comScore 整合的报告中指出，在 2011 年，有 15% 的本地商业信息搜寻者通过社交网络来寻找信息，此数据相比前一年的 9% 提升了 67%，而在 2008 年，这个比例只有 4%。那些使用本地搜索的人频率还非常高：有 35% 每天都在这么做，而另外有 34% 基本上每周进行一次。其中的大部分(91%)的本地商户信息从 Facebook 获得，其次是 Twitter(37%)、MySpace(30%)、LinkedIn(25%)，以及 Foursquare(14%)。

社交网络本地信息用户也对本地搜索的内容非常投入。2011 年，有 45% 的用户进行了线上评论，这个数据相比 2010 年的 38% 有所提升。

事实上，报告显示，通过社交网络访问本地商业信息的用户中，有 76% 在过去的 30 天内，至少发表了一篇在线评论，而在 2011 年同期，这个比例为 55%。而这其中有 27% 的人，已经发表了 10 篇以上。除此之外，同比于 2010 年的 49%，2012 年社交网络本地信息用户占比 52%，比整体调查样本中进行过评论的用户（占 29%）高出了 80%。61% 的本地信息搜索者表示：当他们了解到本地搜索得出的结果是最中肯的这一点之后，他们感到非常高兴。这个比例轻松地赶超了自然搜索结果（27%）、付费搜索（10%）以及按效果付费模式（2%）。在所有被调查者中，有 58% 的消费者认为本地搜索同样也是最值得信赖的，这个比例也超过了自然搜索结果（31%）、付费搜索（9%）以及按效果付费模式（2%）。2012 年 2 月，JiWire 公司发表了一份针对 2011 第四季度的手机用户行为的报告，报告中这样写道：有 80% 的手机用户觉得本地广告对他们来说更有实际性作用，其中有 3/4 已经针对定位信息做了回应①。

63% 的本地信息搜索者表示如果可以在网上找到本地商户的信息，他们更加愿意购买，即使这个比例相比去年的 69% 有所降低。

72% 的用户表示如果社交网络上有推荐本地产品，他们更加愿意试一下。

在 2011 年，有 49% 的本地商户在构思出具体的业务前，本地搜索就已经实现了，这个比例比 2010 年的 45% 及 2009 年的 42% 都高。

在线搜索本地商户时，手机号码（占 67%）、地址（占 67%）以及工作时间被认为是最有价值的参考数据。

（2）SNS 网站搜索对 Google 搜索的影响。据 Branded3 发布的研究报告称：证明 Tweets 影响排名。通过针对 Twitter 上短链接的数量和 Google 搜索引擎排名之间的关系，Branded3 发现 Twitter 上 URL 的数量跟 Google 的排名正相关，也就是说 Google 搜索排名已经显著参考了社会化媒体的权重。

研究显示当网站链接分享到 Twitter 时，该链接在 Google 上的排名迅速攀升。

分享的 URL 数量在达到 7500 条后，该链接的排名几乎在搜索的前五位。这些链接的平均排名和这些链接在 Twitter 上的分享量显著相关。

可见对品牌和网站而言，用户应该鼓励用户广泛分享用户的 URL 地址，这可是一种不错的 SEO 策略，社交搜索引擎优化估计会是搜索引擎优化的下一个新热点。

10.2 社交网络的盈利模式

1. 传统图文广告

传统的广告模式是那些 SNS 网站最初就存有的愿望和做法。但由于 SNS 网站大多没

① 数据来源：http：//www. saft6. com/news/201203/08/211735. html，2012-03-08。

有很大的影响力，所以只能靠一些廉价的图片、文字联盟广告来盈利，或者通过投置图片和文字链，搞一些让用户参与的活动以期获益。这种盈利模式和传统互联网站没有多大区别，这里不再展开详述。

2. 游戏联合运营模式

游戏联合运营模式是校内网最开始采用的，校内网与千橡集团的“猫游记”以及另一款网页游戏“三国风云”进行了合作。51 公司也与国内获得红杉投资的新娱公司旗下的 51wan 合作，初次试水网页游戏方向。后来，这种交友和游戏融合的模式被史玉柱看好，他向 51 公司注资 5100 万美元，成为 51 的第一大股东。其实，这种模式的实质是廉价出售流量，SNS 网站并不缺少流量，但缺乏深层的影响力，所以也一直得不到品牌广告商的青睐，因此，SNS 网站以这种形式来改善自己的处境，显得力不从心。

3. 植入式品牌广告

近些年，植入式广告得到越来越多广告主的认可，一方面是因为传统的广告太形式化，模式单调，点击率降低，效果不佳；另一方面，植入式广告可以巧妙地和网站的某些产品结合，让用户在不知不觉中强化对该品牌的印象。例如，开心网在停车位上放置宝马的广告，在买房子游戏中内置了万科房地产的广告。一般来说这些内置广告对用户的操作都没有多大影响，因此，用户对这种广告比较容易接受，不易产生反感，因此，广告效果也比较好。

4. APP 应用分成模式

越来越多的 SNS 网站推出了开放平台，提供一定量的 API 接口，允许其他公司开发的 APP 让自己网站的用户自由选择使用。这种形式，既可以满足自己网站的用户，也能给开发者带来一定的收益。Facebook 自 2007 年 8 月推出开放平台后，至今已吸引了 40 多万名开发人员，开发的 APP 程序达到 4 万余个。一些 APP 提供商也迅速成长起来，专门给 Myspace 和 Facebook 等做 APP 的 slide. com 公司 2011 年初再次融资 5000 万美金。

5. 虚拟增值服务

这种模式类似于腾讯的 QQ 秀。不过，在 SNS 网站中采取这种盈利模式似乎并不能产生多少收入，用户已经买过 QQ 秀了，没有必要到各 SNS 网站再买一套虚拟服装。51 交友网站一直在做类似的虚拟增值服务，但是效果并不理想。在一些专业性的 SNS 网站，还有类似的向用户收费的增值服务，比如世纪佳缘、百合网等，交纳一部分的费用，成为高级别会员，就能享受更多的服务，例如查看用户照片，或者用一定数量的虚拟货币，把自己征婚的照片放到首页，让更多的用户了解自己，等等。

6. 潜在增值效应

前面所说的几种 SNS 网站的盈利模式都是可以直接获得收入的，除此之外，还有一种情况，是用户并不为所使用的服务付费，但这个用户本身可能是另一种服务的潜在收费用户，或者说，这个用户可以为另一个服务创造价值，事实上，这也将为网站带来潜在的增值效应。例如，某查杀木马软件的注册费用要几十元，但如果不交费也可以享受正版服务，只是需要用户将指定的网址设为主页，而这个主页可以通过广告流量来获得收入。再如，注册天涯网站的流程很复杂，最快捷的方式是通过手机注册，一次 2 元，但天涯同时还提供其他注册形式，如受到邀请，或注册天涯邮箱，然后通过邮箱激活天涯账号。这其实也属于通过撬动其他服务的形式，来最大化地发挥用户价值。这也是未来 SNS 网站获利大有可为的发展方向之一。

当然，随着技术与应用的发展，SNS 的盈利模式还会有所突破，而且，这些模式在实际的运作中也不是单一应用的，网站往往将多种模式整合起来运行。其实，只要不对用户产生负面影响，且还能获得收益的，都是值得 SNS 网站深入挖掘的盈利模式。

10.3 社交网络服务的市场现状

10.3.1 美国社交网络服务的市场现状

1. 所占市场份额

首先我们来看看哪个社交网站用户使用最高，根据 Pew 的另一份研究，87% 的社会化媒体用户在 Facebook 上有页面，14% 的用户在 Myspace 上有页面，11% 的用户使用 Twitter，10% 的用户在 Linkedin 上有账号，13% 的用户使用了其他社交网站。

社交网络世界正在分化，人们使用 Facebook 与朋友和家人互动，使用 Twitter 关注名人和意见领袖，LinkedIn 管理他们的商务网络，Gmail、Yahoo 或 Hotmail 与联系人直接沟通。

Facebook、Twitter 和 LinkedIn 已经成为美国社会化热门媒体多时，而新退出的服务和旧网站的新版本也迅速得到用户和营销者的关注。

(1)传统形态的设计网站仍是主流。在美国，超过 50% 的成年网民经常使用 Facebook，Facebook 对市场营销者来说是独特的价值源。

Facebook 在 2012 年第 4 次更新的 2012 年第一季度文件指出，Facebook 目前共用 9.01 亿月活跃用户人数 MAU(Month Active User)，5 亿移动用户。2012 年第一季度营收为 10.58 亿美元，比去年同期增长 44.7%，但比 2011 年第四季度下降 6.5%。

在 2012 年第一季度的 10.58 亿美元收益中，Facebook 营业收入为 3.81 亿美元，净收益为 2.05 亿美元；广告收益为 8.72 亿美元，来自支付及其他渠道的收益为 1.86 亿美元。国际收益占比 49%，超过去年同期的 42%，以及 2011 全年的 44%。

Facebook 目前共有 5.26 亿日活跃用户 DAU(Daily Activited Users)，超过 2011 年底时的 4.83 亿用户。2012 年 3 月份，平均有 3.98 亿用户至少每周有 6 天登录 Facebook，该平

台在今年第一季度通过每名用户创收 1.21 美元。

在 3 月份有 8300 万 MAU 仅通过移动平台访问 Facebook，而 2011 年 12 月时的这一数据仅 5800 万，增幅达 43%。

Facebook 正在给很多网站贡献流量。Facebook 平台上的广告营销宣传可以对一个广告活动的目标网站贡献高价值流量。根据 Hitwise 的监测数据表明，Facebook 带给下游网站的流量约占整个互联网流量点击去向流量的 5%。在中国，搜索引擎约给其下游网站带去的流量是整个互联网点击的 15%（见图 10-18）。

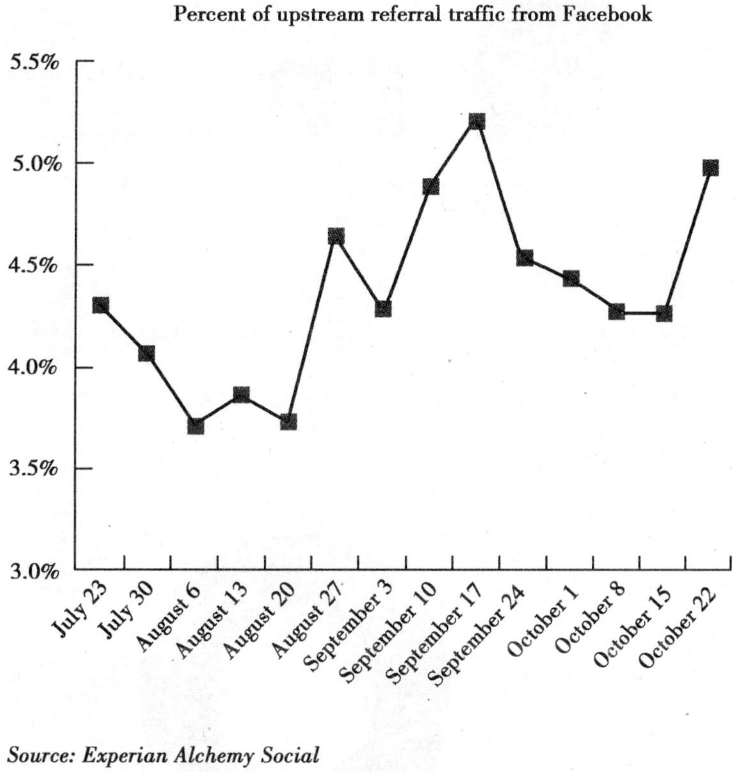

图 10-18 Facebook 为其下游网站提供的流量

研究同时发现，这些粉丝相比网站普通浏览用户来说是较为活跃的。广告主 Facebook 粉丝对官网访问率是非粉丝的 5 倍，平均访问次数在 2 倍左右（见图 10-19）。

提及社交网络广告，Facebook 的表现也仍然非常突出，从广告展示量来看，Facebook 占据了最大的份额。2011 年第 3 季度，Facebook 展示了 28% 的广告展示次数，超过其他 4 大门户的综合（见图 10-20）。

（2）注重体验的社交网站后来居上。很多互联网用户正在转向比 Facebook 能提供更注重体验的社交网站，尽管 Facebook 标榜自己为分享、管理和消费内容的社交港湾。类似网站的代表比如 Pinterest，用户和营销业者可以创建在线“图钉”以展示他们的口味和创

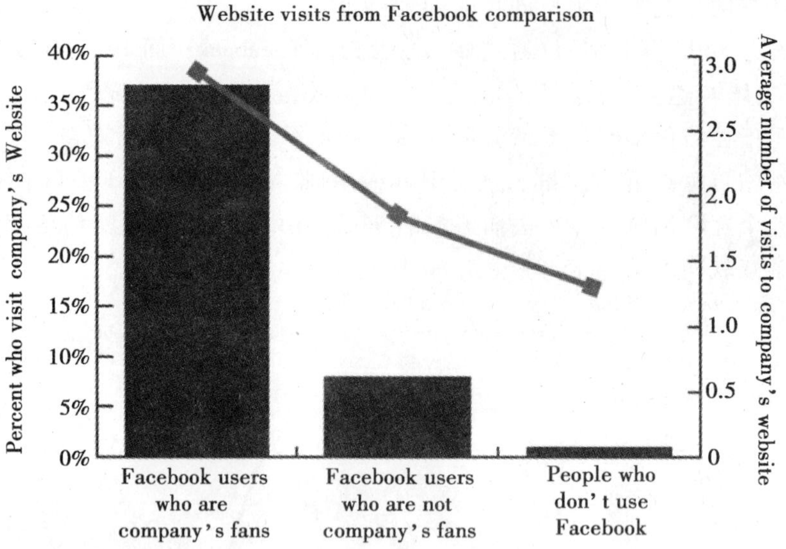

Source: Experian Alchemy Social.

图 10-19　Facebook 上品牌主页的粉丝与不使用 Facebook 的粉丝的活跃度的对比图

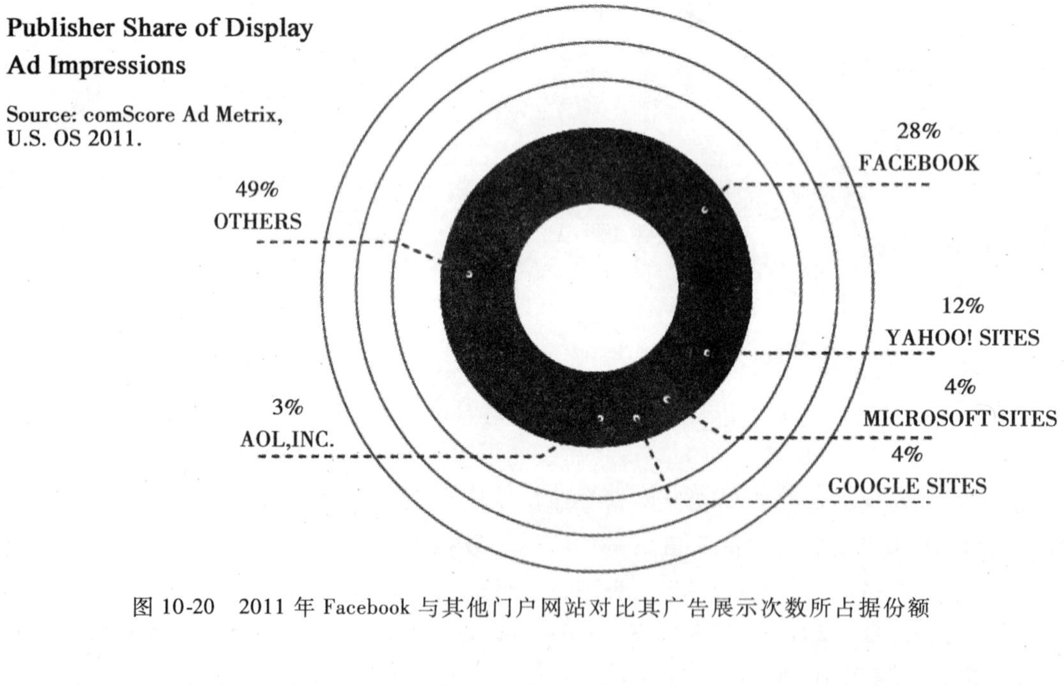

图 10-20　2011 年 Facebook 与其他门户网站对比其广告展示次数所占据份额

意。用户可以，品牌也一样可以，用来展示品牌的视觉化形象，用一种清晰可视化的方式定向目标受众。根据 comScore 的数据，美国 Pinterest 用户量从 2011 年 5 月的不到 50 万人增长到 2012 年 1 月的 1200 万人（见图 10-21）。

Pinterest 的用户主要开发了女性用户，其女性用户的年龄分布比较平均，用户年龄分

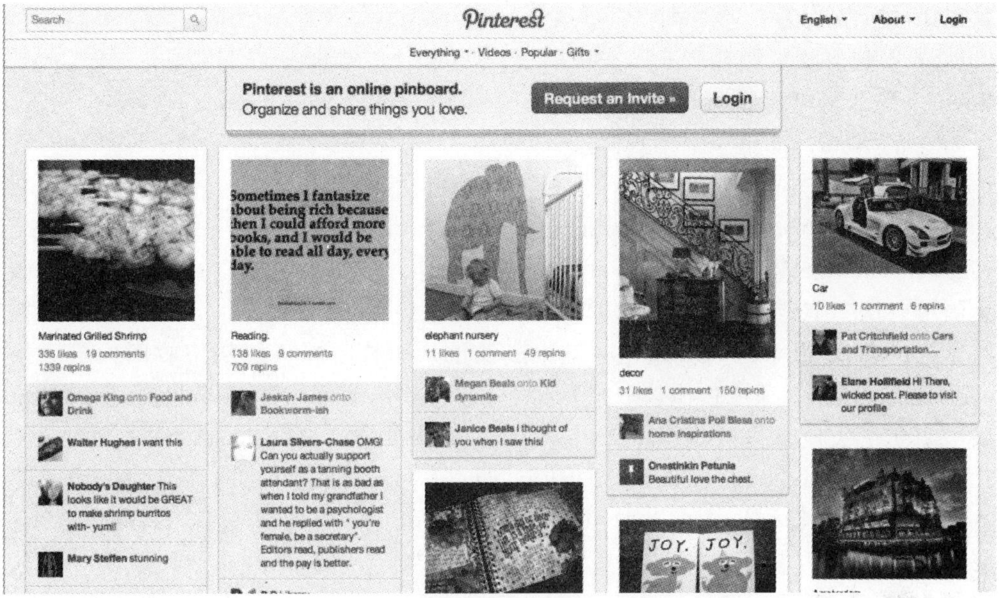

图 10-21 新兴的社交网站 Pinterest 的主页样式

布在 25～54 之间。

2012 年 1 月，Pinterest 独立访客达到 1170 万，使其成为迈入千万大关增长最快的独立网站。尽管用户数量还不大，但 Pinterest 给网站带去的流量超过 Google+、LinkedIn 和 YouTube 的总和，这使得它对于所有品牌都有吸引力(见图 10-22)。

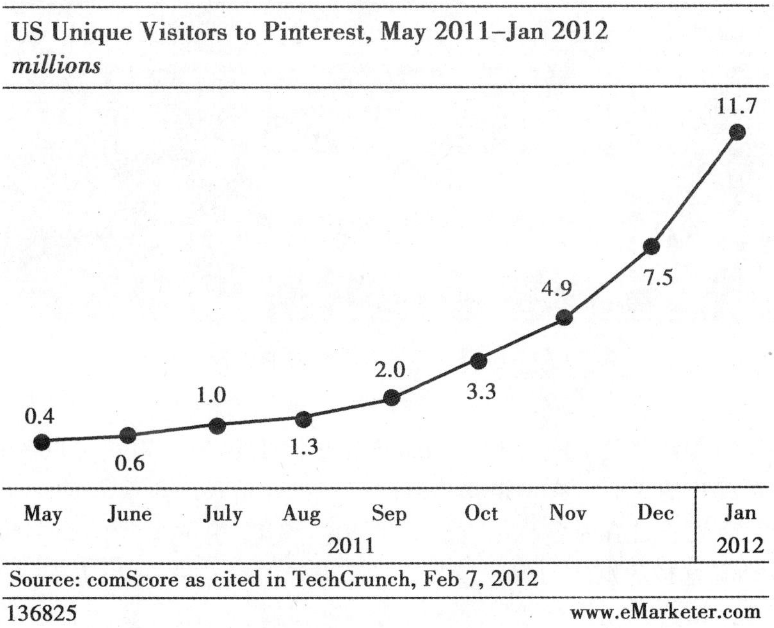

图 10-22 美国只访问 Pinterest 社交网站的用户增长状况

其用户体验行为为：

Pin：把用户喜欢的图片 Pin 到一块白板（Board）上，类似于做简报。

Repin：看到用户的好友 Pin 了一张好图片，用户可以把它 Repin 到自己的白板，类似于 Twitter 中的 Retweet。

Board：相当于一本独立的相册，按照不同的主题和兴趣来划分。

博客平台 Tumblr 的使用同样也增长很快，comScore 2012 年 1 月的数据显示，美国独立访客访问 Tumblr 的数量自 2010 年 11 月到 2011 年增长非常显著。comScore 报告称该站点的美国用户从 2010 年底的不到 700 万人增长了超过一倍。2012 年 3 月，Tumblr 托管的博客数量超过 5000 万个，Tumblr 正在健康成长中，而且品牌可能从中收回投资回报。目前 Tumblr 已经签署 15 项广告协议，广告主包括美国“卡通网络”。Tumblr 目前发帖总量已经突破了 200 亿关口，一共获得 1.25 亿美元的风险投资。根据 comScore 的数据，Tumblr 的用户使用程度很高，2012 年 1 月全球访问 Tumblr 网站的用户在网站上的平均花费时间为 89 分钟。当然这个与 Facebook 的 405 分钟相比还是差得远，但高于 Twitter 的 21 分钟，Tumblr 用户与平台内容的参与程度高倒也是显见。一年中，Tumblr 获得了 900 万新独立访客，到 2011 年 11 月达到将近 1600 万人（见图 10-23）。

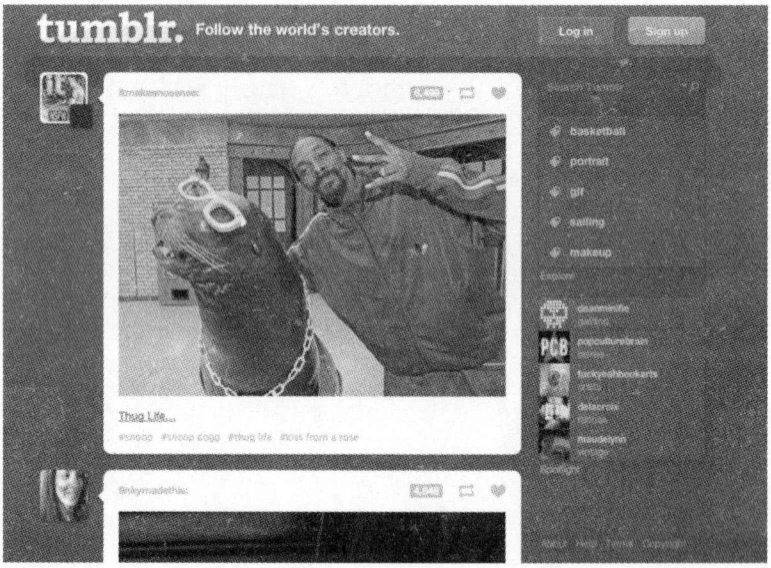

图 10-23　新型博客平台 Tumblr 的网页界面

当 Pinterest 的内容只限于图片时，Tumblr 有更多的选择，用户可以利用该网站的简单，订制化与可视化的界面、有可视化信息的品牌也开始采用。这个平台对于媒体公司尤其适用，他们可以发表自有内容，包括照片和评论，这吸引了像 Atlantic、Rolling Stone 和 The Huffington Post 这样的媒体品牌，以及时尚品牌如 Oscar de la Renta 和 J. Crew 等。

Path 的社交网站建立又是对社交网络的另一种理解。大卫·莫林（Dave Morin）是 Path 网站的建立人，在他曾经公开的如 Flickr 页面上，有 648 张公开的相片。通过这些相片可

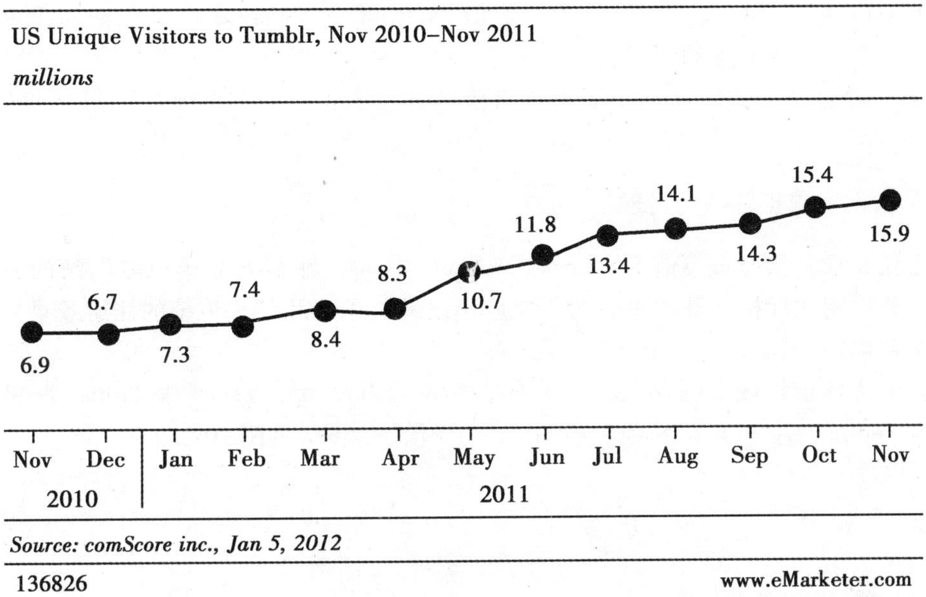

图 10-24 美国只访问 Tumblr 社交网站的用户增长状况

以窥探到他的生活轨迹：和女友在马尔代夫开水上飞机，在蒙大拿的旷野出席一场婚礼，去看 U2 乐队演唱会，在第一届 Facebook F8 开发者大会现场。有一天，他发现似乎没必要向太多人公开他的生活。于是他开始着手创建一个基于移动平台的私密社交应用，这就是 Path。在 Flickr 上，莫林最后一张照片的更新日期定格于 2010 年 9 月 27 日。2 个月后，Path 出现在 APP Store 之中。Path 能帮助人们建立一个私密的好友圈子，互相分享生活的瞬间。“在 Path 上更新，意不在自我推销和广播，而是和用户熟识的人分享一个瞬间。”这是对 Path 最贴切的描述。

Path 在设计上更着重于个人体验和私密性，用莫林的话说，Path 旨在建立一个家庭式的封闭网络。最初，Path 最多只能加 50 个好友，并且是一个完全封闭的网络，用户不能将发布的任何信息传递出去，哪怕是用邮件。经过几次产品升级后，Path 的好友上限提高到 150 个，可以告诉别人用户和谁在一起，这个社交应用提供了共享旅游、音乐、睡眠、照片、位置和体育锻炼的方法等。用户也可以通过关联按钮有选择地将这些信息同步到 Facebook 或 Tumblr 等其他平台。同时，Path 也更倾向于一种缓慢的有机增长，而不是病毒性的扩张。

(3)其他的网站的市场份额及数据：

Instagram：Facebook 的收购让 Instagram 的市值从 5 亿美元提升一倍，达到 10 亿美元，Instagram 的用户数也随着 Android 版的推出和收购的带动提升到 4000 万，Instagram 的用户平均价值从收购前的 18.52 美元提升到 25 美元。

Path：在 Instagram 被收购的带动下，Path 成功获得 3000 万美元的 B 轮投资，估值飞升至 2.5 亿美元，这使得 Path 的平均用户价值从几周前的 12.50 美元飙升至 125 美元。2012 年 4 月 16 日，Path 创始人兼首席执行官大卫·莫林向外界宣布，公司已经通过第二轮融资募集到 3000 多万美元，从而使 Path 的估值达到 2.5 亿美元。

Pinterest：估值5亿美元，平均用户价值28.09美元。Instagram的收购对Pinterest的估值也必然产生很大的推动作用。

Foursquare：估值6亿美元，平均用户价值40美元。除去Path的不可思议数据外，Foursquare可以说是小型社交网络中最具价值的一家。

2. 社会化登录扩展市场份额

社会化登录是指通过类似Facebook、Twitter、Google账号登录第三方网站的方式，也是各大社会化网站标榜的开放平台的主要应用之一。未来几年，传统的注册登录方式可能会被完全替代。

在社会化登录领域，Facebook占45%，Google占31%，Yahoo跟Twitter合起来占到18%，LinkedIn、Myspace跟其他一些站点占了剩下的3%（见图10-25）。

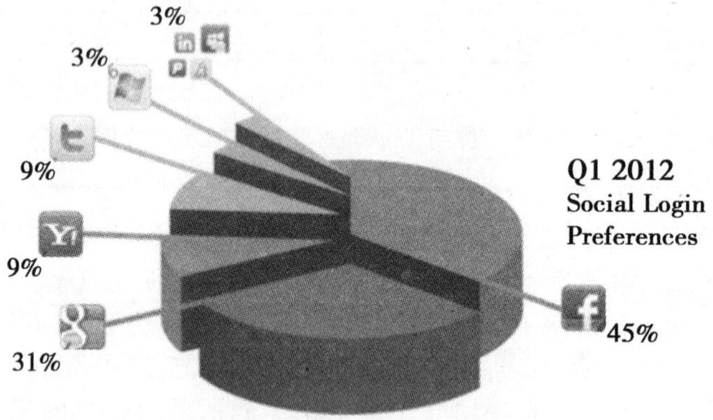

图10-25　各个社交网络在社会化登录所占的份额

网站与社会化登录的整合是个好主意，它减少了网站恼人的让用户填写注册信息的步骤，带来了更高的用户体验满意度。它改变了过去多数人觉得注册很让人烦，致使其中很多人会愤而离开这个网站的状况。88%的在线购买者会有意地在注册信息时留下空白或提交虚假信息。

社交整合服务提供商Gigya称社会化登录可以提高网站的时间时长和PV，根据该公司的报告，61%的用户选择Facebook账号作为登录工具。

图10-26显示的是不同行业网站的用户的登录偏好，可以看出Facebook在这些行业中仍然领先。

在通过移动网络登录方面，Google的市场份额相比2011年第四季度增加了2%，这或许应该归功于Google+的推出。随着移动应用的发展，Twitter的份额增长比较迅速，可能归功于它与iOS5的整合（见图10-27）。

从目前的情况来看，在社会化登录领域，Twitter是唯一一个有可能挑战Facebook第一名位置的网站，接下来，LinkedIn，Myspace，Yahoo分别占据第3～5名的位置，但与前两名的差距比较大。

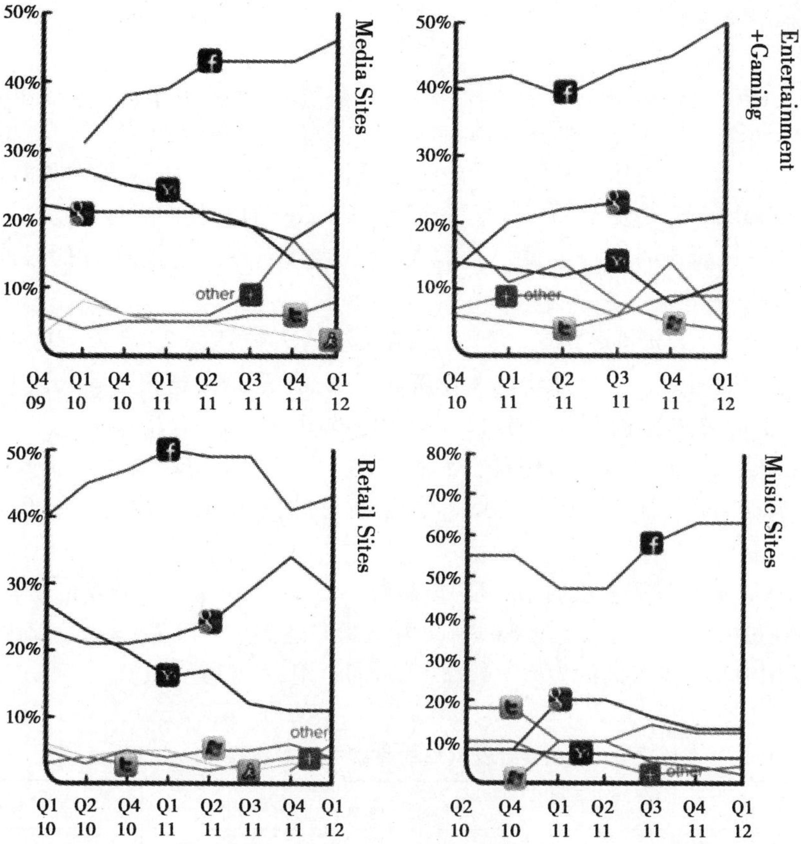

图 10-26　各个社交网站在媒体、娱乐业（游戏）、零售业、音乐业行业的站点的登录偏好所占的份额

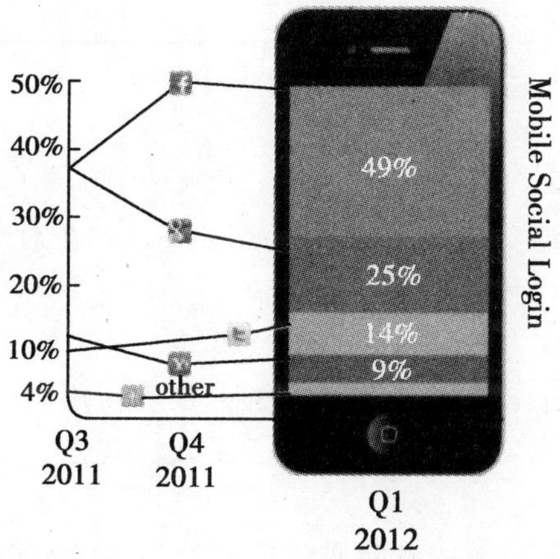

图 10-27　各个社交网站在移动应用上的登录偏好所占的份额

3. 品牌赞助活动

Google+于 2011 年 11 月推出了品牌主页服务，Twitter 正式推出这一服务是在 2011 年 12 月。不过，在 Twitter 推出这一服务之前，广告商就已经利用该网站的一些功能进行营销。相对于 Google+，Twitter 被用于品牌推广的时间更长。2012 年 2 月 21 日晚间消息，社交媒体研究公司 Socialbakers 近期发布的一份报告显示，Google+的发展速度远远超过了 Twitter。

在 Twitter 排名前 5 的品牌主页中，H&M 增长速度最快，在 1 个月的时间内新增了超过 8.85 万的关注者。

在 Google+上，H&M 排名第二，每月新增关注者人数达到 28.7 万。Google+上增长最快的品牌是“愤怒的小鸟”，每月新增关注者人数为 35 万。在总关注者人数方面，以 H&M 为例，Twitter 上的总关注者人数为 81.6 万，而 Google+上为 53 万。

业内人士认为，Google+页面更符合品牌与用户互动的需求，因此 Google+真正的竞争对手应当是 Facebook。不过数据显示，在用户与品牌互动总数方面，Google+还不到 Facebook 的 1/100。

目前，Facebook 上发展最快的品牌是“愤怒的小鸟”，在 1 个月内新增的粉丝数量达到 400 万。而 H&M 在过去一个月内新增的 Facebook 粉丝数量达到 73 万，粉丝总数则达到 990 万。此外，Facebook 用户与品牌互动的频率也远高于 Google+用户（见表 10-1）。

表 10-1 **主要社交网站的品牌主页对比表**

品牌主页		Google+	Twitter	Facebook
服务推出时间		2011 年 11 月	2011 年 12 月	
增长最快品牌比较	增长最快	愤怒的小鸟	H&M	愤怒的小鸟
	每月新增关注人数	35 万	8.85 万	400 万
H&M	排名	第二	—	—
	关注人数	53 万	81.6 万	990 万

4. 整合移动社交网络

移动设备同样也激发了消费者的网络痴迷。comScore 在对年龄在 13 岁以上的用户调查后认为，移动社交网络将成为未来的发展潮流。

截至 2012 年 5 月，iOS 和 Android 设备已经超过 5 亿，移动应用已经成为吸引消费者的新战场。APP 的革命改变了软件在消费者中的分发和使用的方式。靠着免费内容以及强大的触摸屏设备，移动应用成功地颠覆了电信、游戏、音乐、新闻等行业，而游戏则是最成功的移动应用。

图 10-28 是每天各类应用的消费时间变化情况，从图中可以看出，2012 年第一季度社交网络已经与游戏的时间并驾齐驱，均为 24 分钟（31%）。其次是新闻和娱乐，分别为 12 分钟（15%）和 10 分钟（13%），其他类型的应用仅占 7 分钟（10%），用户每天平均耗在移

动应用上的时间已经达 77 分钟。社交网络的复合年增长率高得惊人，消耗时间增长了 60%。

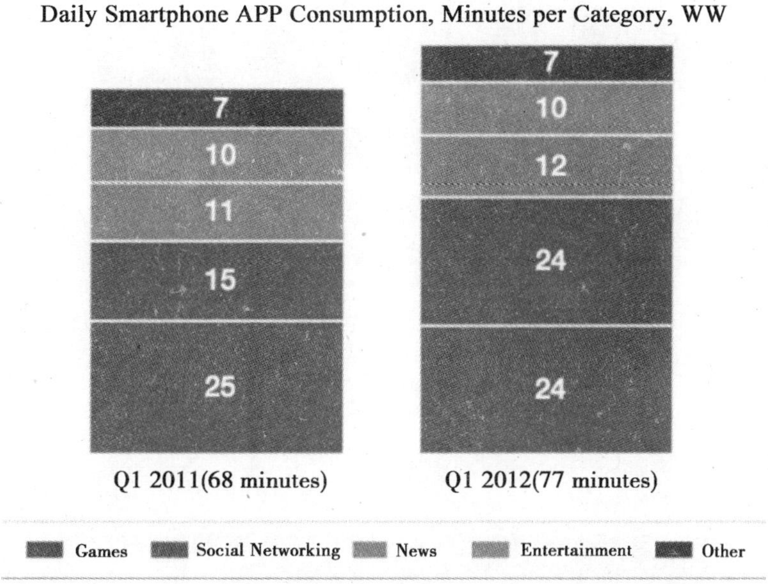

图 10-28 从 2011 年第一季度到 2012 年第一季度网民在智能手机中每天消费在各项应用上的时间数

根据 Facebook CEO 扎克伯格的讲解，他认为目前互联网上不同的网站和应用已经成功建立了关于不同事物的“社会化图谱”，比如点评类网站 Yelp 建立了关于本地商家的图谱，在线音乐网站 Pandora 建立了关于歌曲之间的关系图谱，而 Facebook 则建立了人与人之间关系的图谱。所有的这些关系图谱对于用户来说都很重要，但是由于网站之间用户数据相互“隔绝”，用户很难分享在不同网站内建立的“关系图谱”。Facebook 提出的 Open Graph 计划，目的是要提供一个基础的人和人之间关系的“开放图谱”，其他所有互联网网站和应用都可以基于这个“开放图谱“为用户提供应用和服务。

扎克伯格说，在未来 5 年，几乎用户所使用的所有应用都将跟 Facebook 有一定的整合，这是一种共生关系。通过共生关系来进行社交网络的共同发展已经成为一种趋势，各个网站之间的社会化程度将更为密切，人们将不可能只依靠单一的某个网站(见图10-29)。

将社交网络移动化，也意味着基于“开放图谱”为用户提供了更方便的应用，不断地改进移动应用程序，Data Portability 提供给用户个人数据打包服务，“随身携带”，在访问不同网站和应用时重复使用，并且不断更新，Data Portability 其实也是强调互联网是人的互联网。目前 Facebook 在全球拥有超过 4 亿用户，存储了无数真实个人信息和社会关系网络，它有一个真正庞大的社会化关系图谱，而且数量巨大的用户正在使用它。

2012 年 5 月 2 日，社交网络 Facebook 在其开发者博客上称：在 4 月，它给予其整合的移动应用程序带来了超过 1.6 亿个用户。像 BranchOut、Viddy 和 Flixster 这样的移动应

图 10-29　新兴的社交网络发展的一种共生关系，代表网站——BranchOut

用程序均从中受益匪浅(见图 10-30)。

图 10-30　Viddy 的 iphone 手机应用界面

下面是 Facebook 公布的一些相关的统计数据：

- 在 4 月，Facebook 给移动应用程序带来了超过 1.6 亿个用户；在 2 月底，这个数字仅为 6000 万个。
- 同期，这些移动用户给移动应用程序带来了超过 11 亿次访问量；在 2 月底，这个数字为 3.2 亿。
- 前 10 款营收最高的 iOS 应用程序中有 7 款应用程序，前 10 款收入最高的 Android

应用程序中有6款应用程序与Facebook进行了整合。

按照惯例，Facebook还提供了一些受益的移动应用程序作为例证：

- BranchOut：职业社交网站，自从发布与Facebook整合的移动应用程序后，它的月活跃用户数量从100万增加到了1250万。Branchout因为最近在做了较大的推广，并且刚刚融了新一轮的投资，媒体曝光较多，增长也比较快。
- Viddy：短片分享网站，自从与Facebook整合以来，Viddy社区的注册用户已增加到了1600万。
- Flixster：由于与Facebook整合，在过去四周中，这款流行电影评论和信息移动应用程序的日常用户数量，已增加了9倍，增加至48万。同期，这些用户产生了总共1500万人次访问量。

5. 收购行为

在整个互联网发展中，社交网络之间的兼并行为经常发生。收购行为的趋势也可以从中得出一二：一是社交化趋势。从社交网站的发展显示了互联网社交化趋势的到来，网民间的互动行为与信息传递开始基于人与人之间的真实社交关系来开展，改变了传统的互联网信息推送模式。Google在推出Google+时显然已经意识到，在社交化浪潮下，将个人信息及其社交关系融合到信息推送的算法中，将大大提高信息推送效率和精准度，引发互联网营销和电子商务的重大革新。社交网络将会成为未来互联网的基础架构。在看重社会化趋势中，如Google公司比较令人瞩目的收购行为是以200万美元价格收购社交游戏网站Slide。

自2007年发起第一笔收购至2011年9月，Facebook完成13笔收购。主要是为了应对新一波互联网发展带来的竞争压力。其中，有9笔收购都是为了提升其产品的用户体验和客户黏性。而从2011年开始，其收购方向发生了非常明显的变化。一方面，更加注重挖掘营收价值。对于拥有亿万网民信息的Facebook来说，进一步收集丰富的用户行为数据，深入挖掘用户背景资料和社交行为，是提升其流量变现能力的重要途径。了解社交参与数据对互联网企业来说至关重要，这也是我们关注互联网上内容互动情况的原因。2011年5月，Google公司收购社交网络分析服务公司PostRank，PostRank的服务可以帮助用户了解Twitter消息和Facebook更新等内容在互联网上传播的情况。PostRank的产品包括帮助用户查看自己和他人内容分享情况的“分析工具”，以及帮助品牌广告主联系有影响力用户的“连接工具”。

在这一类的收购的行为中，2012年4月9日，Facebook以现金和股票收购包括Instagram这类侧重用户体验，具有很强社交行为性的图片分享应用开发商，交易总额约10亿美金。该开发商只有9名员工，但仅在采用苹果iOS系统设备上的注册用户有3000多万名，4月初在推出安卓系统后，它的注册用户12小时就超过100万名。

另一方面，各个公司的收购行为都更加注重和加速在移动互联网上布局，也就是为了将来的发展进行战略思路的转化。被Facebook收购的还有bing和Pandora等。

在面对移动化趋势时，各个网络大户都认识移动化代表着互联网的未来，不仅基于手机上网的全面普及，同时也因为移动互联网领域已经呈现出不同于传统互联网的全新生态系统。苹果公司成功开启了整合硬件和软件、终端和云端、供应商和消费者的盈利模式。Google 公司近期对摩托罗拉的收购，也显示其对产业链上下游全面整合的意图。在这种趋势和背景下，Facebook 自然需要迅速抢占移动市场，2011 年初就对对消息群发服务商贝鲁加和手机应用开发商斯那图进行收购，其群发短信服务也随之上线。表 10-2 列出了近年来社交网站的并购情况：

表 10-2　　**近年来部分社交网站进行的收购行为表**

<table>
<tr><th>时间</th><th>社交网络</th><th>收购对象</th><th>收购金额</th><th>收购原因</th><th>结果</th></tr>
<tr><td>2010</td><td>Hi5</td><td>社交游戏开发商 Big Six</td><td></td><td></td><td></td></tr>
<tr><td rowspan="4">2011—2012</td><td rowspan="4">Tagged</td><td>多用途社交网络客户端 Digsby</td><td></td><td>社交网络和及时聊天功能</td><td rowspan="4">Tagged 每月活跃用户数量一举翻了一番，达到了 2000 万人次。两家公司的合并将让 Tagged 的注册用户总人数从原来的 1 亿人次飙升到 3.3 亿人次
Tagged 的设计模式是让众多用户通过游戏、礼物、浏览信息来通过互联网结交新朋友</td></tr>
<tr><td>WeGame</td><td></td><td>WeGame 主要为玩家提供类似于 Raptr 一类的社交网络服务和在线数字游戏商城服务</td></tr>
<tr><td>Hi5</td><td></td><td></td></tr>
<tr><td>机器学习企业 Topicmarks</td><td></td><td></td></tr>
<tr><td>2011</td><td rowspan="4">Google</td><td>收购 Slide</td><td>2 亿美元</td><td>社交网络研发</td><td rowspan="4">获得很多相关技术和工程师以及吸收其广告业务经验</td></tr>
<tr><td rowspan="2">2011</td><td>社交网络分析服务 PostRank</td><td></td><td>PostRank 的服务帮助用户了解 Twitter 消息和 Facebook 更新等内容在互联网上传播的情况</td></tr>
<tr><td>Google 公司宣布收购社交网络创业公司 Angstro</td><td></td><td>该公司开发的应用程序可查找 Facebook 网站上的照片，把主叫用户 ID 与 LinkedIn、Twitter 网站的个人简介结合在一起</td></tr>
<tr><td>2012</td><td>Jambool 公司</td><td></td><td>为社交网络开发应用、虚拟物品和虚拟货币</td></tr>
</table>

续表

时间	社交网络	收购对象	收购金额	收购原因	结果
2012年4月12日	Yammer	收购苏格兰创业公司 OneDrum		OneDrum 改变了微软目前 Office 只允许一个用户在一个时间点进行文档编辑工作的状况，OneDrum 允许多个作者可以实时同步编辑同一个文档、本地副本被储存后，其他用户对文档的改变将被离线储存。另外，OneDrum 还配备了通信工具，比如编辑跟踪，以及具有独特聊天气泡的即时消息系统，通信工具允许在文档内相互发送信息。任何版本的微软 Office 都可以与 OneDrum 相互兼容	Yammer 已经发展为一个比较完善的、类似 Facebook 的企业内部社交网络 Yammer 现在不仅仅是作为一个交流平台，它现在囊括了调查、聊天、活动、链接、主题、问答等方面的应用。收购完成后，Yammer 将会拥有强大的桌面及文件同步功能，Yammer 将实现跨多个桌面的文件夹共享功能。并且，用户将可以实现在 Word、Excel 以及 PowerPoint 文档中实时共同工作
2012年4月	Facebook	收购 Instagram	10亿美元	注重 Instagram 的社交程度，该应用程序的使用用户量	
2012年5月		社交礼品应用开发商 Karma		专注于社交礼品应用的开发，使得礼物接受者可以选择接受礼品或捐赠给慈善组织	对 Facebook 来说，该服务会增加其在移动领域的收入来源

6. 广告收入

2012年2月26日调查公司 eMarketer 发表报告称，全球社交网络广告收入依然在强劲增长，2012年可能增长近50%，其中美国市场收入将占总收入的47%（见图10-31）。

eMarketer 预计，社交网络广告客户2012年将投入77.2亿美元，投放的广告包括社交网站广告、社交游戏和应用程序内广告。eMarketer 称，2012年的广告投入增幅甚至比2011年更高，2013年和2014年的增幅可能下降，但依然会保持在两位数，到2014年全球社交网络广告总收入可接近120亿美元(见图10-32)。

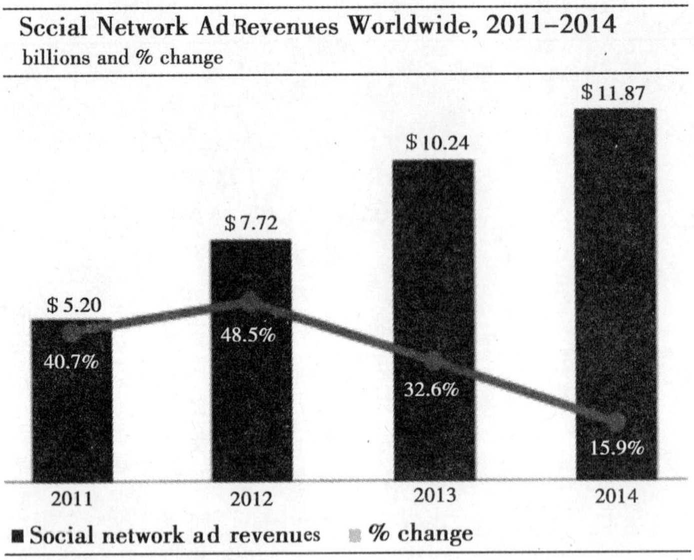

Note:includes paid advertising appearing within social network sites, social network games and social network applications;excludes spending by marketers that goes toward developing or maintaining a social network presence
Source: eMarketer,Feb 2012
136105 www.eMarketer.com

图 10-31　全球社交网络广告营收

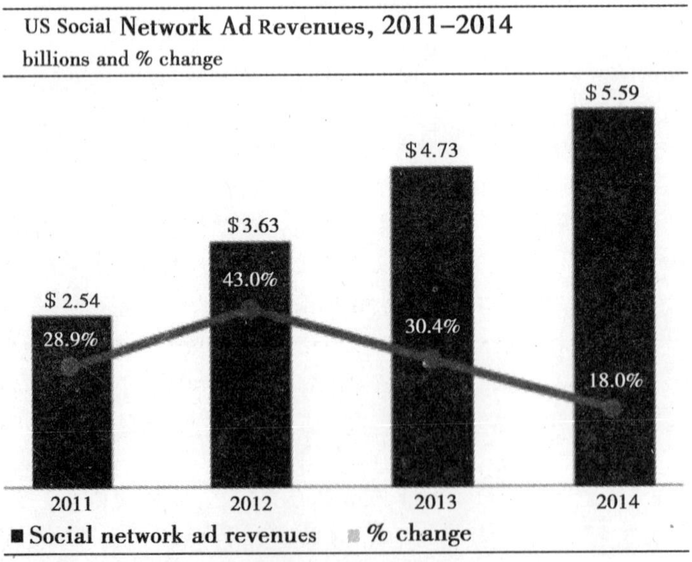

Note:includes paid advertising appearing within social network sites, social network games and social network applications;excludes spending by marketers that goes toward developing or maintaining a social network presence
Source: emarketer, Feb 2012
136103 www.eMarketer.com

图 10-32　美国社交网络营收

目前来自美国市场的收入接近全球社交网络广告总收入的近1半，并在预测期内将继续保持这个比例。2012年，广告客户在美国社交网络上的投入将达36.3亿美元，2011年为25.4亿美元，到2014年将继续攀升至55.9亿美元。虽然在2011—2013年期间美国增长率将略低于全球平均水平，但美国的广告投入增加量可能超过世界其他地区总和，从而使该国在全球社交广告总投入中所占比例保持在50%左右(见图10-33)。

US Social Network Ad Revenue Share by Venue.
2011-2014
% of total

	2011	2012	2013	2014
Facebook	68%	71%	70%	67%
Social games	8%	7%	6%	6%
Twitter	5%	6%	7%	8%
LinkedIn	4%	4%	4%	4%
Myspace*	2%	–	–	–
Other	13%	12%	13%	15%

Note: numbers may not add up to 100% due to rounding; * effective in 2012, Myspace will no longer be included in eMarketer's forecast
Source: eMarketer, Feb 2012

136123 www.eMarketer.com

图10-33 美国社交网络广告分平台营收

Facebook将获得最多的社交网络广告收入，在整个预测期内，可能占美国社交网络广告总收入的70%。而微博网站Twitter的市场份额，也将从2011年的5%升至2014年的8%。同时，其他社交网站的广告收入所占份额也将有所上升，在2011年和2014年之间可上升2个百分点。

Facebook 2012年第一季度广告收入8.72亿美元，较上一季度的9.43亿美元下降8%，较上一年同期的6.37亿美元增加37%，广告收入占总收入的82%。

艾瑞咨询整理eMarketer发布的数据发现，2011年Facebook全球网络广告收入达到31.5亿美元，相比于2010年增长率高达68.2%，预计2012年将会保持超过60%的强劲增长势头，达到50.6亿美元。进入2013年之后，eMarketer预计，Facebook全球网络广告收入增长速度将会放缓，2014年其全年网络广告总收入将达到76.4亿美元，其中来自美国市场的广告收入将达到37.5亿美元，占据全美网络广告市场总额的7.1%。

艾瑞分析认为，展示广告市场的快速发展对于Facebook网络广告收入的增长起到了强大的推动作用。无论是国际化的大品牌，还是小型的地方企业，越来越多的企业倾向于投放横幅广告、视频广告、网页赞助广告等展示广告来获取顾客，这一市场正处于高速发展当中(见图10-35)。

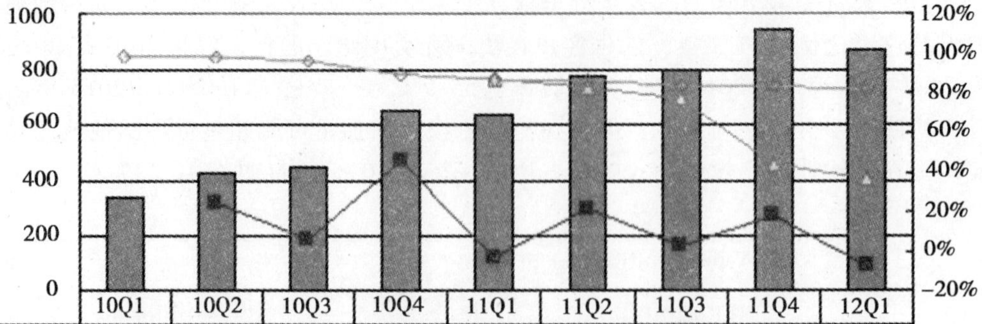

	10Q1	10Q2	10Q3	10Q4	11Q1	11Q2	11Q3	11Q4	12Q1
广告收入	340	424	450	655	637	776	798	943	872
环比		25%	6%	46%	-3%	22%	3%	18%	-8%
同比					87%	83%	77%	44%	37%
广告占比	99%	98%	96%	90%	87%	87%	84%	83%	82%

百万美元　　广告收入　环比　同比　广告占比

图 10-34　Facebook 从 2010 年第一季度到 2012 年第一季度期间广告收入状况

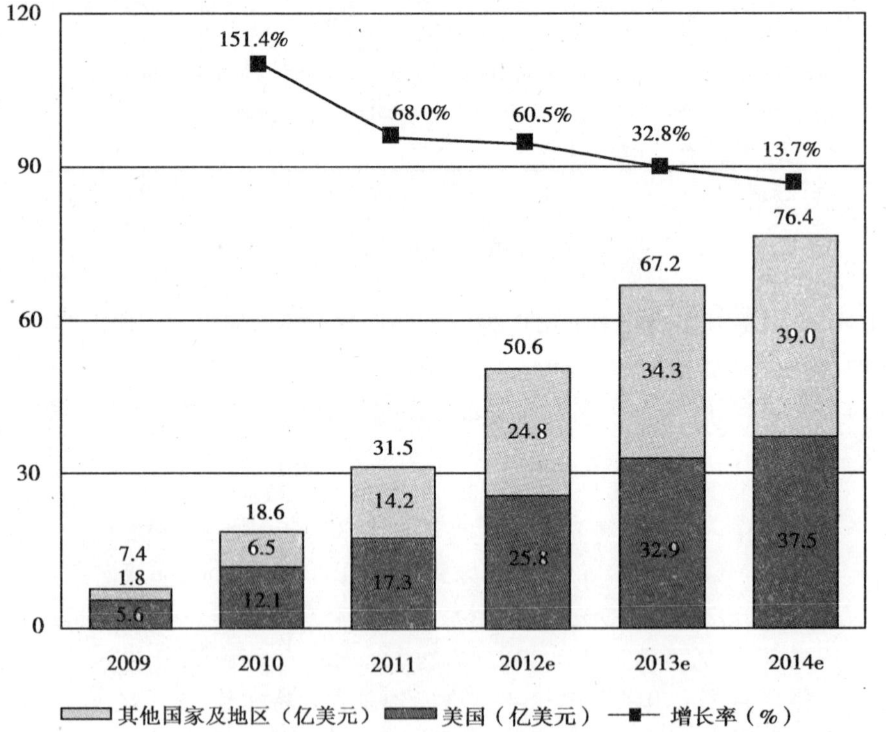

Source: eMarketer.2012,2.

图 10-35　2009—2014 年 Facebook 全球网络广告收入增长图

移动应用高歌猛进，广告收入也水涨船高。图 10-36 是一季度三个月 Flurry AppCircle 广告网络各发行商的收入情况。Flurry AppCircle 跟踪的设备超过 3 亿部，所以其数据的说服力是足够的。根据统计，Flurry AppCircle 的广告收入 3 个月内上涨了 23%。

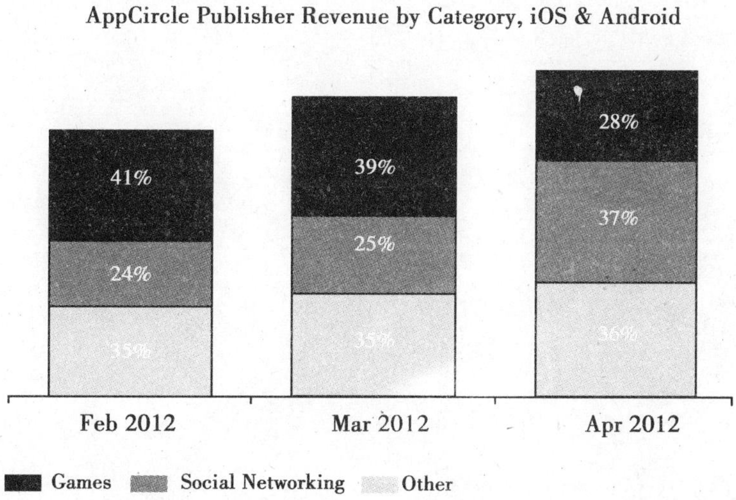

图 10-36 游戏和社交网站及其他移动应用在 2012 年第一季度的广告收入情况

从图 10-36 中可看出，游戏和社交网络类应用的广告收入占了大头。2012 年 1 至 3 月，游戏的广告收入分别占到总收入的 35%、35%、36%。而社交网络的石头则更为迅猛，分别为 24%、25%、37%。在 Flurry 的统计当中，这是游戏广告收入的排名首次被其他类别应用压下去。

7. 应用程序收入

移动互联网的发展使得消费者随时携带的手持设备上的移动、社交和本地应用程序高度扩散，iOS 和 Android 设备已经超过 5 亿，据 IDC 预计，移动应用程序的全球应用程序下载量将从 2010 年的 109 亿次增长到 2014 年的 769 亿次。手机设备和应用程序的下载量和出售得越多，也就意味着社交网络公司有更多机会植入广告和向客户播出广告。

目前，美国社交网络开始呈现饱和状态，高速增长不复存在。

随着社交网络 facebook 和 myspace 的蓬勃发展，社交游戏也正在经历一个历史的黄金增长期。这些游戏公司与社交网络平台一起分享了互联网上的成长，开发用户和营业收入。游戏无疑是最成功的移动应用。

据 Facebook 最近更新的 2012 年第一季度文件资料显示，Facebook 在 2012 年第一季度约有 4% 的收益来自 Zynga 应用页面的展示广告，还有 11% 的收益直接来自 Zynga 付款（Zynga 是一个社交游戏公司，于 2007 年 6 月成立。Zynga 开发的游戏多半是网页游戏，并发布于 Facebook 以及 MySpace 一类的社交网站）。

也就是说，从1月1日至3月31日，在Facebook的10.58亿美元收益中，Zynga所创造的收益占15%，低于2011年时的19%。但2011年第一季度时Zynga为Facebook创造收益为9530万美元，2012年同一时期则是1.1638亿美元(不包括来自应用页面的展示广告)。Facebook在2012年2月份提交文件曾显示，2011年Zynga所创造收益(含虚拟商品交易及广告服务，但不包括用户访问植入第三方广告的Zynga应用页面所创造的间接收益)在Facebook总营收中占12%(见图10-37)。

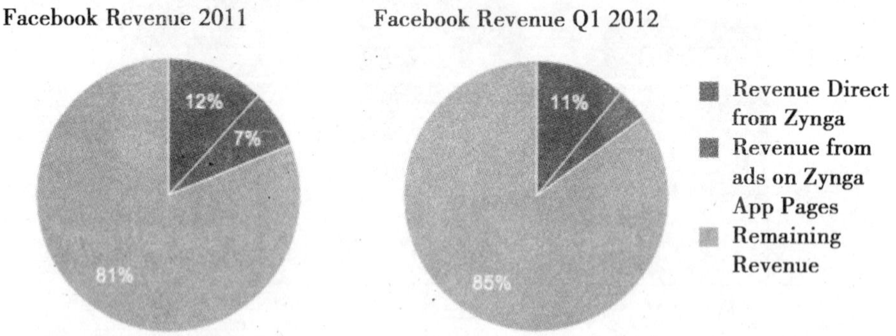

图10-37 2011年和2012年Facebook收入与Zynga的关系

Facebook第一季度营收中，有15%来自于Zynga，低于上年同期的19%。在上述15%的营收当中，有大约11%来自通过Zynga游戏出售虚拟物品获得的30%的收入分成，或是Zynga直接向Facebook支付的广告收入。另外的4%，则来自于在Zynga内容旁边展示广告获取的营收。Facebook在文件中还继续强调，与Zynga关系交恶将会有损于公司的业绩。业内人士指出，虽然Zynga在近期推出了自己的游戏网络，旨在降低对Facebook的过度依赖。但是由于Facebook依然向Zynga的该网络提供支付服务，这意味着后者依然必须向Facebook支付30%的收入分成。

8. IPO 首次公开募股

Facebook在2012年5月17日在收盘后首次公开募股(IPO)，售价定在每股38美元，募集资金将达到160亿美元，市值超过1000亿美元，成为美国历史上规模最大的互联网公司IPO案例。社交网络巨头Facebook IPO(首次公开募股)后前三个交易日内股价累计下跌18.4%，创下了美国股市5年来10亿美元以上大型IPO前三日跌幅之最。社交游戏业者Zynga于2011年12月16日首度公开上市就表现不顺，开盘不久就跌破发行价。它以8%的跌幅位列前三日跌幅榜第五位，与Facebook堪称“难兄难弟”。

而网络巨头Google公司于2004年发行价在首日收盘时达到100.34美元，截至2012年6月，Google公司的股价在2007年涨到最高，为747.24美元，目前，Google公司的股价在经济衰退期下落，但仍然没有低过发行价(见表10-3、图10-38)。

表 10-3　　部分社交网络首次公开募股情况表

社交网站	股票代码	上市日期	募集资金	IPO 定价	2012 年 6 月股价与 IPO 相比
Google 公司		2004 年 8 月	募集到 16.7 亿美元	每股 85 美元	
Limelight 网络	LLNW	2007 年 6 月	募集到 2.4 亿美元的资金	每股 15 美元	低于发行 IPO
人人网	RENN	2011 年 5 月	募集到 7.43 亿美元	每股 14 美元	低于发行 IPO
Groupon		2011 年 11 月	融资额 7 亿美元		
社交游戏 Zynga		2011 年 12 月	募集到 10 亿美元		

10.3.2　欧洲社交网络服务的市场现状

1. 用户现状

据美国科技博客网站 SearchEngineLand 报道，市场研究公司 InSites Consulting 最近的一项研究结果显示从全球来看，Facebook 仍是最受欢迎的社交网站；50% 的社交网站用户使用 Facebook。comScore 发布的数据表明欧洲的社交网络使用率比较高。据 comScore 称，亚太地区的社交网站访问量份额为 32.5%，欧洲以 30.1% 的份额紧随其后。北美洲、拉丁美洲和中东/非洲地区的访问量份额分别为 18.1%、10.2% 和 9.1%。

如果从用户在社交网站上所花时间量的角度来说，市场份额最高的是欧洲，它的份额为 38.1%；其次是北美洲，市场份额为 21.4%；亚太地区的市场份额为 16.5%、拉丁美洲的市场份额为 12.8%、中东/非洲地区的市场份额为 11.2%。

据调查数据显示，73% 的欧洲人都至少使用一种社交网络，而 50% 的人都选择只使用一种社交网络。在欧洲，社交网络的市场分布状况略有不同，62% 的欧洲人使用 Facebook；而使用 Twitter 和 Vkontakte 的人数分别为 16% 和 12%。社交媒体已成为一种日常生活，60% 的欧洲人每天都登录自己的社交网络账户。与其他欧洲国家相比，西欧则相对落后，在被调查者中，仅有 66% 的人活跃于社交网络。

据《经济学人》报道，欧盟委员会最新发表的互联网用户习惯调查报告显示，德国互联网用户访问社交网站的比例仅为 37%，远远低于其他欧洲国家。

相比之下，匈牙利访问社交网站的互联网用户比例高达 80%，东欧国家用户似乎最青睐社交网站，其中拉脱维亚、波兰、斯洛伐克和塞浦路斯访问社交网站的互联网用户比

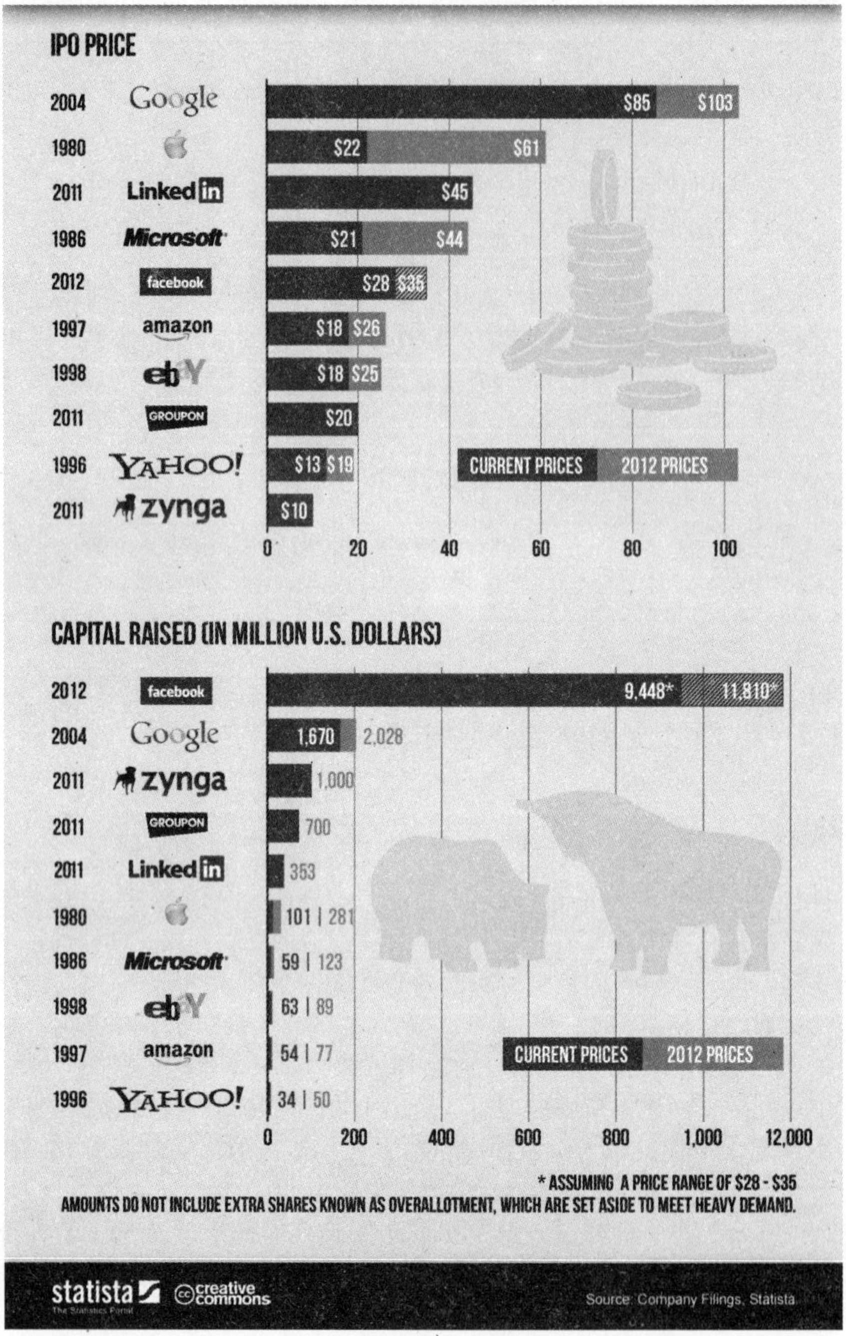

图 10-38 1996—2012 年各个网站的首次募股的价格及所募集到的资金

例都处在高水平。

2. 欧洲的一些特色网站

(1)Whispurr。这是一个比较注重隐私的网站，它有着明确的交流目的和交流的封闭的圈子，用户并不需要和所有的人和所有事物进行交流，用户事先都已经预设好了类别。用户只参加用户感兴趣的小组，这些小组都是完全隔离的。它手工创建朋友圈，不限个数。

Whispurr 提供的是一个“微信息”服务平台，它提供的特色服务是：允许用户从它们的电子邮件地址储存并转发 300 个字符的文字信息（见图 10-39）。

图 10-39　爱尔兰社交网站 Whispurr 的主页

（2）Skyrock。Skyrock 是目前法国最大的博客服务提供商。Skyrock 是法国巴黎 Orbus 媒体集团运营的无线电台，于 2002 年底开始提供博客服务。2012 年初，Skyrock 管理的博客网页已超过 230 万页，其中大多数是广播电台的听众建立的。博客服务的推出不仅拉近了听众和电台之间的距离，而且也为公司带来了巨额的经济回报（见图 10-40）。

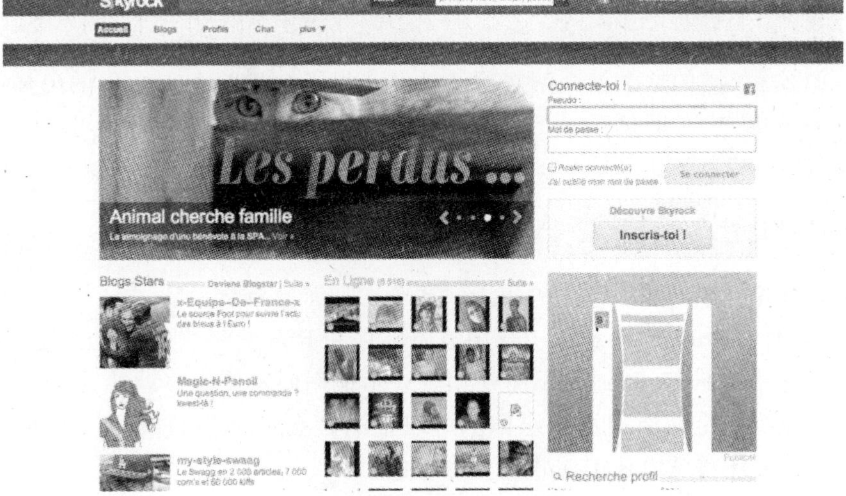

图 10-40　法国社交网站 Skyrock 的主页

Skyrock 旗下的 Skyblog 逐渐巩固了它在法国市场的领袖地位。虽然它是从基本的博客起步，但是网站目前已经加上了免费电子邮件 SkyMail、即时通信服务 SkyrockMessager 和手机下载服务 Skymobile 等服务。Skyrock 公司利用这些新增的服务建立起一个真正的网络社区并培育出了一大批固定的社区用户。同时，公司的广告收入和品牌忠实度也因此得到了提升。

(3) Tuenti。Tuenti 是西班牙最大社交网站之一，它在西班牙地区访问量最大，该网站创建于 2006 年年底，总部设在马德里。2008 年 Tuenti 的用户数增长了 7.7 倍，达到了 565 万。Tuenti 目标人群是西班牙青年。该网站被称为“西班牙的 Facebook”。网站具备 Facebook 的大量功能，如：建立自己的个人资料，上传照片和视频，标签朋友；不使用网上横幅广告，具有强大的搜索引擎。据估计 2012 年，Tuenti 已超过 920 万用户。它使用封闭式结构，加入网站通过会员邀请制，网站也只有西班牙版本，它主要是面向说西班牙语的用户。这也是它成功的原因，因为全球共有 4 亿人以西班牙语为母语，但西班牙语却在互联网上被边缘化了(见图 10-41)。

图 10-41　西班牙最大的社交网站——Tuenti

(4) StudiVZ。德国的这个社交网络网站已经获得了大量欧洲大学生的追捧。超过 160 万的注册用户可以在这里创建自己的网页，加入讨论，并创建组。它也非常类似于 Facebook(见图 10-42)。

3. 欧洲的移动社交市场状况

对于欧洲市场而言，移动设备的使用同样会增加营销机会。

2011 年 10 月，Arteqic(一家位于德国波恩邮件和 RSS 营销软件和服务提供商)调查发现，在德国，超过 3/4(77.3%)的网络使用者表示他们偶尔使用移动社交媒体，其中接近一半(48.2%)至少会定期使用社交媒体。可以推测，在更年轻的群体、青少年跟年轻成人中社交媒体会更加明显地被定期并且大量地使用。

先前的报告显示，相比于美国，西欧客户对移动广告响应更多。在 *Mobile Email*

图 10-42 德国最大的社交网站

Marketing 2012 这份报告中，Artegic 发现，被调查的用户在等待做其他事情的闲暇里(例如在排队等待付款时)，使用他们的移动设备访问邮件或社交媒体来消磨时间。因此，在付款通道为冲动购物而设计的产品的社交移动营销效果似乎很理想。

10.3.3 亚洲社交网络服务的市场现状

虽然以西方为主导的社交媒体在过去获得了很大发展，但它最近在亚洲的兴起更加引人关注。然而，就像 MySpace、Facebook、Twitter 以及正在起步的 Pinterest(目前正呈指数发展)的发展轨迹一样，一旦用户数接近于实际的极限值，该社交媒体的发展将变得非常缓慢，而这一现象目前在亚洲尤其明显。

实际上，目前亚洲社交媒体行业的底线数据和用户增长率居世界领先。除了 Facebook 和 Twitter，当地社交媒体在很大程度上主导了该行业的发展。说到消费者社交媒体，东方国家社交网络的商业敏感性和关注点更加聚焦和前沿，而且其商业开发也要比美国及其他西方国家早。此外，它所采用的模式也有所不同(见图 10-43)。

然而，亚洲和东欧的社交网络与美国有很大不同。人人网(中国)、微博(中国)、Mixi(日本)、CyWorld(韩国)、Odnoklassniki(俄罗斯)以及 VKontakte(俄罗斯)代表了这些国家最大的社交网站。

虽然社交网络的利用情况很不平衡，但俄罗斯是一个有雄厚技术基础的国家，这意味着它有大量具备丰富经验的从业者。Twitter 和 Facebook 在俄罗斯非常受欢迎，而且 Facebook 网页、Twitter 账号以及其他社交网站网址在企业广告中非常普遍。

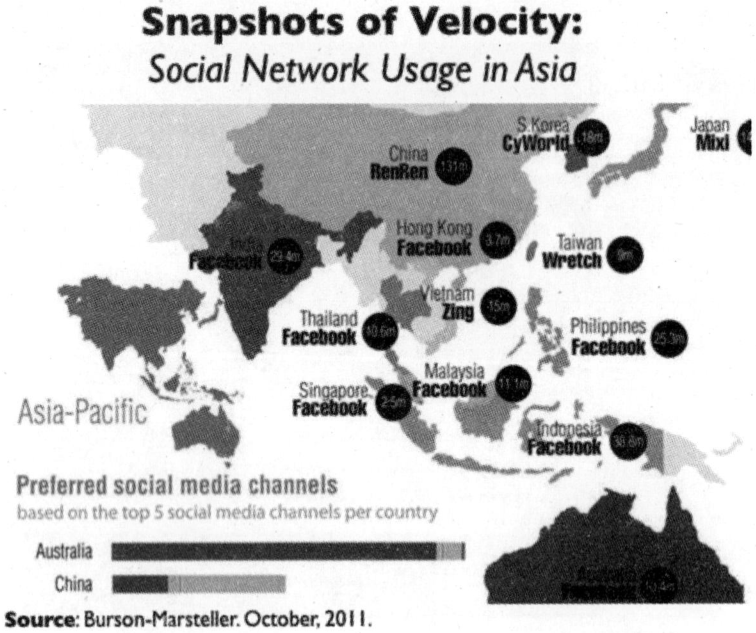

图 10-43　2011 年年底亚洲社交网络使用状况

社交网络已经成为全球性现象，并且具有浓厚的地方色彩和细微的差别。大型企业纷纷调整自己的社交媒体战略以适应当地的变化和差异。毫无疑问，在目前，英语社交网络被规模更大的亚洲和东方社交网络掩盖了光环，因为后者可能受语言或者政治障碍的影响，这对商业也将产生不可忽视的影响。

此外，关于为美国的社交网络和社会化商业平台引入新的数字商业模式，我们也学到了一些经验。这些企业需要遵守一个重要原则，即根据不同的国家制定不同的参与策略，做好准备应对持续的新进入者。

日本的 Mixi 及 GREE(日本第二大社交网站)也都准备进军国际。

10.3.4　国内社交网络服务的市场现状

与 2011 年底博雅公布的亚洲社交媒体研究情况相比，尤其令人关注的是过去几个月人人网和微博的增长速度。

在 2011 年，微博和人人网的用户都翻了近一番。中国在近三年增加的网民数量比美国目前的网民总数还多。人人网的社交网络平台所使用的商业模式，包括团购、开放平台、应用商店和信用卡。

就如同中国将很快成为世界第一大经济体一样，社交媒体发展的趋势是清晰的，中国已经在社交媒体行业引起了轰动。

eMarketer 预计，中国互联网用户众在 2011 年底将有 5.13 亿网民，尽管用户数量增长在 2013 年会回落至 1 位数，并且要到 2015 年网民的数量才能占到人口的多数，但中国仍然是世界上网民最多的国家，而且数量变得越来越大。

2011 年社交网络用户达到 2.57 亿人，目前一半的网民被本土微博或其他社交网络站点吸引，该比例将在 2014 年增长至 63%（见图 10-44）。

Social Network Users and Penetration in China.
2011-2014

	2011	2012	2013	2014
Social Network users(millions)	256.5	307.5	366.2	414.5
—% change	23.9%	19.9%	19.1%	13.2%
—% of internet users	50.0%	54.0%	59.0%	63.0%
—% of population	19.2%	22.9%	27.1%	30.6%

Note: internet users who use a social network site via arry device at least once per month; excludes Hong Kong
Source: eMarketer, Feb 2012

137050 www.eMarketer.com

图 10-44 We Are Social 发布的中国社交网络用户数据

根据 We Are Social 的数据，本地社交网络领袖是中国的腾讯 Qzone，有 5.36 亿用户，腾讯微博为 3.1 亿，新浪微博为 2.5 亿，人人网为 1.37 亿，开心网为 1.16 亿。豆瓣、腾讯朋友网、51.com、天际、街旁也是知名的垂直社交网站。

随着广告主将更多的钱花在移动和视频领域，覆盖这些平台的社交网站，尤其是微博将会从中受益。随着用户向微博的涌入，广告主将会在新浪微博和腾讯微博推广产品，这将会导致广告主将广告费用从传统的社交网络如人人网撤离。

10.4 社交网络服务的发展趋势

10.4.1 未来社交网络服务的市场策略

正如 comScore 在报告中指出的那样，社交网络行为反映了全球不同国家和地区的差异。未来将呈现出以下趋势：

- 个人越来越突出；过去信息是主题，而如今人更突出。
- 信息订制个性化；群体网络推荐信息。
- 信息实时化、互动化：NewsFeed 成主流。
- 碎片式社交来临；读图时代来临。
- RealTime-LBS+Mobile+Social。

关于企业发展全球、本地和新媒体战略，社交网络起到了越来越重要的作用，也帮助社交网络本身发展。在此可以参考 Facebook 网络营销的四大利器：传播度、参与度、相关度、社交化的情景。

第一，建立一个统一品牌的全球战略。

第二，对本地存在进行投资，在品牌和消费者之间搭建桥梁。

第三，加入本地化内容并融入背景，增加关联度、参与度和共鸣度。

第四，广告是这些数据最容易实现的价值，如果用户再往前推一步，思考一下获得广告精准投放的那些数据还意味着什么：让社交网络改进用户体验，增加商务活动。分析用户行为，揣摩用户心理，然后适时为每个独特行为习惯的用户提供更有针对性的服务。

第五，全球语言和文化的延伸，为贸易和社区的发展带来了机遇，但本地化是用户是否参与的关键。

第六，基于本地市场优化每个机遇。

第七，思考渠道经验和设计本地化经验，并在各个平台中得以应用。

政府出台一系列的完善的网络管理法规措施也必不可少，除了传统的系统设置和用户投诉等措施以外，从 2011 年 6 月起，美国国土安全部分布在各地的指挥中心已开始执行“社交网络/媒体能力”项目，对网上公共论坛、博客、留言板等进行常规监控，Facebook、Myspace 等知名社交媒体及众多热门博客均在监控名单中，以保护用户的安全。

数据表明，在 2011 年的日常交易的被调查者中，有 60% 的人访问过本地商户信息。通过对 88% 的 Groupon 用户以及 86% 的 LivingSocial 用户所做的消费满意度前两位调研，可以发现团购类网站的日常交易满意度是比较高的。而且这些被访问者中，回头客也较多：有 45% 的用户表示，他们从同一家商户买了好几样东西，而有另外的 41% 用户表示他们正打算这么做(从一家店多次购买)。

10.4.2 应用服务的创新与拓展

1. 即时通信的扩展

现在很多都进入社交网络里面，不光 Facebook，还有 Google，社交网络为终端用户提供各种即时通信(IM)服务，全球范围内越来越多的公司开始使用社交媒体与现有客户保持沟通联络，借助 Facebook 等社交网络成功发展新客户的企业比例提高了 7%；全球有 52% 的企业，中国有 79% 的企业利用新浪微博等网站与现有客户沟通交流、发布信息。如果社交网络会发生变化，原来是以人为中心，关注朋友；现在会向内容为中心模式发展，关注令自己感兴趣的内容。第一，社交网络分享自动化。美国麻省理工斯隆管理学院学者安德鲁·麦卡菲认为，以社交媒体和 Web 2.0 的核心是“大规模协作”的概念(mass collaboration)，将是未来企业“知识管理”的最佳利器。的确，过去百思买和英国电信的门市服务规范，是由总公司的高层管理者制定的，而现在则交由第一线和顾客互动的员工来决定。社交媒体可谓深刻改变了企业经营的环境。第二，基于地点预设和签到模式功能将成为主流，现在签到越来越简单容易。第三，用户界面将向移动终端、可视化、平板电脑等方式发展，加入图片和歌曲等多媒体素材。第四，第三方开发平台，通过资源共享、利益分成模式，从而丰富了网站功能，增强了用户黏性，发展得越快越好。

社交网络重要的是移动 IM 服务。Facebook 收购手机地理位置服务，Facebook 也会推出自有品牌手机，也会融合到它的品牌上；移动付费成为头号业务，也会进一步实现个性化。地理位置服务作为单一特点将不再明显，而是成为促进电子商务或社交网络及游戏发展重要因素。现在有一种 SoLoMo，将社交、本地、移动、移动和社交及电子商务巧妙融合，消费者借助 SoLoMo 将购物分享到社交网站上，这比广告宣传商品还管用，老百姓口碑宣传，因此还可以借助 Local，了解在本地有哪里可以卖，了解店家促销活动，通过手机支付使购买变成现实，这就与商户进行结合。

移动 IM 是跨界跨平台形态的创新产品，与此前 QQ、MSN 是不一样的。QQ 和 MSN 是固定在电脑上，而微信、米聊等新型移动 IM 是跟手机进行捆绑。前雅虎中国总经理谢文表示，也许，2012 年会成为网络业对传统媒体业发动总攻的一年，包括电视业在内的传统媒体业，无论话语权和影响力，还是盈利能力和增长速度，可能都将在未来一年，进入历史性拐点。

移动社交网络具备鲜明的新媒体属性，将为媒体的内容生产带来深远影响。通过在社交媒体上建立自己的粉丝团队，并与博客作者、意见领袖等相接触可以获得很多优秀的新闻故事。未来，社交媒体还将融入到传媒企业的文化之中，成为类似邮件、电话一样对每个雇员来说不可或缺的工作流。

2. 多个网站(工具)的同步性

目前，网民用户使用多个邮箱，比如 Gmail、Yahoo 邮箱，也可能使用多个社交网站，如 Facebook、LinkedIn、Twitter，我们在每项以上所提到的工具或者网站中都有一些联系人，在网站的社交化过程中，我们不得不登录多个账号才能进行管理。同样，评论留言也是每个网站提供的基本功能，而人们也会经常遇到这样的问题，当访客想要留下评论时，因为要登录注册，有时还要留下注册码。

在首届 TechCrunch40 大会上宣布的“Xobni”这个创新项目为我们提供了一种未来人们进行网络社会交往的一种新的可能，“Xobni”是一款社交化电子邮件管理程序，它以插件的方法嵌入 Outlook，便于用户共享和搜索 Outlook 中的邮件地址和电话号码。Xobni 可以把邮件内容进行智能过滤，或从收件箱中提取出电话号码等信息。当使用者搜索某个人之后，那么关于这个人的所有内容将在 Outlook 右侧的面板显示出来。这款应用程序能够使得我们对以上各种网络社交应用进行有效管理，提高用户的沟通效率。

Xobni 的出现让电子邮件更加具有社交化属性，Xobni 的账号能够关联包括 LinkedIn、Twitter、Yahoo Mail、Facebook、Skype、Hoovers 等在内的多种网络服务的账号，一旦用户将 Xobni 账号与之关联，它就会在侧边栏给该用户提供各种相关信息，包括相关历史、经常联系的那些账号，还可以看到这些人的社会化信息，而且还支持在收件箱内对这些信息进行搜索，搜索速度很快。

Xobni 目前发布了支持 Outlook 和 Gmail 的版本，还发布了 Android 和 iOS 平台的应用，并将其邮箱联系人管理功能更名为智能云功能(Smartr Cloud)，可自动导入用户手机上的邮箱数据(目前支持 Outlook 和 Gmail)，以及来自社交网络的数据，更加简化了数据搜索。Xobni 还帮助用户为每个联系人创建一份完整的信息档案，其中包括照片、职位、电话号码、公司信息、邮件往来、共同联系人以及来自 Facebook、LinkedIn 和 Twitter 的信息。

用户在手机上使用时，它会自动提取手机中的联系人与 SMS 短信，用户也可以通过它直接给手机联系人发送短信；也可以通过手机客户端直接给邮箱联系人发送邮件，或给社交网络联系人发送私信等。

同样，在中国推出的微信服务也使得 QQ 这类的即时通信的社会化交流程度更高。微信服务可以与人们的 QQ 账号发生关联，并能读取手机中的通讯录，与 Xobni 一样，它同样也是在自动智能读取同样通过手机账号或 QQ 账号关联到微信的朋友，并向用户推荐，能够随时读取用户的 QQ 邮箱里的新邮件并向移动端的用户推送消息，让用户和信息及用户的联系人发生更为密切的联系。

在评论这一方面，将评论做成社会化评论系统的插件也已出现，在美国，社会化评论系统服务商有 Disqus、IntenseDebate 和 Livefire。其中 Disqus 于 2007 年成立，是最被广泛采用的第三方评论系统。作为 Y Combinator 孵化的明星公司，Disqus 已获得 1450 万美元的风险投资。据报道，使用 Disqus 评论系统的每月独立用户访问量达到 5 亿，包括 CNN、NBC、TIME 在内的许多著名网站都采用 Disqus 的评论系统。

它们为网站提供第三方评论系统服务，可以支持多个账号登录。比如国内初创公司创作的一款“多说”可以将评论内容实时保存到 WordPress 的本地服务器，无需担心数据丢失。在绑定社交账号后，可以发布文章的同时发布微博(见图 10-45)。

图 10-45　国内开发的第三方评论系统“多说”的管理后台界面

第三方社会化评论系统的作用是在整个网络中组成了一张社会化特性的大网，它使得各社交网络不断相互渗透，也将人与人之间的关系引入到一些市场细分更细致和更小众化的中小型网站中，把网站当成一个个小家，从而提高各种社区用户的活跃度和流量。

3. 服务内容的数字化

随着社交网站不断地发展，特别是搜索和社交发现(social discovery)功能的增加，社交网站的功能更趋复杂，它往往超过了早期我们对标准的社交网络的功能定义(如朋友，个人网络档案，消息、通信等)，服务内容的数字化是指可以将所获得的信息以更为直观的数据分析方式呈现出来。现如今的互联网产品必须进行快速经营：快速推出产品并以更快速度对产品进行维护和更新。

我们以社交游戏 Zynga 为例，作为一家已有 1300 多人的公司，Zynga 对速度的强调达到了不可思议的程度。每个人必须像充了电一样快速执行。Zynga 内部被分成数量众多的小组，这保证了平克斯所要求的速度能够得以执行，这同时也保证了公司能第一时间抢占市场而能快速对产品作出调整。尽管大多数公司都知道需要维护更新游戏、修复漏洞、保持用户新鲜感，但鲜有公司像 Zynga 一样，每周对游戏进行数次更新。

当然，这种速度的追求并不是盲目的。几乎是在创始之初，Zynga 就投入大量资源建立数据仓库，为每个游戏建立数据模型。在 Zynga 内部，每个游戏领域都有 3 万份左右的报告，包括如何获取用户、如何留住用户、如何引导用户付费、游戏中每个活动具体效果……这样做一个显而易见的好处是，Zynga 得以了解用户反馈和付费效果与游戏每一个细节、功能之间的联系，迅速知道该在游戏的哪个部分进行何种调整以迎合用户的需求，从而降低风险。Zynga 的第三个特点是先圈地，然后挖掘数据。Zynga 发现某个尚不饱满甚至未曾开发的游戏题材或者形式，会快速上线一批产品，占领这一领域的用户。在用户规模可观之后深度挖掘数据。对于 Zynga 来说，游戏是算法、是软件、是针对用户行为习惯有策划有目的的人机互动。这一点和大多数的欧美游戏企业强调游戏性甚至是艺术性的传统完全背道而驰。近期 Zynga 似乎又多了一个特点，以略夸张的速度收购了大量的游戏开发团队和公司。这五个特点可以总结为 Zynga 模式，其中可以找到几乎所有中国知名网游企业的影子。于是乎，这一模式是否可以帮助中国游戏企业快速崛起成为国际巨头，已成为业内的一个话题。

如 Zynga 模式代表了更先进的生产力的话，正是大部分游戏行业从业者所擅长的：优化用户体验细节，快速复制已有的项目模板，寻找流量来源并提升转化率，优化消费引导提升 Arpu 值……总而言之：用数据决策，放弃研发者偏好。

图书在版编目(CIP)数据

社交网络服务/梁晓涛,汪文斌主编.—武汉:武汉大学出版社,2013.3
未来媒体丛书
高等院校新媒体系列教材
ISBN 978-7-307-10344-3

Ⅰ.社… Ⅱ.①梁… ②汪… Ⅲ.心理交往—网络服务—基本知识
Ⅳ.C912.1-39

中国版本图书馆 CIP 数据核字(2012)第 298094 号

责任编辑:胡国民　　责任校对:刘　欣　　版式设计:马　佳

出版发行:武汉大学出版社　(430072　武昌　珞珈山)
(电子邮件:cbs22@whu.edu.cn 网址:www.wdp.com.cn)
印刷:湖北新华印务有限公司
开本:787×1092　1/16　印张:24.25　字数:574 千字　插页:1
版次:2013 年 3 月第 1 版　2013 年 3 月第 1 次印刷
ISBN 978-7-307-10344-3/C·337　定价:42.00 元